SISTEMA TOYOTA
DE DESENVOLVIMENTO
DE PRODUTO

JAMES M. MORGAN é atualmente diretor de engenharia da Ford Motor Company. Ele tem mais de 24 anos de experiência no desenvolvimento de produtos automotivos, incluindo cerca de 20 anos na Troy Design & Manufacturing, empresa fornecedora de serviços de engenharia, ferramentas, moldes e subsistemas de veículos na qual ocupou o cargo de vice-presidente. Morgan, vencedor do Shingo Award, é PhD em Engenharia pela Universidade de Michigan.

JEFFREY K. LIKER, PhD, autor do *best-seller O Modelo Toyota*, é professor da faculdade de Engenharia Industrial e de Processos da Universidade de Michigan e sócio da empresa de consultoria em produção enxuta Optiprise Inc. Vencedor do Shingo Award, Liker teve trabalhos publicados pela *Harvard Business Review* e *Sloan Management Magazine*.

M847s   Morgan, James M.
       Sistema Toyota de desenvolvimento de produto : integrando pessoas, processo e tecnologia / James M. Morgan, Jeffrey K. Liker ; tradução Raul Rubenich. – Porto Alegre : Bookman, 2008.
       392 p. ; 23 cm.

       ISBN 978-85-7780-265-4

       1. Administração. 2. Gestão. 3. Organização da produção. 4. Modelo Toyota. I. Morgan, James M. II. Liker, Jeffrey K.

CDU 658.51

Catalogação na publicação : Mônica Ballejo Canto – CRB 10/1023.

JAMES M. MORGAN
JEFFREY K. LIKER

SISTEMA TOYOTA DE DESENVOLVIMENTO DE PRODUTO

Integrando Pessoas, Processo e Tecnologia

Tradução:
Raul Rubenich

Consultoria, supervisão e revisão técnica desta edição:
Marcus Vinicius Vivone
Diretor de Desenvolvimento Automotivo da Interaction Plexus
Mestrando em Administração de Empresas com ênfase em Gestão
da Inovação pela Universidade IMES/São Caetano do Sul

2008

Obra originalmente publicada sob o título:
The Toyota Product Development Process: Integrating People, Process and Technology

ISBN: 978-1-56327-282-0

Copyright © 2006 by Productivity Press, uma divisão da The Kraus Organization Limited.

Publicado conforme acordo com a editora original, Productivity Press, uma divisão da The Kraus Organization Limited.

Capa: *Rogério Grilho*

Preparação de original: *Mariana Belloli Cunha*

Supervisão editorial: *Arysinha Jacques Affonso e Elisa Viali*

Editoração eletrônica: **artmed**®
EDITOGRÁFICA

Reservados todos os direitos de publicação, em língua portuguesa, à
ARTMED® EDITORA S.A.
(BOOKMAN® COMPANHIA EDITORA é uma divisão da ARTMED® EDITORA S.A.)
Av. Jerônimo de Ornelas, 670 - Santana
90040-340 Porto Alegre RS
Fone (51) 3027-7000 Fax (51) 3027-7070

É proibida a duplicação ou reprodução deste volume, no todo ou em parte, sob quaisquer formas ou por quaisquer meios (eletrônico, mecânico, gravação, fotocópia, distribuição na Web e outros), sem permissão expressa da Editora.

SÃO PAULO
Av. Angélica, 1091 - Higienópolis
01227-100 São Paulo SP
Fone (11) 3665-1100 Fax (11) 3667-1333

SAC 0800 703-3444

IMPRESSO NO BRASIL
PRINTED IN BRAZIL

À minha mulher, Mary, e ao meu filho, Greg.
Sem eles este trabalho não seria possível.

Jim Morgan

À minha esposa, Deb, ao meu filho, Jesse, e à minha
filha, Emma. Vocês formam o lar que eu tanto amo.

Jeff Liker

Ao nosso colega e amigo Dr. Allen Ward.
Sua luz ainda nos guia.

Jim Morgan e Jeff Liker

Agradecimentos

Gostaríamos de manifestar nosso mais profundo e sincero reconhecimento às pessoas que contribuíram para a concretização desta pesquisa. Temos uma imensa dívida de gratidão com todas elas.

Nunca conseguiremos saldar o imenso débito contraído junto aos Srs. Mike Massaki, Uchi Okamoto e Hiro Sugiura, da Toyota. Massaki-san nos ofereceu acesso e oportunidade, Okamoto-san e Sugiura-san explicaram os mínimos detalhes do desenvolvimento dos veículos Toyota, e o Sr. Miyadera respondeu a inúmeras perguntas. Também obtivemos *insights* sobre os sistemas da Toyota de executivos americanos do Toyota Technical Center, que se esforçaram para entender a verdadeira filosofia da Toyota, entre eles Jim Griffith, Ed Mantey, Bruce Brownlee e David Baxter.

Também temos uma dívida de gratidão com várias outras pessoas na Toyota, entre elas Uchiyamada, M. Terasaka, S. Yamaguchi, S. Nakao, K. Miyadera, T. Yamashina, E. Gay, C. Royal, T. Buffeta, Dr. C. Couch e B. Krinock, além de tantos outros que nos ajudaram no desenvolvimento desta pesquisa.

Somos muito gratos pelo trabalho que antecedeu e, de certa forma, viabilizou a publicação deste livro. A obra do Dr. Jim Womack e do Dr. Dan Jones, bem como o livro e as aulas sobre o mapeamento do fluxo de valores de Mike Rother e John Shook inspiraram e informaram a presente aplicação do desenvolvimento de produto. As pesquisas em desenvolvimento de produto da Universidade de Michigan nos proporcionaram uma base sólida, em especial a excelente obra do Professor Durward Sobek, Dr. Pat Hammen, Dr. John Cristiano, Dr. Jay Baron, Professor Jack Hu e, principalmente, a pesquisa pioneira do Dr. Allen Ward.

Também agradecemos todos aqueles que proporcionaram assessoria e *feedback* durante esse processo, como John Shook e Stephen Jung, especialmente com o mapeamento do fluxo de valor. Gary Peurasaari foi praticamente um salva-vidas durante o processo de edição de dois dos livros anteriores do viii ■ Agradecimentos

Dr. Liker: *Becoming Lean* e *The Toyota Way**. No presente livro, mais uma vez Gary comprovou sua importância, não apenas como editor, mas igualmente como colaborador, para que pudéssemos criar uma obra objetiva, legível e relevante.

Por fim, e acima de tudo, somos gratos às nossas famílias. Jim agradece à esposa Mary pelo suporte editorial, constante apoio moral e paciência, e ao filho Greg pelo apoio e encantadora presença. Jeff agradece à esposa Deb, ao filho Jesse e à filha Emma, que formam o encantador lar ao qual é sempre um prazer retornar depois das muitas viagens para divulgar ao mundo o Modelo Toyota.

---

*Publicado no Brasil com o título *O Modelo Toyota,* Bookman Editora, 2005.

Apresentação à Edição Brasileira

Enumerar os aspectos que tornam *Sistema Toyota de Desenvolvimento de Produto: Integrando Pessoas, Processo e Tecnologia* único é uma missão quase impossível. Ele é o primeiro em língua portuguesa sobre o tema "desenvolvimento enxuto", ou seja, sobre o que acontece durante o processo de desenvolvimento de produtos (PDP) para que o modelo Toyota de manufatura enxuta funcione. Mas sua grande virtude é ir "direto ao ponto", demonstrando de maneira prática como enfrentar os problemas típicos de desenvolvimento, freqüentes também nas organizações industriais brasileiras. Observa-se um excesso de modificações de última hora, a degradação da parceria e confiança entre cliente e fornecedor, os atrasos, os custos extras, os problemas de comunicação de *status* e riscos de desenvolvimento.

A Toyota enfrentou esses problemas conciliando diversas abordagens, entre elas: a engenharia simultânea explorando múltiplas alternativas; a busca do consenso técnico de integração do produto nas decisões de projeto envolvendo fornecedores e cliente; o esforço de projetar o produto segundo a óptica do valor percebido pelo cliente traduzida pelo manual do engenheiro chefe; consideração pela "voz" da engenharia de produção nas decisões de *design*; o ataque contínuo aos desperdícios "invisíveis" no PDP; a padronização de produtos, processos de manufatura e competências; a eficiência nos papéis de gerentes funcionais e do engenheiro chefe em contraponto ao dilema "estrutura exclusivamente matricial ou funcional?"; a adoção de listas de verificação atualizadas continuamente com as lições aprendidas como parte da própria atividade de desenvolvimento; o rigoroso critério de seleção e desenvolvimento técnico de engenheiros; o monitoramento do desenvolvimento e os métodos de trabalho em time e conversação utilizados pelo engenheiro chefe na sala *obeya*; a adaptação das tecnologias aos processos e não o caminho inverso e uma cultura organizacional de suporte à excelência e à melhoria ininterrupta. Do somatório

x ■ Apresentação à Edição Brasileira

dessas e de outras práticas apresentadas surge o que os autores chamam de sistema enxuto de desenvolvimento de produtos (SEDP), em que o desenvolvimento passa a ser visto como um sistema sociotécnico englobando pessoas, processos e tecnologia.

A estruturação do SEDP em 13 princípios facilita a análise para a adoção de melhorias e, simultaneamente, traz o desafio de integrar as soluções isoladas para alcançar os resultados esperados. O leitor vai certamente identificar nos modelos apresentados em cada princípio sua prática corrente (seja com a Toyota ou com o modelo de uma empresa americana referenciada como NAC). Também será levado muitas vezes a reflexões, por estar na direção diametralmente contrária à estabelecida pela Toyota. Após a discussão dos princípios do SEDP, o livro apresenta o caminho para realizar, de forma prática, a transição *lean* no desenvolvimento de produtos. A expectativa dos autores é construir uma espécie de tensão criativa que motivará a melhoria dos PDP das empresas.

Na prática, constatamos que em cadeias produtivas sujeitas a forte competição, como é o caso da cadeia automotiva no Brasil, as dimensões qualidade e produtividade são fatores qualificadores, ou seja, fazem parte dos critérios de entrada no processo de compras do cliente. As organizações com maior probabilidade de se tornarem fornecedoras de produtos são aquelas a quem é confiado o seu desenvolvimento. Desse modo, adotar os princípios do SEDP para alcançar o *status* de fornecedor desenvolvedor *design/codesign* de produto e processo representa, ao mesmo tempo, melhorar a eficácia e eficiência organizacional e criar uma sólida barreira de entrada a competidores com estratégia baseada apenas no menor preço.

Marcus Vinicius Vivone
Diretor de Desenvolvimento Automotivo da Interaction Plexus

Apresentação

Quinze anos atrás, Dan Jones, Dan Roos e eu relatamos, em *A Máquina que Mudou o Mundo*, que a Toyota havia lançado, em caráter pioneiro, um novo sistema de desenvolvimento de produtos (esse trabalho foi realizado em paralelo com pesquisas de Kim Clark, na Harvard Business School, e Taka Fujimoto, na Universidade de Tóquio). A evidência quantitativa que apresentamos era muito clara: o sistema Toyota desenvolvia produtos em menor tempo, com muito menos horas de engenharia, custo reduzido e poucos defeitos, segundo os relatos dos clientes (sem nenhuma surpresa, esses produtos alcançavam preços consideravelmente mais altos em um determinado segmento do mercado automotivo). Esse sistema de desenvolvimento de produtos criou consistentemente maior valor com menor tempo e trabalho, a própria definição de produção enxuta.

Embora tentássemos apresentar uma visão geral do funcionamento do sistema – programa de gestão com líderes capacitados de equipes, comunicação horizontal intensiva ao longo dos departamentos e engenharia simultânea – nosso conhecimento dos detalhes desse sistema era, na verdade, muito limitado. Afinal, éramos apenas acadêmicos, não engenheiros de desenvolvimento de linha de produção, e nosso acesso à Toyota era limitado. O melhor que conseguimos fazer foi mensurar claramente a diferença em desempenho e especular sobre as causas.

Surpreendentemente, a situação continuou a mesma até muito recentemente. Todos compreenderam que o sistema Toyota é superior, mas ninguém foi capaz de descrever, de maneira abrangente, como ele funciona. No entanto, sem esse conhecimento, os esforços para copiá-lo, ou até mesmo aperfeiçoá-lo, se revelaram frustrantes, ou totalmente inviáveis.

Felizmente, o livro que agora apresentamos explica como a Toyota trabalha e como qualquer organização pode atingir resultados igualmente satisfatórios. Todo o conjunto de métodos Toyota – o engenheiro-chefe, a engenharia simultânea baseada em alternativas (um conceito importante que trabalha junto com a engenharia simultânea), a concentração de esforços no início do processo de desenvolvimento, o fluxo de processos nivelado, a rigorosa padronização de habilidades em projeto, processos e engenharia, etc. – é claramente explicado junto com a filosofia que justifica cada uma das técnicas. Em resumo, *aqueles leitores que trabalham em organizações de desenvolvimento de produtos não terão mais desculpa por não conseguir copiar ou até mesmo aperfeiçoar o sistema Toyota.*

Como conseguimos fazer isso? Porque Jim Morgan é um engenheiro em atividade – com duas décadas de experiência no desenvolvimento de produtos automotivos. Ele é também um acadêmico, que recentemente passou vários anos fazendo seu doutorado na Universidade de Michigan. Ali ele colaborou com o professor Jeff Liker, autor de *O Modelo Toyota*, obra consagrada na área. Felizmente, dessa vez eles obtiveram, como parte de sua pesquisa, amplo acesso à organização de desenvolvimento de produtos da Toyota nos Estados Unidos e no Japão.

Pela combinação dos abrangentes *insights* de Jeff em relação ao conjunto do sistema da Toyota com a experiência de Jim no campo de desenvolvimento de produtos, mais a minuciosa investigação do sistema de desenvolvimento Toyota, eles finalmente conseguiram decifrar todas as peças do enigma chamado Toyota.

Resta ao leitor estudar este livro com o maior cuidado – e algo que ele realmente exige é estudo meticuloso, por apresentar um sistema complexo que integra pessoas, processos, ferramentas e tecnologia – e a partir daí transformar seu próprio sistema de desenvolvimento.

James P. Womack
Presidente e CEO
Lean Enterprise Institute

Prefácio

A pesquisa para este livro começou no outono de 1982, quando Jeff Liker foi convidado a integrar um grande estudo comparativo da indústria automobilística nos EUA e no Japão comandado por David Cole e Robert Cole na Universidade de Michigan. Esse estudo envolveu a maioria dos fabricantes de automóveis e inúmeros fornecedores da indústria automobilística nos EUA e no Japão, bem como departamentos competentes das universidades que aderiram ao projeto. O foco do estudo era constituído pelas diferentes abordagens usadas por fabricantes norte-americanos e japoneses de automóveis ao trabalhar com fornecedores no desenvolvimento de produtos. Não tardou muito para se tornar óbvio que a abordagem da Toyota, muito diferente da dos fabricantes norte-americanos e apenas parcialmente similar à desse setor industrial no Japão, era, em inúmeros aspectos, única e excepcional, especialmente no que dizia respeito às práticas de desenvolvimento de produtos.

À época, era enorme o interesse pelo Sistema Toyota de Produção (STP) – mais tarde referido como "produção enxuta" – apesar de se mostrar consideravelmente menor o interesse pelo sistema de desenvolvimento de produtos da Toyota. Na verdade, o STP e o desenvolvimento de produtos evoluíram de maneira realmente distinta e em unidades organizacionais separadas. A maior parte dos gerentes de desenvolvimento de produtos Toyota garantia ter conhecimento limitado do STP, enquanto que os engenheiros da Toyota não consideravam o STP como o ponto de partida dos processos enxutos no desenvolvimento de produtos.

O programa de pesquisas que posteriormente evoluiu na Universidade de Michigan incluiu Al Ward, na época professor de engenharia mecânica, e vários ilustres estudantes de doutorado. Um dos principais temas do estudo foi a engenharia simultânea baseada em alternativas, e, especificamente, a pesquisa de Al Ward sobre como os engenheiros da Toyota pensam amplamente os conjun-

xiv ■ Prefácio

tos de soluções antes de se concentrar em somente uma delas. O estudo incluiu a pesquisa desenvolvida por Durward Sobek, que compreendeu uma revisão comparativa do sistema Toyota e da estrutura inicial de plataforma de equipe da Chrysler, detalhou o sistema de engenheiro-chefe e os mecanismos de coordenação entre especialistas funcionais e proporcionou um entendimento prático da engenharia simultânea baseada em alternativas. Artigos baseados no trabalho de Sobek foram posteriormente publicados na *Harvard Business Review* e na *Sloan Management Review*.

Ainda que essa pesquisa fornecesse aos participantes do estudo uma visão geral de como a Toyota fabricava seus veículos e um entendimento mais aprofundado de outras questões, faltava alguma coisa. De certa forma, nosso estudo ainda era superficial. O que faltava era pesquisa feita por alguém com o entendimento técnico suficiente para ver clara e profundamente as diferenças específicas e mais refinadas entre o sistema Toyota e os de fabricantes convencionais de automóveis e para traduzir esse entendimento em princípios práticos de implementação enxuta. A pessoa que preencheu essa lacuna foi James Morgan que, ao longo de duas décadas, acumulara enorme experiência em várias funções no desenvolvimento de produtos automobilísticos e ocupara a vice-presidência de um fornecedor de primeira linha de peças, ferramentas e serviços de engenharia automotiva.

Nos três anos seguintes, Morgan gastou muitas horas aprendendo, nos menores detalhes, tudo a respeito do sistema de desenvolvimento da carroceria dos automóveis Toyota e sobre o mesmo sistema existente em um dos grandes fabricantes de automóveis norte-americanos. Sua experiência proporcionou-lhe uma profunda imersão nos processos de engenharia, nas ferramentas e tecnologia empregadas, bem como nos sistemas de pessoal na Toyota, e também o entendimento das diferenças entre a Toyota e sua contraparte norte-americana em nível detalhado. A fim de comunicar essas diferenças, Morgan utilizou um modelo sócio-técnico para comparar e contrastar elementos dos sistemas de pessoal, de processos e de tecnologia de cada empresa. Ele igualmente desenvolveu uma filosofia de mapeamento de fluxo de valor, especificamente adaptado ao desenvolvimento de produtos. Essa metodologia tornou-se mais tarde fundamental na implementação do desenvolvimento enxuto de produtos.

De certa forma, este livro é o produto de um processo duplo. Até determinado ponto, é o resultado da acumulação de mais de 20 anos de estudos pelo grupo de pesquisas da Universidade de Michigan. Mas também é um trabalho baseado amplamente na pesquisa mais recente de James Morgan. Na elaboração deste livro, os autores optaram por apresentar os materiais que compreendem a soma total da pesquisa como um conjunto de princípios de um Sistema Enxuto de Desenvolvimento de Produto (SEDP). Exemplos de casos são entrelaçados com teoria, e a teoria é entretecida com sugestões e metodologia para a implementação desses princípios na prática. O objetivo geral é fornecer às empresas que aspiram a um desempenho enxuto no desenvolvimento de produtos os fundamentos para seus próprios SEDPs.

Uma das descobertas dos autores em suas pesquisas sobre a Toyota diz respeito a quão profundamente os sistemas da empresa estão enraizados na sua história e evolução sem paralelos – a família Toyoda, a cultura japonesa, o entorno social e econômico específico em meio ao qual a Toyota emergiu e amadureceu e as décadas de aprendizado em todos os níveis da corporação. Mas justamente pelo fato de que cada empresa tem sua própria história e entorno diferenciado, não é possível nem desejável que um empreendimento adote as ferramentas e estratégias da Toyota a fim de se transformar em um clone da mesma. Também é inviável escolher uma determinada ferramenta, técnica ou processo, mudá-la para que reflita princípios enxutos e esperar que ela passe a operar exatamente da mesma maneira em lugares diferentes. Embora todas as empresas devam criar e desenvolver seus próprios sistemas, esperamos que a sua jornada, leitor, possa tirar proveito desta pesquisa e dos princípios do SEDP.

James Morgan
Jeffrey Liker
Ann Harbor, Michigan

Sumário

PARTE I – INTRODUÇÃO

1. A Nova Revolução do Desenvolvimento de Produto 21
2. O Modelo do Sistema Enxuto de Desenvolvimento de Produto 33

PARTE II – SUBSISTEMA PROCESSO

3. Identifique Valor Definido pelo Cliente para Separar
   Valor Agregado de Desperdício 45
4. Concentre Esforços no Início do Processo de DP
   para Explorar as Alternativas 57
5. Crie um Nivelamento de Fluxo do Processo de
   Desenvolvimento de Produtos 85
6. Utilize Padronização Rigorosa para Reduzir a Variação
   e Criar Flexibilidade e Resultados Previsíveis 117

PARTE III – SUBSISTEMA PESSOAL

7. Desenvolva um Sistema de Engenheiro-Chefe para Liderar
   o Desenvolvimento do Início ao Fim 135
8. Organize para Balancear a Competência Funcional
   com a Integração Multifuncional 157
9. Desenvolva a Competência Técnica Superior em Todos
   os Engenheiros 179
10. Integre Plenamente os Fornecedores ao Sistema
    de Desenvolvimento de Produtos 195
11. Consolide o Aprendizado e a Melhoria Contínua 221
12. Construa uma Cultura de Suporte à Excelência e
    à Melhoria Ininterrupta 235

18 ∎ Sumário

PARTE IV – SUBSISTEMA FERRAMENTAS E TECNOLOGIAS

13. Adapte a Tecnologia ao Pessoal e ao Processo 259
14. Alinhe a Organização Mediante Comunicação Simples e Visual 277
15. Use Ferramentas Poderosas para a Padronização
    e o Aprendizado Organizacional 297

PARTE V – CRIANDO UM SISTEMA ENXUTO E COERENTE DE DP

16. Um Sistema Coerente: Todas as Peças Nos Devidos Lugares 315
17. Eliminação do Desperdício no Fluxo de Valor do
    Desenvolvimento de Produtos 327
18. Concretizando a Mudança Cultural: O Coração do DP Enxuto 347

APÊNDICE – Processo de Desenvolvimento de Produtos: o Exemplo
da PeopleFlo Manufacturing Co. 369

REFERÊNCIAS 375

ÍNDICE 379

INTRODUÇÃO

A Nova Revolução do Desenvolvimento de Produto

Não há problema em uma empresa que um grande produto não resolva.

Carlos Ghosn,
CEO, Nissan

Em 1990, *A Máquina que Mudou o Mundo* abalou a indústria automobilística mundial, com provas irrefutáveis de que os fabricantes japoneses eram melhores que seus concorrentes europeus ou norte-americanos. Na verdade, eles não eram só um pouco melhores, mas muito melhores – entre duas a dez vezes, numa escala de métrica de desempenho. Para falantes da língua inglesa, a obra foi uma introdução à tremenda capacidade de desempenho do Sistema Toyota de Produção. O livro foi também uma apresentação da Toyota, empresa que se tornaria uma grande potência na indústria automobilística. Em *A Máquina*, Jim Womack, Dan Jones e Dan Roos (1991) introduziram o termo *produção enxuta* – que significa, simplesmente, fazer mais com menos. Assim eles descreviam um sistema de produção que era melhor, mais rápido e mais barato; que precisava de menor espaço, pouco estoque e menos horas de trabalho; e que evitava práticas e métodos que resultavam em desperdícios. Juntamente com trabalhos posteriores sobre o Sistema Toyota de Produção (STP), o livro desencadeou uma revolução nos sistemas de produção que atravessou fronteiras nacionais e setoriais, criando paralelamente um fenômeno multimilionário de consultoria que fez da *produção enxuta* o evento mais importante da história da produção industrial nas últimas duas décadas.

Como os autores de *A Máquina* destacam, apenas um capítulo desse livro pioneiro foca na produção. O livro trata na verdade da empresa enxuta como um todo, que inclui *marketing*, distribuição, contabilidade e desenvolvimento de produtos. No entanto, muitos projetos de transformação de empresas têm focado exclusivamente no chão de fábrica da manufatura, um primeiro passo lógico sustentado por mais de uma década de implementação da produção enxuta. Mas também aprendemos a partir dessa experiência que o chão de fábrica é apenas o ponto de partida. A transformação em uma empresa enxuta impõe um segundo passo: sua aplicação ao desenvolvimento de produtos e processos. Como inúmeras empresas desde então constataram, só é possível eliminar desperdícios até certo ponto; depois, a engenharia dos produtos e processos se transforma num obstáculo crítico. Na verdade, o desenvolvimento de produtos e processos pode ter um impacto maior sobre a empresa enxuta que a produção enxuta. Felizmente, a Toyota fornece um modelo de desenvolvimento de produtos e processos tão bom quanto o seu modo de produção. O sistema Toyota de desenvolvimento de produto, ainda que não tão conhecido quanto o Sistema Toyota de Produção, é tão refinado e poderoso quanto.

Este livro apresenta um modelo de Sistema Enxuto de Desenvolvimento de Produto, e é resultado de um conjunto de pesquisas, experiências e *insights* que os autores reuniram ao longo de muitos anos de trabalho. Trata-se de uma obra que incorpora e integra conhecimentos adquiridos ao longo de mais de 15 anos de pesquisa na Universidade de Michigan, mais de 20 anos de experiência em desenvolvimento de produtos, por meio de acesso privilegiado à Toyota e da sempre equilibrada orientação do nosso Sensei Toyota. Este é o primeiro livro baseado em pesquisa a reunir práticas, políticas e filosofia de desenvolvimento de produtos Toyota em um sistema. A pesquisa básica para esta obra começou com estudos de Liker, Ward e seus alunos, levando à criação do modelo de engenharia simultânea baseada em alternativas (Ward et al, 1995). Durward Sobeck (1997) foi além nessa pesquisa em sua dissertação, comparando o sistema de DP da Toyota com a então emergente plataforma de organização do desenvolvimento de produtos da Chrysler.

A partir dessas pesquisas, Jim Morgan, quando na Universidade de Michigan, baseou-se em suas décadas de experiência direta e conduziu um estudo detalhado, de dois anos e meio, sobre a maneira como a Toyota desenvolvia a carroceria dos seus automóveis, em comparação com o mesmo procedimento em uma das três maiores montadoras do setor automobilístico norte-americano. Ao examinar um subsistema de veículos (o mais prolongado dos ciclos de produto e o tipo de desenvolvimento de produto mais comum da Toyota), Morgan conseguiu aprofundar-se nas práticas da Toyota, que ele então estendeu para um modelo mais amplo de desenvolvimento enxuto de produto. O escopo desse estudo incluiu engenharia de projeto, engenharia de carroceria, engenharia de produção, desenvolvimento de protótipo, construção de moldes, montagem de carroceria e aprovação de molde e estampos. Dados e informações foram reunidos ao longo de entrevistas com representantes da Toyota e de seus fornecedores e de visitas às fábricas. Mais de mil horas de entrevistas foram mantidas com 40 pessoas em 12 diferentes instalações nos Estados Unidos e no Japão. Representantes da alta administração, engenharia da carroceria, engenharia de produção, manufatura de ferramentas, bem como diversos dos principais engenheiros da corporação, participaram das entrevistas. Além disso, Morgan montou seu estudo a partir de uma estrutura sociotécnica (pessoas, processos, tecnologia) para análises baseadas em uma consolidada tradição de pesquisa (Taylor e Felton, 1993; Nadler e Tushman, 1997).

A Nova Revolução do Desenvolvimento de Produto ■ 23

Em muitos sentidos, este livro, que reúne *insights* dessa base coletiva de pesquisas, tem sua fonte de inspiração em uma questão principal: quais foram os princípios subjacentes ao desenvolvimento de produtos que proporcionaram tamanho sucesso à Toyota? A fim de responder a essa pergunta, os autores identificaram 13 princípios, agrupados em três amplas categorias – Processos, Pessoas e Tecnologia –, que se transformaram na base do modelo de Sistema Enxuto de Desenvolvimento de Produto. O objetivo deste trabalho é apresentar esse modelo para demonstrar por que um sistema enxuto de desenvolvimento é um ativo valioso e de que maneira ele pode ser criado, implementado ou aperfeiçoado em qualquer empresa. Embora as discussões presentes neste trabalho estejam centradas na indústria automobilística, as experiências dos autores ao assessorar outras empresas na implementação dessas práticas demonstraram que os princípios e processos se aplicam a qualquer sistema de desenvolvimento de produto.

Um dos desafios na criação do modelo SEDP foi o estado de constante evolução do sistema Toyota de DP para se adequar a novos desafios e tecnologias. Para os autores, o processo de aprendizagem foi como descascar as camadas de uma cebola, cada uma dessas camadas revelando novos e importantes *insights*. É possível definir a produção enxuta como um conjunto de ferramentas (por exemplo, *kanban, andon, poka yoke*) que elimina o desperdício e cria fluxo de materiais ao longo de um processo de transformação. Pode-se descrever o desenvolvimento de produto enxuto do mesmo modo. Mas descasque mais uma camada e você descobrirá que a base tanto do desenvolvimento de produto enxuto quanto da produção enxuta é *a importância da apropriada integração de pessoas, processos, ferramentas e tecnologia para agregar valor ao consumidor e à sociedade*.

A PRÓXIMA FRONTEIRA COMPETITIVA: O SISTEMA DE DESENVOLVIMENTO DE PRODUTO

Hoje a produção enxuta não é mais uma vantagem competitiva exclusiva da Toyota. Antigos discípulos de Taiichi Ohno, o "pai" do Sistema Toyota de Produção, percorreram o mundo ensinando e implementando princípios de produção enxuta em diversas indústrias. Na indústria automotiva, a produção enxuta se tornou de tal maneira eficiente que cada montadora de automóveis desenvolveu uma estratégia própria de produção, muitas delas com estrondoso sucesso. De maneira similar, inúmeras empresas em outros setores industriais desenvolveram ou estão desenvolvendo estratégias enxutas. Mesmo que a maioria das indústrias automotivas ainda não tenha a mesma perícia da Toyota na produção, houve um impressionante avanço na redução da lacuna da produtividade; na América do Norte, algumas até mesmo ultrapassaram a Toyota em categorias específicas de produção. De acordo com o *ranking* de 2005 da consultoria Harbour sobre as dez melhores fábricas de montagem em número de horas por veículo na

América do Norte (ver Figura 1.1), a GM Oshawa ocupa o primeiro lugar, com 15,9 horas por veículo produzido. Em segundo lugar está a Smyrna, da Nissan, no Tennessee (16,1 horas por veículo), seguida pela planta da Ford em Atlanta (16,6 horas), pela fábrica da Toyota em Georgetown (18,4 horas), e pela DCX (18,7 horas). Trata-se de uma mudança significativa em relação às 40 horas por veículo relatadas no livro *A Máquina* para a fábrica da GM em Framingham, Massachusetts, na década de 1980.

Há algum tempo, as indústrias ocidentais têm se concentrado em empurrar a produção e as atividades rotineiras de TI para plantas na Ásia, especialmente na China e na Índia. No entanto, o centro do pensamento do processo de desenvolvimento de produto permanece como um domínio da empresa matriz e as demandas implícitas na integração do projeto de complexos produtos e processos exigem mecanismos de coordenação ainda mais precisos quando da terceirização. Com a tremenda alavancagem em custos a ser conquistada no estágio do projeto, fica evidente que a nova fronteira é a do desenvolvimento de produto e processo.

Na indústria automobilística, o número de modelos de veículos disponíveis para os consumidores norte-americanos apresentou um aumento substancial. Em sentido oposto, o número de *plataformas exclusivas de veículos teve uma significativa redução*. Em conseqüência dessas mudanças, para serem bem-sucedidas e continuarem competitivas, as montadoras de automóveis devem agora oferecer uma

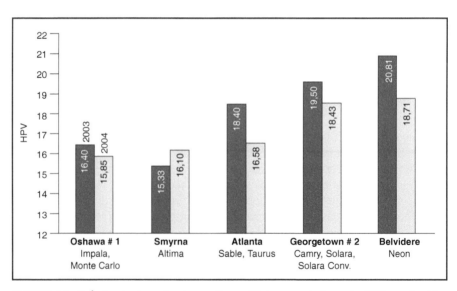

FIGURA 1.1 ■ Índice *harbour* das dez melhores fábricas montadoras de OEMs na América do Norte – em Horas por Veículo (HPV).

variedade muito maior de veículos, usando, paralelamente, poucas plataformas. Esse ambiente de produção intensiva resultou em categorias de veículos como os utilitários, que não existiam no final da década de 1980, mas que em 2006 representaram 16% das vendas totais de veículos na América do Norte. Os fabricantes também estão lançando modelos novos com maior freqüência. De acordo com uma análise da Merril Lynch, o lançamento de novos modelos nos últimos cinco anos cresceu em ritmo frenético, com mais de 60 novos tipos de veículos lançados a cada ano, somente nos Estados Unidos, entre 2003 e 2005.

Em sintonia com essa tendência, muitas indústrias estão migrando para a engenharia de plataforma. A Intel, por exemplo, fez disso uma prioridade estratégica, mudando para plataformas de conjuntos de chips integrados a fim de satisfazer a demanda de diversos segmentos de clientes. Essa estratégia é um reflexo da inclinação da indústria em direção à customização em massa. O grande sucesso do chip Centrino foi o primeiro modelo para essa tendência.

Os clientes estão hoje escolhendo veículos não apenas com base em custo e qualidade, mas também em estilo e acessórios. Como resultado, muitas empresas orientadas para o cliente precisam trabalhar a fim de satisfazer as exigências acelerando o desenvolvimento de produtos e colocando no mercado os produtos que os consumidores desejam quando eles desejam. Empresas que não percebem essas tendências fundamentais de mercado acabam ficando para trás, mesmo sabendo produzir os produtos de ontem como nenhuma outra.

Ciclos mais curtos de desenvolvimento de novas tecnologias, em conjunto com uma explosão de novos e inovadores acessórios de veículos, têm representado uma tremenda pressão sobre os prazos de desenvolvimento de veículos. Conforme a Merril Lynch, há uma correlação direta entre a idade do modelo e sua fatia de mercado. "Claramente, quanto mais antigo o modelo, menor sua fatia de mercado – o mais novo vence em todos os segmentos."

No final da década de 1980, o tempo de desenvolvimento de um veículo, do congelamento do estilo ao começo de produção (SOP – *Start of Production*), ficava normalmente entre 36 e 40 meses. Hoje, o tempo necessário para desenvolver um veículo novo é reduzido – em média, em 24 meses. A Toyota diminuiu essa média ao encurtar o tempo de desenvolvimento para 15 meses, regularmente, e para inacreditáveis 10 meses em um caso especial.

Em inúmeras empresas, o aumento dos recursos do desenvolvimento de produto não acompanhou a ampliação do número de modelos de veículos. Na verdade, a oferta de uma variedade *em constante crescimento* de veículos levou à microssegmentação do mercado, o que tem implicações críticas para o desenvolvimento de produto. Maior variedade de modelos, combinada com vendas totais relativamente estáveis, significa que os modelos individuais estão destinados a contabilizar menor volume total de vendas em função das vendas individuais desses modelos. Amortizar os custos do desenvolvimento significa que os custos do desenvolvimento precisam ser bem menores que os custos dos modelos tradicionais destinados a volumes maiores de vendas. Para que a equação do programa de negócios possa fazer sentido, os custos do desenvolvimento precisam ser bem menores do que no passado. As empresas produtoras dos tradicionais melhor-de-sua-classe reconheceram e se adaptaram a esse conceito, o que, em troca, incentivou inúmeras inovações em projeto e desenvolvimento de ferramentas. Nessas empresas, a eficiência do desenvolvimento de produto já se transformou numa poderosa vantagem em termos de precificação dos veículos.

Como as companhias de automóveis estão introduzindo mais modelos com maior freqüência e enfrentando, simultaneamente, elevadas expectativas em termos de qualidade e crescentes pressões de precificação, resta-lhes menos tempo para aperfeiçoar a qualidade e a produtividade da montagem. Existe, igualmente, uma menor margem de erros: o lançamento de novos veículos não pode significar uma redução da qualidade. Com a redução dos ciclos de vida de cada modelo, as empresas não têm mais condições de enfrentar um acréscimo em defeitos e em horas de permanência dos veículos nos locais de venda. Em lugar disso, elas precisam trabalhar para conseguir o desenvolvimento e a montagem enxuta de produtos que funcionem em sinergia para criar lançamentos à prova de defeitos e com qualidade e eficiência de fabricação sem precedentes.

EXCELÊNCIA NO DESENVOLVIMENTO DE PRODUTO: A PRÓXIMA COMPETÊNCIA ESSENCIAL

Dadas as dramáticas mudanças no entorno do desenvolvimento de produtos automotivos, fica evidente que um forte sistema de desenvolvimento de produto é uma competência central fundamental para o sucesso de qualquer companhia voltada para o consumidor. A crescente complexidade dos automóveis modernos, aliada às mudanças discutidas anteriormente, torna qualquer novo desenvolvimento de produto um desafio de imensas proporções. No mercado hipercompetitivo de hoje, a excelência em desenvolvimento de produto vem se tornando rapidamente um diferenciador estratégico mais importante que a capacidade de produção. Na verdade, é possível argumentar que o desenvolvimento de produto deverá se transformar na competência central dominante nessa indústria na próxima década.

A justificativa para essa previsão é muito simples: *existe mais oportunidade para vantagem competitiva no desenvolvimento de produto do que em qualquer outro departamento*. Dois fatores subjacentes sustentam essa premissa. Em primeiro lugar, ao passo que a lacuna relativa ao desempenho em produção diminui, a diferença entre o melhor da categoria e o restante da indústria automobilística em desenvolvimento de produtos só tende a aumentar. Mais ainda, embora muitas empresas tenham concretizado significativas melhorias em termos de produção desde o final da década de 1980 mediante a introdução das metodologias da produção enxuta, os níveis atuais de eficiência em manufatura pres-

A Nova Revolução do Desenvolvimento de Produto ■ 27

sagiam que um foco na produção terá retornos decrescentes no futuro. Em segundo lugar, a capacidade dos fabricantes de provocar impacto sobre o desempenho das vendas de veículos é inerentemente limitada. Ainda que um forte sistema de produção possa influir na qualidade e produtividade, a capacidade de influir sobre o valor definido pelo consumidor, bem como o investimento no veículo e o custo variável, são muito maiores nas fases iniciais do processo de desenvolvimento do produto e diminuem à medida que o programa de desenvolvimento se aproxima da etapa do lançamento. E a produção pouco pode fazer para reduzir os custos de desenvolvimento ou o *timing* do lançamento de um veículo em relação aos concorrentes, acessórios, tecnologia ou estilo. Além disso, a produção exerce pouca influência sobre a seleção inicial dos fornecedores de componentes. Uma vez que a maioria dos veículos tem mais de 60% de seus componentes produzidos por fornecedores (uma tendência igualmente comum em outras indústrias), a contribuição do fornecedor para a engenharia e a produção e, conseqüentemente, a escolha do fornecedor, tem um imenso impacto sobre o custo e a qualidade totais do veículo. Por fim, como a Toyota e outras montadoras demonstraram, embora a capacidade de produção seja de crucial importância, ela é também apenas uma disciplina funcional. O sucesso depende de que as disciplinas complementares sejam igualmente eficientes.

SISTEMA ENXUTO DE DESENVOLVIMENTO DE PRODUTO: CONECTANDO DISCIPLINAS, DEPARTAMENTOS E FORNECEDORES

Muitas empresas avançadas, entre elas a Toyota, exploram oportunidades para criar um empreendimento verdadeiramente enxuto, não apenas no processo de produção, mas igualmente em projeto, compras, engenharia, finanças e recursos humanos. No entanto, outras tantas empresas continuam enfrentando dificuldades na execução de uma estratégia enxuta de empreendimento, em parte por terem deixado de lado a alavancagem conquistada mediante a conexão dessas funções. O desenvolvimento de produto enxuto exige um esforço integrado entre vendas e *marketing* nos campos de projeto, compras, engenharia, produção e fornecedores. Como ilustra a Figura 1.2, integrar os esforços dessas disciplinas no projeto do produto é fundamental para o desenvolvimento de produto enxuto.

Como destacamos anteriormente, o desenvolvimento de produto enxuto proporciona o maior potencial de vantagem competitiva para qualquer empresa orientada para o consumidor, sendo um componente crucial na interação com os inúmeros desafios ambientais que todas as empresas precisam atualmente levar em consideração. Muitos concordam com essa opinião. Os CEOs da GM, da Ford, da Nissan e da DCX identificaram, por unanimidade, a capacidade de desenvolvimento de produtos como a peça central de suas respectivas estratégias competitivas. Essas empresas adotaram estratégias destinadas a apoiar o de-

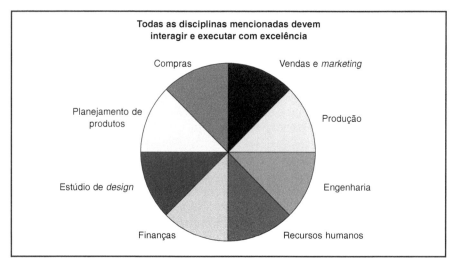

FIGURA 1.2 ■ O modelo enxuto de empreendimento.

senvolvimento de produto nas mais diversas formas, sob a direção de indivíduos esclarecidos e dotados da visão e da capacidade de implementar mudanças de amplo alcance. Na década de 1990, por exemplo, a GM convenceu o tão aclamado guru de produtos Bob Lutz a deixar sua aposentadoria para abrir um gigantesco campus de engenharia de ponta. A Ford nomeou um novo diretor de produtos e reorganizou por inteiro tanto o seu grupo de desenvolvimento de produto quanto seus processos. A DCX também nomeou um novo vice-presidente de desenvolvimento de produto numa tentativa de sacudir um pouco a poeira do seu sistema de desenvolvimento de produto. Iniciativas da GM, Ford e DCX para adotar determinados aspectos e características do sistema Toyota de desenvolvimento de produto estão em andamento.

POR QUE FOCAR NA TOYOTA?

É fácil chegar à conclusão de que os autores deste e de outros trabalhos recorrem à Toyota em busca de orientação em desenvolvimento de produtos simplesmente em função da excelência alcançada pela empresa japonesa no setor da produção. Mas ainda que o sucesso da Toyota em consistentemente introduzir no mercado excelentes produtos, consolidar sua faixa global de mercado e alcançar lucros em praticamente todos os exercícios financeiros seja impressionante, não se pode, de maneira alguma, atribuí-lo apenas à produção enxuta. A filosofia subjacente do *O Modelo Toyota* levou a caminhos de evolução paralelos em outras três competências centrais – manufatura, ven-

das e desenvolvimento de produto (Liker, 2005). Embora não seja tão amplamente entendido quanto o sistema Toyota de produção, seu sistema de desenvolvimento de produto é igualmente complexo e poderoso. A empresa desenvolve consistentemente veículos de alta qualidade em menor prazo, com custos menores e lucros maiores que os concorrentes. Ela também lança maior
quantidade de novos modelos por ano que a maioria dos concorrentes, criando um constante fluxo de novos produtos de alta qualidade destinados a suprir a demanda dos consumidores. Tudo isso contribui para aumentar as impressionantes margens de lucro da empresa (atingindo o recorde japonês de
US$ 10,9 bilhões em 2005 e continuando a crescer), uma capitalização de
mercado maior que as da GM, Ford e DCX juntas, e um crescimento contínuo
em fatia de mercado (a caminho de 15 por cento do mercado global, liderança
absoluta no setor). O valor de mercado da Toyota (US$ 177 bilhões em 2005)
é superior ao valor combinado da General Motors, Chrysler e Ford e era, em
2005, 13 vezes o da General Motors sozinha.

Uma das razões para esse sucesso é a qualidade dos produtos Toyota.
Dados objetivos mostram que a Toyota lidera em qualidade de novos produtos. Entre eles está a pesquisa J.D. Powers sobre qualidade inicial num estudo
a respeito da satisfação dos compradores de novos carros nos primeiros 90
dias de propriedade. A pesquisa é um indicador bem conhecido da qualidade
do desenvolvimento de veículos, setor que a Toyota liderou nessa década com
39 primeiros lugares de veículos desde 2001, inclusive com um impressionante índice de 10 veículos em primeiro lugar nas 16 categorias participantes do
ranking em 2005 (ver Figura 1.3).

No que diz respeito à rapidez de mercado e à novidade do produto, a Toyota
consegue consistentemente lançar uma nova carroceria com chassis e trem de
força (*powertrain*) existentes (o tipo mais comum de desenvolvimento de produto automotivo), do congelamento do modelo em argila ao começo da produção, em apenas 15 meses. Categorias mais básicas de veículos, como o Corolla,
exigem apenas 12 meses. A maior parte das concorrentes necessita de 24 a 30
meses para completar a mesma tarefa. Essa consistente liderança em desempenho tem possibilitado à Toyota duplicar, ou mais, o número de modelos exclusivos comercializados na América do Norte desde 1990. A idade média dos veículos da Toyota é de apenas 1,2 ano (em comparação com a média de quase três
anos das concorrentes) e suas ofertas de produtos na América do Norte também tiveram um consistente aumento desde 1990. Essa rapidez de colocação
no mercado não significa custos descomunais. A Toyota tem o menor custo na
proporção entre P&D e vendas. Ao combinar suas capacidades de produção enxuta com estratégias comuns de arquitetura, processos básicos e compartilhamento
de componentes, a Toyota atinge uma incrível vantagem geral de custos. Consegue igualmente rapidez e qualidade ao minimizar a variação e aumentar o
potencial para resultados previsíveis num ambiente de incertezas.

30 ■ Sistema Toyota de Desenvolvimento de Produto

Medida	Europa	Japão	América do Norte	Toyota
2001 JD Powers IQS*	1	0	1	7
2002 JD Powers IQS*	0	1	2	9
2003 JD Powers IQS*	1	1	3	6
2004 JD Powers IQS*	1	0	2	7
2005 JD Powers IQS*	0	0	2	10
Congelamento** até SOP*** (meses)	27	20	26	15
Proporção P&D ($) e Vendas	5,5	5,1	4,8	3,6

* número de veículos em primeiro lugar
** Congelamento do "modelo em argila" – chega-se a isso quando o processo de desenvolvimento de estilo de um carro indica um automóvel pronto para ser desenvolvido – a partir daí atinge-se o SOP (*start of production*, começo de produção)
*** Começo de Produção

FIGURA 1.3 ■ Desempenho do desenvolvimento de produtos – últimas tendências para projeto até o SOP (começo de produção) e pesquisa.

APRENDENDO COM A TOYOTA

Nossa pesquisa, bem como a experiência direta da aplicação do modelo em várias empresas de produtos de grande consumo, mostrou que somente adaptar políticas de recursos humanos terá pouco impacto sustentado. Pegar emprestada uma ferramenta do sistema enxuto da Toyota é tão fútil quanto comprar o maior e mais moderno sistema de engenharia participativa de TI. Uma empresa só consegue melhorias realmente significativas em desempenho no desenvolvimento de produto mediante a construção de um sistema próprio de desenvolvimento de produto, com a paciência e o embasamento filosófico que levaram a Toyota e outras grandes corporações ao sucesso.

Um dos pontos fortes da Toyota é a capacidade de aprender com outras empresas, como a Ford Motor Company, os gurus da qualidade e os engenheiros industriais dos Estados Unidos, Japão e Europa, e a partir daí cuidadosamente adaptar esse conhecimento aos seus próprios sistemas internos. Ao agir assim, a Toyota levou em consideração as implicações, comandou a nova abordagem, estudou os custos e benefícios e adaptou a nova abordagem para aperfeiçoar um processo existente. O Capítulo 2 detalha os resultados dos esforços da Toyota para integrar seu sistema de desenvolvimento de produto e discrimina 13 princípios que podem melhorar ainda mais o modelo SEDP.

Muitos exemplos de pesquisas foram incluídos a fim de ajudar o leitor a entender em profundidade o modelo SEDP. Além dos exemplos da própria

Toyota, anexamos contra-exemplos de uma das três maiores empresas do setor nos EUA, sempre citada como North American Car Company (NAC), que foi estudada profundamente para fins comparativos. Essa comparação pretende ajudar o leitor a entender como as práticas de desenvolvimento de produto da Toyota são diferentes das de uma companhia automobilística mais tradicional.

Uma das premissas centrais deste livro consiste em que aprender pela prática e institucionalizar esse conhecimento é a única maneira capaz de levar uma organização a atingir os padrões de excelência estabelecidos pela Toyota. Embora cada empresa acabe sempre elaborando um sistema de desenvolvimento de produto diferente daquele da Toyota, semelhante sistema, sem a filosofia subjacente e os princípios de gestão criados e implementados pela Toyota, não irá muito longe. Esperamos que o conhecimento reunido e os exemplos pesquisados nestas páginas sejam úteis à criação e manutenção, nas empresas de cada um dos leitores, da competência central do desenvolvimento de produto – a próxima fronteira da competitividade.

2

O Modelo do Sistema Enxuto de Desenvolvimento de Produto

Tudo deveria se tornar o mais simples possível,
mas não simplificado.
Albert Einstein

É interessante especular sobre os segredos por trás do sucesso da Toyota na indústria automotiva. Teria Sakichi Toyoda recebido algum segredo samurai quando começou a empresa de teares automáticos que deu origem ao grupo? Será que existe um exército secreto de engenheiros, equipado com pacotes estatísticos Seis Sigma, sistemas especializados e os mais recentes supercomputadores multirredes, permanentemente ocupado em produzir projetos na Toyota? A verdade é bem menos complicada do que parece. De fato, ela é explicada por alguns dos executivos norte-americanos de desenvolvimento de produto da Toyota em apenas três palavras: "engenharia do bom senso". Infelizmente, o que parece bom senso para a Toyota muitas vezes não parece assim tão simples fora da corporação.

É difícil entender o segredo do sucesso da Toyota porque não existe um segredo único e mágico. O sucesso da Toyota decorre do trabalho pesado, de excelentes engenheiros, de uma cultura de trabalho em equipe, de um processo otimizado, de ferramentas simples mas poderosas que funcionam, e do *kaizen,* que aperfeiçoa, aperfeiçoa e aperfeiçoa ainda mais tudo isso. Resumindo, trata-se de um verdadeiro sistema enxuto que está em contínua evolução.

UM SISTEMA SOCIOTÉCNICO (SST)

A teoria dos sistemas sociotécnicos (SST) tornou-se popular na década de 1970 e 1980. Parte dessa popularidade derivou das experiências européias com a democracia no local de trabalho. Outra parte coube aos acadêmicos norte-americanos com formação em engenharia e ciências sociais. Quando reduzida ao seu significado básico, a sigla SST significa que, para ser bem-sucedida, uma organização precisa encontrar a conjugação apropriada entre os sistemas social e técnico que se adapte ao objetivo organizacional e ao ambiente externo. Em termos mais amplos, o sistema técnico inclui não apenas as máquinas, mas também as políticas e procedimentos operacionais padrão de uma organização. Todas as políticas operacionais que um engenheiro industrial coloca em prática fazem parte do sistema técnico. O sistema social é tudo aquilo que tem relação com a seleção, o desenvolvimento e as características das pessoas integrantes de uma organização e com a cultura que a interação dessas pessoas cria.

O termo *sistema* sugere múltiplas partes interdependentes que interagem a fim de criar um todo complexo. Não é possível entender plenamente um sistema pela simples observação de suas partes individuais. Apenas mediante o estudo das pessoas e equipamentos em funcionamento conjunto é que conseguimos compreender a maneira como o todo funciona. Além disso, todo sistema é dinâmico – ele muda freqüentemente em resposta a mudanças no entorno em que se situa. O termo "sistema aberto" se refere a essa interação entre o que existe no interior da organização e o seu ambiente externo.

O desenvolvimento de produtos da Toyota tem evoluído como um sistema vivo a fim de adequar-se ao seu entorno diferenciado. O modelo de sistemas sociotécnicos aqui utilizado para descrever o Sistema Toyota de DP combina três subsistemas principais: 1) processos, 2) pessoal e 3) ferramentas e tecnologia. Em um modelo de sistema enxuto de desenvolvimento de produto, esses três subsistemas são inter-relacionados e interdependentes e influenciam a capacidade da organização de atingir seus objetivos externos (ver Figura 2.1).

O pensamento SST começa com três perguntas: 1) Qual é o objetivo da organização? 2) Por que ela existe? 3) Qual é o ambiente relevante da organização? Uma organização consegue sobreviver apenas se importar informações e recursos do seu ambiente em nível suficiente para sustentar o sistema. Em outras palavras, é indispensável que exista uma conexão íntima entre a organização e o seu entorno.

Elementos de um sistema alinhado que se apóiam mutuamente

FIGURA 2.1 ■ Abordagem sistêmica coerente para o desenvolvimento de produto.

O Modelo do Sistema Enxuto de Desenvolvimento de Produto ■ 35

Um dos objetivos deste livro é definir com maior profundidade os três subsistemas do SST com 13 princípios que compreendem o modelo de Sistema Enxuto de Desenvolvimento de Produto (SEDP). Esses 13 princípios correspondem a cada um dos três subsistemas do modelo STS, tal como esboçado na Figura 2.2.

Antes de revisarmos esses 13 princípios, é importante apresentar uma palavra de alerta. Embora seja útil para os objetivos de análise, comunicação e

5. Desenvolva um sistema de engenheiro-chefe para integrar o desenvolvimento de produto do início ao fim
6. Organize para balancear a competência funcional com a integração multifuncional
7. Desenvolva competência técnica superior em todos os engenheiros
8. Integre plenamente os fornecedores ao sistema de desenvolvimento de produto
9. Consolide o aprendizado e a melhoria contínua
10. Construa uma cultura de suporte à excelência e à melhoria ininterrupta

11. Adapte a tecnologia ao pessoal e ao processo
12. Alinhe a organização mediante comunicação simples e visual
13. Use ferramentas poderosas para padronização e aprendizado organizacional

1. Identifique valor definido pelo cliente para separar valor agregado do desperdício
2. Concentre esforços no início do processo de desenvolvimento de produto para explorar integralmente soluções alternativas enquanto existe máxima flexibilidade de projeto
3. Crie um nivelamento de fluxo do processo de desenvolvimento de produto
4. Utilize padronização rigorosa para reduzir variação e criar flexibilidade e resultados previsíveis

Fonte: Reproduzido com alterações do livro *The Toyota Way* (New York: McGraw-Hill, 2004), de Jeffrey Liker, com permissão da McGraw-Hill.

FIGURA 2.2 ■ Modelo de desenvolvimento enxuto de produto e os 13 Princípios.

36 ■ Sistema Toyota de Desenvolvimento de Produto

mesmo implementação decompor o SEDP da Toyota em um modelo, este não explica a maneira como funciona na prática o desenvolvimento de produto enxuto. Ainda que determinada ferramenta ou método de recursos humanos presente nos princípios possa ser individualmente valioso, a verdadeira força do desenvolvimento de produto enxuto é o trabalho harmonioso do sistema inteiro de ferramentas, processos e sistemas humanos mutuamente complementares. Por isso, a fim de tirar total proveito desse sistema, a implementação requer uma abordagem holística por parte de toda a organização. Uma discussão sobre como isso funciona e como manter uma abordagem da implementação de sistemas é apresentada nos capítulos finais deste livro. Este capítulo fornece um breve resumo dos três subsistemas sociotécnicos e seus correspondentes princípios, que serve como estrutura do conteúdo dos capítulos subseqüentes.

O Subsistema Processo: Princípios 1 a 4 do SEDP

O primeiro subsistema consiste em *processos*, que abrange todas as tarefas e seqüências de tarefas exigidas para levar um produto desde o conceito até o começo da produção. Em termos de SST, isso faz parte do sistema técnico. Em termos de produção enxuta, isso é o que se busca quando se está "mapeando o fluxo de valores" desde a matéria-prima até os produtos finais. Num processo de engenharia, a matéria-prima é a informação – necessidades do cliente, características de produtos anteriores, dados sobre produtos competitivos, princípios de engenharia e outas informações que são transformadas pelo processo de desenvolvimento do produto na engenharia completa de um produto da manufatura. Praticamente todas as empresas têm algum tipo de processo documentado para o desenvolvimento de produtos. O SEDP, no entanto, se interessa mais pelo processo prático – as atividades do dia-a-dia pelas quais a informação flui, os projetos evoluem, os testes são completados, protótipos, construídos, até, enfim, emergir de tudo isso um produto acabado.

Princípio 1: Identifique valor definido pelo cliente para separar valor agregado de desperdício

O cliente é sempre o ponto de partida num sistema enxuto; por isso, a definição do desperdício começa com a definição daquilo que tem valor para o cliente. Mais ainda, é preciso comunicar e operacionalizar valor definido pelo cliente de forma eficiente por meio da organização do desenvolvimento de produto, a fim de alinhar todos os objetivos, focar as energias no cliente e eliminar todo o desperdício do sistema. Em resumo, qualquer atividade que consome tempo e dinheiro, mas não agrega valor pela perspectiva do cliente, é desperdício puro. Em desenvolvimento de produto, são duas as categorias gerais de desperdício:

O Modelo do Sistema Enxuto de Desenvolvimento de Produto ■ 37

1. *Desperdício criado por engenharia ineficiente, que resulta em baixos níveis de desempenho em produtos ou processos.* Esse é o pior dentre os tipos de desperdícios. O melhor antídoto contra essa categoria de desperdício é um conhecimento profundo e concreto de como criar valor definido pelo cliente em cada nível da organização, uma hierarquia de valor. A Toyota emprega ferramentas e métodos para chegar a esse entendimento e cria alinhamento de valor e objetivos por meio da equipe do programa.

2. *Desperdício no processo de desenvolvimento de produtos propriamente dito. Insights* da teoria das filas e do Mapeamento do Fluxo de Valor do Desenvolvimento de Produto podem ajudar a combater esses desperdícios.

Princípio 2: Concentre esforços no início do processo de desenvolvimento de produto para explorar integralmente soluções alternativas enquanto existe a máxima flexibilidade de projeto

A maior oportunidade para explorar alternativas está claramente no começo do programa de desenvolvimento de produto (programa de DP). A Toyota desenvolveu vários métodos e técnicas para concentrar esforços no início dos seus processos de desenvolvimento de produtos com recursos multifuncionais integrados de engenharia que focam em resolver os principais desafios em engenharia enquanto existe o máximo de opções para tanto. Resolver problemas enquanto os projetos estão em sua maior fluidez permite à empresa explorar soluções potenciais em projeto, engenharia e manufatura. Além disso, ao empregar essa abordagem "baseada em alternativas" (ou seja, examinando simultaneamente múltiplas alternativas em oposição à iteração de ponto único) da engenharia multifuncional, a Toyota aumenta radicalmente suas oportunidades de chegar a uma solução ótima. Isso minimiza a necessidade de dispendiosas mudanças de engenharia no decorrer de etapas mais adiantadas do fluxo. Por meio da disciplina do *Kentou* e *Mizen Boushi*, a Toyota dá transparência e objetivo aos últimos estágios do processo de DP que eliminam boa parte da incerteza que caracteriza o às vezes difuso estágio final do projeto. Além disso, ela se mostra capaz de isolar a variabilidade inerente aos processos de DP, também concretizando a compatibilidade entre sistemas antes de completar os projetos de componentes individuais.

Princípio 3: Crie um nivelamento de fluxo do processo de desenvolvimento de produto

Uma vez definido o valor e resolvida a maior parte dos desafios em engenharia e projeto (ou seja, tendo atingido a estabilidade básica), o desenvolvimento de produto enxuto exige um processo livre de desperdícios a fim de agilizar a entrega do produto ao mercado. Pode-se gerenciar e aperfeiçoar o processo de DP como se faz com qualquer outro. Ainda que estejam em pauta muitos desafios de projeto específicos e especiais, as tarefas a serem completadas e sua seqüên-

38 ■ Sistema Toyota de Desenvolvimento de Produto

cia são, em geral, semelhantes nos vários programas. Nesse sentido, um sistema de DP enxuto é uma *oficina de trabalho de conhecimentos funcionais* que a empresa pode melhorar de forma contínua mediante a utilização de ferramentas adaptadas nos processos repetitivos de manufatura a fim de eliminar o desperdício e sincronizar as atividades multifuncionais. A Toyota emprega a poderosa perspectiva da oficina de trabalho de conhecimentos funcionais para equilibrar a carga de trabalho, criar e diminuir a cadência da gestão de eventos para criar um tempo *takt* (*takt time*), minimizar as filas, sincronizar processos compartilhados por departamentos funcionais e reduzir o retrabalho a um mínimo.

Princípio 4: Utilize padronização rigorosa para reduzir a variação e criar flexibilidade e resultados previsíveis

O desafio no desenvolvimento de produto é reduzir a variação e, ao mesmo tempo, preservar a criatividade. A Toyota cria maiores níveis de flexibilidade de sistemas mediante a padronização das tarefas mais comuns. São três as categorias gerais de padronização na Toyota.

1. *Padronização do projeto.* A Toyota atinge essa meta por meio da arquitetura conjunta, modularidade e reutilização de componentes compartilháveis.
2. *Padronização dos processos.* A Toyota concretiza essa padronização ao projetar produtos e construir plantas de produção padronizadas com base em processos de manufatura padrão.
3. *Padronização dos conjuntos de competência em engenharia.* Na Toyota, isso proporciona flexibilidade na formação de equipes e programação da produção.

A padronização proporciona os fundamentos para que a Toyota desenvolva soluções eficientes das demandas cíclicas tradicionalmente elevadas de recursos inerentes a muitos sistemas de DP. Ela também permite à empresa criar resultados altamente estáveis e previsíveis (com qualidade e atualidade) num ambiente normalmente instável.

Os Subsistemas Pessoal: Princípios 5 a 10 do SEDP

O *subsistema pessoal* envolve recrutamento, seleção e treinamento de engenheiros, estilos de liderança e padrões de estrutura e aprendizagem organizacionais. Esse subsistema e os seus princípios abrangem o fator sempre esquivo chamado cultura, que pode ser por demais abrangente na medida em que resume a linguagem, os símbolos, as convicções e os valores compartilhados da organização. O grau que uma empresa compartilha esses fatores entre seus integrantes e associados é uma medida da força da cultura, bem como um importante princípio do pensamento enxuto.

O Modelo do Sistema Enxuto de Desenvolvimento de Produto ▪ 39

Princípio 5: Desenvolva um sistema de engenheiro-chefe para integrar o desenvolvimento do início ao fim

Em muitas empresas, são tão numerosos os departamentos funcionais responsáveis por diferentes partes do DP que, no fim, ninguém é responsável por nada. Procure identificar com exatidão qual é o *status* do projeto ou em que nível são tomadas as decisões e logo você se sentirá perdido no labirinto de departamentos intermináveis. Na Toyota, o antídoto contra esse problema é o engenheiro-chefe, que é responsável por e consegue definir a situação exata de qualquer projeto em andamento. O engenheiro-chefe não é simplesmente um gerente de projeto, mas um líder e integrador de sistemas técnicos; é a esse indivíduo que são delegadas as decisões mais difíceis. Embora muitas empresas possam ter alguém com o título de engenheiro-chefe ou gerente de programa, trata-se de indivíduos muitas vezes relegados à função de gerente de projeto, administrando pessoal e prazos sem chegar a ser um arquiteto técnico principal. A única função do engenheiro-chefe na Toyota é ser a cola que mantém unido e sólido o sistema inteiro de desenvolvimento de produtos.

Princípio 6: Organize para balancear a competência funcional e a integração multifuncional

Uma das tarefas mais difíceis no desenvolvimento de um sistema de DP de alto desempenho é conseguir um equilíbrio entre a excelência funcional no âmbito de disciplinas específicas e, ao mesmo tempo, concretizar a integração equilibrada desses especialistas entre os departamentos. Essa sinergia é indispensável para o sucesso de qualquer programa individual. A Toyota é uma empresa organizada funcionalmente, com ênfase nas habilidades funcionais e numa hierarquia baseada no mérito, mas ela integrou os tradicionais silos com o engenheiro-chefe, equipes de desenvolvimento em módulos e um sistema de *obeya* (amplo salão) que facilita a integração multifuncional e proporciona um foco para o programa do desenvolvimento de produto.

Princípio 7: Desenvolva competência técnica superior em todos os engenheiros

A excelência em recursos de engenharia e projeto é fundamental para o desenvolvimento de produto enxuto. O automóvel moderno é um sistema complexo de componentes interdependentes de alta tecnologia que demanda conhecimento de tecnologia de computadores, dinâmica aérea e de fluidos, mecânica e eletrônica, entre outras disciplinas especializadas. Assim, é surpreendente que muitos fabricantes invistam praticamente só da boca para fora em superastros técnicos, preferindo que seus engenheiros ampliem, em lugar de aprofundar, sua experiência e procurem títulos de MBA em lugar de desenvolver suas capacidades técnicas. Na verdade, grande parte do "treinamento" incentivado ou

40 ■ Sistema Toyota de Desenvolvimento de Produto

disponível em muitas organizações é freqüentemente genérico a ponto de se poder questionar se ele tem mesmo algum valor. Na Toyota, a excelência técnica é reverenciada e os engenheiros da organização passam grande parte do seu tempo de trabalho em atividades práticas do ramo. A Toyota começa com um rigoroso processo de seleção/contratação e depois disso define um plano de carreira que destaca a aquisição de capacidades técnicas cada vez mais aprofundadas de uma determinada disciplina, com foco no acompanhamento de habilidades táticas determinantes para a excelência em engenharia. O princípio do *genchi genbutsu* (peça real, local real) faz com que os engenheiros ponham a "mão na massa", empenhando-se em fiscalizar de perto como está sendo desenvolvido o trabalho e quais são os problemas apresentados.

Princípio 8: Integre plenamente os fornecedores ao sistema de desenvolvimento de produtos

Os fornecedores são responsáveis por mais de 50% dos componentes dos veículos na maioria dos fabricantes (no caso da Toyota, acima de 75%) e devem constituir uma parte fundamental do Sistema de Desenvolvimento de Produto Enxuto. As empresas precisam administrar e cultivar seus fornecedores da mesma forma que administram e cultivam os recursos internos de manufatura e engenharia. Na Toyota, os fornecedores são apreciados em função de sua capacidade técnica, além da capacidade de produção de peças. Acordos prévios para o fornecimento conseguem deixá-los a par de todo o processo desde o início, de maneira a estarem envolvidos com o desenvolvimento de um produto desde os mais primeiros estágios do seu conceito. A utilização de métodos como a presença, nas fábricas da Toyota, de engenheiros convidados dos fornecedores serve para cimentar um relacionamento muito próximo entre a organização e seus fornecedores.

Princípio 9: Consolide o aprendizado e a melhoria contínua

A capacidade de aprender e melhorar pode ser a vantagem competitiva mais sólida de uma empresa. Na Toyota, aprender e aperfeiçoar-se de forma contínua constituem parte fundamental das operações do dia-a-dia. A Toyota, como líder em reunir, difundir e aplicar informações destinadas a melhorar o desempenho, reconhece os benefícios do aprendizado e maximiza os seus impactos no conjunto da organização.

Princípio 10: Construa uma cultura de suporte à excelência e à melhoria ininterrupta

O DNA da Toyota é uma combinação de crenças e valores fortemente compartilhados por sucessivas gerações de gerentes e engenheiros. Esses valores e convicções centrais impelem a organização a trabalhar harmoniosamente em

O Modelo do Sistema Enxuto de Desenvolvimento de Produto ■ 41

direção a objetivos comuns. A cultura da Toyota apóia a excelência com valores explicitamente definidos e adesão resoluta às convicções centrais pelo conjunto dos líderes e dos integrantes das equipes. Todos os outros princípios funcionam porque essa cultura torna os princípios uma parte viva da maneira pela qual a Toyota funciona.

O Subsistema Ferramentas e Tecnologia: Princípios 11 a 13 do SEDP

O terceiro subsistema consiste nas ferramentas e tecnologias utilizadas para transformar um veículo em produto final. Esse subsistema inclui não apenas sistemas CAD, tecnologia de máquinas e manufatura digital e tecnologias de teste, como todos os *softwares* que dão suporte ao trabalho do pessoal envolvido no projeto de desenvolvimento, tenha ele como finalidade a resolução de problemas, aprendizagem ou padronização das melhores práticas.

Princípio 11: Adapte a tecnologia para que sirva ao pessoal e aos processos

Muitas empresas tomam o caminho errado quando tentam utilizar tecnologias tidas como milagrosas a fim de atingir altos níveis de desempenho no desenvolvimento de produto, especialmente quando assim decidem sem levar em consideração o impacto que essa tecnologia terá em relação aos métodos existentes ou ao pessoal que neles trabalha. Agregar tecnologia a um sistema viciado de desenvolvimento de produto não irá gerar valor para a empresa que tomar essa decisão, podendo, inclusive retardar o desempenho – especialmente no curto prazo. A Toyota reconhece que a tecnologia sozinha poucas vezes consegue concretizar uma vantagem competitiva de real importância, em parte porque a tecnologia pode ser facilmente copiada por outros. É muito mais importante dedicar tempo e esforço a fim de garantir que a tecnologia se adapte aos processos já otimizados e disciplinados e também ao pessoal altamente qualificado e organizado. É por isso que a Toyota se empenha tanto para adaptar o projeto de *software* e outras ferramentas de simulação digital especificamente ao Modelo Toyota antes de começar a sua implementação. Num sistema de desenvolvimento de produto realmente eficiente, subsistemas eficazes de processos e pessoal são prioritários; aceleradores tecnológicos capazes de alavancar oportunidades específicas são sempre complementos dos primeiros.

Princípio 12: Alinhe a organização mediante comunicação simples e visual

Embora a cultura e o foco no cliente constituam a cola que mantém a coesão da organização Toyota, existem algumas ferramentas simples que ajudam a alinhar os muitos projetistas e engenheiros focados nas respectivas especializações técnicas. Uma famosa ferramenta japonesa de gestão é *hoshin kanri*, também conhecida como desdobramento de diretrizes. Trata-se de um método para decompor objetivos corporativos de alto nível em objetivos com significado para o nível de chão de fábrica da organização. O método também é usado pela Toyota para desdobrar adequadamente os objetivos do veículo em sistemas específicos relativos a desempenho, peso, custo, segurança, etc. Para dar suporte a esse processo e resolver problemas que naturalmente ocorrem, a Toyota utiliza métodos visuais muito simples na comunicação dessa informação, quase sempre limitados a uma simples folha de papel. Esse relatório A3 (assim batizado conforme o tamanho de papel A3) tem quatro versões menores para propostas, soluções de problemas, atualização de dados e análise competitiva.

Princípio 13: Use ferramentas poderosas para a padronização e o aprendizado organizacional

Um princípio bem-conhecido do *kaizen* determina que não existe melhoria contínua sem padronização. Conseqüentemente, o aprendizado deve estender-se de programa em programa. A Toyota criou (mediante um processo evolucionário) algumas ferramentas poderosas que padronizam a aprendizagem de programa em programa. Isso ocorre no nível macro de aprendizagem, desde a maneira pela qual um processo de projeto é compartilhado entre gerentes de programas até as lições individuais no nível dos detalhados componentes técnicos capturados nas planilhas dos engenheiros.

Esses são, pois, os 13 princípios que compreendem nosso não tão simples modelo de um Sistema Enxuto de Desenvolvimento de Produto. As próximas três seções deste livro abordarão os subsistemas individuais, com um capítulo dedicado a cada princípio. No final de cada capítulo, haverá um breve resumo dos componentes básicos do SEDP para o princípio debatido. A Seção V discutirá de que maneira a Toyota integra esses princípios em um sistema coerente de desenvolvimento de produto e o Capítulo 17 tratará de uma questão que transforma a teoria em prática: como aprender com o sistema Toyota de DP a elaborar e implementar um sistema próprio e coerente de desenvolvimento de produto enxuto.

SUBSISTEMA PROCESSO

3

Identifique Valor Definido pelo Cliente para Separar Valor Agregado de Desperdício

O nosso negócio não é determinado pelo produtor, mas pelo cliente. Não é definido pelo nome da empresa, seus estatutos ou requisitos, mas pelo desejo que o cliente satisfaz quando compra um produto ou serviço. Trata-se, pois, de uma questão que só se resolve olhando para o negócio do lado de fora, do ponto de vista do cliente.

Peter F. Drucker

A diretriz fundamental de qualquer sistema verdadeiramente enxuto consiste em estabelecer e entregar valor definido pelo cliente. Entretanto, isso pode ser especialmente difícil de concretizar no desenvolvimento de produtos. Desenvolver a próxima geração de um conceito de produto exige um entendimento muito preciso de valor a partir da perspectiva do cliente pretendido. Na indústria automobilística, as características de um veículo que representam valor para o comprador de um *RAV Four* ou para o comprador de um sedan *Lexus LS 430* tendem a ser completamente diferentes entre si. É preciso também considerar o aspecto demográfico dos clientes (idade, residência ou renda) e as preferências pessoais de indivíduos que sonham com o mesmo tipo de automóvel. Acertar tudo isso pode ser um desafio de altas proporções, mas entender esses fatores de maneira errada tende a ser ainda pior, pois pode colocar em risco o sucesso do processo de desenvolvimento de produto.

Al Ward acreditava que o papel principal de um desenvolvimento de produto *eficiente* é a criação de novos e lucrativos *fluxos de valor* para a organização. Isso se traduz em um objetivo em duas etapas: aferir o valor definido pelo cliente com a máxima precisão e, a partir dessa avaliação, eliminar ou reduzir desperdícios que interfiram no desenvolvimento do produto que corresponda àquele valor.

O desperdício no desenvolvimento do produto ocorre de maneira geral em uma de duas grandes áreas: 1) *engenharia* e 2) *processo de desenvolvimento do produto*. Este capítulo avalia a primeira dessas áreas; a segunda é abordada no

46 ■ Sistema Toyota de Desenvolvimento de Produto

Capítulo 5. Em ambos os casos, a premissa subjacente é que não devemos gastar esforços ou recursos antes de termos um profundo entendimento do valor definido pelo cliente.

Entender a preferência do cliente é parte básica de qualquer sistema de desenvolvimento de produto. O DP tradicional usa muitas ferramentas para atingir esses objetivos, como dados de mercado, grupos de foco e pesquisas. Cada uma dessas ferramentas tradicionais tem condições de reunir importantes informações sobre as tendências de mercado e o sentimento dos clientes, mas nenhuma delas proporciona um entendimento concreto do valor definido pelo cliente. Como um sistema enxuto de DP depende desse conhecimento profundo, essas ferramentas tradicionais ficam um pouco aquém do necessário, pois não chegam a refletir dados que permitam uma distinção precisa entre as atividades de valor agregado e as que não agregam valor. Sem esse conhecimento, não é possível definir com exatidão os *valores característicos* de um cliente. Isso, por sua vez, afeta de forma negativa a alocação e o gerenciamento dos recursos destinados ao desenvolvimento de produtos. O estudo de caso da North American Car Company (NAC) apresentado a seguir busca proporcionar um melhor entendimento da relação entre uma abordagem tradicional do desenvolvimento do produto e uma engenharia de desperdício prejudicial.

PROCESSO DO VALOR DEFINIDO PELO CLIENTE NA NORTH AMERICAN CAR COMPANY

Todas as empresas gastam muito tempo tentando identificar atributos de produto que sejam importantes para o cliente. A North American Car Company (NAC) investe significativos recursos na coleta e estudo de dados demográficos, na revisão de resultados de grupos de foco, no *benchmarking* de concorrentes e na revisão de dados de campo relativos à qualidade do modelo atual de seus veículos. Uma vez compilados, todos esses dados geram um longo e detalhado documento que descreve o cliente-alvo e o custo viável do modelo, bem como a definição dos *objetivos de desempenho em nível de veículo* relativos aos novos modelos. A NAC utiliza sofisticadas ferramentas analíticas e inúmeras revisões de casos de negócios para avaliar dados objetivos capazes de determinar o rumo e a viabilidade do seu programa de produtos. No entanto, existe uma lacuna elementar. Em primeiro lugar, pelo menos parte do problema é que essa abordagem analítica pode se mostrar excessivamente objetiva. O foco principal da equipe de desenvolvimento de produto está na entrega dos números – especialmente aqueles referentes às necessidades financeiras. De fato, as equipes com as quais nos encontramos demonstravam verdadeira obsessão por esse tema, em detrimento de outros assuntos, à medida que se preparavam para compreender as análises da alta administração. É óbvio que isso quase nada contribui para estabelecer uma conexão emocional com o cliente ou um sentimento compartilhado de entusiasmo com respeito ao programa do veículo. O cliente-alvo não é parte central do processo – os números é que são. Na verdade, depois da fase do conceito, o cliente raramente é mencionado. Assim, embora os líderes do principal programa da NAC estejam claramente conscientes do retorno sobre o investimento, eles aparentam estar fora de contato com o cliente, não conseguem focar nas verdadeiras características de valor do cliente e não têm consciência do desperdício de engenharia resultante dessa confusão toda.

Da mesma forma que outras empresas tradicionais, a NAC tem dificuldade de comunicar tudo o que conhece sobre o programa, por meios significativos ou mensuráveis, à equipe de trabalho, deixando seus colaboradores em dúvida sobre os objetivos do programa, os objetivos funcionais e as metas da própria equipe. De fato, muitos participantes de programas-chave têm um conhecimento vago sobre os objetivos específicos de suas funções e um entendimento ainda mais vago sobre os objetivos gerais do programa.

Essa falta de compreensão é ainda mais evidente à medida que se desce na hierarquia funcional, onde grupos em geral têm seus próprios conjuntos de objetivos para o programa de acordo com questões relacionadas às operações do dia-a-dia da manufatura. A razão para isso é simples. A NAC não consegue envolver os grupos funcionais, como o da manufatura, no processo de definição de valor. Em conseqüência, os objetivos de programa da empresa não despertam um sentimento de plena participação, e mesmo de propriedade, entre os grupos situados na base da pirâmide funcional e, por isso, esses grupos não têm a oportunidade de colocar em prática objetivos em nível de veículo, nem de se dedicar a metas específicas de uma forma que, para eles, tenha maior significado. O resultado dessa incapacidade de envolver e alinhar todos os participantes do programa é que cada grupo funcional acaba desenvolvendo objetivos isolados, causando confusão ou conflitos entre as equipes de desenvolvimento. Isso contribui não apenas para inibir a capacidade da NAC de entregar valor definido pelo cliente, mas também para criar atrasos no programa, custos extras derivados desses atrasos e um produto de qualidade quase sempre inferior ao da concorrência.

PROCESSO DO VALOR DEFINIDO PELO CLIENTE NA TOYOTA

Da mesma forma que a NAC, a Toyota avalia dados sobre qualidade, pesquisas de mercado e produtos dos concorrentes com o objetivo de entender seus clientes. Mas as semelhanças terminam aqui. Um primeiro passo fundamental no processo de descobrimento de valor da Toyota consiste na seleção de líderes-chave de programas. A Toyota seleciona líderes de programas com currículo e experiência a fim de estabelecer uma conexão emocional com o cliente-alvo. Como explica Kousuke Shiramizu, o guru de qualidade do *Lexus* e vice-presi-

48 ■ Sistema Toyota de Desenvolvimento de Produto

dente executivo do grupo, "Engenheiros que nunca puseram os pés em Beverly Hills não podem participar do projeto *Lexus*. O mesmo vale para quem nunca teve a experiência de dirigir um automóvel numa *Autobahn* da Alemanha."

Liderança de Programa: A Função do Engenheiro-Chefe

O líder de programas mais importante na Toyota é o engenheiro-chefe (EC). Além de ser um superengenheiro, ele ou ela tem a obrigação de conhecer o que os clientes valorizam e de que maneira as características de valor se entrosam com as características de desempenho do veículo do programa. Os engenheiros-chefes da Toyota e suas equipes se esforçam para chegar a esse conhecimento. Dois breves exemplos ilustram até que ponto vai esse esforço. Em uma ocasião, um engenheiro-chefe da Toyota foi morar com uma jovem família-alvo no sul da Califórnia a fim de compreender melhor o estilo de vida da "geração X", associado com clientes do *RAV Four*. Em outra história, durante o desenvolvimento do *Sienna 2003*, o engenheiro-chefe do projeto viajou por mais de 80 mil quilômetros com sua equipe numa minivan mais antiga da Toyota, percorrendo todos os cantos do Canadá, Estados Unidos e México. Ele teve assim uma lição na prática sobre o que seria mais importante para o motorista norte-americano de minivans, descobrindo, em praticamente cada quilômetro percorrido, novas oportunidades de melhoria do produto. Como resultado, o *Sienna* ficou do tamanho adequado para transportar madeira compensada, a direção passou por ajustes, novos suportes para copos foram acrescentados ao console e a estabilidade aerodinâmica do carro foi aprimorada, entre várias outras melhorias surgidas em função dessa experiência.

As ações do engenheiro-chefe confirmam que o *processo de avaliação de valor* e a *análise de dirigibilidade dos veículos* são importantes instrumentos utilizados pela Toyota na busca constante de valor para o cliente. A fim de garantir que a experiência ao volante concretize o melhor valor, os integrantes da equipe do engenheiro-chefe passam por treinamento avançado em direção, bem como treinam sua capacidade de identificar e resolver problemas e reconhecer oportunidades de melhoria.

Uma vez definidas, as características de valor devem ser 1) comunicadas a todas as equipes de programas e 2) alinhadas e postas em operação com objetivos significativos e mensuráveis que representem tarefas específicas que cada integrante da equipe do produto tenha condições de executar.

Etapas para Entregar Valor ao Cliente

Na Toyota, o engenheiro-chefe é o principal responsável pela entrega de valor ao cliente, mesmo que esse processo envolva muitas etapas e pessoas. Em primeiro lugar, o EC comunica objetivos de valor definido pelo cliente e de nível de desempenho do veículo e alinha os objetivos relativos ao nível de desempenho do veículo de toda a equipe envolvida no programa. Esse estágio, ou etapa, começa com o *Manual de Conceito do Engenheiro-Chefe*, que define a visão do EC para o novo veículo. Esse manual, um documento que raramente ultrapassa 25 páginas, em geral assume sua forma definitiva em alguns meses. Inclui objetivos quantitativos e qualitativos em relação a características, desempenho, custo e qualidade do veículo. Inúmeras pessoas contribuem para a confecção desse manual, mas sua redação final e distribuição cabem ao EC, que o apresenta num grande auditório como as diretrizes para todos os participantes do projeto.

O termo japonês para o manual de conceito (e outros documentos emitidos pelo EC) é *shijisho*, que significa "documento com ordens diretas"[1]. O manual de conceito do EC pode assim ser comparado, em termos militares, a uma ordem direta. O conceito é o resultado de muitos meses de discussões, busca de informações e construção, e foi aprovado pela cúpula executiva da empresa. Quando publicado, transforma-se na lei do programa.

Uma vez aprovado o conceito, o passo seguinte no processo do valor definido pelo cliente é desenvolver objetivos específicos que dêem sustentação à visão do engenheiro-chefe para todas as *equipes funcionais do programa*. Os objetivos de *nível de desempenho do veículo* estabelecidos pelo EC devem ser traduzidos em objetivos específicos e mensuráveis para os estilistas, engenheiros de embalagem, engenheiros de carroceria, engenheiros de estamparia, etc., que compõem a equipe do programa. Colocar em operação valor definido pelo cliente num nível de veículo que dê sustentação a objetivos alinhados que venham a fluir em cascata entre as equipes do programa cria uma *hierarquia de valores*. À medida que a equipe do EC percorre essa hierarquia, ela decompõe os objetivos de desempenho de veículos de alto nível e os alinha a cada nível em um conjunto de ações específicas. Esse processo dá à Toyota uma perspectiva interna de cliente para cada equipe funcional (um exemplo simplificado do *processo de decomposição de valor* – uma abordagem parcialmente estruturada, reducionista, da conquista do alinhamento de valor no processo de desenvolvimento do produto – será apresentado mais adiante neste capítulo).

Em seguida, *equipes de desenvolvimento de módulos* (EDMs), responsáveis pelos subsistemas de cada veículo, se reúnem para desenvolver objetivos específicos, mensuráveis para cada subsistema, e para comunicá-los à equipe do EC. Com uma atitude de o cliente vem primeiro e utilizando o EC como a voz principal do cliente, as várias EDMs realizam intensas negociações e, ao final desse processo,

---

[1]Existem dois tipos de *shijisho*. Os do Tipo A são amplos e definem metas e objetivos gerais, identificam tendências e incluem alvos em matéria de peso, desempenho e custo como o manual do conceito. Os do Tipo B são voltados para o nível dos componentes menores, por exemplo, decidir o número de protótipos ou, para os motores, decidir um determinado tipo de montagem.

se comprometem com objetivos específicos destinados a apoiar as características do nível de desempenho do veículo. Esse processo é bastante semelhante ao do *catch-ball* utilizado no *Hoshin Kanri*, projetado para conquistar adesão e alinhamento entre os participantes e também para incentivar uma troca sincera de pontos de vista que leve ao estabelecimento de metas rigorosas e concretizáveis. Esse processo faz com que todos foquem seus esforços e energias na entrega de valor ao cliente e previne contra a possibilidade de que membros das equipes tentem impor os respectivos sistemas individuais em detrimento da otimização do sistema no seu todo. A versão final desses objetivos é adotada e fiscalizada ao longo do programa. O desempenho dos integrantes das equipes é julgado, em parte, por sua capacidade de atingir tais objetivos. Isso faz com que cada integrante do programa contribua diretamente para a entrega do valor definido pelo cliente.

O próximo estágio do processo exige uma intensa participação multifuncional entre as EDMs para desenvolver estratégias específicas e *objetivos de valor*, a fim de concretizar os compromissos orientados pelo valor que cada equipe assumiu. Equipadas com objetivos de valor predeterminados, as várias EDMs trabalham em conjunto mediante o estudo de dados sobre qualidade, a análise detalhada dos produtos da concorrência e a visita de revendedores a fim de documentar o *feedback* direto dos clientes. Elas também visitam fábricas próprias e da concorrência para estudar a produção e conversar com os operadores a respeito da qualidade e da eficiência em termos de produção. Esse é um exemplo de um importante conceito descrito em *O Modelo Toyota*, o *Genchi Genbutsu* (ir diretamente à fonte), que é um fator crucial de sustentação do Sistema de Desenvolvimento de Produto Enxuto.

É importante entender que quando as EDMs multifuncionais vão diretamente à fonte, elas o fazem com um conjunto comum de objetivos e metas baseado em objetivos de nível de desempenho de veículo fixados pelo engenheiro-chefe. Como as EDMs começam sua jornada para a entrega de valor muito cedo no processo, quando o conceito do veículo ainda é um tanto indefinido, elas se tornam capazes de comunicar e integrar seus compromissos movidos pelo valor com o projeto, processos de engenharia e departamentos de produção, o que significa inúmeras oportunidades para descobrir possíveis melhorias nas suas idéias de desenvolvimento (esse tópico será retomado no próximo capítulo).

EXEMPLO DE CASO: A EQUIPE DA CARROCERIA DO *LEXUS* REDUZ A MARGEM DE ERROS À METADE

Uma revisão dos primeiros dias do projeto *Lexus* ilustra bem o alinhamento do valor e do processo de decomposição do valor. O princípio condutor da marca *Lexus* era a *implacável busca da perfeição*. Na época, contudo, o *feedback* dos clientes da Toyota indicava uma clara preferência pela precisão e alta qualidade de projeto e execução proporcionadas pelos modelos alemães BMW e Mercedes, dois dos primeiros automóveis de luxo com os quais a equipe *Lexus* decidiu concorrer. A fim de concretizar um salto de qualidade capaz de satisfazer o nível que os clientes deveriam esperar de um *Lexus*, a equipe estabeleceu como seu principal objetivo uma redução de 50% na margem de erros. Uma ação específica resultante desse objetivo foi a redução, pela equipe da carroceria, das margens, ou intervalos, entre os painéis com relação ao índice admitido na época, reduzindo igualmente o montante de variações nessas linhas à metade do nível então aceitável, com isso atingindo um nível de precisão jamais visto na carroceria de um veículo, considerado por muitos especialistas, à época, irrealizável.

A equipe do *Lexus* descobriu que reduzir essas falhas contribuiria para a aerodinâmica do veículo e para uma considerável redução do ruído provocado pelo vento. Além disso, as modificações melhorariam radicalmente a aparência e arte do veículo, algo que os clientes já haviam identificado como fatores críticos na opção por marcas de luxo. A equipe de desenvolvimento de módulos responsável pela submontagem dos acabamentos do veículo (entre eles o capô, as portas e o porta-malas) enfrentou um desafio especialmente difícil. Além do objetivo já desafiador de reduzir as distâncias e variações em tolerância, a equipe precisou levar em conta a variação de espaço necessária para abrir e fechar essas submontagens. A equipe multifuncional começou pela execução de uma detalhada desmontagem e análise das portas de dois dos melhores modelos da concorrência. Com isso, identificou áreas de preocupação muito específicas, detalhadas no gráfico da Figura 3.1.

As áreas identificadas no gráfico correspondem às áreas específicas nas portas mostradas na Figura 3.2. Como essas áreas apresentaram as maiores diferenças entre os produtos, a equipe começou sua pesquisa pela análise dessas especificações.

Conforme ilustra a Figura 3.2, as seções superior e inferior das portas têm variação comparável em distância. As maiores diferenças entre as duas portas localizam-se na área A, no canto da porta da frente, e na área E, no canto da porta de trás. Durante o processo de manufatura, o canto da porta é criado mediante a formação de borda ou dobragem do friso do canto do lado externo da porta sobre o acabamento do friso da porta interna, como mostrado na Figura 3.3.

Embora a aparência geral ou os efeitos do *design* dos cantos das portas dianteiras pareçam semelhantes, um exame mais detalhado pela equipe identificou várias diferenças significativas. A mudança brusca criada por uma alteração de rumo no ponto A do modelo *Lexus* pode criar compressão material e distorção nessa área da borda e variação no espaço do painel. O canto da porta da marca concorrente gira suavemente para cima, criando um efeito suave gradual que minimiza a distorção material. Na mesma área, também foi visto que o estilo do friso que atravessa a porta interrompe o canto, criando potencial para distorção ainda maior. O friso correspondente na porta do carro concorrente dobra-se para cima e se desfaz na área de imbricagem do retrovisor, jamais interrompendo o canto da borda.

52 ■ Sistema Toyota de Desenvolvimento de Produto

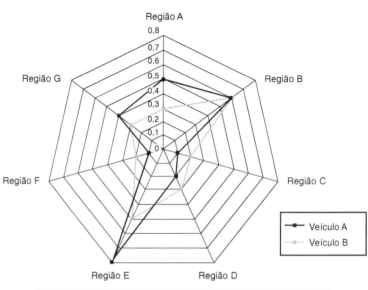

FIGURA 3.1 ■ Comparação de gráfico de radar das portas dianteiras.

No canto traseiro da porta, a EDM constatou condições similares: duas linhas de estilo que interrompem os cantos da borda e outra forte quebra no alto da porta. Com a informação derivada dessas análises, a equipe teve condições de ajudar a concretizar os objetivos em matéria de distância do painel. A equipe também constatou uma compensação de um milímetro no canto do friso da porta interna que acompanha toda a periferia (área E). Os integrantes da equipe concluíram que essa compensação proporcionaria maior estabilidade que um canto rígido, contribuindo ao mesmo tempo para a falha e abundância da descarga e para uma condição genericamente mais precisa da adaptabilidade do painel. Essa mudança no projeto foi facilmente incorporada, nesse ponto, ao programa.

Identifique Valor Definido pelo Cliente... ■ 53

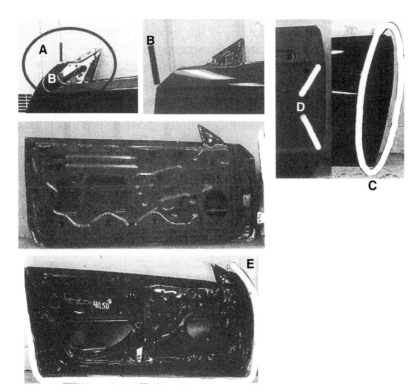

A. Canto dianteiro da porta moldado no detalhe do espelho
B. Linha de estilização integrada no detalhe do espelho para evitar o rompimento da linha de borda
C. Periferia mais clara friso/arco no canto traseiro da porta
D. Quebras radicais de linha ao longo da borda no Veículo A
E. Detalhes do produto na porta inteira acompanham de perto a periferia do friso da borda no Veículo B. Essa compensação constante proporciona estabilidade dimensional superior com um melhor ajuste.

FIGURA 3.2 ■ Comparação de gráfico de radar das portas dianteiras.

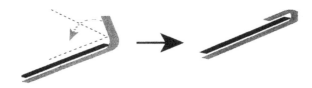

FIGURA 3.3 ■ Operação de formação de borda.

54 ■ Sistema Toyota de Desenvolvimento de Produto

A Equipe de Desenvolvimento de Módulos visitou, a seguir, a planta responsável pela submontagem da porta existente. Observações ao vivo e entrevistas com operadores identificaram outra oportunidade de melhoria. Alterando a condição dos rebites e encurtando os frisos nos painéis externos, a equipe conseguiu um controle bem maior do processo de formação de borda, com a redução das variações e o aumento da capacidade de tornar as linhas de separação dos consoles (margem de erro) menores. Testes subseqüentes, já no entorno da manufatura, capacitaram a identificação das melhores condições de extensão do friso e do processo de rebite, tanto para uma força máxima desses rebites (pela junção das montagens) quanto para obter linhas mínimas e mais estáveis entre os consoles.

A variação da borda e a distância e o alinhamento do painel foram monitorados ao longo do programa e examinados de perto em cada revisão do desenho; os resultados foram sempre acompanhados. A equipe também desenvolveu métricas específicas tanto para a condição final (linha e variação de 4 mm) quanto para os meios de chegar a ela (mudanças de projeto, extensão do friso e necessidades de rebite), acompanhando os meios e os resultados ao longo do programa e apresentando gráficos simples na sala da equipe do programa. Ao acompanhar tanto os resultados quanto os meios, a equipe ficou em condições de identificar rapidamente se os métodos/meios estavam ou não sendo seguidos. Ao trabalhar em colaboração permanente nos detalhes da entrega do valor do cliente, a equipe estabeleceu a possibilidade de lançar um carro de luxo que superou os padrões vigentes em sua época. Muitos leitores certamente lembrarão do comercial do *Lexus* em que um rolamento de esferas desce por um dos níveis do console para demonstrar o novo nível de precisão em carros que a equipe do *Lexus* atingiu.

O desenvolvimento de produtos em nível excelente depende da existência de um processo pelo qual a liderança do programa comunique objetivos específicos, detalhados, que são alinhados ao longo do programa, e obtenha o envolvimento de todos os grupos funcionais (equipes de desenvolvimento) para uma efetiva entrega do valor definido ao cliente. Comprometer-se com objetivos e cumpri-los nos prazos determinados são fatores que atraem uma decisiva participação. Consegue-se, igualmente, eliminar perdas de engenharia, proporcionando aos fabricantes condições de entregar valor de modo consistente.

POR QUE ESTE É O PRIMEIRO PRINCÍPIO

Este princípio do SEDP enfatiza a importância de um profundo entendimento do valor definido pelo cliente, de fazer com que ele seja realmente compreendido por todos os integrantes da equipe do programa, e de promover sua decomposição em objetivos significativos ao longo do conjunto do programa. *Estabelecer e decompor valor definido pelo cliente é um primeiro passo fundamental na criação de um processo enxuto de DP.* Mais ainda, a fim de concretizar esse conhecimento de alto nível e de ter o valor definido pelo cliente refletido diretamente no sistema de desenvolvimento de produto, é indispensável contar com um engenheiro-chefe, ou equivalente, em condições de definir e alinhar objetivos e metas de programa entre as equipes multifuncionais logo nas etapas iniciais desse empreendimento. Para a Toyota, proporcionar à equipe de desenvolvimento de módulo tempo suficiente para analisar, localizar e estudar opções é crucial para a posterior entrega dos objetivos e metas de desempenho determinados pela equipe do engenheiro-chefe.

Quando se procura estabelecer valor definido pelo cliente, trabalha-se ao mesmo tempo na separação das atividades de valor agregado das atividades geradoras de desperdícios. É exatamente aqui, no começo do processo de DP, que as empresas encontram as maiores oportunidades de imprimir um impacto positivo sobre o produto final. Da mesma forma que a produção enxuta, o processo de produção enxuta precisa seguir o princípio de eliminar atividades que não agregam valor – neste caso, os desperdícios em engenharia.

O Capítulo 5, que examina o Princípio 3 do SEDP, inclui uma discussão sobre como a Toyota minimiza o segundo maior desperdício no DP – registrado no processo de desenvolvimento de produto – e cria fluxo maximizando o potencial dos estágios iniciais do desenvolvimento do produto. A Toyota atinge esse objetivo carregando o início do processo enxuto de DP com recursos multifuncionais testados de engenharia focados na resolução de desafios e problemas de engenharia, que constituem a essência do segundo dos princípios do SEDP.

Fundamentos do Princípio Um do SEDP

**Estabeleça valor definido pelo cliente para separar
valor agregado de desperdício**

Um sistema enxuto de desenvolvimento de produto começa com o cliente. É indispensável haver um processo para identificar valor específico de produto e definido pelo cliente, comunicando com eficiência esse valor, e desenvolver e executar objetivos específicos, alinhados ao longo da organização a partir da concepção do programa. A Toyota começa com experiências diretas, viscerais, de produtos e clientes para a liderança do programa e, a partir daí, acrescenta rigorosas análises de dados internos e da concorrência, além de amplas revisões de tecnologia. O engenheiro-chefe (EC) então comunica sua visão quanto ao veículo por meio do Manual do EC, enquanto objetivos alinhados e executáveis são desenvolvidos em cada uma das equipes de subsistemas e confirmados pelo EC. Esses objetivos são acompanhados e verificados ao longo do desenvolvimento do programa.

4

Concentre Esforços no Início do Processo de DP para Explorar as Alternativas

A função do gerente é evitar decisões precipitadas... no entanto, uma vez tomada a decisão, só a alteramos em caso de absoluta necessidade.

Gerente Geral de Engenharia de Carrocerias da Toyota

A habilidade de influenciar o sucesso de um programa de DP jamais é maior do que quando da arrancada desse projeto. Ocorre que, quanto mais avançado um processo, maiores serão as restrições à adoção de decisões destinadas a modificá-lo. À medida que o programa evolui, o espaço do projeto é preenchido, os investimentos são feitos, e mudar de rumo implica mais custos e perda de tempo e prejudica a integridade do produto.

Evidências empíricas demonstram que decisões inadequadas adotadas no início do processo exercem um impacto negativo em matéria de custo e prazos, que aumenta exponencialmente à medida que o tempo passa e o projeto amadurece. Embora tudo isso seja de maneira geral reconhecido e admitido, poucas são as empresas que entendem como tirar proveito dessa grande oportunidade de resposta fazendo investimentos adequados de acordo com o que ela indica. A Toyota é uma das poucas que sabe aproveitar essa circunstância.

O segundo princípio do modelo de SEDP (*Concentre Esforços no Início do Processo de DP para Explorar Integralmente as Alternativas*) é o fundamento da execução sem falhas ao longo do programa e tem analogia com a máxima do chão-de-fábrica de *avaliar duas vezes – cortar de uma vez só*. Ela enfatiza o valor da boa preparação e concentra o esforço das equipes de DP no começo do programa. Além disso, apesar do fato de os planos iniciais estarem muitas vezes sujeitos a mudanças, o *processo do planejamento rigoroso e detalhado é absolutamente crucial para o sucesso do programa enxuto de DP*. Trata-se de investir ainda mais no processo de planejamento; reunir os melhores e mais experientes engenheiros de todas as disciplinas funcionais para trabalhar colaborativamente, pensar em todos os detalhes críticos do projeto, antecipando problemas, aplicando as lições aprendidas, criando planos precisos e desenhando contramedidas a partir de uma perspectiva de sistemas que são cruciais para o

58 ■ Sistema Toyota de Desenvolvimento de Produto

sucesso do programa e para a evolução do Sistema Enxuto de Desenvolvimento de Produto.

A máxima da Toyota para o planejamento de desenvolvimento de produtos é "planejar com cuidado e executar com precisão" e é precisamente pelo planejamento rigoroso que a Toyota concretiza uma precisão sem igual no processo de desenvolvimento de produto. É nesse estágio do programa de DP que uma empresa precisa usar seus melhores recursos para uma disciplinada estratégia de concentrar esforços no início do processo.

Como essa estratégia resolve os problemas em seu nível básico no começo de um processo, ela praticamente elimina o tradicional problema de DP de mudanças tardias no projeto, que são dispendiosas, subótimas e sempre degradam tanto o produto quanto o desempenho do processo. As mudanças tardias de engenharia são "soluções emergenciais", ou remendos, jamais uma melhoria contínua; na verdade, constituem desperdícios da pior das espécies. Na filosofia da produção enxuta, a atividade de melhoria contínua eficiente começa no desencadeamento de um programa. Concetrar esforços no início também proporciona uma maneira de controlar grande parte da variabilidade inerente ao processo de desenvolvimento do produto. Uma vez que cada variação tem o seu maior impacto nas filas e outros retardamentos do sistema durante a fase de execução do desenvolvimento dos produtos, a Toyota procura isolar e minimizar a variação no começo do processo, de duas formas:

1. Pela padronização da arquitetura, processos, atividades específicas e pela determinação de alvos de desempenho muito específicos.
2. Pela criação de uma fase preliminar do processo de DP (*kentou*) para resolver problemas, desfazer desentendimentos, abordar as causas mais profundas da variação e segregá-las do resto do processo de DP. Isso permite aos participantes focar na execução das respectivas tarefas específicas.

A discussão sobre concentrar esforços no início foi subdividida em duas amplas categorias; a primeira delas avalia essa estratégia entre programas. Essa seção explica de que maneira a Toyota "concentra esforços no início" do desenvolvimento na "fábrica de projeto" de multiprogramas e cria um ambiente operacional em que cada programa individual tem o maior potencial de sucesso. Também é discutido como a Toyota equilibra plataformas e arquiteturas compartilhadas, reaproveita componentes, aloca recursos compartilhados e instala novas tecnologias para minimizar a variação e indefinição no desenvolvimento de produtos. A segunda seção ilustra de que forma concentrar esforços no início afeta programas individuais e examina o que a Toyota denomina de *kentou*, ou fase de estudo de um programa, bem como conceitos fundamentais como *Mizen Boushi*, ou qualidade projetada. Este capítulo também cobre a engenharia simultânea baseada em alternativas, que trabalha com conjuntos de soluções de projeto e manufatura simultaneamente e depois aos poucos estreita os conjuntos, ajudando a garantir que os desenhos sejam compatíveis com seus ambientes e viáveis. Essa filosofia baseada em alternativas reduz radicalmente a necessidade de mudanças na engenharia. Ela também ajuda a identificar e resolver problemas com rapidez e a garantir que os atributos do produto – inclusive compensações cruciais, parte fundamental do desenvolvimento do produto – sejam claramente entendidas. O capítulo termina com uma discussão do princípio da pessoa certa no trabalho certo e com o tempo certo como um antídoto à tendência observada em certas empresas de produzir muito cedo demais, criando, com isso, enorme desperdício. Esse é o desperdício da superprodução, que cria uma grande quantidade de retrabalho mais adiante no processo exatamente em função de trabalho realizado cedo demais.

CONCENTRANDO ESFORÇOS NO INÍCIO DO DESENVOLVIMENTO NA FÁBRICA DE PROJETOS: CRIAR O CONTEXTO PARA O DESENVOLVIMENTO INDIVIDUAL DE PROGRAMAS PELO GERENCIAMENTO DE PLATAFORMAS DE PRODUTOS

Qualquer projeto individual de DP representa uma fração mínima do portfólio de produtos de qualquer empresa e um só elemento na sua estratégia total de desenvolvimento de produtos. Para chegar ao sucesso, um empreendimento precisa dominar com eficiência aquilo que Cusumano e Nobeoka (1998) definem como *gestão de multiprojetos*, uma estratégia que otimiza o compartilhamento de recursos entre projetos múltiplos e simultâneos. Trata-se de uma maneira eficiente de administrar as complexidades tecnológicas quando do desenvolvimento de produtos diversos e sofisticados.

Um projeto de desenvolvimento de produto pode variar desde programas relacionados com invenções sensacionais que o mundo jamais viu até aperfeiçoamentos rotineiros de produtos existentes. São quatro as categorias de desenvolvimento de novos produtos:

1. *Novos produtos revolucionários que representam produtos ou tecnologias radicalmente diferentes.* São produtos completos e inéditos. É o tipo menos comum de projeto de desenvolvimento de produto na indústria automobilística, ou em qualquer outra indústria madura.
2. *Projetos de desenvolvimento de plataformas de produtos que requerem sistemas e componentes fundamentalmente novos.* Na indústria automobilística, eles englobariam itens como um novo motor, transmissão, chassis, piso, HVAC e sistemas elétricos, resultando num veículo completamente novo que utiliza versões aperfeiçoadas da tecnologia existente, possivelmente combinadas em modalidades inovadoras. Também são muito raros, particularmente na Toyota, que trabalha no sentido de manter "plataformas" comuns para veículos derivados.

60 ■ Sistema Toyota de Desenvolvimento de Produto

3. *Produtos derivados construídos em plataformas de veículos existentes.* Na indústria automobilística, veículos derivados podem exigir formas externas totalmente novas, além de interiores, sínteses tecnológicas secundárias, adequação e ornamentação. Esse tipo de produto, cada vez mais comum na indústria, é o foco principal deste livro.

4. *Aperfeiçoamentos incrementais de produto.* Na indústria automobilística, isso incluiria itens como novas formas, revestimento, substituição de determinados painéis externos e/ou internos, ou a atualização de tecnologias específicas. Esse tipo de desenvolvimento de produto já foi adequado para atualizações entre modelos, mas a crescente concorrência, os ciclos de desenvolvimento tecnológico mais acelerados e os clientes mais bem informados estão tornando a modalidade pouco viável, tanto no mundo do automóvel quanto nas indústrias baseadas em plataformas.

Esta seção e os próximos capítulos estarão focados no terceiro tipo de desenvolvimento de produto e na adesão da Toyota ao princípio de *concentrar esforços no início do processo de desenvolvimento para explorar integralmente as alternativas.*

VEÍCULOS DERIVADOS CONSTRUÍDOS EM PLATAFORMAS DE PRODUTOS EXISTENTES

Nessa categoria de desenvolvimento de produtos, processos padronizados de manufatura, plataformas comuns robustas e arquitetura compartilhada de veículo constituem capacitadores cruciais de sistemas de DP para programas individuais. Eles contribuem diretamente para a rapidez do desenvolvimento, a redução dos custos do desenvolvimento e para uma qualidade de veículo superior. Ainda que as definições variem, é em geral aceito que uma plataforma de veículo contenha pelo menos os seguintes componentes: conjunto de potência (motor e transmissão); estruturas dianteiras, centrais e traseiras, eixos e suspensões dianteiros e traseiros; chassis e subchassi; sistemas elétricos e de freios; barras estabilizadoras e tanque de combustível. Esses componentes integram o sistema mecânico, ou o "âmago" do veículo. Grande parte da dispendiosa alta tecnologia, bem como a funcionalidade básica do carro, caminhão ou SUV é movida por esses componentes. Eles igualmente determinam as características do desempenho em dirigibilidade e a confiabilidade básica desse veículo. Estruturas comuns avançadas também contribuem para semelhante resistência a choques e minimizam as necessidades iterativas de teste. Em termos de empreendimento enxuto, então, faz sentido utilizar plataformas-padrão que tenham um grande impacto na qualidade e confiabilidade do veículo, bem como as condições de acomodar uma ampla variedade de carrocerias e interiores. Ainda que tais plataformas e a filosofia que lhes dá sus-

Concentre Esforços no Início do Processo de DP... ■ 61

tentação sejam invisíveis para os clientes, elas constituem a mais importante das fontes de qualidade e confiabilidade do veículo e uma importante fonte da diferenciação que atrai os clientes, uma ponte que a Toyota conseguiu plenamente entender e utilizar para refinar seu desenvolvimento de produtos.

Um bom exemplo dessa ligação é a maneira pela qual a Toyota enfrenta a questão do ruído e vibrações, um ponto crítico entre os elementos que configuram o "valor para o cliente". A maneira com que o motor é montado no seu berço de aço afeta o montante de barulho e vibrações que o cliente experimenta, constituindo por isso mesmo um dos principais valores que, na perspectiva da Toyota, definem uma plataforma. Uma vez tendo a Toyota testado e aprovado uma plataforma, esta pode vir a ser alongada e alargada com um alto grau de flexibilidade a fim de acomodar outros modelos. Por exemplo, *Camry*, *Sienna Minivan* e *Avalon*, mesmo sendo de tamanhos e aparência completamente diferentes, são montados na mesma plataforma. Nessa plataforma, porém, tudo, desde o assoalho até o pacote de potência, a chapa de aço e o interior, é personalizado por veículo. Na verdade, eles não compartilham uma única chapa de aço.

A Toyota se destaca na indústria pelo número de veículos derivados de plataforma única, desenvolvendo plataformas que podem ser reutilizadas por mais de 15 anos. Em média, a Toyota produz sete veículos diferentes em cada plataforma, com um alto grau de confiabilidade mecânica. Para autorizar a seleção de plataforma "fora da prateleira" para programas individuais, a Toyota foca nas plataformas confiáveis e robustas de veículos com máxima flexibilidade, *pensando em programas específicos*. Essa prática de concentração de recursos é um dos fundamentos da reputação da Toyota em matéria de segurança e confiabilidade de seus veículos. Além disso, ela reduz radicalmente prazos e custos do planejamento, em alguns casos até eliminando a necessidade de ferramentas de protótipo. Além do compartilhamento de plataformas mecânicas, a Toyota foca na utilização comum de determinados aspectos importantes da geometria dos veículos. Mais especificamente, determinadas características, formatos e frisos da estamparia externa e das submontagens necessárias para a manufatura eficiente (ou um bem-sucedido desempenho do veículo em acidentes) são identificadas e padronizadas ao longo de certos modelos específicos ou gerações do mesmo veículo. Exemplos dessa prática incluem a geometria resistente a choques em fechaduras e portas internas, curvas e ranhuras para localizar peças detalhadas na montagem a fim de conseguir flexível instalação da carroceria do carro, máximo atrito por peça e máximo desempenho na proporção profundidade/largura por peça.

A Toyota também define padrões que minimizam o impacto na criatividade mediante seu foco em características ocultas das peças e pela utilização de proporções de *de curvas de compensação* sempre que possível, proporcionando aos seus *designers* flexibilidade máxima na tomada de decisões. Esses padrões são o assunto de vários documentos discutidos com alguma profundidade nos Capítulos 6 e 15. Aqui, é importante destacar que a informação existente nesses documentos está à disposição de todos os participantes do programa e constitui uma ferramenta essencial para o compartilhamento da experiência e do conhecimento adquiridos em outros programas, com isso reduzindo drasticamente as curvas de aprendizado técnico para programas individuais. Isso também acaba liberando tempo e recursos, permitindo que as equipes de DP realizem outras tarefas e possam explorar com o máximo proveito as alternativas surgidas durante a etapa da concentração de recursos e problemas.

PLANEJAMENTO COM TECNOLOGIA AVANÇADA

Ainda que as plataformas e a arquitetura compartilhada proporcionem uma base importante, a essência do desenvolvimento de novos produtos consiste em lançar itens cheios de novidades que despertem a cobiça e motivem os clientes a gastar seu dinheiro. Como destacamos anteriormente, o excesso de semelhanças pode levar a uma insuficiente diferenciação de produto e a um portfólio desinteressante de produtos que envelhecem nos *show rooms*. Um Sistema Enxuto de Desenvolvimento de Produto precisa combinar a qualidade, agilidade e as vantagens de custo da padronização com novas atrações e emoções. Ao combinar e balancear esses elementos, um empreendimento lean conserva um fluxo constante de produtos inovadores fluindo para um fluxo constante de clientes. Isso tudo exige planejamento tecnológico avançado, um dos fatores-chave para viabilizar a inovação.

A Toyota recorre a muitas fontes em busca de nova tecnologia e inovação: pesquisa e desenvolvimento interno, fornecedores, equipes de revolução em negócios, e até mesmo os concorrentes. Todas as linhas de veículos revisam propostas de P&D com regularidade, e projetos específicos de P&D são gerados a partir de opiniões específicas sobre linhas de veículos baseado em *feedback* dos clientes e em mudanças ambientais. Todos os fornecedores principais participam de revisões rotineiras de tecnologia; na verdade, essa participação é entendida como um pré-requisito para qualquer fornecedor. Equipes de revolução nos negócios são unidades pequenas, ágeis, que focam na inovação tecnológica como forma de avaliar desafios e *feedback*, existentes ou previstos. Um exemplo da eficiência dessas unidades é o *Prius*, o modelo híbrido da Toyota que começou como projeto de uma das equipes encarregadas de desenvolver um novo conceito de veículos e de novos processos de desenvolvimento de produtos para o século XXI (ver Capítulo 7). Por fim, a Toyota analisa regularmente as inovações da concorrência em busca de potenciais compatibilidades com estratégias de linhas de veículos da empresa. As equipes revisam e submetem as idéias das três fontes citadas a um rigoroso processo de afunilamento a fim de avaliar e selecionar conceitos baseados em compatibilidade com objetivos estratégicos e necessidades das linhas de veículos (ou seja, a capacidade de reunir o melhor das qualidades dos diversos modelos individuais de veículos).

A Toyota desenvolveu um processo baseado em tempo para avaliar as opiniões, selecionar idéias, desenvolver conceitos e lançar projetos avançados em uma cadência anual, com isso assegurando um constante e focado estoque de inovação a cada uma de suas linhas de veículos. Ao longo desse processo, que suplementa o processo prático de desenvolvimento de veículos específicos, a Toyota avalia idéias e tecnologias em termos de presteza de implementação e compatibilidade com as necessidades corporativas, entre as quais *design*, manufatura, *marketing* e planejamento de produtos. Cada nova tecnologia passa por rigorosos testes antes de ser dada como apta para inclusão em qualquer programa específico de veículo. A Toyota é de certa forma tecnicamente conservadora e insiste que todas as tecnologias e conceitos sejam minuciosamente examinados antes da respectiva adoção. A empresa não aplica normalmente novas tecnologias nas etapas decisivas de programas individuais de desenvolvimento e é extremamente rigorosa com os fornecedores que promovem novas tecnologias, exigindo que todas essas promoções tenham sustentação em dados comprováveis desde o início. Dessa forma, a Toyota cria um conjunto de tecnologias comprovadas que são deixadas "na prateleira" até que se revelem indispensáveis para programas específicos de veículos. Os engenheiros-chefes decidem quando e se essas tecnologias serão retiradas da prateleira, porque são eles que entendem o que os clientes querem e de que maneira o veículo completo satisfaz esses desejos.

A abordagem de planejamento de plataforma, padronização e rapidez dos processos da Toyota capacitam a inserção regular de novas tecnologias nos veículos. Qualquer tecnologia que não esteja completamente testada e revisada no momento em que o engenheiro-chefe desenvolve o conceito de um veículo poderá, no entanto, ser incorporada no próximo programa, ou no posterior. Os ciclos curtos entre os modelos de veículos garantem que o próximo programa não irá demorar.

Os engenheiros-chefes da Toyota desenvolveram também uma "intuição" em relação ao nível ideal de mudanças num determinado modelo de carro. A intenção principal dessa sensação é completar a maior parte dos itens do veículo e analisar a melhor utilização das ferramentas existentes; somente então um engenheiro-chefe irá analisar onde e como introduzir novas tecnologias no processo. Isso representa um enorme contraste com a abordagem de "folha em branco" historicamente aplicada pela NAC e outras companhias da indústria automotiva.

É igualmente importante comentar, brevemente, que a organização da Toyota vai além da função dos engenheiros-chefes que decidem quando e para quais propósitos novas tecnologias serão tiradas das prateleiras. A Toyota conta também com um contingente de Engenheiros Avançados, um grupo que funciona como entidade independente embora intimamente ligada com Centrais de

64 ■ Sistema Toyota de Desenvolvimento de Produto

Veículos específicas. Os engenheiros avançados não são usados nas atividades do dia-a-dia. Em vez disso, têm autonomia para criar a identificação da marca que é tão importante e necessária para um pleno entendimento da adequação tecnológica.

É possível ficar com a impressão de que a corrida em busca de novas tecnologias transforma a Toyota em uma empresa inflexível e conservadora. Muito pelo contrário, a inovação tecnológica é estrategicamente focada pela empresa, quase sempre em resposta à solicitação de um engenheiro-chefe. Além disso, determinados modelos de carros foram escolhidos como líderes em novas tecnologias, em especial o modelo *Crown* no Japão e o *Lexus*. Essas linhas de produtos devem estar atualizadas com as novas tecnologias no mínimo em várias áreas e existe uma forte interação entre o grupo de pesquisa e o engenheiro-chefe. Essas tecnologias acabarão, com o tempo, migrando para modelos menos caros. A interação entre os que desenvolvem as tecnologias e aqueles que lideram os programas, e os rigorosos processos de avaliação antes de lançar a tecnologia no mercado garantem que seja curto o espaço de tempo entre o momento em que uma tecnologia é dada como pronta e o dia em que o engenheiro-chefe determina que algum dos programas exige aquela tecnologia.

CONCENTRAR ESFORÇOS NO INÍCIO DE UM PROGRAMA INDIVIDUAL: VIABILIZAÇÃO DE ESTILO E ENGENHARIA

A criação do estilo de um carro – a atividade que define a aparência externa de um veículo – é provavelmente a função mais criativa e artística no processo de DP. É fundamental para atrair clientes e promover as vendas do veículo. Ela também tem um importante impacto a jusante nas atividades de engenharia e manufatura e precisa esforçar-se para equilibrar suas próprias atividades com aquelas. A criação do estilo, em qualquer sistema de DP, representa a união de arte e ciência.

Na Toyota, os estúdios de estilização na Europa, Ásia e América do Norte competem entre eles mesmos a fim de captar a essência do estilo de um novo carro e, ao mesmo tempo, incorporar-lhe princípios de engenharia e diretrizes determinados pelo Sistema Toyota de Produção. O processo do estilo começa com uma série de esboços e avança para múltiplos modelos em argila em escala. A meta de cada uma dessas atividades é captar e refinar a visão do engenheiro-chefe para o novo veículo. A criação do estilo para uma linha de veículos existente (a maioria dos projetos de DP na indústria automobilística) normalmente exige alguma combinação entre a criação de formatos inéditos de estilo e a manutenção do DNA de uma determinada marca – conservar aqueles itens de estilo e características do veículo que claramente identificam um determinado modelo de carro ao longo do tempo. No final, a equipe de DP cria entre dois a quatro modelos em argila completos do veículo. Durante esse processo, a Equipe do

Engenheiro-chefe continua a prática do *genchi gembutsu*, visitando freqüentemente os estúdios e compartilhando dados e análises relevantes à medida que se tornam disponíveis. Ao mesmo tempo, o engenheiro-chefe está solicitando e recebendo uma variedade de comentários e sugestões, especialmente de funcionários internos para garantir a confidencialidade. As sugestões requisitadas e recebidas relacionam-se com os pontos fortes e fracos dos modelos alternativos.

ENGENHARIA SIMULTÂNEA BASEADA EM ALTERNATIVAS

Examinar as múltiplas alternativas durante a criação do estilo é um exemplo da *engenharia simultânea baseada em alternativas* (Ward, Liker, Sobek, Cristiano, 1995). O termo foi criado pelos autores referidos (uma equipe acadêmica da Universidade de Michigan) que estudaram os processos da Toyota e constataram o grau incomum em que a empresa situa uma ampla variedade de alternativas e sistematicamente reduz os conjuntos até uma escolha final, em geral superior. Morgan (2002) depois confirmou que a abordagem baseada em alternativas da engenharia de carroceria foi empregada pela Toyota durante o período *Kentou*, quando centenas de *kentouzu* (desenhos de estudos) são gerados e amplamente estudados e amadurecidos até convergir em uma solução de projeto.

Um gráfico simples pode ajudar a ilustrar a engenharia simultânea baseada em alternativas (ver Figura 4.1). Quando realizou seus primeiros estudos, a equipe da Universidade de Michigan entrevistou inúmeros engenheiros de empresas automobilísticas dos EUA e do Japão, entre eles engenheiros da Toyota. Durante essas entrevistas, um tema comum entre os engenheiros (com a exce-

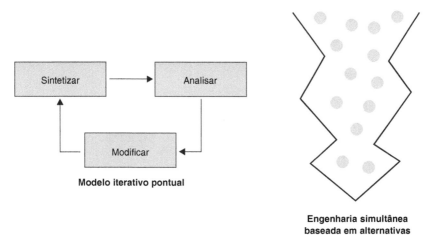

FIGURA 4.1 ■ Dois modelos de projeto.

ção daqueles da Toyota) foi alguma versão de "projeto iterativo pontual". Como regra, isso significava que a criação do estilo inicialmente levava em conta muitas alternativas. Depois de diminuir o número dessas alternativas, os executivos selecionavam um modelo em argila e então autorizam a engenharia a transformá-lo em dados digitais e em uma fábrica instrumentalizada. Naturalmente, a engenharia enfrentaria muitos problemas com a funcionalidade do estilo (por exemplo, aerodinâmica) e requeria mudanças – iteração. Essa iteração era mantida até o esgotamento do tempo no processo de DP. Por vezes, a engenharia simplesmente modificava algum aspecto do estilo para "fazê-lo funcionar". Então, a engenharia de processo começava o trabalho de instrumentalização e descobria outros problemas com o projeto, gerando mais discussão iterativa que, às vezes, se transformava em conflitos acalorados. É fácil ver que esse ciclo iterativo consome tempo e recursos da empresa e conduz a um projeto subótimo.

Com os engenheiros da Toyota e em posteriores estudos dos sistemas de DP da empresa, a equipe averiguou que a Toyota não era coagida pelo processo de "projeto iterativo pontual", nem abalada por suas dispendiosas repercussões. Um exemplo do processo enxuto de DP da Toyota é o modelo híbrido *Prius*. Quando esse modelo estava na etapa de desenvolvimento, eram intensas as pressões para a concretização de prazos curtos, estabelecidos pelo próprio presidente da empresa, o Sr. Okuda. Esses prazos eram constantemente reduzidos apesar do fato de que o veículo deveria ter um motor de tração inteiramente novo (tipo 2 no modelo definido no começo do capítulo com algumas características do tipo 1 de tecnologia inteiramente nova). A solução mais simples para o engenheiro-chefe, o Sr. Uchiyamada, teria sido reduzir as etapas do processo. Mas ele era um verdadeiro homem da Toyota, um engenheiro-chefe cujo pai também era engenheiro-chefe. Ele se recusou a fazer concessões, insistindo no processo típico da Toyota de levar em conta alternativas mais amplas e gradualmente eliminá-las até que seja possível selecionar um motor, estilo do corpo e uma transmissão superiores a tudo o que existia na categoria.

Para a carroceria do modelo, quatro estúdios de *design* (Califórnia, Paris, Tóquio e Cidade Toyota) participaram de uma ampla concorrência, apresentando 20 esboços. Desses, cinco foram selecionados para posteriores estudos e quatro chegaram à etapa de modelos em argila. Depois das sugestões e comentários dos funcionários, dois desses modelos em argila foram selecionados – um da Califórnia e outro do Japão. O *design* californiano era mais radical e apresentava problemas potenciais de manufatura; o *design* do estúdio japonês era conservador, mas mais fácil de produzir. O engenheiro-chefe Uchiyamada pediu a cada estúdio mais um *design* excepcional, mas também prático. Os dois modelos resultantes foram submetidos à avaliação dos funcionários da Toyota, dos mais diversos departamentos, e as respostas ficaram divididas quase que pela metade entre as duas alternativas. Analisando novamente as respostas, Uchiyamada constatou que os funcionários mais jovens e mulheres preferiam o *design* californiano. Com base nessa distinção, ele escolheu o design da Califórnia, que se encaixava em um dos grandes objetivos da Toyota: *aumentar as vendas entre os clientes mais jovens e entre as mulheres*.

Em um processo paralelo, separado, a engenharia de carrocerias da organização já estava trabalhando intensivamente, estudando o modelo e desenvolvendo soluções. Uchiyamada determinara a esses engenheiros que trabalhassem como se o design escolhido seria o do Japão – uma suposição provavelmente baseada em experiências passadas – e eles começaram a criar uma engenharia estrutural preliminar. Depois da decisão de Uchiyamada de optar pelo *design* californiano, eles descobriram que as similaridades entre os dois desenhos eram tantas que o trabalho que já haviam começado serviria como uma base útil para a construção do projeto. Os esboços e as discussões entre as equipes de engenharia e estilo no estágio *kentou* já haviam conduzido a importantes modificações, soluções conjuntas que satisfaziam aos requisitos do estilo, engenharia do produto e produção. Essa experiência demonstra a força inerente da engenharia simultânea baseada em alternativas no processo de desenvolvimento de produtos.

A engenharia simultânea baseada em alternativas leva em conta as diferentes perspectivas de *design* propostas por diferentes setores, um fenômeno que pode ser mais bem ilustrado graficamente pelos diagramas de Venn (ver Figura 4.2). Cada participante tem um intervalo aceitável de alternativas – um espaço de solução que funcionará a partir de sua própria perspectiva. O processo de concentrar esforços no início encontra o ponto de intersecção dos ciclos e, no processo, identifica a solução de *design* mais apropriada.

Uma comparação entre a abordagem convergente da Toyota e a abordagem iterativa da NAC ilustra claramente as vantagens da primeira: a abordagem da Toyota conseguiu eliminar um grande nível de desperdício e, ao mesmo tempo, chegar a uma solução superior (ver Figura 4.3). Onde o deliberado exame de

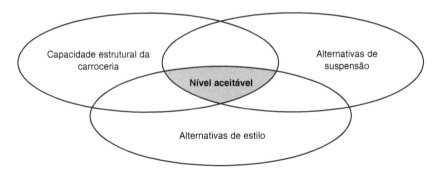

FIGURA 4.2 ■ Perspectiva baseada em alternativas – buscando intersecções entre regiões viáveis e grupos funcionais.

68 ■ Sistema Toyota de Desenvolvimento de Produto

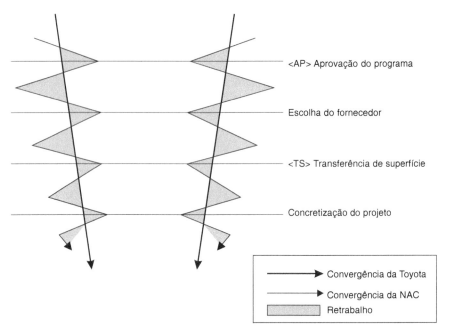

FIGURA 4.3 ■ Tomada de decisões mais lenta leva à sólida convergência; imposição de decisões prematuras conduz ao retrabalho.

conjuntos de alternativas e a convergência sistemática da Toyota são extremamente lineares, a abordagem iterativa da NAC se transforma em um confuso retrabalho causado pela imposição de decisões prematuras com base em conjuntos relativamente estreitos de soluções.

Nossa discussão não estaria completa se deixássemos de mencionar uma importante premissa subjacente do processo de engenharia baseada em alternativas. Os engenheiros da Toyota têm uma percepção do veículo como um sistema e, como conseqüência, focam suas melhores capacidades e energias nas interfaces do projeto. Isso inclui não apenas as interdependências dos vários componentes individuais que completam o veículo, mas igualmente os processos de manufatura a jusante. Assim, os processos da Toyota não focam na conclusão acelerada de projetos de componentes individuais, mas, sim em como projetos individuais vão interagir no âmbito de um sistema antes da conclusão do projeto inteiro. Em outras palavras, eles focam na *compatibilidade* do sistema, antes de *concluir* o projeto individual. O princípio da compatibilidade antes da conclusão é fundamental para a abordagem baseada em alternativas, e também um grande contribuinte (juntamente com a arquitetura e processos padronizados) para o número extremamente reduzido de mudanças de engenharia da Toyota. A compatibilidade do sistema (que inclui a compatibilidade do projeto com a produção enxuta) é um determinante fundamental da seleção de atributos durante o processo da convergência baseada em alternativas.

A prática de desenvolvimento e apresentação de múltiplas alternativas é fundamental tanto para o DP quanto para os sistemas de produção enxuta da Toyota, e constitui a base para as matrizes de decisão e outras ferramentas que discutiremos neste livro. Este capítulo apresenta exemplos de como cada contribuinte do processo de desenvolvimento apresenta naturalmente múltiplas alternativas ou soluções para qualquer problema. Chegar ao fundo do "pensamento baseado em alternativas", contudo, requer uma compreensão que vai além de um conjunto específico de instrumentos ou métodos. Trata-se de uma característica cultural que é inserida na "maneira de fazer as coisas". As empresas, felizmente, podem adaptar aspectos estruturais dessa cultura ao seu próprio DP realizando as seguintes ações:

- Identificar múltiplas soluções para problemas de projeto em vez de escolher apenas uma solução.
- Incentivar os engenheiros (tanto a montante quanto a jusante) a discutir alternativas no começo, antes que se tenha chegado a uma decisão final para cada projeto a partir de uma perspectiva única.
- Usar ferramentas baseadas em alternativas (discutidas mais adiante), como curvas de compensação, para identificar as compensações de várias soluções a partir de diferentes perspectivas.
- Capturar conhecimento prévio em listas de verificação (descritas mais adiante) na forma de gráficos e equações que possam mostrar os efeitos das diferentes alternativas.
- Usar métodos de sistemas como projeto paramétrico que rapidamente apresentam impactos do sistema quando os parâmetros são mudados.
- Ter prazos estruturados desde o início para que participantes com perspectivas diferentes consigam trabalhar soluções quando ainda disponível um conjunto mais amplo de alternativas.

ENGENHARIA DE CARROCERIA E ESTRUTURAS NA TOYOTA – *KENTOU*

As atividades de congelamento pré-argila marcam o começo de um período crucial no processo de desenvolvimento de produtos na Toyota. Chamado de *kentou*, ou estudo, trata-se de um período de intensa atividade de engenharia em todo o programa de DP, em que os engenheiros geram centenas de *kentouzou*, ou desenhos de estudos. A essa altura, as Equipes de Desenvolvimento de Módulos (EDM) multifuncionais se reúnem com cada um dos participantes a fim de estudar as perspectivas técnicas individuais dos modelos em argila e das propostas de *design*. Como observado no Capítulo 3, as EDMs são equipes multifuncionais organizadas tipicamente no âmbito dos vários subsistemas de veículos. São compostas de

70 ■ Sistema Toyota de Desenvolvimento de Produto

representantes das organizações funcionais responsáveis por algum dos aspectos do desenvolvimento do subsistema, como as portas ou o painel de instrumentos. Uma EDM típica pode compreender de um a três engenheiros seniores da engenharia de carrocerias da organização, um do estilo, um ou mais integrantes do grupo de engenharia de produção e, se necessário, um engenheiro eletrônico. Líderes de equipes-piloto da linha de montagem também podem participar, caso haja implicações importantes para a montagem final em um determinado subsistema.

Essa discussão das EDMs requer uma breve análise do processo de criação do estilo na Toyota, que elaborou de propósito duas atribuições diferentes para essa função. A primeira delas é artística, um *designer* que desenvolve os projetos que poderão, uma vez selecionados, se transformar em modelos em argila. Esse *designer* é poupado das discussões sobre a viabilidade da produção e da prática de construção de consenso que caracterizam a Toyota. A segunda função é uma combinação de arte e pragmatismo, o *designer* de produção responsável pela modificação de um modelo em argila a fim de deixá-lo mais próximo das condições de início de produção. Essa segunda função é parte da EDM; de fato, alguns *designers* de produção trabalham lado a lado com os engenheiros de carroceria nos escritórios. Eles representam a criação do estilo a partir de uma dupla perspectiva: uma que compreende tudo aquilo que o cliente valoriza e uma que entende profundamente o grau de liberdade admissível para modificar um estilo de maneira a tornar sua produção mais viável. Em termos organizacionais, a função do *designer* de produção preenche um papel de interlocutor.

É função da EDM identificar e resolver problemas técnicos e mapear estratégias destinadas a concretizar objetivos do nível de componentes/subsistemas que são alinhados com e apoiam os objetivos gerais do veículo. Uma grande parte dessa tarefa exige estudo das interfaces do projeto. Como sabem os engenheiros mais experientes, a maioria dos problemas ocorre nas intersecções entre componentes. Projetar uma porta externa é relativamente simples. O desafio real está em projetar o sistema da porta (interna, externa, reforços, componentes eletrônicos etc.) e em garantir que a porta se adapte à carroceria, ao pára-lama e à coluna central, e em fazer isso de uma forma condizente com a produção enxuta. Isso significa ter certeza de que os projetos sejam compatíveis e viáveis *antes* que fiquem prontos. Quando os *projetos de componentes individuais* são completados com muita pressa, é sempre grande o risco de se fazer necessário trocá-los mais tarde no programa, quando as opções sempre são mais limitadas e dispendiosas, isto é, *depois* da etapa de compatibilização com componentes relacionados ou da análise em termos de viabilidade de produção.

É de suma importância utilizar equipes multifuncionais cedo no processo para determinar metas em nível de componentes e solucionar problemas a fim de superar os desafios. Os participantes das EDMs são os melhores e mais experientes engenheiros da Toyota. Usando os padrões e as ferramentas e práticas fundamentais de engenharia da empresa, eles ajudam a identificar e reduzir a variabilidade. Uma EDM pode gastar centenas, até mesmo milhares, de horas de trabalho da engenharia com vistas a concretizar esse objetivo, de maneira que as atividades a jusante possam ficar por inteiro focadas na execução.

A PADRONIZAÇÃO DAS ATIVIDADES NOS NÍVEIS INFERIORES DO PROJETO POSSIBILITA A RÁPIDA SOLUÇÃO DE PROBLEMAS: UM EXEMPLO

A tradição da Toyota de padronizar as atividades nos níveis inferiores do projeto deu origem a uma metodologia de solução de problemas capaz de possibilitar múltiplas soluções alternativas para os desafios de engenharia. Por exemplo, no projeto e desenvolvimento de um painel externo de capô, os padrões de manufatura requerem que o capô seja liso (e não desenhado, porque o material de alimentação irá reduzir a extensão necessária para que se tenha uma superfície com aparência de primeira classe) e que seja inteiramente produzido em três operações (conformar, dobrar e flangear). A engenharia de carroceria deve produzir um capô que se adapte às necessárias alternâncias nos pára-lamas, janelas e grade, tudo isso mantendo a marca registrada do veículo no centro do capô. O engenheiro da carroceria criará (em forma de seção) diversas versões do capô que supram os critérios determinados e que tenham, ao mesmo tempo, aparência substancialmente diferente entre si. Enquanto isso, o engenheiro de produção alocado ao programa (o engenheiro simultâneo) irá avaliar esses esboços em termos de:

- seções de construção dentro do padrão da arquitetura comum
- *senzu* (um desejo da manufatura pretendida para o capô anterior desse mesmo veículo)
- *componentes da matriz de qualidade* (planos de qualidade de cada peça, discutidos no Capítulo 15)
- os objetivos específicos resultantes da observação dos concorrentes

Utilizando esse material padronizado e os componentes da matriz de qualidade, o engenheiro da produção (EP) proporciona *feedback* escrito ao engenheiro da carroceria sobre cada uma das propostas. Se necessário, o EP pode até mesmo desenhar as seções e montá-las mediante *software* de simulação, embora isso não ocorra com freqüência, pois os históricos de processos de componentes específicos da Toyota em geral são suficientes. De qualquer forma, o EP tem condições de apresentar *feedback* imediato sobre as várias alternativas de *design*, em função justamente da padronização e experiência.

Com base em sua experiência, o engenheiro de produção sabe que enquanto a profundidade periférica do capô for mantida abaixo de um nível específico e continuar constante, a profundidade e a forma do centro de força e a curvatura das linhas dos pára-lamas pouco importam para a engenharia de produção. Con-

72 ■ Sistema Toyota de Desenvolvimento de Produto

tudo, esses fatores ganham importância no ponto em que o capô encontra o pára-brisa. Aqui, o EP consulta *senzu* anteriores para a criação de uma "superfície de manufatura" temporária projetada para manter a tensão da superfície e conservar a boa aparência. O EP continua a cuidar de dificuldades e desafios específicos num processo sistemático e continuado, eliminando algumas alternativas de *design* e combinando características de outras para chegar a um *design* definitivo.

Esse processo de engenharia colaborativo, simultâneo, tem importantes implicações para o processo de DP e para o sentimento de integração dos principais participantes. Por exemplo, exigir que os participantes interajam para avaliar as múltiplas soluções em relação a critérios específicos é uma inspiração para gerar uma variedade de opções. E os *kentouzu*, ou desenhos de estudos, gerados a partir desse processo constituem o primeiro passo para a criação dos desenhos K4 (que serão descritos posteriormente). Esse processo é muito diferente dos processos praticados por muitos dos concorrentes da Toyota, em que, como destacado na descrição da NAC, a "avaliação precipitada de viabilidade" quase sempre significa um engenheiro de produção olhando para o modelo em argila e fornecendo uma relação daquilo que lhe parece irrealizável. A equipe de criação do estilo então responde a essa avaliação pontual com alguma iteração, que satisfaz determinadas preocupações e ignora outras.

Na Toyota, uma abordagem como essa seria insustentável. Em lugar de a equipe de estilo fazer a maior parte do seu trabalho e então pedir opiniões, ela desenvolve em conjunto o corpo do carro com uma intensa interação e muitas fontes de dados ao seu alcance. A equipe utiliza desmontagens de concorrentes e programa visitas a determinadas plantas a fim de agir sobre objetivos específicos definidos pelo manual de conceito do engenheiro-chefe. As tarefas primárias da equipe durante esse período são trabalhar em conjunto para traduzir o valor definido pelo cliente do EC em necessidades significativas de engenharia e para solucionar subseqüentes desafios de projeto/manufatura ao mesmo tempo em que se conserva fiel à definição artística do setor de estilo sobre aquilo que é um projeto visualmente atraente da perspectiva do cliente.

APLICAÇÃO DA ARQUITETURA COMUM E DO PRINCÍPIO DA REUTILIZAÇÃO

Outro aspecto crucial da fase do *kentou* é a aplicação da arquitetura comum por meio de detalhados padrões e especificações de estilo, que o engenheiro da carroceria pode inferir a partir de um banco de dados das melhores seções de carroceria para cada tipo de veículo. Os engenheiros de carroceria podem então expandir, encolher ou modificar de outras formas essas melhores práticas estruturais, enquanto o banco de dados mantém simultaneamente relações geométricas importantes a fim de preservar o desempenho e a viabilidade de produção do veículo. Sempre que possível, o engenheiro de carroceria identifica peças de veículos prévios ou multiplataformas para eventual utilização posterior. O princípio da *reutilização* é crucial para a eficiência e a qualidade, pois componentes qualifica-dos e reconhecidos reduzem substancialmente as variações de desempenho no desenvolvimento do produto e de ferramentas e na produção final. O impacto a jusante da reutilização sobre a qualidade e a eficiência é dramático. Normalmen-te, são dois ou três supervisores de engenharia da carroceria que participam nesse estágio do processo, mantendo reuniões importantes com a equipe do EC e a alta administração a fim de começar o desdobramento da visão do veículo.

À medida que o EC reduz os modelos alternativos em argila para apenas dois ou três, imagens digitais são enviadas ao grupo de engenharia da carroceria para avaliação mais detalhada. Essa etapa do *kentou* é mencionada como o *está-gio de proposição de idéia*, e pode envolver até dez ou mais engenheiros de carrocerias especialistas. Esse também é o começo do *kentouzu*, ou geração de desenhos de estudo. Dado que os engenheiros estão trabalhando a partir de dados escaneados, a maioria dos desenhos de estudo, originalmente feitos a mão, é recriada em CAD (*computer aided design*).

AVALIANDO E DECIDINDO SOBRE METAS EM NÍVEL DE VEÍCULOS

A EDM avalia o impacto das metas em nível de veículo sobre a carroceria, identificando e resolvendo problemas potenciais. Por exemplo, a equipe do enge-nheiro-chefe pode ter decidido incorporar um novo sistema de iluminação que foi demonstrado por um dos fornecedores da Toyota, o que pode influenciar o dese-nho do painel e do pára-lama dianteiros que, por sua vez, pode afetar a produção desses componentes. O engenheiro de carroceria gera diversas soluções para esse desafio de *design* a fim de que o engenheiro de produção avalie a qualidade e a viabilidade da produção. Talvez a forma do novo sistema de iluminação, quando combinada com a curva da linha pára-lama/capô, faça com que o "nariz" do pára-lama fique agudo demais e, com isso, crie uma condição difícil de manufatura. Ou uma nova norma de segurança nos Estados Unidos pode impor o aumento da absorção do impacto pelo pára-choque, o que exigiria maior suspensão do pára-choque e afetaria o estilo do veículo. Esses tipos de desafios servem também para fornecer múltiplas alternativas de revisão pela EDM. É intensa a negociação que ocorre entre essas equipes, e a paixão de alguns participantes pode gerar confli-tos. No entanto, a mentalidade de "o cliente em primeiro lugar" – ou valor defini-do pelo cliente – que impera na Toyota é sempre a palavra final nas decisões.

Durante esse período, é também intenso o nível de testes de componentes ou subsistemas. Toda vez que surge uma condição fora do padrão, os engenhei-ros da carroceria realizam testes virtuais ou físicos dos protótipos e modelos existentes. Ainda que esse teste seja muitas vezes direto, ele é sempre científico.

A equipe de engenharia da carroceria mantém reuniões regulares (às vezes semanais) com diversas equipes de módulos (ou com a "equipe intermodular") para examinar detalhadamente problemas técnicos e estabelecer cronogramas de

74 ■ Sistema Toyota de Desenvolvimento de Produto

soluções, orçamentos e interfaces de *design*. Essas reuniões são normalmente breves, porque os engenheiros usam diversos instrumentos de comunicação (descritos no Capítulo 14) e mantêm pequenas reuniões preliminares (às vezes entre dois engenheiros apenas) para que sejam apresentadas todas as descrições relevantes dos problemas, referências-padrão da Toyota e alternativas de soluções para os integrantes da reunião antes que a mesma comece. Espera-se que os participantes estejam informados e preparados para a reunião e para chegar a um consenso. Na reunião, os integrantes das equipes se empenham em discussões detalhadas e concretas. Esse tipo de comportamento cultural enxuto é outra ilustração da integração de processos e pessoas com ferramentas e tecnologias.

À medida que o *design* do veículo amadurece e os modelos em argila são reduzidos de dois para apenas um, os engenheiros da carroceria começam a transformar seus desenhos de estudos de engenharia simultânea a fim de iniciar diversas atividades específicas de engenharia de produção, entre elas processamento, *layout* de dispositivos ou desenvolvimento de *binders* (componentes do ferramental de conformação). A intenção de projeto desses desenhos é parecida com a dos desenhos finais detalhados que estarão disponíveis quando da liberação definitiva dos dados. Estabelecidos a padronização dos processos e o tamanho e formatação geral das peças, os engenheiros de produção podem começar prontamente suas atividades simultâneas.

A ENGENHARIA DE PRODUÇÃO NA TOYOTA: RESPONSABILIDADES DA ENGENHARIA SIMULTÂNEA

Na década de 1990, a Toyota continuou a levar as sugestões da manufatura cada vez mais ao processo de desenvolvimento. Os engenheiros de carroceria sempre tiveram profundo conhecimento das questões de produção e passaram boa parte de seu tempo trabalhando no chão da fábrica, bem como visitando regularmente a planta, mas a Toyota queria mais do que isso. Conforme seu atual e agressivo processo de engenharia simultânea (nos primeiros estágios do *kentou)*, os mais destacados engenheiros de produção são alocados às EDMs de programas de veículos como engenheiros simultâneos (ESs), que funcionam como representantes em tempo integral de sua disciplina de produção. Por exemplo, a EDM de portas da carroceria do carro pode ter um ES líder e vários membros que são, cada um deles, responsáveis por 12 ou mais peças individuais ao longo de todo o programa.

No começo da fase do *kentou*, a equipe de engenharia simultânea estuda informações de projeto transmitida eletronicamente antes de participar das reuniões periódicas da EDM. A equipe de engenharia da carroceria promove essas reuniões e, com dados de produção e atualizados *senzu* (desenhos de manufatura) e listas de verificação à mão, os engenheiros discutem a análise das propostas existentes de projeto e participam das negociações quase sempre difíceis. Eles passam centenas de horas analisando, discutindo e desenvolvendo em conjunto as alternativas de múltiplos projetos para concretizar as metas do processo e do produto.

Esse é certamente um período muito intenso para cada integrante da equipe de engenharia simultânea, e cada uma das sessões das EDMs pode se estender por até 12 horas ao dia, por vários dias na semana. Uma vez que o engenheiro simultâneo é responsável por essas peças a partir desse momento até o começo da produção (SOP), é forte a motivação para avaliar, nos mínimos detalhes, as implicações em termos de qualidade e produtividade para a manufatura dos projetos propostos. O ES será o "engenheiro líder da produção", responsável por um conjunto específico de peças ao longo de todo o processo de desenvolvimento. Esse processo elimina muitos dos desperdícios e perdas que caracterizam um processo rotineiro de desenvolvimento de produtos. O ES também tem consciência de que as decisões tomadas no presente irão afetar o sucesso de todos os demais estágios no processo de desenvolvimento até o SOP.

Como já destacado, a Toyota usa o manual de conceito do engenheiro-chefe, dados de campo de garantia da qualidade, relatórios comparativos de competidores e dados atuais do processo de produção a fim de estabelecer metas específicas tanto para o sistema de veículos quanto para componentes individuais. A Toyota concretiza tudo isso ao traduzir metas específicas de qualidade e desempenho de produto, baseadas em valor definido pelo cliente, em características específicas de partes do projeto da peça. Isso, por sua vez, exige um sólido processo de manufatura capaz de entregar peças de modo consistente dentro de uma faixa de tolerância aceitável e a um custo razoável. Cada engenheiro de carroceria e cada engenheiro simultâneo percebe que esse processo irá exigir deles a capacidade de dizer "não" e de eliminar requisitos de peças não essenciais ou faixas de tolerância fora do razoável. O processo também identifica características cruciais de qualidade definidas pelo cliente e elimina elementos não essenciais ao longo da jornada rumo à concretização dessas metas específicas.

OS ENGENHEIROS SIMULTÂNEOS PRECISAM ATINGIR METAS DE INVESTIMENTO E CUSTO VARIÁVEL

Os engenheiros simultâneos também são responsáveis pelo cumprimento de metas relativas tanto a investimentos quanto ao custo variável de suas peças – os custos tanto do ferramental quanto das peças produzidas por essas ferramentas. Esse é o começo do processo de viabilização da produção enxuta. É o engenheiro-chefe quem determina as metas de desempenho e qualidade tanto em relação às peças quanto à manufatura eficiente das mesmas. É também o EC quem estabelece os custos das metas com um conceito de melhoria contínua em mente. A função dos engenheiros simultâneos é trabalhar desde o começo e também no processo de DP a fim de atingir e projetar (em processo) capacida-

76 ■ Sistema Toyota de Desenvolvimento de Produto

des e eficiências tanto para o produto quanto para o processo. Isso é muito diferente de equipes que tentam aperfeiçoar um processo depois de concretizado.

Os processos de produção enxuta são padronizados por peça, continuadamente aperfeiçoados e adotados por todos os participantes. O segredo do sucesso dos ESs na condução de responsabilidades tão amplas e no cumprimento de metas de custo, qualidade e desempenho está em concentrar-se na solução dos problemas e em adotar uma disciplinada padronização. Isso torna o engenheiro da carroceria e o engenheiro simultâneo igualmente responsáveis pela adesão a processos padronizados de manufatura. O processo inicial do projeto consiste em:

- definir um "espaço do projeto" ou requisitos do sistema
- criar múltiplas alternativas (ou soluções) de projeto e processo baseadas em padrões (inclusive seções comuns de construção)
- testes rápidos e objetivos do programa, analisando o impacto de cada alternativa sobre o custo, a qualidade e o desempenho
- concentrar-se rigorosamente nas características essenciais de cada alternativa
- combinar as características comuns a todas as alternativas
- focar energia e esforços visando uma solução única de projeto e processo

Nesse sentido, produto e processo são "co-desenvolvidos" e as soluções são projetadas, em vez de se tornarem acréscimos dispendiosos concretizados em fases mais tardias do processo.

Mizen Boushi e Percorrer as Plantas de Produção

Em preparação para o processo de *kentou*, o engenheiro simultâneo passa muito tempo nas plantas de produção reunindo dados e conversando com líderes de equipe e operadores a fim entender plenamente os detalhes das questões de manufatura e solicitar eventuais contra-medidas. Quando necessário, o ES convida os integrantes da equipe de produção a visitar a EDM. Essa é uma parte importante do *mizen boushi*, ou processo de qualidade projetado, durante o qual os engenheiros focam em "projetar" contra-medidas. Literalmente, *mizen boushi* significa "prevenir enganos", ou "medidas preventivas", e se refere a um processo disciplinado que foca no estágio primário de projeto de engenharia de produtos e processos que dá sustentação à produção enxuta e resulta em qualidade robusta. As listas de verificação padronizadas de projeto e processo (discutidas no Capítulo 6) são cruciais para esse rigoroso processo.

Comunicação com os Especialistas Funcionais

Durante o processo do *kentou*, o ES comunica-se continuamente com diferentes especialistas funcionais do departamento de engenharia de produção, entre os quais os engenheiros de processo, os projetistas dos moldes, os engenheiros de instalação e montagem, e até mesmo com as equipes de montagem na fábrica. Embora seja um engenheiro com experiência em produção, o ES tipicamente não tem tanto conhecimento quanto os especialistas e utiliza os conhecimentos específicos destes para enfrentar situações altamente técnicas ou incomuns. Dessa forma, o ES funciona como o elo de ligação entre a criação do estilo, a engenharia da carroceria, a engenharia de produção e a planta de produção. Como tal, o ES comunica-se em questões tanto técnicas quanto logísticas, ajudando a manter sincronizadas as atividades dos grupos. Desde o começo, o ES comunica objetivos específicos de desempenho, custo e qualidade aos especialistas funcionais e usa seu conhecimento para dar consistência às contrapropostas que encaminha à EDM. Além de obter valiosa opinião técnica, essa atividade também cria uma familiaridade e um sentimento de propriedade entre os especialistas funcionais, de quem o ES irá depender para grande parte das tarefas centrais de engenharia de produção. Isso é crucial para que possam ser concretizadas simultaneamente as metas de DP e de eficiência no processo de produção. O ES trabalha também com fornecedores específicos de serviços de engenharia de produção. Essa atividade pode aperfeiçoar o processo de DP.

O ES Apresenta o Plano

Da parte de comunicação do processo, o engenheiro simultâneo adquire um profundo entendimento dos objetivos do produto e do plano de processamento. Ele prepara, numa folha de papel 8,5 x 11, um plano de processo para cada um de seus componentes e subsistemas, que é revisado com os devidos especialistas funcionais na organização da engenharia de produção. Esse plano, junto com o *sensu* específico de peças e as matrizes de qualidade, é usado para começar atividades como "preparar para o *projeto de estampos/dispositivos*" e "desenvolvimento preliminar de Binder (componentes do ferramental de conformação)" nos grupos centrais de engenharia da produção.

ALAVANCANDO AS FERRAMENTAS DIGITAIS

Grande parte da capacidade da Toyota de concentrar e agilizar seus programas de DP foi aperfeiçoada por avanços na tecnologia digital (esse assunto é discutido em mais detalhes no Capítulo 13). As equipes de DP podem começar a usar cedo no processo avançadas ferramentas de projeto como o sistema CAD de CATIA, que possibilita análises de adequação do projeto, ou "modelos digitais" que identificam choques no projeto (interferências) e armadilhas (vácuos). Muitas vezes, o processo inclui modelos de projeto paramétricos para assegurar que qualquer mudança no projeto de uma peça seja equilibrada pela atualização de todas as peças e ferramentas a ela relacionadas. Sofisticadas ferra-

78 ■ Sistema Toyota de Desenvolvimento de Produto

mentas CAE (*computed aided engineering*) de interferências e simulação de manufatura possibilitam ciclos reduzidos de solução de problemas e permitem mais iterações para rodar mais cedo, em menos tempo e a custo reduzido. De fato, em muitos casos essas ferramentas chegam a eliminar a necessidade de protótipos físicos detalhados, caros e demorados. Essas inovações tecnológicas continuam a diminuir o *lead-time* (tempo de espera entre a produção e o acabamento), a reduzir custos e a melhorar a qualidade do produto.

SOLUÇÃO ANTECIPADA DE PROBLEMAS EM *KENTOU*: UM EXEMPLO DE CASO

O processo enxuto de DP consiste em uma série inter-relacionada de problemas que precisam ser resolvidos: técnicos, logísticos e financeiros. Obviamente, as organizações com excelentes capacidades na área de resolver problemas encontrarão soluções de alta qualidade com maior rapidez e assim terão uma significativa vantagem competitiva no desenvolvimento do produto. Além disso, as empresas com desempenho superior em solução de problemas estarão sempre aprendendo a partir das próprias experiências e, com isso, acumularão uma enorme base de conhecimentos sobre o assunto. Isso significa que gastarão menos tempo "re-resolvendo" problemas.

O *kentou* resulta em uma menor quantidade de mudanças de engenharia e cria um fluxo de processos ao permitir que a empresa se concentre na execução de tarefas a jusante. *Kentou* proporciona igualmente uma estrutura formal para que as equipes multifuncionais possam "projetar soluções internas". Isso, naturalmente, é muito menos dispendioso que resolver problemas ou "ajustar" projetos em fases mais avançadas do processo.

Um exemplo dessas características práticas do *kentou* ocorreu durante um momento do programa de desenvolvimento do modelo *Camry*. O novo estilo demandava um *design* transpassado para os faróis que teria implicações em *design*, engenharia e manufatura sobre o pára-lama, capô e painel dianteiro do modelo. Enquanto a EDM buscava as soluções em meio a esses desafios durante a fase do *kentou*, emergia um problema crítico. As exigências de iluminação dos novos faróis estavam conduzindo a um *design* de pára-lama com um nariz comprido e estreito (ver Figura 4.4).

O grupo de engenharia de produção suspeitou que essa condição apresentaria problemas tanto em termos de estabilidade dimensional das operações secundárias de formatação (torção causada pela distensão do material), quanto no manejo do material (a condição estreita do nariz poderia ser facilmente danificada). Desenhos e instrumentos de simulação digital confirmaram essas suspeitas e deram à EDM condições de projetar e encontrar uma solução (ver Figura 4.5). Fazendo uma pequena modificação na linha de corte (extremidade) do capô, a equipe conseguiu encurtar o nariz do pára-lama e chegar a uma solução que agradou todos os participantes (ver Figura 4.6).

Concentre Esforços no Início do Processo de DP... ■ 79

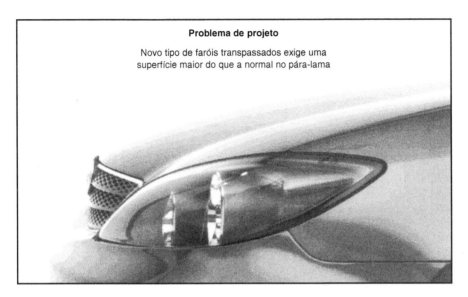

FIGURA 4.4 ■ Solução antecipada de problemas em *kentou* – problema de projeto.

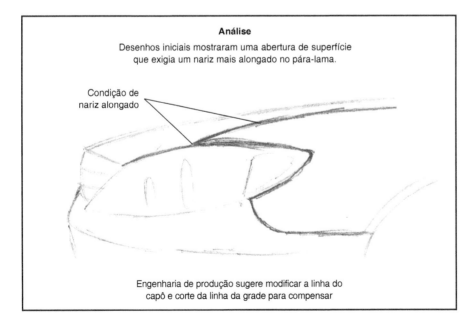

FIGURA 4.5 ■ Solução antecipada de problemas em *kentou* – Análise.

80 ■ Sistema Toyota de Desenvolvimento de Produto

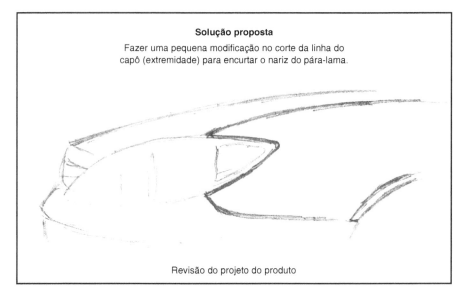

FIGURA 4.6 ■ Exemplo de solução antecipada de problemas em *kentou* – Solução proposta.

Se a equipe tivesse descoberto o problema somente numa fase mais adiantada do processo, poderia não haver flexibilidade suficiente para permitir uma solução de projeto. Isso levaria a alguma concessão baseada no custo da mudança de engenharia – uma solução inferior.

Um exemplo da "solução antecipada de problemas" na North America Car Company (NAC) ilustra o contraste entre uma abordagem tradicional e uma solução enxuta de DP. A NAC reconhece o valor da solução antecipada de problemas no processo, mas não desenvolveu mecanismos do tipo EDM, ou um período *kentou*, para implantar essa solução. Durante a fase de protótipo de um programa, um fornecedor notou que a condição de *design* do painel interno da tampa do porta-malas era muito semelhante ao da mesma parte de outro programa, que havia resultado em compressão material e em pregas na superfície de fechamento (ver Figura 4.7).

Infelizmente, a solução de projeto necessária para retificar essa condição iria modificar outras peças adjacentes também presentes no estágio de protótipo (ver Figura 4.8).

Como esses projetos já estavam em um estágio avançado e o ferramental para essas peças já começara, o único conserto possível foi mudar as ferramentas para a manufatura do painel traseiro, que ajudaria a minimizar – sem eliminar – as rugas. As mudanças nas ferramentas de estamparia, além de dispendiosas, significaram perda de tempo.

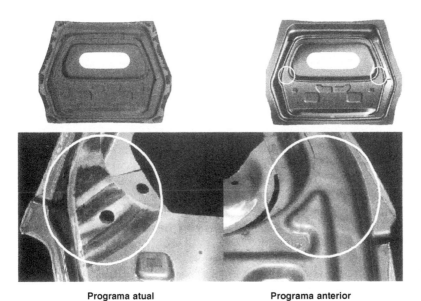

Programa atual   Programa anterior

FIGURA 4.7 ■ Compressão da superfície selada e condição de enrugamento.

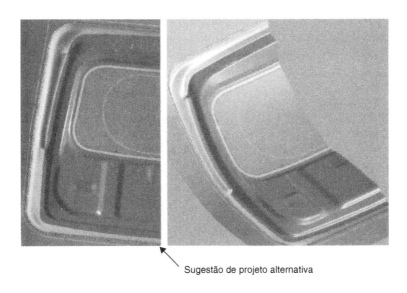

Sugestão de projeto alternativa

FIGURA 4.8 ■ Alternativas de projeto para a condição de superfície selada.

KOZOKEIKAKU (K4) – JUNTANDO AS PEÇAS

O *kozokeikaku* – ou K4 – é um documento de alto nível sobre carrocerias que reúne o conjunto final de *kontouzu* individuais para a montagem de um plano de sistema de carroceria. O termo K4 surgiu da dificuldade que os engenheiros norte-americanos da Toyota encontravam para pronunciar *kozokeikaku* e em função dos quatro Ks contidos na palavra. O plano K4 inclui seções críticas do veículo, localizadores, espaços perdidos e interseções de projeto. Também chama atenção para necessidades específicas de montagem, tolerâncias cruciais e para qualquer outra diretriz de manufatura importante, assim como para qualquer potencial desvio dos processos padronizados. O K4 é o plano de execução do sistema da carroceria. Ele define todas as exigências do sistema do veículo em relação a projetos de componentes individuais, proporciona orientação para o processo de detalhamento do projeto e auxilia na execução na prática da *compatibilidade antes do acabamento*. Mais ainda, coloca em sintonia os resultados dos muitos do desenhos desenvolvidos no período do *kentou*. Ele circula entre todos os grupos funcionais, tanto no DP quanto na manufatura, para aprovação final. O K4 é desenvolvido por volta da parte final do *kentou*; sua liberação ocorre normalmente um mês depois de finalizado o estilo e proporciona a base para as primeiras análises do sistema, planejamento da manufatura e todos os desenhos posteriores do veículo em seus mínimos detalhes.

PESSOA CERTA, TRABALHO CERTO, TEMPO CERTO

Infelizmente, os primeiros estágios do desenvolvimento do produto são, em muitas empresas, incompreendidos e mal-estruturados. Como resultado disso, tais estágios recebem poucos recursos e atenção. Nessas empresas, a gerência não se dispõe a destinar seus colaboradores mais competentes aos primeiros estágios de um programa, preferindo reservá-los para apagar os incêndios que surgem nos estágios finais. Isso é um desperdício tanto de recursos quanto do potencial e do ânimo de colaboradores com altas capacidades pessoais e profissionais. O desenvolvimento de produtos é movido a talento, e pessoas talentosas preferem, em geral, criar algo novo e interessante em vez de salvar projetos quase fracassados. Empresas que contam com programas ineficientes de DP muitas vezes acabam produzindo mediocridades.

Conseguir tirar o máximo proveito dos talentos tem a ver com usar processos, pessoas, ferramentas e tecnologias com eficiência. Empresas que não planejam o desenvolvimento do produto antes de precisarem revisar projetos completos – ou, ainda pior, protótipos físicos – lutam constantemente com excessos de custos e demoras injustificadas nos prazos do lançamento de novos produtos. Parte do problema está no fato de aderirem à noção de um "começo nebuloso" e a uma filosofia de "acertar tudo mais tarde". Quando o começo

Concentre Esforços no Início do Processo de DP... ■ 83

do desenvolvimento do conceito é "nebuloso", está-se sugerindo que processos sérios, disciplinados, são impossíveis nesse primeiro estágio. O pensamento enxuto vê essa abordagem indisciplinada como um processo lento, dispendioso e imprevisível que pode prejudicar seriamente o desenvolvimento do produto e outras atividades.

Os conceitos da engenharia simultânea e da concentração de recursos já são conhecidos há um bom tempo. Como resultado, muitas empresas, com o intuito de agilizar agilizar seus processos de DP, tentaram empurrar mais trabalho no começo do processo sem um entendimento detalhado das implicações dessa decisão. Isso não passa de "concentrar esforços no início por força bruta" e, invariavelmente, conduz a erros (como exigir uma precificação final dos fornecedores antes que os projetos estejam prontos, ou investir muito tempo em projetos não amadurecidos, ou, ainda, precipitar a adoção de *projetos de componentes individuais* cedo demais no processo). Esses e outros erros semelhantes levam a quantidades cada vez maiores de retrabalho e a um entorpecimento geral do processo.

A Toyota, em contraste, foca em fazer o trabalho certo na hora certa pela pessoa certa. Isso explica em parte as constatações de Ward, Liker e Cristiano (1995) no sentido de que, na Toyota, a demora para tomar decisões de maneira geral leva a um desenvolvimento mais acelerado da totalidade da produção.

No capítulo seguinte, voltamos a discutir como minimizar a segunda perda no DP, que é o desperdício no processo de desenvolvimento de produtos. Também examinamos as ferramentas mais úteis para combater esse desperdício.

Fundamentos do Princípio Dois de SEDP

**Concentre esforços no início do processo de DP
para explorar integralmente as alternativas**

O SEDP concentra esforços no início porque o começo do programa é a etapa em que é possível obter o maior impacto no sucesso do produto com o menor custo. Programação antecipada e atividades de gerenciamento de multiprogramas incluem a gestão de portfólio de produtos e o gerenciamento de conteúdo de programas compartilhados para criar um ambiente no qual programas individuais tenham a melhor possibilidade de sucesso. Em programas individuais, as equipes multifuncionais compostas pelos colaboradores mais experiente são reunidas no começo do projeto a fim de se concentrar no amplo espectro de conjuntos de soluções que antecipam e resolvem problemas, de desenvolver contramedidas para a qualidade e viabilidade da produção e de isolar a variabilidade inerente ao desenvolvimento de produtos a fim de facilitar a execução perfeita na etapa seguinte do programa. Na Toyota, isso acontece durante uma fase intensa e inicial do programa, chamada de *Kentou*, durante a qual centenas de *kentouzu* são gerados e aproximadamente 80% dos problemas técnicos são resolvidos pelos engenheiros mais experientes da Toyota. Com isso, a necessidade de realizar mudanças de engenharia nas etapas mais avançadas do processo é reduzida radicalmente.

5

Crie um Nivelamento de Fluxo do Processo de Desenvolvimento de Produtos

Na Toyota, tentamos fazer todo processo como uma cadeia estreitamente interligada – em que os processos são conectados por informação e por fluxo físico. Não há lugar para esconder problemas. A cadeia nunca funciona perfeitamente. Mas se sabemos onde estão nossas falhas e se o nosso pessoal é treinado para consertá-las, tornamo-nos a cada dia mais fortes. Isso nos mantém em alerta permanente e auto-identifica a muda *– e os cinco por ques constituem nosso método para eliminar a* muda.

Glenn Uminger,
Toyota Manufacturing Corporation, América do Norte

A FORÇA DO FLUXO

Em 1913, Henry Ford e sua equipe revolucionaram o mundo industrial com o desenvolvimento de uma linha de montagem contínua para o Modelo T, apresentando ao mundo o poder do fluxo. Os resultados de Ford não passaram despercebidos pela Toyota, que foi muito ágil ao aprender com Ford e ao se tornar, posteriormente, a empresa líder na adaptação do conceito de fluxo a uma variedade de ambientes. Para Ford, contudo, o fluxo cessava logo que o processo deixava a linha de montagem. Fora dessa linha de montagem, grandes quantidades de peças feitas por operações mecânicas, operações de estamparia e operações de moldagem injetada eram empurradas, em vez de puxadas, para a linha de montagem.

Usando a manufatura celular, a Toyota ampliou o conceito do "fluxo de peça única", ou fluxo equilibrado, para todas as suas operações – inclusive as operações dos seus fornecedores. Quando não era possível fazer fluir uma peça de cada vez, a Toyota construía pequenos almoxarifados, às vezes chamados de "supermercados". Esse conceito reflete o que ocorre nos supermercados propriamente ditos: os clientes "puxam" tudo aquilo que precisam das gôndolas e o proprietário, ou gerente, reabastece as prateleiras de acordo com esse fluxo, reestocando aquilo que os clientes compraram. Nas indústrias de manufatura, a atividade proporciona um vínculo direto entre o cliente e o fornecedor de materiais num sistema puxado. Quanto menor a quantidade de itens produzida, mais perto chega a operação do "fluxo de peça única" ideal. Para manter o fluxo equilibrado, os produtores precisam precaver-se contra o desperdício. A Toyota desde sempre cuidou disso, promovendo sua "guerra contra o desperdício" nos processos de toda a empresa.

O que tudo isso tem a ver com o desenvolvimento de produtos? Este capítulo mostra que o sucesso da Toyota no desenvolvimento de produtos começa com o entendimento do DP como um processo. Como qualquer processo, o DP tem uma cadência e ciclos repetidos de atividade. A Toyota conseguiu fazer um trabalho excepcional ao padronizar o processo de DP para trazer à tona a cadência repetitiva que permite a melhoria contínua mediante ciclos repetitivos de redução de desperdício. O capítulo foca nos famosos sete desperdícios da produção enxuta e identifica algumas das soluções. A Toyota descobriu como remover essas perdas da cadeia de valor do desenvolvimento de produtos. Além disso, o presente capítulo mostra que a Toyota conseguiu "nivelar o fluxo", ao eliminar não apenas desperdícios (*muda*), mas também as "irregularidades" (*mura*) e a "sobrecarga" (*muri*). Dessa forma, a Toyota se destacou em meio à concorrência na modalidade de lançar produtos no mercado com maior rapidez e com qualidade mais alta.

O DESENVOLVIMENTO DE PRODUTO É UM PROCESSO

Como discutimos no Capítulo 4, a maior parte do desenvolvimento de produto da Toyota é constituída por *veículos que são produtos derivados construídos sobre plataformas de produtos existentes*, focando na modificação de produtos existentes ou em variações sobre um tema. Esse tipo de sistema de DP tem muito em comum com outros sistemas à base de processos, entre os quais as operações de manufatura. Por exemplo, os sistemas modernos de DP trabalham simultaneamente com múltiplos projetos e enfrentam desafios similares em matéria de gerenciamento de recursos compartilhados. Mais ainda, embora muitos dos desafios específicos em projeto possam ser diferentes, o trabalho básico, as tarefas e a sua seqüência são iguais ao longo dos programas. Com semelhante perspectiva, as empresas podem ver o sistema de DP como um *almoxarifado de aplicativos dos conhecimentos práticos* que precisa interagir com múltiplos centros de trabalho, limitações e uma rede de filas integrada. Essa perspectiva do processo de DP aperfeiçoa a capacidade de uma empresa de aplicar ferramentas e métodos adaptados de gerenciamento de processos para reduzir a variação e criar fluxo equilibrado de processo sem destruir a criatividade indispensável à invenção de grandes produtos.

Essa visão do desenvolvimento de produtos implica perguntar até que ponto o enxuto se aplica a um processo cujos fluxos de informação são mais importantes que os fluxos materiais e no qual a variabilidade de projeto a projeto é uma constante. Em outras palavras, é viável conseguir que as cadeias de valor do DP fluam tão facilmente quanto a manufatura de bens materiais? Essa pergunta tem duas respostas: sim e não. Sim, é possível ver o desenvolvimento de produtos como um processo repetitivo de etapas que são interrompidas pelo desperdício. Estabilizar o processo de DP e aperfeiçoá-lo por meio da redução de desperdícios é possível e eficiente. Mas não, não é o mesmo que os repetitivos processos de produção. As tarefas são mais complexas, com ciclos de duração prolongados e variabilidade excessiva para se desperdiçar segundos. Assim, embora muitos dos conceitos e métodos discutidos neste capítulo tenham raízes comuns na manufatura – como discutido em *O Modelo Toyota* (Liker, 2005) – o desenvolvimento de produtos tem seu próprio entorno complexo e desafios únicos. Um dos primeiros desafios é *visualizar o processo*.

Mapeamento da Cadeia de Valor

A ferramenta indispensável para entender o fluxo de material e informação e visualizar os processos de produção é o mapeamento da cadeia de valor (Rother e Shook, 1998). Essa metodologia vê a transformação do material como uma série de etapas de processos interrompidas pelo desperdício. Quem comanda o fluxo é a informação, que dita aos processos individuais o que fazer, quanto e quando. Ao mapear o estado atual e identificar o desperdício que interrompe o fluxo, o mapeamento da cadeia de valor então visualiza um estado futuro mais enxuto e traduz isso em um plano de ação. Essa poderosa ferramenta parece ser ideal para processos repetitivos de manufatura, mas, ao menos em sua forma original, ela é difícil de aplicar ao desenvolvimento de produtos.

Com modificações, porém, a melhoria da cadeia de valor pode se transformar numa ferramenta poderosa para o aperfeiçoamento de cadeias de valor do desenvolvimento de produtos. Morgan (2000) adaptou com sucesso o mapeamento da cadeia de valor ao complexo ambiente do DP. (Essa modificação, chamada MCVDP, é revista no Capítulo 17 e ilustrada no apêndice deste livro.) O ponto de partida para representar a cadeia de valor do DP consiste em reconhecê-la como um processo. Um atributo essencial desse processo único consiste no fato de envolver muitas atividades paralelas, interdependentes, em vez das cadeias seriadas de valor que são típicas do processo de manufatura.

Muitas coisas acontecem ao mesmo tempo em um projeto de desenvolvimento de produto. As atividades principais agregam valor e o desperdício está oculto. A chave para um desenvolvimento de produto superior consiste em organizar essa complexa rede de atividades em "cadeias de trabalho" identificáveis que desempenhem uma função característica: converter entradas em saídas. Fazer isso revela diversas cadeias de trabalho paralelas que são, até certo ponto, independentes, mas também interdependentes. Isso também revela a existência de desperdícios no âmbito de cada uma das cadeias de trabalho.

88 ■ Sistema Toyota de Desenvolvimento de Produto

A Figura 5.1 ilustra uma cadeia de valor de DP como uma série de "cadeias de trabalho" paralelas. Cada cadeia de trabalho (ou "raia de natação") tem um conjunto de processos seriais interrompidos por desperdício. A figura mostra as cadeias de trabalho em um cronograma comum; visualizar uma só fatia ou seção desse cronograma revela o que está acontecendo ao longo das cadeias de trabalho. Como o Capítulo 17 irá mostrar, a ferramenta MCVDP também pode ser usada para revelar conexões existentes ao longo das cadeias de trabalho, diferentes tipos de desperdícios e até mesmo laços de *feedback*.

Quem tem experiência em desenvolvimento de produtos verá que o tempo sugerido por um mapa como esse é, na melhor das hipóteses, inicial. Por exemplo, nem todo projeto terá um estágio de conceito que comece ou termine tão harmoniosamente como o diagrama a seguir sugere. Nem sempre fica claro exatamente quando um estágio de conceito começa ou termina. Por isso, é importante observar que este diagrama ilustra apenas conceitos. O verdadeiro mapeamento do fluxo de valor de estado atual deveria refletir as atividades e o tempo de um projeto real de desenvolvimento de produto – em vez de um "projeto padrão" abstrato. Todos os projetos são, de alguma forma, únicos, exclusivos. Nesse nível, a meta é entender os desperdícios e as fontes de desperdícios numa cadeia de valor do desenvolvimento de produto, em vez de medir seqüências e tempos precisos de atividade.

É importante enfatizar novamente que o ponto de partida para a melhoria de qualquer processo é justamente entendê-lo como um processo. E o ponto de partida para a eliminação do desperdício é reconhecer o desperdício. A Figura 5.1 sugere que (pela perspectiva da informação transformada em um projeto) boa parte do tempo investido num processo de desenvolvimento de produto é, na verdade, desperdício. Mas o que a maioria das empresas faz para reduzir os tempos de processamento do DP é focar o tempo em processos de agregação de valor. Por exemplo, elas implementam um novo recurso do CAD que diminui o tempo para o processamento de dados no computador e para a criação do gráfico em 3-D. Ou compram computadores mais rápidos para fazer o algoritmo da análise de engenharia convergir com maior rapidez. O processo enxuto, por outro lado, começa com a observação da totalidade da cadeia de valor porque o desperdício entre as etapas de um processo sempre aparenta ser muito maior que o desperdício num único passo do processo (como o do processamento dos dados do CAD). Uma análise completa do conceito de desperdício exige que ele seja caracterizado em cadeias de valor no DP e que se entenda as suas causas.

OS SETE DESPERDÍCIOS NO PROCESSO DE DESENVOLVIMENTO DE PRODUTOS

A maioria dos processos de desenvolvimento de produtos não é enxuta. Na verdade, ela é repleta de desperdícios. O desperdício, ou *muda*, consiste em

Crie um Nivelamento de Fluxo do Processo... ■ 89

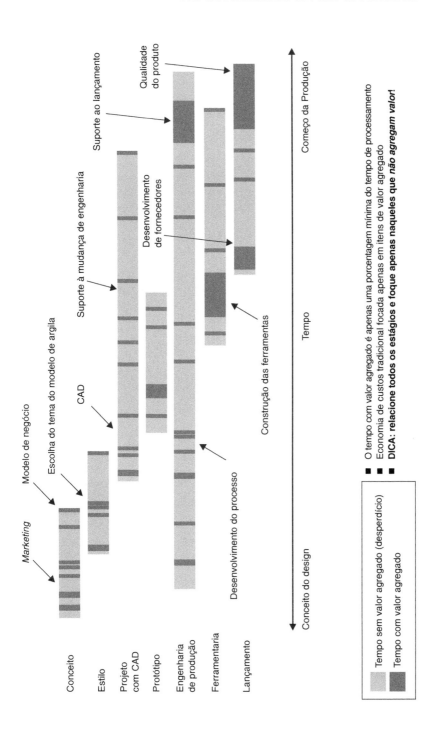

FIGURA 5.1 ■ Tempo de processamento do desenvolvimento do produto.

90 ■ Sistema Toyota de Desenvolvimento de Produto

qualquer atividade em um processo que consuma recursos sem agregar valor para o cliente. Neste trabalho, o ponto de partida para a identificação de desperdícios no desenvolvimento de produtos está nas sete categorias de desperdícios de Taiichi Ohno: Produção em Excesso, Espera, Transporte, Processamento, Estoque, Movimentação e Correção. Embora as causas desses sete desperdícios sejam diferentes para a produção, essas categorias são muito úteis na identificação de atividades que não agregam valor no desenvolvimento de produtos (ver Figura 5.2).

1. *Produção em excesso:* Na produção, ocorre quando se produz além das necessidades do próximo processo ou cliente. No desenvolvimento de produtos, esse desperdício é comum sempre que os processos não são bem sincronizados nas organizações multifuncionais. Figuram nesses casos qualquer tarefa completada antes que a próxima operação fique pronta para processá-la ou, em sentido contrário, operações a jusante trabalhando em projetos a montante de modo prematuro, num esforço para fazer engenharia paralela. Outro exemplo de superprodução é trabalhar nas atividades erradas, em vez de

Sete Desperdícios	O que são?	Exemplos em DP
Produção em excesso	Produzir mais ou antes do que o processo seguinte necessita	Acúmulos, tarefas simultâneas não sincronizadas
Espera	Esperar por materiais, informações ou decisões	Esperar por decisões, distribuição de informação
Transporte	Transferir materiais ou informação de um lugar para outro	Indefinição/excessiva distribuição de informação
Processamento	Realizar tarefa desnecessária ou processamento desnecessário em uma tarefa	Tarefas repetitivas, tarefas redundantes, reinvenção, variação de processo – falta de padronização
Estoque	Acúmulos de material ou informação que não são utilizados	Acúmulo, utilização excessiva do sistema, variação de chegada
Movimentação	Excesso de movimentação ou atividade durante a execução da tarefa	Trajetos longos demais/reuniões redundantes/ revisões superficiais
Correção	Inspeção para detectar problemas de qualidade ou para consertar defeitos	Concretização da qualidade externamente, correção e retrabalho

FIGURA 5.2 ■ Os sete desperdícios aplicados ao desenvolvimento de produto.

focar nas atividades de que o próximo processo realmente necessita. Muitas vezes, a superprodução ocorre por completar o trabalho do projeto antes de verificar sua compatibilidade com o sistema ou a viabilidade de sua produção.

2. *Espera:* Em produção, operadores ficam ociosos à espera do material ou não fazem outra coisa enquanto suas máquinas automáticas estão em processamento. No desenvolvimento de produtos, os engenheiros estão em movimento, correndo de reunião em reunião ou ocupados com alguma atividade no computador. Da perspectiva de uma cadeia de trabalho, porém, muitas vezes há alguma atividade-chave que os engenheiros deveriam estar desenvolvendo, mas não conseguem porque não dispõem dos instrumentos necessários para tanto. Antes que consigam prosseguir, eles esperam por revisões, decisões, permissão, informação, ordens de compra, ou alguma outra atividade de transição que representa puro desperdício. Nossa experiência comprova que a espera, ou demora, é um dos desperdícios mais presentes em todo o processo de desenvolvimento de produtos.

3. *Transporte:* Na produção, isso significa movimentar sem necessidade peças e produtos. No desenvolvimento de produtos, trata-se da transferência desnecessária da tarefa de uma pessoa extremamente especializada para outra e, mais especificamente, da transferência constante de informação, seja por palavras, imagens ou intercâmbio de dados. Esse desperdício leva à perda do *momentum*, da informação e da confiabilidade no processo. Trata-se também de uma disfunção normalmente aceita em tradicionais sistemas de DP.

4. *Processamento:* Na manufatura, esse desperdício se manifesta pelo processamento desnecessário ou incorreto. No desenvolvimento de produtos, ele inclui erros de engenharia ou falhas de sistema. Treinamento e desenvolvimento adequados podem eliminar ou reduzir grande parte do primeiro. Também pode resultar do desenho de novos componentes em vez da utilização de peças de veículos prévios, projetando a partir do zero em vez de transformar a arquitetura de projeto padrão, ou criar novos processos de manufatura para cada programa em lugar de trabalhar para a consolidação de um processo padrão de manufatura. Outro exemplo de desperdício em processamento consiste nas desnecessárias transações e negociações que transpiram em meio à escolha e gerenciamento de fornecedores.

5. *Estoque:* Tanto na manufatura quanto no DP, o desperdício de estoques é o resultado direto da superprodução. Quanto à manufatura, isso é simplesmente dispor de mais do que o estoque mínimo necessário para um sistema puxado controlado com precisão. No desenvolvimento de produtos, trata-se de informação em excesso, como nos

92 ■ Sistema Toyota de Desenvolvimento de Produto

casos de projetos que estão à espera da disponibilização dos respectivos recursos. Esperar pela informação em filas a serem processadas representa o pior tipo de desperdício no desenvolvimento de produtos. Muitas vezes, surgem problemas nessa informação (por exemplo, não é aquilo que o próximo processo precisa) ou a informação se perde e chega com atraso ao ponto em que se faz necessária. Esses problemas muitas vezes permanecem ocultos; quando descobertos, já provocaram retrabalho e aumento no tempo de processamento.

6. *Movimentação:* Na manufatura, ocorre quando os operadores avançam de modo desnecessário e/ou que causa tensões. No desenvolvimento de produtos, os engenheiros participam de reuniões supérfluas, criam relatórios de situação redundantes e gastam tempo com revisões improdutivas de projetos. O desperdício da movimentação também inclui longas excursões por plantas e instalações que não levam a qualquer informação objetiva necessária para a adoção de decisões realmente pertinentes ao projeto.

7. *Correção:* Na manufatura, representa a inspeção, o retrabalho e a sucata. No desenvolvimento de produtos, assume a forma de auditorias de programas, revisões, testes de novos componentes em lugar da utilização de similares de valor comprovado, mudanças de engenharia atrasadas, excesso de experimentação com ferramentas e todas as formas de retrabalho. Muitos processos de desenvolvimento de produto são de tal forma inflados com o desperdício da correção que pelo menos um terço dos recursos totais alocados fica, num dado momento determinado, empenhado em retrabalho.

OS TRÊS M

As pessoas muitas vezes definem a meta da produção enxuta como a eliminação do desperdício. O combate à *muda* não representa tudo aquilo que o conceito enxuto engloba. O pensamento verdadeiramente enxuto não foca na eliminação unidimensional da *muda*; ele trabalha a fim de eliminar três tipos de desperdícios inter-relacionados: *muda, mura* e *muri* – conhecidos coletivamente como os "três Ms".

1. *Muda* (valor não agregado). O mais conhecido dos três "M", inclui os sete desperdícios identificados no Sistema Toyota de Produção e suas contramedidas de desenvolvimento enxuto de produtos discutidos no Capítulo 3. Qualquer atividade que contribua para prolongar os tempos de processamento e acrescentar custos extras ao produto, pelos quais o cliente não está disposto a pagar, é considerada *muda*.

2. *Muri* (sobrecarga). Em alguns aspectos, *muri* é o oposto de *muda*. *Muri* é empurrar uma máquina, processo ou pessoa além dos respectivos limites naturais. Pessoas sobrecarregadas podem levar ao trabalho imperfeito, que resulta em problemas de qualidade e potenciais riscos de segurança. Equipamentos sobrecarregados causam "apagões" e defeitos. Sobrecarregar um processo significa longas filas que aumentam o tempo de processamento do DP ou detonam o processo, que leva a erros e retrabalho a jusante da cadeia.

3. *Mura* (irregularidade). Em sistemas normais de produção, o fluxo do trabalho é desigual. Às vezes, há mais trabalho que pessoas e máquinas para realizá-lo; outras vezes, o trabalho é insuficiente para os recursos disponíveis. Os engenheiros sabem como é o frenético ritmo do trabalho imediatamente anterior ao vencimento de um prazo (por exemplo, revisão de protótipo ou lançamento de novo produto), que é em geral seguido pela calmaria com pressão relativamente escassa do trabalho. A irregularidade é o resultado de um cronograma irregular de produção dos volumes flutuantes de produção causados por problemas internos, como *tempo de parada* de computador ou inexistência de informações essenciais. A *muda* será um resultado da *mura*. Com níveis desiguais de produção, será sempre necessário contar com os equipamentos, os materiais e o pessoal disponíveis para os mais altos níveis de produção – mesmo quando as exigências médias são muito inferiores a esses níveis.

Quando começa a aplicar métodos enxutos, a maioria das empresas presta atenção a qualquer processo em que o cronograma de trabalho oscila de forma exagerada e começa a travar uma "guerra ao desperdício" para eliminar a *muda*. Quase sempre, elas começam por reduzir estoque e unificar operações. Também examinam o equilíbrio do trabalho e diminuem a quantidade de pessoal de um sistema; além disso, reorganizam o ambiente de trabalho para eliminar desperdício da movimentação. Então, deixam o sistema funcionar sozinho. Para sua decepção, o sistema "melhorado" muitas vezes acaba desabando! As pessoas ficam sobrecarregadas, as faltas por motivos de saúde aumentam, o equipamento quebra com maior freqüência, e logo a gerência se convence de que o processo enxuto não funciona. O que essas empresas não conseguem detectar ao "implementar a produção enxuta" é que elas nada fizeram para estabilizar o sistema e criar a "igualdade" que permite que as ferramentas enxutas funcionem adequadamente.

O pensamento enxuto tornou fácil identificar o desperdício e eliminá-lo de um sistema, mas é necessário um esforço muito maior do que esse para criar um fluxo de trabalho enxuto equilibrado. São muitas as empresas que se fixam em tentar extrair a *muda*, porque isso pode levar a reduções de custos no curto prazo.

Um exemplo disso é o enxugamento do trabalho de engenharia em 10 a 15 por cento de uma vez só. Os custos diminuem e a empresa elimina "desperdício". Mas será que eliminou mesmo? No pensamento enxuto, o verdadeiro e mais difícil desafio é a tarefa de longo prazo de continuadamente eliminar *muri* e *mura – gerenciando e corrigindo um sistema sobrecarregado e desigual*. Enxugar a engenharia não atinge esses objetivos. Na verdade, acaba inevitavelmente em sobrecarga e irregularidade, mesmo quando isso ocorre em outros pontos do processo.

Para muitos, o fluxo contínuo significa fluxo contínuo *equilibrado*. Mas os resultados dessa suposição são quase sempre decisões prejudiciais que eliminam o "desperdício" em uma atividade, mas ignoram o desperdício presente em outras fases do processo. Por exemplo, fazer com que o material flua uma peça de cada vez ao longo dos centros de trabalho sem estoque não corrige um ritmo e *mix* de produção indefinido e inconstante. Isso não é nem jamais será um fluxo contínuo. Trata-se simplesmente de uma utilização fadada ao insucesso, que quase nunca conseguirá criar qualidade, produtividade ou aperfeiçoamento continuado. O fluxo contínuo é a eliminação de *todas* as atividades que não agregam valor à progressão de um produto ao longo da sua cadeia de valor de tal forma que ele flua *de forma contínua sem obstáculos* – da concepção até a entrega.

BARREIRAS E FACILITADORES DO FLUXO: *INSIGHTS* DA TEORIA DAS FILAS

É fundamental examinar por que os sete desperdícios discutidos anteriormente são tão presentes, pois empresa alguma conseguirá entender a maneira de eliminar tais perdas enquanto não decifrar a verdadeira causa de seu surgimento. Observar o processo de DP como uma oficina de trabalho especializado e levar em conta o conhecimento existente sobre a teoria das filas é algo que proporcionará importantes *insights* a respeito das verdadeiras causas das perdas no desenvolvimento de produtos. A teoria das filas ajuda a ver de que maneira as abordagens tradicionais do desenvolvimento de produtos aumentam a variabilidade inerente ao processo e causam acúmulos de desperdícios. Práticas tradicionais de DP especialmente problemáticas incluem:

- Centros de trabalho de DP que funcionam em grandes lotes, criados pelos processos de desenvolvimento de produtos baseados em portais (*stage-gates*) ou em marcos (*milestones*).
- Centros de trabalho de DP com níveis diferenciados de capacidade a qualquer ponto no tempo, criando desencontros de capacidade e uma ignorância generalizada da capacidade de cada um deles e a subseqüente sobrecarga constante do sistema.
- Cargas de trabalho em DP imprevisíveis, expandindo-se até tomar todo o tempo de todos os engenheiros alocados aos projetos.

- Cargas de trabalho em DP altamente cíclicas caracterizadas por períodos de calmaria seguidos por enormes congestionamentos do sistema, expandindo assim os tempos de processamento muito além dos prazos estabelecidos.
- Baixos níveis de execução de tarefas e disciplina no planejamento, levando a altos níveis de variabilidade, tanto de tarefas quanto entre as chegadas.

A fim de obter *insights* sobre as razões das perdas decorrentes dessa abordagem, é preciso ver o processo de DP como um sistema – no qual as chegadas de demanda (pedidos de trabalho) representam demandas para um recurso com capacidades finitas – e aplicar a teoria das filas – o fenômeno do parar, esperar e servir. Depois disso, é necessário pensar as práticas tradicionais de desenvolvimento de produtos levando em consideração os postulados básicos da Teoria das Filas (a seguir discriminados) que são entendidos na manufatura e documentados na obra *Factory Physics* (Spear e Hopp, 1996):

- *Lei dos Lotes:* "Os ciclos de tempo ao longo de um roteamento são aproximadamente proporcionais ao tamanho (movimento) do lote usado no roteamento."
- *Lei da Variabilidade do Posicionamento:* "A variabilidade precoce no roteamento tem um impacto bem maior sobre o WIP (estoque em processo) e sobre tempos de ciclo do que uma variabilidade equivalente surgida no final do roteamento."
- *Lei da Utilização:* "Se um sistema aumenta a utilização sem concretizar qualquer outra mudança, o tempo de ciclo médio aumenta de uma forma altamente não-linear."
- *Lei da Variabilidade:* "Em condições estáveis, a crescente variabilidade sempre aumenta os tempos de ciclo médios e os níveis do WIP (estoque em processo)".

Esses princípios podem nos ensinar muito sobre a causa principal dos maiores desperdícios observados no sistema de desenvolvimento de produto. A "lei dos lotes" sugere que quando gerenciamos o processo de desenvolvimento de produtos como uma série de portões nos quais o processo deve estacionar e então organizamos o sistema de desenvolvimento de produto como um conjunto de centros de trabalho separados (às vezes chamados de funções ou chaminés), cada um deles processando e liberando trabalho em grandes lotes de informação, começaremos a entender por que experimentamos grandes níveis de WIP e tempos de processamento demorados no desenvolvimento do produto. Imagine, por exemplo, um departamento de análise de engenharia centralizado que recebe inúmeras solicitações de análises, trabalha nessas solicitações e emite pareceres em forma de lotes. O resultado natural é que isso prolongue os tempos de processamento. Se esses processos forem substituídos por revisões executivas de análise de engenharia, o estúdio de *design*, a engenharia de carroceria, o protótipo, a realização de testes, os projetistas CAD, os projetistas de ferramentas, etc., serão obtidos os mesmos resultados que a lei dos lotes prevê para uma oficina.

A utilização da capacidade em excesso tem conseqüências bem compreendidas para o desempenho do sistema, apesar de raramente considerada no planejamento do desenvolvimento de produtos. A curva das filas ilustra os aumentos em tempo de processamento com base em mudanças na utilização da capacidade do sistema (ver Figura 5.3). Ela começa a aumentar de maneira quase exponencial aproximadamente a 80% da utilização da capacidade, significando que existe um relacionamento não-linear entre carga adicional do sistema e aumentos do tempo de processamento quando 80% da capacidade do sistema é atingida. Os sistemas de desenvolvimento de produtos muitas vezes operam em níveis significativamente acima desse ponto crítico.

Para piorar a situação, o alto nível de variabilidade naturalmente associado com o processo de DP exacerba ainda mais esses efeitos de sobrecarga do sistema, como ilustrado na Figura 5.4.

A variabilidade é uma determinante primária do baixo desempenho do sistema. Infelizmente, muitos sistemas de DP tradicionais são repletos de variabilidade. Devemos estar atentos a dois tipos específicos de variabilidade:

1. *Variabilidade da tarefa*: Refere-se às diferenças nos métodos e duração de tarefas específicas presentes na maior parte do desenvolvimento de produtos.

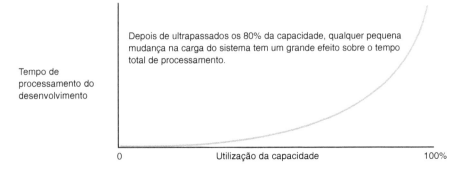

FIGURA 5.3 ■ Efeito da sobrecarga da capacidade no tempo de processamento do desenvolvimento.

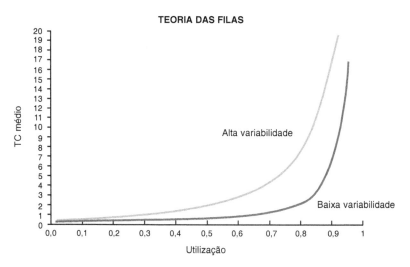

FIGURA 5.4 ■ Altos índices de variabilidade aumentam os efeitos da utilização da capacidade (*Factory Physics*, 1996).

2. *Variação da chegada de demanda inter-relacionada*: Diz respeito à diferença de tempo entre o prazo marcado para a chegada da tarefa a uma estação de trabalho e sua chegada efetiva. Essa diferença é freqüentemente causada pelo primeiro tipo de variação, bem como por suas restrições de capacidade.

Quando esses tipos de variações existem no interior de um sistema, temos uma rápida propagação de variação que é prejudicial para o desempenho do sistema como um todo. Mais ainda, quando a variabilidade ocorre no início do processo, terá um efeito ainda maior ao longo de todo o seu desenvolvimento. Assim, buscar eliminar essa variabilidade nos primeiros estágios (o estágio conceitual, como definido no Princípio Dois do SEDP) poderá resultar em melhorias. Portanto, gerenciar a variação e controlar a capacidade do sistema é crucial para obter altos níveis de desempenho do sistema de desenvolvimento de produtos.

Talvez fique mais fácil entender esses fenômenos com uma analogia. Todos nós já enfrentamos um congestionamento de trânsito. Em um congestionamento, o tráfego pára completamente e depois volta a mover-se, seguindo em ritmo de tartaruga por quilômetros. Tempos depois, descobre-se a causa de tamanha demora. Dois automóveis, envolvidos em um pequeno acidente, estão ao lado da estrada, juntamente com uma viatura policial, bloqueando parcialmente o tráfego em uma das três pistas da auto-estrada (ver Figura 5.5). Mas por que esse acidente congestiona o trânsito? O ponto central da questão é que

98 ■ Sistema Toyota de Desenvolvimento de Produto

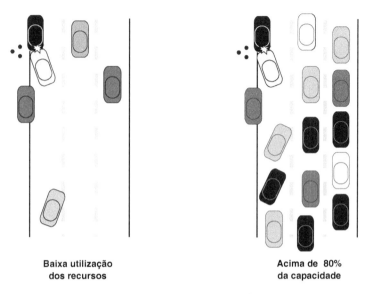

Baixa utilização
dos recursos

Acima de 80%
da capacidade

FIGURA 5.5 ■ Teoria das filas e congestionamentos de trânsito.

se as condições fossem diferentes (por exemplo, menos carros na estrada ou menor utilização da auto-estrada), aquela pista parcialmente bloqueada não teria causado um engarrafamento. A capacidade adicional do sistema rodoviário teria condições de absorver a variabilidade. Contudo, se 80% (ou mais) da capacidade da rodovia é utilizada, a perda de uma das três pistas acaba causando um grande congestionamento. Nesse caso, a variabilidade do sistema (os carros provocando um acidente e o tráfego pesado em um momento específico) leva ao congestionamento do sistema inteiro e ao aumento dos tempos de processamento (ou seja, o tráfego em ritmo de tartaruga).

Uma prova da eficiência da aplicação dos princípios da teoria das filas no desenvolvimento de produtos é proporcionada por Paul Adler. Adler et al. (1996) estudaram vários projetos de DP e chegaram a uma constatação comum: os projetos avançaram praticamente sem problemas durante períodos de carga de trabalho moderada, quando as pessoas não eram utilizadas além dos respectivos limites. Contudo, quando a carga de trabalho aumentou para cerca de 70 a 80% da capacidade do sistema, qualquer carga de trabalho adicional causava um grande aumento do tempo de processamento. Qualquer variabilidade no processo (por exemplo, informação inexistente, informação errada, atraso na chegada de dados importantes) interagia com aumentos na carga de trabalho, provocando uma pane no sistema. Na verdade, a utilização em excesso dos recursos de DP, em conjunto com altos índices de variação dos processos, é a principal razão para tempos de processamentos longos, atrasos nos programas e problemas de qualidade. Ao gerenciar a utilização do sistema e empregar ferramentas básicas para reduzir tanto a variabilidade da tarefa quanto da chegada de demandas inter-relacionadas, essas empresas experimentaram, com o decorrer do tempo, reduções do tempo de processamento e aumentos na produtividade geral do sistema (Adler et al., 1996).

Os princípios da teoria das filas quase sempre revelaram as causas originais subjacentes aos sete desperdícios do desenvolvimento de produto enxuto. A Figura 5.6 mostra as relações entre essas causas e os sete desperdícios. Essa figura de modo algum apresenta uma lista abrangente de todas as causas, nem identifica todas as relações entre causas e desperdícios. Ela é apenas uma ilustração gráfica que fornece uma idéia geral das causas do sistema que precisam ser alteradas por mudanças fundamentais no sistema de DP.

Empresas que continuarem a ver o processo de DP pela ótica tradicional, como uma série incontrolável de eventos que surgem do nada, estarão sempre na defensiva e serão forçadas a lidar com questões de variabilidade e capacidade ao de um modo improvisado. A Toyota jamais aceita os problemas de variabilidade como algo necessário ou incontrolável. A discussão a seguir do processo de DP da Toyota apresenta as poderosas soluções desenvolvidas pela empresa para atacar o desperdício na origem e para criar fluxo de processos de DP. O exame detalhado mostrará que a maior parte das práticas da Toyota se alinha extremamente bem com os fundamentos da teoria das filas e que elas estão presentes já no começo do processo.

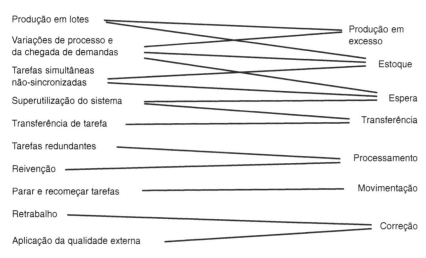

FIGURA 5.6 ■ Causas sistêmicas dos sete desperdícios no desenvolvimento de produtos presentes no sistema.

100 ■ Sistema Toyota de Desenvolvimento de Produto

FLUXO NIVELADO INICIA NO COMEÇO CONFUSO: *KENTOU* E FLUXO

O processo de DP enxuto da Toyota ataca o desperdício desde o início. Um capítulo anterior enfatizou a importância do estágio inicial para a carga de trabalho com o Princípio 3 do SEDP: *concentrar esforços no início do processo de desenvolvimento do produto para explorar integralmente as alternativas*. Gestão de portfólio, planejamento de ciclo e programação de recursos rigorosamente compartilhados na etapa inicial de um processo constituem pré-requisitos para o equilíbrio do trabalho num sistema de desenvolvimento de multiprodutos enxuto. É crucial para a capacidade da Toyota de criar fluxo durante a fase de execução a habilidade de usar atividades multifuncionais a fim de concentrar esforços no início do desenvolvimento para solucionar modos de falha e em estratégias centrais da engenharia, bem como alinhar objetivos do engenheiro-chefe durante o *kentou*. Como anteriormente destacado, a fase do *kentou* isola, gerencia e minimiza grande parte da variabilidade no desenvolvimento do produto, o que permite à Toyota focar na execução.

Ao alinhar objetivos ao longo das funções e desenvolver contramedidas planejadas, a Toyota proporciona as condições para um fluxo de processo sincronizado, multifuncional, e elimina um dos inimigos mortais do fluxo no desenvolvimento de produtos – *mudanças de engenharia não-programadas de última hora*. Essas mudanças de engenharia perturbam o processo, alimentam o excesso de custos e têm impacto negativo sobre a qualidade. Embora a Toyota evite mudanças de engenharia depois da divulgação do projeto definitivo, algumas mudanças em um produto tão complexo quanto um carro são inevitáveis. A fim de mitigar o impacto negativo dessas mudanças inevitáveis, a Toyota coordena e controla as mudanças de engenharia em sua lógica de processos.

A FUNÇÃO DA LÓGICA DE PROCESSO

Em nível superior, a lógica de processo define as tarefas e a seqüência de tarefas exigidas para criar um novo produto e a descrição passo a passo do processo que gera os cronogramas. A lógica de processo determina quem fará o que, quando e quais decisões as equipes de DP deverão tomar a cada marco no processo de desenvolvimento do produto em um nível macro. Ela não busca, de maneira alguma, proporcionar todos os detalhes da realização do trabalho, mas detalha a estrutura que coordena os seus diversos participantes. A organização funcional que melhor compreende o processo é aquela que cria, mantém e possui as detalhadas instruções para o trabalho. O controle centralizado é limitado a poucos e controláveis níveis. Na verdade, menos de 200 páginas de processo definem as exigências do processo de desenvolvimento do produto no nível macro. As exigências são definidas de maneira a revelar a saúde do programa e a servir como sistema de alerta antecipado sobre todos os tipos de problemas.

Todos os participantes sabem dessas exigências e se alinham de acordo com elas. A lógica do processo em si mesma não consegue criar fluxo, mas quando é defeituosa, acarreta seqüências de retrabalho, desperdícios e impede, na prática, que o fluxo se concretize.

Situações simples, mas muito comuns, de lógica de processo incorreta incluem seqüências de engenharia simultânea sincronizada de modo deficiente. Por exemplo, quando a engenharia de produção gasta muito tempo de trabalho com dados instáveis de projeto, mudanças inevitáveis de projeto a montante jogarão todos esses esforços de engenharia de produção fora. Outro exemplo é o das seqüências de engenharia e teste que não somam tempo suficiente para testar o desenvolvimento de análises e contramedidas. Por fim, a lógica de processo é defeituosa quando tenta forçar as equipes a adotar decisões ou compromissos antes de disponibilizar informações suficientes e específicas a respeito (Ward et al., 1995). Os engenheiros, frustrados pela quebra da lógica do processo, muitas vezes desenvolvem atalhos que acrescentam e forçam variações no sistema de DP, o que inibe ainda mais o fluxo.

No processo de DP da Toyota, o cronograma começa com o uso da *lógica de processo* e dos requisitos de marco para equilibrar as necessidades de cada programa de DP. Em primeiro lugar, a Toyota equilibra os programas para manter o nível da demanda de recursos. Em seguida, separa os prazos de alto nível de subsistemas de veículos com requisitos diferentes de conteúdo e prazo. A empresa também separa e determina prazos para sistemas de transmissão, chassis (piso) e cobertura que irão convergir mais adiante no processo. A Toyota prioriza ou adapta cada novo produto, bem como as exigências de sua produção, conforme o montante de conteúdo para cada um desses subsistemas. O conteúdo total determina exigências específicas de tempo de marcos para cada subsistema, e mudanças no âmbito de cada subsistema então determinam o cronograma de alto nível que o programa seguirá.

A abordagem da lógica de processo macro da Toyota é a essência da simplicidade elegante. Ela proporciona controle centralizado sem o desperdício característico dos enormes cronogramas centrais tradicionais do DP (normalmente complexos demais para que se possa segui-los adequadamente) e situa a propriedade e a confiabilidade nos seus devidos lugares.

NIVELAMENTO DA CARGA DE TRABALHO, PLANEJAMENTO DE CICLO E ALOCAÇÃO DE RECURSOS

Em muitas empresas, o desenvolvimento de produtos é um ambiente cíclico e tentar nivelar a carga de trabalho pode ser angustiante. Contudo, ele é um componente crítico para a utilização eficaz de recursos e para a rapidez de lançamento no mercado. O equilíbrio da carga de trabalho deve começar antes da etapa da execução; em um processo de DP enxuto, ele inica antes da transferên-

102 ■ Sistema Toyota de Desenvolvimento de Produto

cia da superfície. De fato, ele começa com o planejamento do portfólio de produtos e a destinação de recursos, que ocorrem antes da execução.

O planejamento de produto é o processo de revisão do desempenho do portfólio atual de produtos de uma empresa para determinar em que pontos podem existir brechas e oportunidades e então determinar os produtos que a organização deverá desenvolver. Um plano de ciclos é uma definição baseada em prazos de quais produtos a organização irá desenvolver – e quando. Uma vez que o objetivo de um plano de ciclo é a determinação das exigências de recursos de um sistema de DP, é importante conservar o plano relativamente estável. Contudo, dadas as forças econômicas e competitivas em que maioria das empresas opera, manter a estabilidade pode ser um desafio monumental. As forças fundamentais do mercado mudam rapidamente e, para sobreviver, as empresas precisam contar com capacidade de reagir com agilidade máxima. Períodos cíclicos de demanda de recursos intensa, escassa ou inexistente podem derrubar o sistema de DP de uma empresa. A escala apenas aumenta esse desafio. Quanto maior o alcance do portfólio de produtos de uma empresa, mais desafiador se torna o problema. A Toyota enfrentou esse desafio de várias formas.

Uso de Plataformas Comuns

Em 1992, a Toyota reorganizou sua estratégia de plataforma em centros de veículos. Cada centro de veículos mantém sua própria divisão de planejamento, composta de 170 a 200 pessoas (Cusumano & Nobeoka, 1998). Essa divisão de planejamento é responsável pelas seguintes tarefas:

- ■ Estudos de conceitos avançados
- ■ Planejamento de portfólios de produtos
- ■ Planejamento de custos (inclusive componentes comuns)
- ■ Alocação de recursos

Ao criar um *grupo de planejamento* em cada centro de veículos e desenvolver o plano em torno de plataformas comuns de veículos, a Toyota conseguiu reduzir o número de produtos e, com isso, o escopo e a complexidade do plano de DP. Além disso, a combinação desses produtos em centros de veículos e estratégia de plataforma melhorou a exatidão das previsões e da comunicação, resultando em menores mudanças no plano de ciclos uma vez que ele esteja finalizado. (As características organizacionais específicas dos centros de veículos são discutidas no Capítulo 8.)

Escalonamento dos Lançamentos de Veículos

A Toyota então programa redesenhos de engenharia em seu portfólio de produtos para nivelar a carga de trabalho ao longo do exercício. Por exemplo, a Toyota jamais programaria um redesenho completo de engenharia de todos os veículos num determinado centro para o mesmo ano. Uma matriz simplificada teria linhas representando veículos num determinado centro e colunas representando os anos. A Toyota normalmente programa os principais redesenhos de um veículo com reformas superficiais de outros de maneira a contar com uma carga de trabalho semelhante a cada ano.

Idealmente, os engenheiros da Toyota gostariam de escalonar os lançamentos anuais de veículos, de maneira que um número igual de veículos pudesse ser lançado a cada trimestre. Contudo, as leis de mercado muitas vezes impedem essa pretensão. As vendas e o *marketing* determinam a época ideal para o lançamento de um veículo e a engenharia tem pouca influência sobre isso. Assim, a engenharia precisa se conformar com o fato de que o final do verão e o começo do outono serão tempos difíceis, com grandes demandas de serviço a fim de sustentar lançamentos de veículos em várias fábricas. Kunihiko Masaki, ex-presidente do Centro Técnico Toyota, explica:

> Os lançamentos de modelos existentes são fixados, em geral, em um plano de produtos. Mas os canais de vendas preponderam na determinação da época em que os veículos devem ser lançados. Ainda assim, é possível adiantar ou retardar lançamentos por alguns meses. O escalonamento dos projetos de desenvolvimento de veículos é feito no centro técnico, com base na previsão Kousu Yamazumi de carga de trabalho *versus* força de trabalho. Os gerentes gerais submetem as idéias de escalonamento das suas respectivas divisões ao Departamento de Administração Técnica. Equipes da Carroceria Toyota, Carroceria Kanto, Araco, Central, Hino e Daihatsu também podem ser convocadas se a carga for muito elevada.

A FASE DE EXECUÇÃO DO DESENVOLVIMENTO DE PRODUTO

A fase de execução do desenvolvimento de produto é bastante diferente do *kentou*, ou fase de estudo. Na fase de carregamento inicial, as equipes de DP antecipam, estudam e resolvem problemas, completando tarefas como decisões sobre projeto, identificação de modelos problemáticos, desenho de contramedidas e estabelecimento de objetivos multifuncionais. Uma vez completado o *kentou*, começa a detalhada engenharia, prototipagem e ferramentaria. Ao atingir essa etapa, a Toyota já chegou a um compromisso integral com o produto e começou a investir recursos significativos em equipamentos e nos seus fornecedores.

Em função desses investimentos, é financeiramente importante ter um processo de DP muito acelerado, com tempos de processamento reduzidos e focados na execução precisa e na precisa entrada no mercado. O objetivo da Toyota, a partir deste ponto, é otimizar o investimento de capital, equiparar ágeis ciclos de suporte ou tempos de processamento de tecnologias incorporadas, tomar decisões em contato mais próximo com o cliente e reagir com preste-

104 ■ Sistema Toyota de Desenvolvimento de Produto

za às mudanças no ambiente competitivo. Criar fluxo mediante a sincronização das atividades de desenvolvimento de produto é uma das fórmulas mais eficazes para aumentar a rapidez.

SINCRONIZAÇÃO FUNCIONAL E MULTIFUNCIONAL

A cadeia de valor do DP consiste em toda a especialização em trabalho e funcionalidade exigida para levar um produto do estágio do planejamento até o seu lançamento. Criar fluxo de processo dentro de cada uma das atividades de engenharia é necessário, mas insuficiente, para criar o fluxo. A fim de evitar que se interrompa o fluxo à medida que um produto novo avança de uma organização ou recurso para outra, as equipes multifuncionais de desenvolvimento de módulos devem coordenar e sincronizar as atividades individuais funcionais e organizacionais. A *sincronização multifuncional* é ainda mais importante para a bem-sucedida execução da engenharia paralela, em que as atividades modulares simultâneas podem gerar muito retrabalho se não forem integralmente sincronizadas. A sincronização multifuncional eficaz num sistema de DP enxuto exige um claro entendimento:

- do completo detalhamento da realização do trabalho
- das funções e responsabilidades específicas de cada participante
- das entradas, saídas e interdependências fundamentais para cada atividade
- das seqüências de atividades em todas as funções

Quando os participantes de um processo num nível superior entendem essas exigências, eles sabem o que entregar, de forma que os participantes nos níveis inferiores também podem completar suas tarefas. Por outro lado, estes podem ajustar seu processo para maximizar a utilidade da informação disponível do processo de nível superior à medida que vai amadurecendo. Fazemos, a seguir, uma análise das maneiras como a Toyota sincroniza atividades, tanto no interior de cada uma delas quanto no plano interfuncional ao longo do desenvolvimento do processo para manter o fluxo.

A função dos engenheiros simultâneos (ES) é um poderoso mecanismo para a sincronização tanto multifuncional quanto interfuncional. Como discutimos no Capítulo 4, os ESs são responsáveis por peças específicas no início do programa até o lançamento; nessa condição, eles funcionam como engenheiros líderes de produção. Essa função de acompanhar as peças ao longo do processo inteiro de desenvolvimento elimina a perda momentânea do conhecimento e peças durante a transferência da tarefa e peças que ocorre num processo tradicional de DP. Engenheiros simultâneos mitigam o tempo de preparação que os engenheiros deveriam, de outra forma, utilizar quando se movimentam de tarefa para tarefa a fim de dar suporte ao fluxo contínuo. Os ESs são responsáveis pela tomada de decisões no momento adequado, pela comunicação regular com os recursos funcionais, e por manter todos os estágios avançando, especialmente na difícil mudança do desenvolvimento do produto para o desenvolvimento do processo de produção. Eles são afeitos à tomada de decisões, transferência de conhecimento e coordenação das atividades de pessoas nos níveis interno e externo da organização, à medida que trabalham nos seus respectivos conjuntos de peças. Utilizar o ES nas EDMs também consolida a confiabilidade no Sistema Enxuto de Desenvolvimento de Produto.

Exemplos de Sincronização Multifuncional

Uma das melhores formas de sincronizar atividades multifuncionais é promover seu alinhamento e sua integração. É o que a Toyota faz logo no início do processo de projeto, em que engenheiros simultâneos, representando várias disciplinas de manufatura, trabalham com projetistas e engenheiros de produção para desenvolver, conjuntamente, projetos factíveis. Trabalhando juntos em equipes organizadas em função de subsistemas específicos de veículos (Equipes de Desenvolvimento de Módulos), como portas e assoalhos, eles conseguem executar uma engenharia verdadeiramente simultânea ou desenvolver processos e produtos. Isso difere em muito da prática de verificar a viabilidade de um projeto existente depois de tê-lo criado, o que naturalmente leva ao retrabalho.

Outro exemplo de sincronização multifuncional ocorre no processo de projeto de ferramental. A Toyota projeta seus ferramentais partindo das dimensões externas para as internas da peça. Esse processo, combinado com processos de manufatura padronizados, permite à Toyota maximizar a utilidade dos dados preliminares porque o tipo e tamanho da peça tornam-se conhecidos no processo muito antes que os detalhes sobre flanges e furos, etc. Quando combinado com componentes de ferramental padronizados, como molas nitrogenadas e almofadas para prensagem, boa parte do trabalho de projeto dos moldes pode ser concretizada antes da disponibilização da geometria completa das peças.

O processo de DP da Toyota também usa eventos específicos de processos de desenvolvimento de produtos, tais como revisões de projetos, construção de protótipos, e coordenação da construção de peças, que são organizados para sincronizar atividades multifuncionais em tempo real. Para as revisões do projeto e de eventos de construção de protótipos, engenheiros e fornecedores precisam reunir os projetos, peças protótipos e resultados de testes a serem revisados. Isso proporciona oportunidades para coordenar atividades em tempo real. Eventos de coordenação de fabricação de peças, nos quais avaliações peça por peça são realizadas durante uma lenta construção da carroceria do veículo, são programados para dar sustentação às atividades de ajuste do ferramental. Em todos esses eventos, os principais integrantes das equipes se reúnem para o intercâmbio de informações

106 ■ Sistema Toyota de Desenvolvimento de Produto

e o ajuste das atividades. Quando necessário, os engenheiros tomam decisões em tempo real, no local, e as mudanças de engenharia são coordenadas ao longo do grupo simultaneamente, a fim de manter o fluxo.

CRIAÇÃO DE CAPACIDADE FLEXÍVEL

Pela utilização dos métodos DP enxuto descritos neste livro, a Toyota conseguiu criar um processo de desenvolvimento de produtos relativamente previsível e automatizado. De fato, com métodos como a padronização e a adesão a cronogramas detalhados, a Toyota consegue antecipar os altos e baixos de um programa de veículo. Um processo de DP previsível e automatizado permite à empresa planejar a alocação de recursos. Isso não significa que a Toyota consiga controlar carga de trabalho e nivelar recursos ao longo de todo o programa – os fluxos e refluxos naturais fazem isso impossível. No entanto, como a Toyota pode antecipar esses fluxos e refluxos, ela consegue planejar para suprir recursos extras em épocas específicas pela utilização do seu *sistema de capacidade flexível* para acrescentar recursos adicionais de engenharia quando necessário.

A Toyota cria capacidade flexível mediante duas fontes fundamentais e estratégicas: 1) empresas satélites e 2) equipes flexíveis. *Empresas satélites*, como a Toyota Auto Body e a Toyota Auto Loom (agora chamadas de Toyota Industries), proporcionam uma válvula de escape em termos de capacidade. Elas são subsidiárias plenamente versadas nos métodos e padrões de operação da Toyota, e podem assumir a maior parte ou a totalidade dos seus programas de acordo com a demanda dos planos de ciclos. Por serem tão competentes quanto os recursos internos da Toyota, essas empresas conseguem executar tarefas sem o acréscimo de tempo e custos de compensação relacionados aos ajustes com os tradicionais fornecedores. A prática de utilizar empresas satélites é coerente com a condição de fila única, servidor múltiplo, que constitui uma eficiente estratégia de processamento (Hopp e Spearman, 1996) e também com as estratégias de capacidade flexível recomendadas por Loch e Terwiesch (1999) em outras indústrias.

Para concretizar a estratégia de *flexibilização de equipes*, a Toyota reúne e utiliza, conforme a demanda, pessoal técnico altamente especializado. Embora cada equipe de programa de DP conte com um grupo de engenheiros altamente experientes e competentes, ele é aumentado com técnicos e desenhistas (os técnicos que detalham os projetos nos sistemas CAD) a partir de conjuntos que são compartilhados por múltiplos programas. Além disso, a Toyota usa fornecedores especialmente qualificados como ferramenta para flexibilidade de pessoal (ver Figura 5.7). Dessa forma, as equipes acrescentam capacidades somente quando e onde elas são requeridas, criando uma espécie de abordagem *just-in-time* da alocação de recursos.

Crie um Nivelamento de Fluxo do Processo... ■ 107

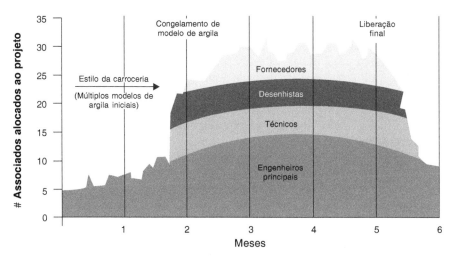

FIGURA 5.7 ■ Distribuição flexível de pessoal para suprir um fluxo irregular na Toyota.

Além de possibilitar a rapidez e qualidade de produção da Toyota, a padronização é ainda um suporte crucial para a capacidade flexível num sistema de DP enxuto. Sem a rigorosa padronização de habilidades, projeto e processo (ou padronização ao cubo), é impossível atingir esse nível de flexibilidade, porque a curva de aprendizagem dos recursos flexíveis seria íngreme demais. Esse *paradoxo da flexibilidade da padronização* será discutido no Capítulo 6.

Não se deve esquecer de que a padronização também contribui para o aumento da capacidade de planejamento e a subseqüente estabilidade do sistema. Quando a variabilidade do sistema é reduzida, o tempo necessário para completar tarefas padronizadas é mais consistente e previsível ao longo do tempo. Isso reduz a variação do tempo das tarefas. Tarefas realizadas num processo padronizado ficam prontas em tempo, fazendo o processo avançar de acordo com o cronograma. Isso, por sua vez, reduz a variação entre chegadas. Como resultado, os programas de DP são completados de acordo com os cronogramas, eliminando a necessidade de apressar ou mudar cronogramas de programas isolados, o que torna a capacidade de planejamento muito mais precisa e estável.

Por fim, a incrível rapidez com que a Toyota lança seus produtos no mercado é, em si, uma vantagem na estabilização do seu plano de ciclos. A capacidade da empresa de executar a demanda do mercado com rapidez significa que ela pode visar oportunidades antes que elas desapareçam e evitar o constante começar e cancelar programas, comum nas organizações sem agilidade.

108 ■ Sistema Toyota de Desenvolvimento de Produto

PROGRAMAÇÃO DETALHADA (*FUNDOSHI*) PARA EVITAR IRREGULARIDADE

A programação precisa e disciplinada é fundamental para o gerenciamento equilibrado da carga de trabalho de multiprojetos. Como registrado no Capítulo 4, a gestão de multiprojetos é a capacidade de gerenciar complexidades tecnológicas e inter-relacionamentos e, ao mesmo tempo, desenvolver produtos diversificados e sofisticados. A gestão de multiprojetos otimiza o compartilhamento de recursos ao longo de projetos múltiplos e paralelos. Num sistema lean de DP enxuto, cada programa individual de DP se alimenta do mesmo conjunto de projetistas e engenheiros; além disso, cada um deles utiliza as mesmas instalações de ferramentaria e protótipos. Obviamente, se múltiplos programas concorressem pelos mesmos recursos ao mesmo tempo, ou não avançassem de acordo com uma cadência planejada (perdendo prazos intermediários já programados), ocorreria um congestionamento capaz de bloquear os respectivos avanços.

Projetar e desenvolver um automóvel envolve centenas de engenheiros, milhares de componentes e ferramentas e equipamento de alta tecnologia para produzir cada um desses componentes. Exige igualmente muitas instalações de testes especializadas para que se possa oferecer qualidade, desempenho e segurança. Multipliquem-se todas essas demandas ao longo de todos os programas de DP em desenvolvimento paralelo e se terá uma visão da enormidade de qualquer tarefa de programação em DP. Uma abordagem centralizada se tornaria rapidamente confusa e imprecisa, em vista das inúmeras tarefas especializadas. Uma abordagem estritamente funcional não conseguiria proporcionar a necessária sincronização funcional de multiprojetos e levaria as equipes de DP a focar em otimizar seus objetivos locais às custas do programa como um todo. O desafio na programação em um entorno complexo consiste em programar apenas os detalhes que concretizem os objetivos – evitando assim os desperdícios do excesso de informação e da falsa sensação de controle.

Na Toyota, disciplina no planejamento significa o reconhecimento de que datas intermediárias são cruciais para o gerenciamento de recursos finitos entre os múltiplos programas e para uma abordagem rigorosa e precisa dessas datas. Os fornecedores da Toyota também são conscientes dessa observância das datas intermediárias e não perdem qualquer um desses prazos. A Toyota executa seus cronogramas com um nível de precisão único nos sistemas tradicionais de desenvolvimento de produtos. Todos os participantes dos programas individuais de DP da empresa entendem que essas datas-marco intermediárias são fundamentais para a viabilização da gestão dos recursos comuns requeridos pelo conjunto dos programas. Se eles não cumprirem as exigências daí decorrentes nos prazos, certamente não serão contemplados com qualquer prorrogação, tendo, pelo contrário, de passar para o fim da fila. Um exemplo do rigor com que a Toyota segue essa regra é o fato de os engenheiros estarem dispostos a dormir no trabalho, em cima de tatamis, se isso for indispensável para completar os ciclos de testes nos devidos prazos.

PROGRAMAÇÃO DETALHADA (*FUNDOSHI*) NO NÍVEL FUNCIONAL DA ORGANIZAÇÃO

Processos lógicos sincronizados e exigências de marcos padronizadas permitem que as equipes de DP se concentrem com meticuloso detalhamento no nível funcional da organização (por exemplo, prototipagem, testes ou instalações de moldes e ferramentas computadorizados). A Toyota seguidamente se refere a essa programação detalhada como *fundoshi*. O termo designa uma antiga e tradicional roupa de baixo masculina, que é comprida e estreita e se enrola em torno do corpo. Quando aplicado à programação de cronogramas, o termo lembra uma imagem muito similar, pois a programação *fundoshi* se refere especialmente à *extensão* e à *abrangência* dos cronogramas detalhados. No nível funcional, as equipes têm o conhecimento técnico indispensável para criar e executar esses cronogramas como mais um suporte às exigências de alto nível do programa. As equipes fiscalizam todos os detalhes de cada peça ou ferramenta. Maquinário específico e equipamentos de teste são planejados e acompanhados a cada hora. Componentes das ferramentas e moldes chegam JIT às adequadas células de trabalho e cortes especializados e programas de máquinas chegam às máquinas fresadoras ao mesmo tempo em que os componentes dos moldes a serem usinados. Inspeções matutinas diárias nas instalações e grandes quadros mostrando o cronograma hora a hora informam as exigências de tarefas específicas, o que proporciona a base para a comunicação visual "na fonte" e identifica os problemas em tempo adequado, passando a buscar as soluções no local.

USANDO LIBERAÇÕES EM ESTÁGIOS PARA FLUXO ENTRE FUNÇÕES

Em manufatura, é fácil detectar o desperdício relacionado com o trabalho em lotes – estoques caros se amontoam, ocupando preciosos espaços, desperdiçando recursos e ocultando potenciais problemas de qualidade. No desenvolvimento de produtos, isso não é assim tão óbvio – não se vê estoque empilhado nas cubas de engenharia, mas mesmo assim isso existe. Por exemplo, num sistema de liberação de projeto por lotes, os engenheiros da manufatura esperam por informação sobre o projeto para dar início as suas tarefas. Quando um grande lote de projetos de peças que excede os recursos disponíveis de engenharia de manufatura é liberado, ele fica nos coletores de dados, à espera de alguém que faça algo a respeito, tome decisões ou execute o próximo passo.

No processo enxuto de DP, as equipes de programas concordam com um *escalonamento da liberação do projeto*, que facilita as operações a jusante. A ordem da liberação facilita o conteúdo do trabalho no sentido de liberar, em primeiro lugar, as peças que exigem mais tempo e ajustes na engenharia de produção e liberar por último os componentes menores. Essa prática também

110 ■ Sistema Toyota de Desenvolvimento de Produto

facilita o projeto do processo. Como as peças maiores e mais complexas já estão desenhadas, os componentes menores, como suportes ou reforços, podem ser desenhados no contexto.

CRIAÇÃO DE FLUXO DO PROCESSO NA MANUFATURA NÃO-CONVENCIONAL

A manufatura não-convencional exigida na construção do protótipo e na produção da ferramenta é parte integral do sistema de desenvolvimento de produtos. Para fazer com que a cadeia de valor integral do DP flua, esses tipos de tarefas de manufatura devem passar de atividades imprevisíveis, artesanais, para um modelo não-convencional de manufatura enxuta. Existem vários exemplos de aplicações dos princípios enxutos na atividade de produção de moldes. No departamento de usinagem do almoxarifado de moldes, por exemplo, os componentes de moldes, dispositivos de corte de verificação e ferramentas de corte são todos necessários para completar a tarefa de usinar o molde. Os moldes na Toyota chegam à máquina somente algumas horas antes do requerido, da mesma forma que ferramentas que foram especialmente selecionadas, afiadas e dispostas em carrinhos de movimentação. A direção do corte é extraída de um conduto compartilhado diretamente na máquina, de acordo com a solicitação. Uma vez que as peças dos moldes são usinadas, precisam ser montadas de maneira a chegarem JIT às células de trabalho padronizadas, organizadas de acordo com a tarefa de construção e família de modelos. O mesmo se faz em relação aos componentes adquiridos, que são montados de acordo com instruções de trabalho padronizadas e detalhadamente especificadas. Isso cria um fluxo ao longo do departamento de construção que resulta em tempos de construção de moldes que são uma ínfima fração do tempo gasto em tarefas similares pelos concorrentes da Toyota.

Durante a etapa de melhoria da execução do DP enxuto, as peças físicas deixam o estoque mais visível. Num entorno baseado em capacidades, contudo, o estoque nem sempre é reconhecido. A Toyota libera os projetos de moldes, as matrizes de fundição e moldagens à medida que são concluídos para criar um fluxo tanto entre seus fornecedores como entre seus próprios almoxarifados de ferramentas. No processo de DP Toyota, os projetos de moldes individuais são revisados quanto à funcionalidade e embarcados para fornecedores de matrizes logo que concluídos. Em função da sua precisa qualidade virtual, as matrizes concluídas são entregues à medida que vão ficando prontas e os componentes fundidos começam a chegar à ferramentaria não mais que dois dias antes do programado para o começo de sua usinagem. Ao maximizar liberações peça por peça, em vez de nos tradicionais lotes, o processo de ferramentas da Toyota se traduz em estoque quase zero e nos mais rápidos tempos de processamento da indústria.

Estabelecendo uma Cadência de Engenharia e Reduzindo o Tempo de Ciclo de Gerenciamento

Na produção enxuta, o tempo *takt*, baseado no tempo da produção disponível dividido pela demanda dos clientes, estabelece a cadência e a combinação que comandam as operações de manufatura. Embora o processo enxuto de DP não tenha um corolário exato para o tempo *takt*, estabelecer uma *cadência de engenharia* para orquestrar as atividades e manter o programa em movimento em ritmo regular são fatores fundamentais. Uma vez eliminado o desperdício e criado o fluxo equilibrado nos processos de DP, surge a necessidade de um mecanismo para manter o sistema integral avançando em um ritmo comum, regulado. A Toyota concretiza o *estabelecimento do ritmo* com a utilização de diversos mecanismos de cadência de engenharia. Em primeiro lugar, a empresa alinha e classifica a cadência da engenharia com eventos de nível inferior destinados a dar o suporte a eventos de programas de nível superior. Isso mantém o programa avançando em um ritmo uniforme e é conseguido mediante rigorosas revisões de projeto, programadas para intervalos regulares. Engenheiros e fornecedores comparecem a essas revisões com protótipos, resultados de testes, questões abertas etc., de maneira que o engenheiro-chefe possa determinar (na fonte) se o programa se encontra no estágio pretendido. O EC não adota uma postura agressiva, mas faz perguntas técnicas capazes de revelar possíveis problemas. Qualquer pessoa que já tenha participado de um desses eventos sabe que é quase impossível mascarar a realidade nesse processo. Ou está tudo certo, ou não está, e isso logo fica claro. Os engenheiros se preparam muito para essas importantes revisões de projetos, as quais têm prazos finais apertados que por sua vez criam subseqüentes prazos finais para serem cumpridos pelas equipes. Sempre que surge qualquer dúvida ou preocupação, a reação é imediata.

Mais adiante no processo de DP, o EC usa protótipos físicos e eventos de coordenação de peças com a mesma finalidade. Os ECs programam esses eventos como parte do processo a fim de proporcionar subsídios críticos ao projeto e processo de manufatura de ferramentas no momento em que se fazem necessários para dar suporte aos subprocessos das equipes de DP. Isso novamente mantém o processo de desenvolvimento de produtos em andamento. Como com as revisões do projeto, os participantes se esforçam para dar suporte a esses eventos rigorosos, focados em sistema. Os eventos de coordenação de peças, por exemplo, focam na maneira como painéis metálicos estampados se enxaicam para criar a carroceria do carro e elaboram decisões individuais sobre ferramental com base nesses dados.

Em um nível inferior, os líderes da engenharia se reúnem com o EC na *Obeya*, de dois em dois dias, para revisar a situação do programa, as questões em aberto e o desempenho das métricas, que são afixadas num quadro. Essas revisões são curtas e objetivas; focam, sobretudo, em condições abaixo da nor-

112 ■ Sistema Toyota de Desenvolvimento de Produto

malidade, de maneira muito parecida à *jidoka* na manufatura. Na ferramentaria, a equipe de gestão faz um giro matutino diário para verificar a situação das peças em relação aos cronogramas horários e desenvolver contramedidas necessárias no próprio local, dando pleno suporte a grandes eventos como a revisão dos protótipos.

Esse sistema integrado de utilização de mecanismos de cadência tem a vantagem de criar tempos de ciclo de gerenciamento mais reduzidos, que permitem correções mais rápidas quando necessário, e horizontes temporais mais curtos para as equipes focarem e trabalharem pela respectiva concretização. O tempo de ciclo de gerenciamento pode ser definido como o tempo decorrido entre as verificações do andamento do trabalho pela gerência e a concretização do prazo estabelecido pelos engenheiros. Em um programa de DP enxuto, o tempo de ciclo de gerenciamento é quase diário. Em algumas empresas, no entanto, esses mesmos ciclos são tão desestruturados e vagos que podem se passar meses antes que alguém consiga ver os resultados do trabalho ou descobrir problemas. O tempo de ciclo de gerenciamento de uma fornecedora de peças automobilísticas era o exemplo clássico disso. Depois de trabalhar com os autores, o fornecedor estabeleceu um rígido cronograma para o tempo de ciclo de gerenciamento e passou a realizar revisões semanais, utilizando dispositivos visuais destinados a fiscalizar o andamento do processo. Isso resultou numa significativa redução do tempo de processamento.

Jidoka e Poka-Yoke como Suporte do Fluxo de Desenvolvimento de Produtos

Na produção enxuta, *jidoka*, ou autonomação, é a prática de reconhecer uma condição anormal e reagir rapidamente a ela. Gerenciamento visual, como *andon (a luz acende quando um trabalhador puxa um cordão na fila)*, é usado como apoio a esse esforço, que é igualmente associado com a separação do trabalho humano do trabalho da máquina e é crucial no apoio e manutenção do fluxo. No processo de desenvolvimento de produtos, é ainda mais importante saber reconhecer e consertar com presteza as condições anormais. O Sistema Toyota de DP usa uma variedade de ferramentas, como listas de nomes, para esse objetivo. Fazer com que as equipes do programa relacionem objetivos específicos (gerenciamento visual) na *Obeya* e acompanhar o progresso do programa rumo a esses objetivos é um exemplo de *jidoka* e gerenciamento visual no sistema de DP da Toyota.

O sistema paramétrico de CAD da Toyota é um exemplo da utilização da tecnologia para reconhecer situações anormais. Nesse sistema, à medida que os engenheiros atualizam os projetos de componentes individuais, todos os projetos associados, inclusive os de peças e da maioria das ferramentas, também são atualizados. Quando ocorre um estado de erro no sistema, como quebras de peças, todos os projetistas correspondentes são notificados. Além disso, a Toyota cria todos os projetos de engenharia dentro do contexto integral do veículo. Isso significa que todos os projetistas e engenheiros têm acesso simultâneo a todos os desenhos de peças e podem ver se qualquer mudança, ou mudanças, por eles planejadas terá impacto sobre outras peças.

Poka Yoke (à prova de erros) é outro conceito que dá suporte ao fluxo contínuo no processo de produção da Toyota. O *Poka Yoke* previne a ocorrência de erros, o que, por sua vez, reduz o tempo de inspeção e libera tempo para investimento na qualidade. Um conceito relacionado é o da inspeção na fonte, que não depende de inspeção externa para detectar erros a jusante, mas torna a operação de produção responsável pela verificação da qualidade à medida que a manufatura se desenvolve. No desenvolvimento de produto, o *Poka Yoke* assume a forma de:

- listas de verificação
- planos de testes detalhados e padronizados
- matrizes de qualidade das peças
- arquitetura padronizada
- componentes compartilhados entre os veículos
- processos padronizados de manufatura

As listas de verificação guiam os engenheiros ao longo do processo de DP e eliminam erros de desenho. Os planos de testes, padronizados peça a peça, prescrevem requerimentos dos testes e tempos de teste para cada peça projetada. Além disso, cada peça tem uma detalhada matriz de qualidade que identifica o processo padrão de manufatura e equipara as características individuais do projeto de peças impactadas pelas operações específicas no processo de manufatura. A matriz de qualidade (ver Capítulo 15) fornece aos engenheiros de projeto diretrizes orientadas por processo e aposta na produção enxuta. Adaptar a arquitetura padronizada a novos produtos capacita a Toyota a manter níveis consistentes de desempenho de veículos relacionados a impactos, manuseio e ruídos. Isso também é verdadeiro para componentes comuns a múltiplas linhas de veículos. Finalmente, ao desenhar novas peças que usarão processos padronizados de manufatura, a Toyota pode ter certeza dos níveis de qualidade e de produção. Um sistema de DP enxuto previne o surgimento de erros antes que estes ocorram, o que ajuda a criar resultados previsíveis.

PUXAR CONHECIMENTO PELO SISTEMA DE DP

Na manufatura enxuta, a produção puxada elimina a produção em excesso ao fazer com que as atividades posteriores assinalem suas necessidades (demanda) às atividades anteriores. Cartões *kanban* normalmente sinalizam (controlam) a produção num sistema puxado. No desenvolvimento de produ-

114 ■ Sistema Toyota de Desenvolvimento de Produto

tos, conhecimento e informação são os materiais que as atividades posteriores requerem. A velocidade com que a tecnologia entrega informação no desenvolvimento de produtos automobilísticos é espantosa. Contudo, nem toda a informação é igual para todas as pessoas. O sistema de DP enxuto usa a "produção puxada" para evoluir ao longo dessa massa de dados e conseguir encaminhar a informação certa ao engenheiro certo no tempo certo. *Conhecimento é o elemento (material) fundamental no desenvolvimento de produtos.*

A Toyota não tem o hábito de divulgar informações às massas. Em lugar disso, fica a critério de cada engenheiro conhecer sua responsabilidade, puxar o que é preciso e saber exatamente onde suprir essa necessidade. Espera-se de todos os engenheiros que consigam localizar e extrair a informação necessária, seja ela de projetos existentes no coletor de dados, uma experiência de desempenho de produto, ou a perspectiva de um executivo sênior. Essa política é válida para todos, desde o mais jovem entre os engenheiros de projeto e liberação até o engenheiro chefe. O princípio básico que faz isso funcionar é que todos têm acesso tanto aos dados do projeto quanto ao EC.

Para um exemplo da extremidade oposta da hierarquia do programa, todos os engenheiros são responsáveis pela criação de *benchmarks* para seus respectivos componentes. Espera-se que eles reúnam informação relevante e conheçam os mais recentes avanços tecnológicos, as tendências da indústria, e os fornecedores e produtos concorrentes que possam afetar seus projetos. Depois que a fase de execução começa, os engenheiros de produção puxam dados de projeto dos coletores à medida que precisam deles para começar a trabalhar nos projeto de ferramentais ou instalações. Todos os engenheiros puxam requerimentos das listas de verificação, que são atualizadas ao fim de cada programa.

O fornecedor mencionado anteriormente (uma empresa que trabalhava com um tempo de ciclo de gerenciamento inaceitável) ilustra a forma pela qual o sistema de DP interliga os processos. Esse fabricante de bancos identificou, pelo mapeamento da cadeia de valor, que estava acumulando informações sobre o processo seguinte (o projeto enviava centenas de desenhos para o setor de compras e encomendava centenas de peças de protótipos para construir as centenas de diferentes variações de protótipos de bancos, etc.). Depois de avançar para um sistema escalonado de liberação em que um subconjunto de projetos de bancos era liberado de acordo com um cronograma pré-planejado, revisões semanais do andamento passaram a ser programadas e o fornecedor montava quadros de situação em cada área funcional dentro da cadeia de valor. Um objetivo principal dos quadros de situação (chamados de "quadros do sistema puxar") era assinalar a necessidade de informação a respeito de outras funções. Uma vez o quadro de situação em funcionamento, ficava fácil detectar as situações de necessidade de informações vitais. Quando essa informação vital não chegava em tempo, o fato era identificado dentro de uma semana, em vez de meses mais tarde. O exemplo mostra claramente que em um processo de DP enxuto, a redução do ciclo de tempo de gerenciamento constitui um requisito indispensável dos sistemas puxados de conhecimento.

ORGANIZANDO O CONJUNTO PARA CRIAR O FLUXO

No campo da manufatura, a solução comum para a criação de fluxo e a conseqüente interligação das operações é a célula. Células são criadas por meio da organização de equipamentos de diferentes departamentos num fluxo natural de produtos. Isso irá rapidamente movimentar os produtos um por um ao longo da célula. Quando as células não forem viáveis, é necessário estabelecer pequenos núcleos de estoque com os sistemas puxados entre os processos. O princípio geral da produção enxuta é programar em um lugar específico (o processo de marca-passo) e então puxar o material para aquele ponto. Os processos de marca-passo não são programados exatamente de acordo com a chegada dos pedidos dos clientes, pois essa demanda dos clientes raramente é nivelada. Em vez disso, a produção controla os níveis da demanda do cliente em um cronograma no marca-passo, que por sua vez cria uma pressão nivelada sobre os processos a montante e, por último sobre, os fornecedores. A rapidez da produção no marca-passo é determinada no tempo *takt* – a média do intervalo da demanda do cliente ao longo do período nivelado.

O equivalente da célula com fluxo peça a peça no processo de DP enxuto seria uma equipe multifuncional dedicada a um projeto de produto que trabalhasse exatamente de acordo com a necessidade, no seqüenciamento indispensável. De certo modo, é isso que o engenheiro simultâneo e a EDM multifuncional estão fazendo. Informação externa e materiais podem ser então puxados de acordo com as necessidades por essa "célula virtual". Infelizmente, o nível de precisão dos processos rotineiros na manufatura não é viável no âmbito do desenvolvimento de produtos. Mesmo assim, como discutido ao longo do capítulo, a Toyota tem usado princípios análogos a fim de reduzir variabilidade e eliminar grande parte do retrabalho mediante rigorosa disciplina de tarefas e trabalho; gerenciar a capacidade e nivelar a carga de trabalho por meio do planejamento detalhado e da utilização de recursos flexíveis em períodos de pico; criar fluxo através de liberação escalonada e sincronização multifuncional; e orquestrar o sistema em seu conjunto por meio de mecanismos cadenciados.

Por mais valiosos que sejam esses mecanismos, uma estratégia de processo enxuta não é o suficiente. Como deve ser óbvio a esta altura para o leitor, a execução de um processo enxuto exige disciplina e padronização. Um conceito que será abordado no próximo princípio do SEDP.

116 ■ Sistema Toyota de Desenvolvimento de Produto

Fundamentos do Princípio Três do SEDP

Crie um nivelamento de fluxo do processo de desenvolvimento de produto

A utilização de uma perspectiva de processo para melhorar o desempenho do desenvolvimento de produtos é potencialmente vantajosa. São várias as características cruciais de um processo enxuto de desenvolvimento de produto, a saber:

- Usar o *kentou*, ou período de estudos, durante o desenvolvimento do conceito a fim de antecipar e resolver o máximo de questões técnicas das etapas mais avançadas, reduzindo a variação na cadeia de valor.
- Desenvolver uma clara lógica de processo com um número factível de marcos e atividades.
- Sincronizar as funções entre os diversos níveis.
- Nivelar a carga de trabalho por meio de um plano bem-elaborado de ciclo de produto, que seja adotado para a administrar a capacidade do sistema.
- Usar uma estratégia flexível de capacidade para preencher as ociosidades em períodos de alta carga de trabalho.
- Usar adequada programação interfuncional, e programação ainda mais detalhada no âmbito de cada função, a fim de sincronizar atividades e expurgar as variações.
- Escalonar a liberação de dados de uma função para a próxima, priorizando aquilo que precisa ser trabalhado mais cedo.
- Estabelecer uma cadência de engenharia e encurtar o tempo do ciclo de gerenciamento para orquestrar o sistema e criar prazos finais razoáveis.
- Executar o plano do processo com precisão de acordo com a demanda, a fim de eliminar as variações entre chegadas.
- Usar listas de verificação e planos padronizados de desenvolvimento peça por peça para eliminar a variação de tarefas.
- Construir qualidade a cada passo do processo e jamais transferir problemas.
- Estabelecer um sistema e uma cultura nos quais os engenheiros puxem conhecimentos à medida das necessidades, em lugar de soterrar grande número de engenheiros com todas as informações que vão sendo produzidas.
- Instilar aprendizagem e melhoria contínua no processo básico.

É uma longa lista, sabemos, mas a combinação de todos esses métodos começará a desenvolver um fluxo nivelado e criar um processo controlável que as empresas podem melhorar por meio do *kaizen*.

6

Utilize Padronização Rigorosa para Reduzir a Variação e Criar Flexibilidade e Resultados Previsíveis

A padronização do presente é a base para melhorias futuras. Quem entende a "padronização" como o melhor conhecimento de hoje, mas que será aperfeiçoado amanhã, certamente chegará a algum lugar. Já quem entende os padrões como uma espécie de confinamento não irá progredir.

Henry Ford

A padronização é uma das disciplinas centrais do Sistema Toyota de Produção, em que as funções são especificadas em segundos para se adequarem ao tempo *takt* – a proporção da demanda do cliente. A questão aqui é se essa disciplina pode ser aplicada ao trabalho de engenharia. A padronização do tempo *takt* pode também dedicar-se a algumas tarefas rotineiras, tais como o trabalho mais simples de CAD, mas os engenheiros que movem-se de grandes tarefas para outras grandes tarefas enfrentando inúmeras incertezas não podem padronizar o trabalho de uma forma que especifique exatamente aquilo que estarão fazendo a cada cinco minutos.

De fato, quando os autores sugeriram aos engenheiros que eles precisariam padronizar suas funções, as respostas foram previsíveis: "Somos engenheiros criativos", "Não fazemos trabalho manual repetitivo", "Precisamos de liberdade para programar nosso dia de trabalho e para sermos criativos". Até certo ponto, é fácil entender por que os engenheiros de desenvolvimento de produtos não percebem de que maneira a padronização e a criatividade podem funcionar em paralelo. Por outro lado, o processo de DP da Toyota mostra que variações da padronização dão às equipes de programas um grau maior de flexibilidade e capacitam a execução rápida, precisa, a melhoria da qualidade pela sólida confiabilidade, bem como a previsibilidade do sistema, além da eliminação de desperdícios que reduz os custos.

A padronização e uma cultura de disciplina, em conjunto, são as armas mais poderosas para uma organização de desenvolvimento de produtos combater a variação, explicada na nossa discussão anterior sobre a teoria das filas. A padronização é a força motriz de boa parte do sucesso da Toyota no desenvolvi-

118 ■ Sistema Toyota de Desenvolvimento de Produto

mento de produtos. Ela constitui sua verdadeira coluna vertebral. A rigorosa padronização do projeto sustenta a força da reutilização da plataforma, dá à Toyota a possibilidade de compartilhar componentes importantes, subsistemas e tecnologias ao longo de plataformas de veículos, construindo com custo reduzido e alta qualidade. A arquitetura padronizada possibilita um sólido desempenho do sistema de carrocerias, minimiza as exigências de testes e sustenta consistentes processos de manufatura enxuta. Os processos padronizados de desenvolvimento consolidam confiança, possibilitam o rápido desenvolvimento por meio da sincronização precisa e são fundamentais para o gerenciamento eficiente do processo extremamente complexo do desenvolvimento de novos veículos. Processos padronizados de manufatura e testes geram qualidade e excelência na execução da produção enxuta, além de deixar claros os obstáculos existentes na fase mais adiantada do desenvolvimento do produto. Por fim, as competências em engenharia padronizada garantem à Toyota a capacidade de desenvolver consistentemente engenharia superior, produzir altos níveis de desempenho dos processos de desenvolvimento de produtos, sendo a base da confiança e colaboração profissional. Longe de reduzir ou minimizar a autonomia e a criatividade dos engenheiros, quando combinada com a busca da perfeição presente na Toyota, a padronização é a própria base de um nível de profissionalismo, orgulho e de um estimulante ambiente de coleguismo técnico e respeito mútuo únicos na indústria automobilística.

TRÊS CATEGORIAS DE PADRONIZAÇÃO

Como observado no Capítulo 4, existem três amplas categorias de padronização nos sistemas enxutos de DP: padronização do projeto, padronização de processos e padronização de habilidades específicas de engenharia. Cada uma dessas categorias é brevemente definida abaixo e em seguida é analisada no contexto dos processos de DP da Toyota.

1. *Padronização do projeto.* Trata-se da padronização do projeto e da arquitetura de produtos e componentes. Inclui o uso de componentes-padrão já testados, compartilhados ao longo de modelos de veículos, construindo novas variações compartilhadas de modelos e plataformas, modularidade e projeto para padrões de manufatura (enxuta) que criem arquitetura de projeto sólida e reutilizável.
2. *Padronização de processos.* Envolve tarefas, instruções de trabalho e o seqüenciamento de tarefas – todas padronizadas – no próprio desenvolvimento do processo. Essa categoria de padronização também inclui os processos progressivos que testam e manufaturam o produto.
3. *Padronização de habilidades específicas de engenharia.* Essa é a padronização das habilidades e competências ao longo das equipes técnicas

e de engenharia. Ela tem base em um profundo compromisso com o desenvolvimento e crescimento das pessoas mediante as capacidades demonstradas. Essa modalidade é muito poderosa, ainda que seja muitas vezes deixada de lado.

CATEGORIA UM: PADRONIZAÇÃO DE PROJETO E LISTAS DE VERIFICAÇÃO DA ENGENHARIA

É interessante notar que muitos dos padrões de projeto da Toyota não são impostos como parâmetros específicos, nem como regras – esses padrões estão mais preocupados com proporções e diretrizes físicas. Eles são uma espécie de declaração "se, então", baseada em realidades físicas comprovadas que dão aos engenheiros da Toyota grande latitude e liberdade criativa, ao mesmo tempo que mantêm as exigências da produção enxuta. Os engenheiros não se sentem constrangidos por "parâmetros unilaterais"; pelo contrário, os padrões de projeto são um guia confiável para identificar conjuntos ótimos de soluções.

Os padrões de projeto são incorporados em listas de verificação de peças e processos específicas e detalhadas, componentes reutilizáveis e subsistemas padronizados e na arquitetura do nível de veículo que define conjuntos de melhores seções interligadas (seguidamente definidos como arquitetura comum) para cada peça. O potencial da estratégia de arquitetura comum foi discutido no Capítulo 4. A discussão a seguir se refere ao uso de listas de verificação de engenharia como ferramenta-chave para a padronização do projeto. O Capítulo 15 desenvolve esse conceito por meio de exemplos específicos e de uma discussão das curvas de compensação (*trade-off*) que proporciona uma representação gráfica de como elas são usadas pelos engenheiros na busca dos melhores conjuntos de soluções.

As listas de verificação de engenharia certamente não são exclusividade da Toyota. Essas listas foram incorporadas à Toyota pelos principais engenheiros da indústria aeroespacial, recrutados pela empresa quando a indústria aeroespacial japonesa entrou em declínio (ver Capítulo 7). As listas de verificação são simples lembretes de itens ou práticas que não podem ser esquecidos. Elas podem ser tanto poderosas quanto inúteis, dependendo de como são utilizadas. Quando atualizadas regularmente e referidas adequadamente, são poderosas. Se estagnadas e pouco usadas, tornam-se inúteis. Infelizmente, são muitas as empresas que não desenvolvem a disciplina necessária para manter ou utilizar de modo eficiente essa ferramenta.

Em sua forma ideal, as listas de verificação de engenharia constituem uma base de conhecimentos acumulados, refletindo tudo aquilo que uma empresa conseguiu aprender ao longo do tempo sobre boas e más práticas de projeto, exigências em desempenho, interfaces críticas de projeto – fundamentais para características de qualidade –, necessidades de gerenciamento, bem como pa-

120 ■ Sistema Toyota de Desenvolvimento de Produto

drões que uniformizem o desenho. As listas de verificação da Toyota são bastante visuais, específicas por peça, além de incrivelmente meticulosas e abrangentes, podendo, na verdade, parecer detalhadas em excesso para aqueles não familiarizados com o nível de precisão que a empresa espera dos seus engenheiros. Listas de verificação para peças mais complexas podem incluir centenas de parâmetros, ou mais. Foi interessante observar que, por mais detalhadas e técnicas que sejam as listas de verificação, boa parte dos engenheiros que entrevistamos conhecia não apenas as listas das respectivas peças, mas também as de peças relacionadas e aquelas de controle para os processos de manufatura associados – tudo isso sem a menor incerteza ou hesitação. Isso era uma evidência clara do uso consistente, de longo prazo, e de um sentimento de propriedade.

Embora baseada em ciência, a engenharia na prática é uma forma de arte que se baseia no conhecimento técnico obtido por meio da experiência e na capacidade de escolha quando da consideração de múltiplas variáveis que interagem de maneiras complexas. Como resultado disso, uma solução melhor que as demais não pode obrigatoriamente ser prevista com grande antecipação. Ela é aprendida com o passar do tempo por meio da experiência e orientada pelo espírito do *kaizen*, que postula que sempre existe uma oportunidade de aprender mais e que o aprendizado é um processo sem fronteiras. O espírito da engenharia *kaizen* é conduzido pela inesgotável busca da excelência técnica que fundamenta a utilização, validação e melhoria de listas de verificação consistentes.

A empresa que não conseguir padronizar lutará arduamente para aprender a partir da experiência e não estará verdadeiramente engajada no pensamento enxuto. Na verdade, qualquer empresa que simplesmente tentar coisas novas sem padronização ao longo do processo, estará "vagando aleatoriamente em meio a um labirinto", repetindo os mesmos erros, dependendo de algo que é pouco mais do que opiniões não documentadas e uma ampla variedade de opiniões entre seus funcionários, tão-somente para acabar, um dia, descobrindo que "já estivemos aqui antes". A Toyota recorre a uma abordagem sistemática e científica do desenvolvimento de produtos. Ela testa, avalia, padroniza, aperfeiçoa e faz novos testes seguindo o ciclo do Planejar-Fazer-Verificar-Agir, ao qual foi apresentada décadas atrás por Deming. Ela então padroniza a melhor prática "de hoje". À medida que vai acumulando novas informações e novas experiências, estas são usadas para modificar padrões comuns e tornam-se a futura melhor prática "de hoje".

A Toyota utiliza listas de verificação incorporadas aos padrões desde o começo do programa, no processo de criação do estilo, até o lançamento na fábrica de montagem e em todos os estágios intermediários. No estúdio, os projetistas e engenheiros seniores da Engenharia de Carrocerias e Engenharia de Produção trabalham juntos ao longo de conjuntos de soluções peça-por-peça, utilizando listas de verificação de projeto e processo como seus guias, até que um projeto plenamente viável surja. Dessa forma, a Toyota se capacita

Utilize Padronização Rigorosa para Reduzir a Variação... ■ 121

a desenhar um produto viável já na primeira tentativa, ao contrário da NAC, onde os engenheiros revisam projetos quase completos específicos para cada caso, praticamente garantindo a necessidade de mudanças de engenharia em etapas mais adiantadas do processo. Na etapa de prontidão do lançamento, as listas de verificação são utilizadas para garantir a exatidão de ferramentas e moldes e para assegurar que ferramentas, moldes e equipamentos de produção sejam capazes de manter as características críticas de peças e montagem.

A Toyota tem inúmeras de listas de verificação que, individual e coletivamente, refletem cada peça, cada regra, cada modo padronizado de processar determinada peça, ou cada gráfico que ilustra alcances aceitáveis ou inaceitáveis. Em conexão com o DP, cada engenheiro da Toyota tem cadernos de padrões que são conferidos à medida que cada item de cada projeto é avaliado. Ao explicar esse processo estruturado e sistemático de listas de verificação em seminários ou salas de aula, os autores ouviram diversos comentários interessantes, e até mesmo perturbadores. Variações da seguinte pergunta são comuns:

> Não seria melhor informatizar as listas de verificação? Soubemos da abordagem da Toyota e estamos planejando fazer um método melhor para as listas, desenvolvendo um banco de dados *online* sobre conhecimento de gerenciamento de todos os padrões multirreferenciados numa intranet corporativa segura. Temos um departamento encarregado de desenvolver um banco de dados de última geração. A Toyota está planejando algo nesse sentido?

Essa discussão não tem muita relevância. Primeiro, a Toyota já informatizou a maioria de suas listas de verificação e padrões. Em segundo lugar, criar um banco de dados computadorizado de conhecimentos não é garantia alguma de sucesso e, na verdade, ignora um ponto muito importante: *o banco de dados pode ser, no final das contas, inútil.*

Como as listas de verificação são elaboradas e sustentadas, seja em cadernos ou em bancos de dados informatizados, é uma preocupação secundária. O principal é levar em conta a questão das funções e responsabilidades. Quem irá alimentar a lista de verificação? Quem irá usá-la? Quais são as responsabilidades específicas em matéria de atualização e utilização das listas de verificação? Na Toyota, isso está relacionado com uma estrutura organizacional (descrita no Capítulo 8) que opera em função do princípio básico segundo o qual "trabalho em equipe é fundamental para a consolidação da qualidade, mas sempre haverá um indivíduo responsável por essa equipe". A responsabilidade pelas listas de verificação é atribuída a grupos funcionais organizados em subsistemas.

Por exemplo, o supervisor de engenharia de portas é responsável por manter a lista de verificação desse setor e garantir que ela seja usada por todos os engenheiros de portas. A engenharia de carroceria e a engenharia de produção compartilham a responsabilidade pelas listas de verificação de portas. Um supervisor de engenharia de produção é o responsável pelas listas de verificação

122 ■ Sistema Toyota de Desenvolvimento de Produto

sobre a maneira pela qual as portas serão processadas e pelos itens de projeto que viabilizam sua produção. No começo de um novo programa, o engenheiro de portas pedirá a mais atualizada lista de verificação da engenharia de produção para, a seguir, estudá-la em paralelo com a lista de verificação da engenharia da carroceria. Incorporar a lista de verificação da engenharia de produção ao projeto passa então a ser responsabilidade do engenheiro de portas.

Em resumo, *as pessoas encarregadas do trabalho são responsáveis pela manutenção e utilização das listas de verificação e, no pensamento enxuto, essa jamais será uma função corporativa de TI*. A lista de verificação não é uma responsabilidade genérica dos engenheiros. É, isso sim, a responsabilidade de um engenheiro *específico* responsável por cada uma das peças do veículo, que deve coordenar os esforços de todos os engenheiros que trabalham naquela peça e incorporar todo conhecimento, informação, dados, aprendizado – ou seja qual for a denominação que se dê a esses itens – àquela lista de verificação.

Como já foi discutido no Capítulo 5, a estratégia de capacidade flexível da Toyota depende de subsidiárias sob controle da corporação e de técnicos capacitados que trabalham a partir de conjuntos que chegam JIT para o programa de produto. Rigorosos processos e padrões de projeto proporcionam aos engenheiros e técnicos da subsidiária atualizarem-se com presteza e tornarem-se quase que instantaneamente produtivos para o programa. Como esses técnicos se especializam por peça, são extremamente familiarizados com seus padrões relevantes. Eles são capacitados a aplicar as listas de verificação, comandar funções multissetoriais e padronizar localizadores para o espaço do projeto, que é provido por escaneamento de superfície dos modelos em argila e de esquemas de estruturas de carroceria K4, a fim de produzir os projetos finais que reflitam as novas pretensões em estilo e desempenho. Ao mesmo tempo, eles são capazes de reter geometria comprovada de peças que manterão os níveis de desempenho em relação a fatores como impacto (*airbags*), NVH (ruído, vibração e aspereza) e, naturalmente, sua viabilização. Isso reduz o número de protótipos físicos a serem testados. Isso também conduz a um número reduzido mudanças de engenharia tardias e dispendiosas, eliminando assim grande parte do desperdício do processo de DP. Contar com engenheiros e técnicos experientes trabalhando com ferramentas de rigorosa padronização é fundamental para a capacidade da Toyota de elaborar projetos de alta qualidade em ritmo acelerado e de gerenciar uma flexível capacidade estratégica. Vários exemplos de listas de verificação são apresentados mais adiante neste livro.

CATEGORIA DOIS: PADRONIZAÇÃO DE PROCESSOS

A utilização desta segunda categoria de padronização viabiliza a engenharia realmente convergente e proporciona uma estrutura para sincronizar processos multifuncionais que viabilizam rapidez sem paralelo de desenvolvimento de veículos. Um processo padronizado de desenvolvimento significa padronizar tarefas comuns, seqüências e duração de tarefas e utilizar tudo isso como a base para a melhoria contínua do processo de desenvolvimento de produtos. A padronização dos processos é um poderoso antídoto contra a variação de tarefas e entre chegadas discutida no capítulo anterior. A padronização de processos é a única maneira confiável de conhecer o que – e quando – outras organizações funcionais estão fazendo. É dessa forma que processos/organizações interdependentes conhecem especificamente quais as estradas necessárias uma da outra e quando ocorre essa necessidade. Por fim, uma disciplina rígida de processo, em conjunto com processos padronizados de desenvolvimento, constitui a única forma concebível de comandar uma "fábrica de desenvolvimento" multiprojetos e é fundamental na mensuração do desempenho e avanço de qualquer programa individual.

Como foi mencionado na discussão da lógica do processo, no Capítulo 5, o processo enxuto de DP controla as necessidades dos processos padronizados de alto nível de modo centralizado a fim de garantir a sincronização. Para a Toyota (ver Capítulo 4), isso significa que marcos e tempos de nível macro são utilizados ao longo de diferentes programas e que cada nível individual de organização funcional controla os processos detalhados de trabalho. É pelo equilíbrio dessas duas estruturas padronizadas que se consegue desenvolver cronogramas detalhados e especificamente voltados para programas do trabalho.

Em contraste, a NAC utiliza um pessoal corporativo para padronizar marcos em um nível relativamente elevado com enorme detalhamento sobre todos os resultados das organizações funcionais que devem ocorrer mediante esses marcos (por exemplo, o "modelo de portais [*stage-gate*]"). É responsabilidade das equipes funcionais e do programa encontrar o melhor modo de atingir essa meta. Enquanto que na Toyota várias organizações de engenharia padronizam, cada uma delas, os meios para consolidar o produto com base nas exigências de uma estrutura central, a equipe corporativa da NAC tenta padronizar apenas os fins para o empreendimento de desenvolvimento de produtos inteiro.

Sem uma rigorosa padronização e arquitetura convergente, a NAC carece de uma eficiente estratégia flexível de capacidade, o que resulta em constantes gargalos em recursos críticos ao longo de todo o processo de DP. A NAC utiliza engenheiros dos fornecedores ou terceiriza trabalho de engenharia, mas em função de não padronizar capacidades, projeto e processos, seguidamente enfrenta resultados ínfimos e custos de transação extremamente elevados, pelos quais culpa seus fornecedores.

Contar com processos padronizados que guiam o trabalho meticuloso no nível funcional é fundamental para viabilizar uma capacidade flexível e para distribuir igualitariamente a carga de trabalho. Sem isso, o Princípio 3 do SEDP, sobre a criação de fluxo equilibrado, não seria possível no desenvolvimento de produtos. É do conhecimento geral na área da manufatura enxuta que a esta-

124 ■ Sistema Toyota de Desenvolvimento de Produto

bilidade constitui o requisito principal do fluxo, o que é igualmente verdadeiro no desenvolvimento de produtos. A padronização proporciona estabilidade, expectativas consistentes e nível de resultados previsíveis como os fundamentos indispensáveis do fluxo.

Um benefício talvez não suficientemente apreciado de um processo padronizado de desenvolvimento é o fato de contribuir para comunicação mais precisa e maior entendimento entre as organizações de engenharia ao proporcionar uma estrutura compartilhada para a discussão.

O Processo Padronizado Toyota de Engenharia de Produção

Em função exatamente de um processo padronizado confiável, ao mesmo tempo em que os engenheiros de carrocerias da Toyota começam a trabalhar com a superfície digitalizada de dados do modelo em argila, a engenharia de produção começa o minucioso processo de projeto. Grupos de projeto de ferramental, projetos de dispositivos e grupos de desenvolvimento de binder (componentes do ferramental de conformação)/processamento também dão início às atividades preliminares nesta etapa. As várias organizações de engenharia de produção sincronizam suas atividades com a evolução do projeto das peças a fim de maximizar a utilidade da informação obscura e parcial do projeto para criar uma evolução sincrônica. Ao utilizar um processo padronizado que só funciona com aspectos estáveis do projeto das peças à medida que vão sendo disponibilizadas, o Departamento de Engenharia de Produção cria um eficiente fluxo de processos ao longo de engenharias convergentes e, simultaneamente, elimina o que seria o desperdício de um redesenho na fase mais adiantada. Essa abordagem altamente sincronizada da engenharia convergente é vital para evitar a prática comum de tentar concretizar muita coisa cedo demais, com informação parcial ou prematura sobre o projeto, que tende sempre a mudar e a causar retrabalho e desperdício. Em acréscimo às onipresentes listas de verificação discutidas anteriormente, os engenheiros de Produção também utilizam o *senzu*. O *senzu* compreende os esboços extremamente detalhados de manufatura que foram criados para cada peça. Os *senzu* são atualizados no fim de cada programa, compartilhados entre especialidades funcionais, e contêm todas as informações sobre produção, as melhores práticas – inclusive mudanças na geometria da produção, localizadores, localização de soldas etc. – acumuladas para uma determinada peça.

A Engenharia de Ferramental da Toyota

No decorrer desse intenso período, o grupo de engenharia de ferramental põe em prática uma estratégia de capacidade flexível, que inclui o uso de *trainees*. Como o processo enxuto de DP compartimentou o complexo desafio da engenharia de ferramental em inúmeras sub-rotinas padronizadas e como os bancos de dados sólidos proporcionam componentes padronizados e acesso simultâneo aos projetos, usando projeto de ferramental ajudado por computador (CAD), os projetistas de variados graus de especialização conseguem trabalhar simultaneamente num mesmo projeto. Como resultado, os projetos são completados mais rapidamente e recursos humanos flexíveis podem então ser transferidos para trabalhar em outras peças à medida que ficam disponíveis. A disponibilidade das peças é especialmente importante porque, para a engenharia da carroceria conseguir concretizar as exigências relativas aos prazos extremos da liberação de dados, algumas peças devem ser completadas antes de muitas outras. Além disso, por serem tais peças disponibilizadas à engenharia de produção mediante um banco de dados compartilhado, elas podem ser *puxadas* à medida que os engenheiros ficam preparados para trabalhar com elas.

Como anteriormente mencionado, processos padronizados sincronizados de forma multifuncional capacitam os engenheiros de ferramental a trabalhar em peças com dados ainda incompletos. À medida que o projeto de cada peça é completado, os projetistas de ferramental podem *puxar* e completá-los. Nesse ponto, os *trainees* do projeto de ferramental conseguem realizar as tarefas do desenho que exigem menor especialização. Esses *trainees* então avançam para dar assistência a outro projetista. Esse processo só é possível porque a padronização sustenta mutuamente todos os três subsistemas enxutos de DP – processos, ferramentas e tecnologia, e pessoas. Uma das principais ferramentas para estabelecer essa espécie de padronização é o *senzu*. No caso dos ferramentais, o *senzu* detalha aspectos como o formato do binder (componente do ferramental de conformação), seu excesso de borda, sobremetal e necessidades de raio. Coletivamente, *senzu* são referências a peças e veículos específicos fundamentais para o desempenho da engenharia de estamparia no processo de DP inteiro.

Desenvolvimento de Binder e Processo

Na etapa inicial do processo, em conjunção com as etapas finais da definição do estilo do veículo, processos padronizados de manufatura e arquitetura comum de peças propiciam que se concretize o desenvolvimento preliminar de binder na área de desenvolvimento de binder (componentes do ferramental de conformação)/processamento. O binder é a parte inicial do ferramental de conformação que mantém a chapa posicionada durante a conformação da peça. Isso é crucial para um processo de estamparia de qualidade, e pode ser extremamente desafiador em geometrias complexas. Esse processo muitas vezes envolve análise de formabilidade, utilizando a simulação de formabilidade e a Análise de Elementos Finitos (FEA). Na verdade, como não há padronização de processo ou projeto, a NAC vê-se forçada a aplicar FEA em todas as peças estampadas, criando um imenso gargalo no processamento desse recurso limitado. Con-

126 ■ Sistema Toyota de Desenvolvimento de Produto

tudo, no processo Toyota de DP, caracterizado pela padronização de geometria das peças e processos de manufatura, menos de um terço da estamparia exige FEA de qualquer tipo. Eliminar a necessidade de FEA para dois terços de todas as peças anula o potencial de formação de gargalos e de filas, bem como a variabilidade derivada dos processos de DP. Isso também melhora os tempos médios de processamento e reduz significativamente os custos. Mais ainda, reforça a vantagem competitiva no processo enxuto de DP da fase de desenvolvimento do produto que vier a seguir.

A Produção Enxuta de Ferramentas e Moldes da Toyota

Nesta fase, em que as ferramentas são fundidas, usinadas, montadas, testadas e aprovadas, os princípios de produção enxuta da Toyota são realmente postos em jogo em relação ao processo de desenvolvimento de produtos, porque construir ferramentas e moldes constitui uma forma de produção. Projetos extremamente precisos e detalhados de ferramentais padronizados possibilitam à Toyota empregar uma forma adaptada de princípios de produção enxuta que, a essa altura do processo de DP, representam uma poderosa vantagem competitiva em um sistema enxuto de DP. Em média, um grande conjunto de ferramental, como aqueles necessários para as laterais da carroceria, exige menos de quatro meses em termos de fundição, usinagem, construção e testes preliminares na ferramentaria. Porque ainda utilizam um processo basicamente rudimentar, quase todos os concorrentes da Toyota gastam de 10 a 12 meses no mesmo conjunto de tarefas. A ferramentaria os envia à planta de estamparia para o teste na linha real de fabricação, que inclui não apenas o teste final do ferramental, mas prazos de todas as modalidades de controle e automação exigidas pela estamparia de produção definitiva. Isso consome um ou dois meses a mais, em turnos adicionais de seis a oito horas, uma ou duas vezes por semana. A capacidade de desenvolvimento de ferramentais da Toyota, em alta velocidade, combinada com desenhos padronizados das peças e uso eficiente de sofisticadas ferramentas virtuais, constitui uma melhoria que capacita a empresa a eliminar a necessidade da maior parte da prototipagem de ferramentas – o que representa uma enorme economia em custos e em prazos. Embora a Toyota apresente tempos significativamente mais rápidos no que diz respeito a projetos especiais, a discussão a seguir foca no prazo típico para o projeto dos ferramentais e para completar o ferramental em processos-padrão.

Prazos Típicos para Produção Enxuta de Ferramentas e Moldes

Os projetistas classificam todos os ferramentais em categorias que variam de *A0* a *D*. Para cada uma dessas categorias existe uma linha específica de máquinas de fundição, baías de construção e prensas dedicadas. Aqueles que estu-

Utilize Padronização Rigorosa para Reduzir a Variação... ■ 127

daram o STP reconhecerão isso como a identificação de *famílias de produtos* com linhas exclusivas de fluxo. *A0* são ferramentais grandes com superfícies classe um (externas). Ferramentais do tipo *A* são grandes com superfícies não expostas e assim por diante até os ferramentais classe *D*, que são peças menores produzidas em ferramentais progressivos. Ferramentais são destinados à menor linha de equipamento possível (adequação ao tamanho correto). Essas categorias de ferramentais possibilitam procedimentos e prazos padronizados que tornam a programação mais precisa e os resultados mais previsíveis. Para ajudar no gerenciamento visual e colocar todos os participantes a par dos requerimentos da programação, a fábrica atualiza e destaca grandes painéis de programação que são específicos tanto para tarefas quanto para departamentos. Esses painéis fiscalizam o andamento das tarefas hora a hora e são verificados diariamente pela equipe de gerenciamento da fábrica. Uma vez mais, a padronização no processo enxuto de DP funciona para reduzir irregularidades no processo e, com isso, melhorar os tempos totais de processamento.

Os projetistas fazem verificações virtuais dos projetos dos ferramentais em relação aos padrões e então enviam o projeto a um sistema de simulação virtual (simulação digital em 3-D do conjunto completo de ferramental) para garantir folgas, funcionalidade e produção. Esses projetos passam a ser utilizados para conduzir instruções padronizadas de trabalho na fase de elaboração do ferramental, sendo os modelos usados pela manufatura para produzir padrões de ferramentais. Essa etapa elimina a necessidade de revisões físicas. O tempo padrão da Toyota é de uma semana ou menos, e a fundição dos ferramentais precisa de apenas outros dez dias. Em contraste, as empresas norte-americanas concorrentes da Toyota gastam três semanas com padrões e quatro semanas, ou mais, para a fundição.

Usinagem de Ferramental na Toyota

Os projetos exatos e altamente detalhados e os processos padronizados de manufatura de ferramental permitem à Toyota fazer a maior parte desse trabalho em máquinas fresadoras de alta precisão, o que reduz substancialmente o tempo gasto na revisão e no refinamento manual dos detalhes dos ferramentais e no demorado teste dos mesmos, melhorias que os concorrentes norte-americanos da Toyota não dispõem. A Toyota, além disso, patenteou uma variedade de ferramentas de corte especializadas para maximizar a eficiência de suas operações de processamento, acrescentando um elemento ainda maior de precisão, rapidez e previsibilidade a sua produção enxuta de ferramentais. Ao focar na usinagem de precisão, a Toyota eliminou por inteiro diversas operações secundárias, entre as quais o polimento e o acabamento manuais exigidos na produção tradicional dos ferramentais. Essa abordagem enxuta proporciona à empresa aplicar outras metodologias enxutas, como a SMED

128 ■ Sistema Toyota de Desenvolvimento de Produto

(sigla em inglês para "troca de ferramentais em um minuto"), as suas operações de preparação de máquina, e kit de corte na chegada JIT para maximizar o tempo de valor agregado na produção. Planos detalhados a cada hora são afixados junto às máquinas e conservados pelos operadores. Como na construção de matrizes, o gerente e a equipe revisam esses cronogramas durante visitas matutinas a planta.

Construção de Ferramental na Toyota

Depois da usinagem, cada detalhamento ou componente dos ferramentais é enviado para a célula adequada na baía de construção correspondente a sua classificação por categoria. Existem cinco divisões independentes de construção, cada uma delas contendo várias "linhas" progressivas compostas por múltiplas estações, ou células, cada uma das quais responsável por uma parte do processo de construção. Os detalhes e componentes comprados dos ferramentais chegam à célula certa no momento certo para manter o fluxo do processo de construção. Como numa linha de montagem, cada célula completa uma parte do trabalho de construção e o ferramental segue para a célula seguinte a fim de ser usado na etapa subseqüente do processo. Os procedimentos de trabalho são criteriosamente padronizados conforme os respectivos detalhes e cada prazo de trabalho das células é equalizado (tempo medido em dias) a fim de que exista um sincronizado movimento ou fluxo ao longo do departamento de construção. Isso reduz a variabilidade, torna os resultados mais previsíveis e capacita as pessoas a verificar o *status* de construção dos ferramentais instantaneamente. Painéis com os cronogramas são afixados nasas divisões e todos os participantes estão cientes das exigências de programação e de trabalho para cumprir as metas.

Cada célula contém todas as ferramentas de montagem e suprimentos (como os pinos e parafusos) necessários numa determinada operação organizada e localizada perto do ponto de utilização. As localizações dos ferramentais são pintadas no chão, todas as ferramentas manuais e máquinas estão a postos e banquetas com gavetas e puxadores rotulados são colocadas em torno da área de trabalho. Ferramentas aéreas são suspensas por equipamentos retráteis; são de fácil alcance quando necessárias e recuam automaticamente quando não utilizadas. Mesmo os componentes adquiridos chegam sempre antes do momento em que serão necessários, para que os fabricantes dos ferramentais não precisem sair de suas células à procura deles. A equipe de construção dos ferramentais lembra os mecânicos das provas de Fórmula 1, empenhados na execução de tarefas predeterminadas, com simultaneidade e absoluta precisão. O *kaizen* é constante. Por exemplo, um *kaizen* focou numa inovação de construção que eliminou a virada do ferramental durante a montagem – normalmente uma operação demorada que exige um guindaste.

Os fabricantes de ferramentais são treinados multifuncionalmente em tarefas de construção e também em testes. As habilidades individuais desses profissionais são afixadas em painéis no departamento. O pagamento depende do nível dessa habilidade, e todos esses ferramenteiros são assalariados e ganham horas extras. Eles utilizam listas de verificação personalizadas para cada célula nos diferentes departamentos, que servem tanto para referência processual quanto como ferramenta de garantia de qualidade. As listas constituem a principal orientação para os líderes de células na conferência do ferramental antes de sua passagem para a estação seguinte. Essas verificações são a principal forma de controle de qualidade durante a construção dos ferramentais. Como ocorre na construção padronizada, nenhum desenho em papel do projeto de ferramental é exigido: todos os profissionais de ferramentais são treinados para usar o sistema CAD e todos os dados de projetos de ferramentais estão disponíveis no computador do CAD localizado perto da célula. Os projetistas de ferramentais e engenheiros simultâneos percorrem os departamentos de construção regularmente para trabalhar com o pessoal de fabricação de ferramentais a fim de identificar problemas ou maneiras de melhorar tanto os projetos quanto os métodos.

A Engenharia de Montagem de Veículos da Toyota

A engenharia de montagem de veículos é parte da organização de engenharia de produção e, na Toyota, está plenamente integrada com o grupo de engenharia de ferramentais. O desafio das duas partes é projetar ferramentas e processos para montar as estamparias em uma carroceria ou projeto. Trata-se de um processo complicado, que exige que grandes estampos sejam precisamente localizados, mantidos no lugar e geralmente soldados juntos. Submontagens de portas e capôs contam com a etapa adicional da formação de borda, em que uma borda do painel externo é soldada ou aglutinada em torno da borda do painel interno a fim de mantê-los seguros antes de serem montados no veículo. Isso exige projeto e manufatura de itens complexos e extremamente caros, células de submontagem e linhas de montagem de carrocerias.

Pela padronização dos localizadores, pontos de controle, padrões de solda, etc., a Toyota tornou-se a primeira empresa apta a projetar estamparias e montagens padronizadas para dar sustentação a operações flexíveis de montagem que lhe permitiram construir múltiplos estilos de carroceria na mesma linha de veículos. Numa melhoria mais recente desse processo, a Toyota lançou Linhas Globais de Carrocerias em seu projeto Blue Sky, que elevou a montagem flexível de carrocerias a um novo nível. Esse projeto exigiu intensa colaboração entre a Engenharia de Produção e a Engenharia de Carroceria para atualizar o projeto e os padrões de processos de maneira a sustentar essa revolucionária inovação. De acordo com Atshushi Niimi, ex-presidente e CEO da Toyota Manufacturing North

130 ■ Sistema Toyota de Desenvolvimento de Produto

America, o novo sistema substituiu os 50 estrados exigidos a cada estilo de carroceria no velho sistema por um único estrado-mestre para cada estilo. Esse novo instrumento parece um levantador de pesos e situa a carroceria a partir do interior em localizadores programáveis. O sistema melhora a qualidade total da carroceria, reduz o número de pontos de soldagem necessários e aumenta a flexibilidade da produção. Com tudo isso, até oito carrocerias podem ser montadas na mesma linha por meio da mudança de um único estrado-mestre. Niimi proclama que os custos de instalação da área de carroceria para novos programas foram reduzidos em 50%, o espaço exigido teve redução semelhante e o custo de agregar outra carroceria a uma linha existente ou a um novo programa foi reduzido em até 70 por cento. Esse é o poder da inovação. Mas nada disso seria possível se não houvesse organizações de engenharia trabalhando de maneira colaborativa para criar processos eficientes e projetar padrões, e uma cultura de disciplina para manter os ganhos. A Toyota instalou LGCs (linhas globais de carrocerias) internacionalmente. Em conseqüência, agora todos os veículos são projetados de modo compatível com esse processo-padrão de montagem.

CATEGORIA TRÊS: CONJUNTOS PADRONIZADOS DE HABILIDADES E COMPETÊNCIAS

A maioria das empresas que considera a padronização raramente pensa em conjuntos de habilidades-padrão. Ainda assim, trata-se de um princípio essencial para a criação de um sistema enxuto de DP. Ele gera equipes íntegras, possibilita incrível velocidade de desenvolvimento e elimina a variação de tarefas do processo de desenvolvimento. Os gerentes adquirem maior flexibilidade na atribuição de tarefas, e tanto gerentes quanto integrantes das equipes passam a ter maior confiança na concretização das expectativas de desempenho. A cultura Toyota de comprovada excelência técnica é fundamental na criação de confiança profissional e de equipes de alto desempenho em qualquer entorno. Esta seção destaca algumas das práticas que geram conjuntos consistentes ou padronizados de habilidades na Toyota, começando com o processo de contratação de pessoal. Uma discussão mais aprofundada das vantagens do processo de aperfeiçoamento de pessoal figura no Capítulo 9, que lida com o princípio Sete do SEDP: desenvolver competência técnica superior.

Depois de um processo de revisão detalhado e rigoroso, a Toyota contrata apenas cerca de 1,1% dos profissionais que se candidatam a posições na engenharia (Kramp, 2001). Uma vez contratados, os engenheiros seguem um processo de desenvolvimento pessoal de habilidades-padrão desde seu primeiro dia na empresa. Esse processo foca em competências comprovadas e em ensino técnico intensivo para o desenvolvimento. Um engenheiro independente pode ter certeza de que passará por um período intensivo de dois anos de treinamento na função antes de poder ascender a engenheiro de primeiro nível. A Toyota investe três ou quatro anos em cada um de seus novos engenheiros até transformá-los em participantes confiáveis de equipes. No contexto da indústria automobilística, trata-se de um investimento significativo. Depois desse período inicial, um engenheiro de carroceria pode ficar de cinco a seis anos na mesma especialização antes de ser considerado um engenheiro de primeira linha. Durante o período de aperfeiçoamento, de cerca de oito anos, os engenheiros são "entrevistados" quatro vezes por ano e as áreas de desenvolvimento técnico são avaliadas pelo uso dos *estoques de habilidades padronizadas*. O treinamento é feito na prática profissional, dedicando especial atenção às missões de que um engenheiro é encarregado para ter certeza de que esse profissional aproveitará a oportunidade de crescimento técnico. Um plano de ação é desenvolvido por meio da *Hansei* (reflexão) a fim de avaliar os efeitos. Entre os critérios usados na avaliação dos engenheiros da Toyota, figura o sucesso na adesão a metodologias de processos e padrões, que desenvolve ainda mais o conjunto padrão de habilidades de cada engenheiro.

A carreira de um novo engenheiro consiste em experiências que desenvolvem profunda competência técnica ao mesmo tempo em que lentamente ascende na hierarquia técnica de cada departamento funcional, e esse é um resultado direto do reconhecimento da capacidade e aperfeiçoamento técnico dos engenheiros. O chefe dos engenheiros normalmente sabe como realizar a tarefa melhor do que os engenheiros. Também conhece o processo padronizado para sua realização, o que capacita o princípio de liderança de ensinar e assessorar. O sistema enxuto de DP depende da assessoria permanente no desenvolvimento de talentos. A fim de dar apoio a essa assessoria, a Toyota cria um ambiente de aprendizagem de engenharia em que capacidades altamente técnicas, reconhecidas, são transmitidas de uma geração a outra, baseando o crescimento profissional em competência comprovada na prática.

CONCLUSÃO

Este capítulo conclui o debate do primeiro subsistema do SEDP, *processo*, e de seus quatro princípios no âmbito da estrutura mais ampla do sistema de desenvolvimento de produtos, esboçada no Capítulo 2 como um sistema sócio-técnico (SST) com três subsistemas primários: 1) processos, 2) pessoas e 3) ferramentas e tecnologia. Em termos de SST, a engenharia da carroceria foi utilizada para mostrar o sistema técnico dos processos – todas as tarefas e seqüências indispensáveis para levar um projeto de carroceria desde o conceito até o começo da produção. Destacamos que a matéria-prima consiste em informação, demandas dos clientes, características de produtos anteriores, dados de produtos concorrentes e princípios de engenharia, que são transformados pelo processo enxuto de DP na engenharia integral de um produto. Também abordamos as conexões entre o desenvolvimento enxuto e a produ-

132 ■ Sistema Toyota de Desenvolvimento de Produto

ção enxuta. Além disso, os autores se empenharam em demonstrar a maneira pela qual o primeiro subsistema do SEDP e os seus princípios definem o mapa do fluxo de valores de uma empresa à medida que a informação flui, pára, é reorientada e espera em filas. O próximo capítulo examina o segundo subsistema enxuto de DP, *Pessoas*, e os princípios 5 a 10 do SEDP.

Fundamentos do Princípio Quatro do SEDP

Utilize padronização rigorosa para reduzir a variação e criar flexibilidade e resultados previsíveis

Em um sistema enxuto de desenvolvimento de produto, é indispensável padronizar produtos, processos e competências a fim de cria as bases para a flexibilidade e agilidade. A padronização é crucial para o SEDP porque alicerça muitos dos outros princípios do sistema ao reduzir a variação e, com isso, criar maior flexibilidade com resultados mais previsíveis. No SEDP, são três os tipos de padronização – do projeto, do processo e do conjunto de habilidades – todas indispensáveis para eliminar as perdas/desperdícios e consolidar um sistema verdadeiramente enxuto. A padronização do projeto manifesta-se nas listas de verificação da engenharia, arquitetura padronizada e componentes e plataformas compartilhados/convergentes. A padronização dos processos diz respeito tanto ao desenvolvimento quanto aos processos de manufatura, e reside nos planos de desenvolvimento do componente individual (*senzu*) e em detalhados planos de processo de produção. Os conjuntos padronizados de habilidades são desenvolvidos mediante cuidadosa assessoria, estratégica atribuição de tarefas e avaliações periódicas das competências demonstradas. As organizações funcionais têm, sustentam, melhoram de forma contínua e executam projetos, processos e conjuntos de habilidades padronizados.

SUBSISTEMA PESSOAL

7

Desenvolva um Sistema de Engenheiro-Chefe para Liderar o Desenvolvimento do Início ao Fim

Na Toyota, só conseguimos sucesso quando fazemos algo melhor que os concorrentes, ou quando superamos a média da indústria. Quando estamos projetando um novo produto e sabemos que não existe margem para falhas, nossa atitude certamente não pode limitar-se a buscar a média. Se fizermos isso, o fracasso será inevitável. Precisamos dar o melhor de todos nós nessas ocasiões, sem nos permitir qualquer pensamento negativo.

Kenya Nakamura,
primeiro engenheiro-chefe do Toyota Crown

Este capítulo começa com um debate sobre o segundo subsistema SST do Sistema Enxuto de Desenvolvimento de Produtos, o de *Pessoal*, que cobre os Princípios 5 a 10. As pessoas são a essência e a energia do SEDP, e é impossível competir em desenvolvimento de produto sem uma organização capacitada, energizada e alinhada que funcione como uma equipe de alto desempenho. Os sistemas enxutos de pessoal de DP são construídos a partir dos alicerces de trabalho em equipe, aprendizado contínuo e *kaizen*, que comandam e evoluem de maneira enxuta no âmbito de outros subsistemas. O subsistema pessoal compreende compartilhamento de linguagem, símbolos, crenças e valores que determinam, entre outras coisas, a maneira pela qual uma organização se estrutura, bem como seus estilos de liderança e de aprendizagem, e também como ela recruta, treina e qualifica seus colaboradores.

Consideremos o que custaria para alinhar uma empresa com o modelo de sistema pessoal do SEDP. Haveria necessidade de reformular a empresa e sua filosofia gerencial? Seria realmente possível mudar a cultura da organização? As respostas são complexas e implicam modificar algumas abordagens fundamentais do estilo de trabalho das pessoas. Em relação ao sistema enxuto de DP, a primeira mudança importante é decidir quem "comanda o programa" – os leitores já foram apresentados à pessoa responsável por isso na Toyota, o engenheiro-chefe (EC). Determinar essa peça do sistema enxuto de DP é uma das mais importantes decisões a serem tomadas, pois é ela que vai ditar a estruturação do sistema organizacional de desenvolvimento de produtos.

A maioria das organizações recorre a alguma forma de sistema matricial para determinar quem se reporta a quem e quais serão as respectivas funções e responsabilidades dessas pessoas. (O Sistema Matricial da Toyota será detalhadamente analisado no Capítulo 8.) Dentro dessa matriz, cada engenheiro tem múltiplos chefes – normalmente um chefe funcional que é um técnico especializado (por exemplo, Engenharia de Carroceria) e um chefe de programa, que comanda o programa de desenvolvimento do produto. Na maioria das organizações, a matriz gera falhas de comunicação, levando a adesões e conflitos entre diferentes setores da organização. A Toyota também usa uma matriz, mas o chefe do programa é o engenheiro-chefe. O EC como chefe de programa do sistema é exclusividade da empresa e evita muitos dos problemas comuns a uma estrutura tradicional de matriz, principalmente porque, na Toyota, o EC claramente comanda o espetáculo. Dessa forma, é apropriado começar a discussão do subsistema pessoal com a figura central da organização de desenvolvimento de produtos na Toyota.

O ÍCONE CULTURAL QUE SUSTENTA O SISTEMA DE EC

O engenheiro-chefe na Toyota, muitas vezes caracterizado como "Gerente Peso-Pesado de Projetos", é provavelmente o mais famoso e mais imitado aspecto do sistema de DP da empresa. Mas embora muitas organizações contem com algum tipo de gerente de programas que, como o EC, é responsável pela supervisão do *design* dos projetos e por garantir que eles sejam desenvolvidos dentro dos prazos e orçamentos, as semelhanças acabam por aqui. Da mesma forma que o gerente de programa em outras empresas, o EC não tem autoridade formal sobre os engenheiros que trabalham no programa; no entanto, o EC é a pessoa realmente encarregada do sucesso do projeto, do desenvolvimento e das vendas de um automóvel. Analise as responsabilidades do EC e de sua pequena equipe:

- Porta-voz do cliente
- Definir valor para o cliente
- Conceito do produto
- Objetivos do programa
- Arquitetura no nível de veículo
- Desempenho no nível de veículo
- Características no nível de veículo
- Objetivos no nível de veículo
- Visão de todas as *equipes de programas funcionais*
- Objetivos de valor

- Planejamento do produto
- Objetivos de desempenho
- Prazos do projeto

A responsabilidade maior do EC é vender qualidade ao cliente. Ainda que a Toyota dê importância ao trabalho em equipe, sempre existe uma pessoa responsável pelo desempenho desse grupo. Em relação ao desenvolvimento de produtos, essa pessoa é o EC.

A indústria da defesa (armamentos) no Japão originalmente usou o sistema de EC e, da mesma forma que inúmeras outras inovações de processo, esse sistema foi adotado e adaptado pela Toyota. Os gênios aos quais se atribui o crédito pela consolidação do sistema de EC na Toyota incluem alguns dos próprios pioneiros dessa função, como Tatsuo Hasegawa, engenheiro-chefe do primeiro modelo do *Corolla*, e Kenya Nakamura, engenheiro-chefe do primeiro *Crown 1955* (Ikari, 1985). Desde então, houve um fluxo contínuo de ECs. Mas embora a tradição tenha aumentado, as responsabilidades e características dos engenheiros-chefes permaneceram inalteradas. A seguir estão relacionadas algumas das características que a Toyota passou a valorizar em seus ECs; várias delas destacam a importância de combinar habilidades em engenharia com uma abordagem ampla e fundamentada da liderança.

- Percepção visceral dos desejos dos clientes
- Habilidades excepcionais em engenharia
- Intuição baseada em fatos
- Inovador e ao mesmo tempo cético quanto a tecnologias não testadas
- Visionário e ao mesmo tempo prático
- Professor, motivador e disciplinador em extremo, mas, ao mesmo tempo, ouvinte atento e paciente
- Não fazer concessões a fim de concretizar metas sem precedentes
- Comunicador excepcional
- Sempre pronto para botar as mãos na massa

Ao trabalhar com empresas no desenvolvimento enxuto de produtos e na introdução do sistema de EC, os autores seguidamente ouvem "já temos um engenheiro-chefe", ou "podemos ajustar o organograma para que essa função seja criada". A resposta a comentários como esses é que, embora seja fácil imitar o formato organizacional do sistema de EC da Toyota, leva muitos anos para desenvolver as funções e responsabilidades dentro do sistema. Além disso, o modelo enxuto de DP exige uma cuidadosa seleção e preparação dos candidatos a EC durante vários anos (na Toyota, o período de preparação se estende por 12 anos, no mínimo). Essa preparação exige uma combinação de características que são as marcas registradas de um super-engenheiro *e* líder.

138 ■ Sistema Toyota de Desenvolvimento de Produto

Em primeiro lugar, a administração precisa identificar pessoas excepcionais que tenham vencido desafio após desafio, tenham amadurecido e crescido profissionalmente, e tenham a experiência prática indispensável para liderar o desenvolvimento de um produto de alta complexidade. Em segundo lugar, a administração precisa de ECs que se adaptem a um sistema mais amplo de funções, responsabilidades e comprometimento. A função do EC é de alta visibilidade; trata-se de uma função que a organização inteira deve reconhecer e acatar. De certo modo, essa pessoa está acima da burocracia normal e dos procedimentos-padrão de operação da empresa, e tem liberdade para fazer o que for necessário a fim de cumprir seus compromissos. O cargo é altamente valorizado e, muitas vezes, mais admirado do que outros situados em pontos mais elevados da hierarquia organizacional, entre eles os de diretor ou vice-presidente. É a posição mais cobiçada entre os engenheiros da comunidade Toyota de DP. Por todas essas razões, o engenheiro-chefe na Toyota é reverenciado como um ícone cultural, alguém cujo *status* especial está na liberdade de enfrentar os maiores desafios.

Num sistema típico de DP, uma vez que a alta administração decide desenvolver uma nova linha de produtos, o programa é imediatamente entregue aos cuidados de um grupo de planejamento de alto nível, de preferência com experiência em *marketing*, que começa a desenvolver o conceito de *marketing* da nova iniciativa. Depois, projetistas industriais são indicados para desenvolver os primeiros esboços. Mais adiante no processo, os engenheiros trabalham os detalhes técnicos. Um sistema enxuto de DP não adota esse procedimento informal, não-técnico. Quando a alta administração toma uma decisão relativa a um programa novo, seleciona de imediato um engenheiro-chefe responsável pela tarefa. Como gerente do projeto, o EC não se limita simplesmente a coordenar cronogramas ou sincronizar detalhes técnicos – ele é o dono do carro, do conceito ao estilo, do protótipo ao lançamento. É comum o EC permanecer com o mesmo produto ao longo de várias gerações.

A HISTÓRIA DE DOIS ENGENHEIROS-CHEFES: *LEXUS* E *PRIUS*

Para entender o que representa a função de engenheiro-chefe no sistema Toyota, é útil estudar os dois casos mais visíveis de desenvolvimento de produtos na Toyota nos últimos 20 anos; dois programas de veículos vistos pela empresa como a epítome do Modelo Toyota[1]. No caso do *Lexus*, a abordagem inovadora significou desenvolver não apenas um carro, mas também um nome de marca, com sua rede própria de vendas. O *Prius*, por sua vez, foi o

---

[1]Nesta seção, resumimos a história dos projetos *Lexus* e *Prius* a partir de *The Toyota Way* (McGraw-Hill, 2004), a fim de ilustrar o processo de DP. Para uma discussão mais completa e detalhada sobre referidos ECs, consulte *The Toyota Way*.

primeiro veículo híbrido combustível/eletricidade produzido em massa. A Toyota se supera constantemente em matéria de rápida modificação de veículos ou de programas de alto desafio, muito mais do que em mudanças inovadoras destinadas a enfrentar desafios de mercado. Mas a empresa começou com um forte espírito de inovação quando os engenheiros não tinham outra alternativa a não ser a da inovação. Isso remonta aos dias do ex-presidente da organização, Shoichiro Toyoda, e dos seus "3 Cs" – criatividade, desafio (do inglês *challenge*) e coragem – e foi exatamente esse espírito de inovação que permeou o processo tanto do *Lexus* quanto do *Prius*, com os engenheiros-chefes na liderança. Ao destacar esses excepcionais programas, esperamos demonstrar com maior clareza o papel fundamental do engenheiro-chefe.

No processo enxuto de DP, o EC é escalado, nos estágios iniciais, para liderar o desenvolvimento do conceito de um novo veículo, e a função da alta administração é descobrir a pessoa certa para o programa. O *Prius* e o *Lexus* foram casos especiais na Toyota. Nenhum deles tinha um estilo pré-concebido, nem existia uma visão específica do que se pretendia com esses projetos. Com o *Prius*, a alta administração tinha como conceito desenvolver um carro altamente econômico em combustível para o século XXI. Com o *Lexus*, o objetivo era construir um carro de luxo para o mercado norte-americano à altura dos modelos de luxo como BMW e Mercedes. Em ambos os casos, o EC ficou responsável por concretizar uma visão amorfa, transformando-a em um claro e definido *conceito de produto*.

A gênese do *Lexus* começou com Yukiyasu Togo, diretor de vendas da Toyota no Sul da Califórnia, um dos principais promotores da idéia de desenvolver uma marca de luxo, a ponto de convencer a administração de que a Toyota precisava de um novo carro, uma nova marca, e de uma nova rede de vendas. Quando a alta administração aprovou o conceito do *Lexus*, nomeou como seu engenheiro-chefe Ichiro Suzuji, um dos melhores e mais reverenciados ECs na história da Toyota. Para o *Prius*, a decisão foi bastante diferente, com a nomeação do novato Takeshi Uchiyamada para comandar o projeto da administração de um carro para o século XXI e repensar o próprio processo de desenvolvimento. Uchiyamada, um ex-engenheiro de testes que até então ainda não havia trabalhado para a empresa como EC, foi também encarregado de definir e desenvolver o conceito do produto, além de lançar o veículo dentro de um prazo curto. Os dois engenheiros tinham currículos completamente diferentes e estilos distintos, mas a alta administração conseguiu escolher o líder certo para cada projeto por razões que iam além do simples conceito de desenvolver um novo automóvel.

Lexus: Um Engenheiro-Chefe que Recusava Concessões

Em agosto de 1983, a junta de diretores da Toyota, numa reunião secreta comandada pelo presidente Eiji Toyoda, lançou oficialmente o programa *Lexus*. Quando indicado para a função de engenheiro-chefe do projeto, Ichiro Suzuki

140 ■ Sistema Toyota de Desenvolvimento de Produto

buscou imediatamente a *voz do cliente*, conduzindo entrevistas de grupos de foco em várias regiões e criando uma amostragem de dois grupos das principais marcas de luxo européias. O Grupo A tinha quatro proprietários do Audi 5000, um da BMW 528e, dois da Mercedes Benz 190E e três proprietários do Volvo 740/760. O Grupo B tinha quase a mesma formatação. Suzuki recolheu e classificou os comentários dos proprietários. Partindo do conceito geral corrente de um carro de luxo, Suzuki examinou as razões dos clientes para comprar ou rejeitar outros veículos da mesma classe de acordo com a imagem que o cliente tinha de cada um deles. Depois, ele definiu os descritores de qualidade mais comuns e simples e criou um resumo de uma página (ver Figura 7.1).

O fato de o setor de vendas e *marketing* não ter sido encarregado desse processo pode ser surpreendente para muitos engenheiros. E as pesquisas de *marketing*? E as amostragens cientificamente validadas? Como um EC poderia pensar que a revisão de informações de alguns grupos de foco seria suficiente? Mas foi exatamente isso o que aconteceu e esse trabalho pioneiro de estudar e classificar a voz do cliente em descritores como qualidade, valor do investimento e sustentabilidade ajudou a definir as *características de valor do cliente*, incluídas na construção do conceito de luxo para o maior investimento da Toyota na década de 1980. Embora esse conceito de luxo fosse altamente qualitativo e intuitivo, Suzuki havia feito a leitura correta do ambiente no qual o *Lexus* competiria. Num sistema tradicional de DP, a administração teria encarregado outro grupo da realização dessa pesquisa, que por sua vez passaria os dados à engenharia para projetar essas qualidades. O problema dessa aborda-

Voz do cliente – características de valor para o cliente

	Razões para comprar	Razões para optar pelo concorrente
Benz	Qualidade, valor do investimento, resistência	Muito pequeno; estilo menos atraente (*versus* BMW)
BMW	Estilo, manejo, funcionalidade	Muito comum
Audi	Estilo, espaço, preço acessível	Baixa qualidade, assistência técnica fraca
Volvo	Segurança, confiabilidade, qualidade, resistência	Estilo caixote
Jaguar	Estilo mais atraente	Baixa qualidade, interior pequeno

Fonte: Adaptado de *The Toyota Way* (New York, McGrawHill, 2004), 44, com permissão da McGrawHill.

FIGURA 7.1 ■ Razões para comprar ou rejeitar carros de luxo concorrentes (1980).

gem tradicional é que, à medida que o programa prossegue, esses primeiros dados acabam sendo ignorados, porque não existe uma autoridade que comande a sua implantação ou melhoria. No caso do *Lexus*, o principal aprendizado de Suzuki foi que os automóveis japoneses não eram associados com a imagem de luxo ou de *status*. Sabendo disso, Suzuki logo entendeu o que seria preciso fazer, e ficou claro para ele que seria um projeto diferente dos outros da empresa. Para ser bem-sucedido, o *Lexus* precisaria romper com todos os parâmetros existentes de desenvolvimento de produtos na Toyota.

O desafio seguinte de Suzuki foi definir o conceito do *Lexus* a partir de algo que atraísse os clientes no futuro, e não apenas refletisse aquilo que os clientes do presente ou os departamentos de *marketing* classificavam com as tendências do momento. Por exemplo, Suzuki havia solicitado aos clientes dos seus grupos de foco que enumerassem, por ordem de importância, as *características de valor do cliente* na sua decisão de comprar uma Mercedes no mercado atual, mas depois decidiu deixar tais dados de lado. Abaixo, relacionamos o *ranking* compilado por Suzuki, do mais importante ao menos importante:

1. Posicionamento (*status*) e prestígio da imagem
2. Alta qualidade
3. Valor de revenda
4. Desempenho (por exemplo, acessibilidade, dirigibilidade, potência)
5. Segurança

Por ser engenheiro, esse *ranking* entrava em conflito com o entendimento profissional de Suzuki. Sendo *intuitivo e ao mesmo tempo pragmático*, Suzuki não acreditou que essas características de valor do cliente pudessem definir como seria o carro de luxo do futuro. Ele então recuou a fim de definir alguns princípios básicos para a determinação da *arquitetura de nível do veículo* capaz de elevar o *Lexus* em relação a outros carros de luxo e, até mesmo, de dominar o mercado. Suzuki formulou as seguintes perguntas:

- O que significa ser proprietário de um veículo de luxo de alta qualidade?
- Quais são as características indispensáveis a um carro para que os proprietários possam sentir-se ricos – financeira e emocionalmente?
- Quais seriam as características capazes de fazer com que, com o passar do tempo, os proprietários se sentissem ainda mais orgulhosos e ligados ao seu automóvel?

Depois de longas discussões com a equipe do EC e outros parceiros do projeto, Suzuki concluiu que os dois critérios mais importantes a orientar a *arquitetura de nível do veículo* para concretizar o *valor definido pelo cliente* para o *Lexus* e o futuro carro de luxo seriam, em ordem de prioridade:

142 ■ Sistema Toyota de Desenvolvimento de Produto

1. Desempenho funcional excepcional (potência, comodidade, nível de ruído, aerodinâmica)
2. Aparência elegante (não era tradicionalmente um dos pontos fortes da Toyota)

Suzuki decidiu que, se a Toyota conseguisse oferecer um carro com desempenho funcional excepcional, consideravelmente superior àquele que caracterizava os carros *Benz*, e, ao mesmo tempo, combinasse isso com um exterior elegante, a empresa conseguiria finalmente libertar-se de sua imagem convencional a ponto de poder concorrer no mercado de luxo. Com a visão do veículo claramente definida e as *metas de desempenho em nível de veículo* estabelecidas, Suzuki já tinha o começo do seu manual de conceito do EC.

Essa definição inicial do conceito do veículo foi a maior contribuição de Suzuki à empresa e ao *Lexus*. Com o conceito definido, ele agiu no sentido de desenvolver um conjunto de metas sem fazer concessões. Tratavam-se de critérios de projeto que competiam e, à primeira vista, pareciam mutuamente excludentes. Se os engenheiros focassem em desempenho funcional excepcional, provavelmente teriam de sacrificar a aparência elegante. Da mesma forma, se os engenheiros focassem na aparência elegante, poderiam sacrificar o desempenho. Caso tentassem projetar esses dois critérios ao mesmo tempo, provavelmente teriam de fazer concessões mútuas. Foi nesse ponto que o "engenheiro Toyota" em Suzuki entrou em ação. Sua meta principal para o *Lexus* era combinar os dois critérios de tal forma que as características indispensáveis de um beneficiassem o outro. O desafio que ele propôs aos engenheiros foi resolver cada problema resultante da colisão entre esses critérios de engenharia e sintetizá-los na marca *Lexus*.

A fim de concretizar essa meta, Suzuki teria de encontrar na própria empresa as pessoas certas para fazer a coisa certa. Isso se traduziria em engenharia extremamente inovadora e concretização de feitos extraordinários, como:

- Inovações radicais no estilo do veículo, com metas agressivas em matéria de aerodinâmica.
- Inovações radicais no projeto do motor e em peças mecânicas para construir o motor mais silencioso do mundo, com a menor vibração, sem ruído algum, mas ainda sim poderoso.

Essas inovações radicais não foram simplesmente uma questão de delegar tarefas. A simples procura das pessoas certas para realizar as metas envolveu esforços desgastantes. Essas pessoas teriam de ser convencidas, motivadas e conduzidas ao longo do processo de inovação. Suzuki tinha a visão e a paixão para tanto e somente ele seria capaz de fazer com que tudo isso ocorresse da forma ideal.

No final do projeto, Suzuki conseguiu cumprir ou até mesmo superar todos os objetivos sem fazer concessões na funcionalidade ou aparência do automóvel, e o resto é história. À época do lançamento do *Lexus*, em 1989, os três modelos Mercedes Benz (300E, 420SE e 560SEL) não tinham concorrentes no mercado norte-americano. Mas o *Lexus*, com apenas um modelo, conseguiu vender 2,7 vezes a soma desses três renomados modelos da Mercedes – em apenas um ano. Além de criar uma nova divisão de carros de luxo para a Toyota, o projeto *Lexus* injetou um espírito de inovação na engenharia da empresa. Ele rompeu com o modelo de comportamento de uma potência industrial global com famílias de produtos claramente definidas, e engenheiros que até então só haviam convivido e trabalhado com uma Toyota resistente a riscos viram-se repentinamente engajados em um projeto totalmente novo e repleto de desafios. Esse espírito renovador iria influenciar e conduzir um projeto inteiramente novo, com novos objetivos e desafios, além de reinventar permanentemente o processo de desenvolvimento de produtos da Toyota. Esse projeto era o *Prius*.

Prius: Um Novo Engenheiro-Chefe e um Novo Processo de Engenharia para o Carro do Século XXI

Da mesma forma que o *Lexus*, o *Prius* foi concebido pela alta administração da Toyota. No começo da década de 1990, no pico da bolha da economia japonesa, os negócios da Toyota estavam em seu auge. O presidente da empresa, Eiji Toyoda, sabia, porém, que isso não iria durar para sempre. Numa reunião da diretoria, ele perguntou aos seus colegas: "Será saudável continuar construindo nossos carros da forma tradicional? Poderemos sobreviver no século XXI com o tipo de P&D que estamos fazendo?". Em setembro de 1993, Yoshiro Kimbara, então vice-presidente executivo de P&D, seguindo o comando de Eiji Toyoda, lançou o projeto Global 21 (G21). O comitê do projeto foi encarregado de pesquisar um novo automóvel para o século XXI – um carro compacto de cabine espaçosa, econômico em consumo de combustível. O objetivo era ter 1,5 vez a eficiência de economia de combustível dos modelos pequenos então existentes, como o Corolla. Essa visão representava um enorme desafio em projeto e ninguém na época pensava em modelos híbridos.

Definidos os pilares do conceito do carro do século XXI, o G1 estava pronto para indicar o engenheiro-chefe encarrregado de comandar e desenvolver o programa de DP. Em julho de 1994, a Toyota fez algo fora do comum: indicou para engenheiro-chefe alguém que não percorria a rota tradicional dos pretendentes a esse *status*: Takeshi Uchiyamada. Ele havia participado de algumas das primeiras reuniões do G21, principalmente pelo fato de ter sido o principal arquiteto da reorganização do desenvolvimento de produtos da Toyota em centros de veículos (ver Capítulo 8). Seu objetivo ali era estudar a maneira como o G21 deveria, com o tempo, enquadrar-se nessa estrutura. Ao ser nomeado EC do novo

144 ■ Sistema Toyota de Desenvolvimento de Produto

programa, ele mostrou-se surpreso e nervoso, pois não tinha experiência em visitar fornecedores ou fiscalizar a linha de produção para resolver problemas. Um dos símbolos de um EC é que ele "sabe" de tudo – desde a menor das peças, como um pino, até os desejos e aspirações dos clientes. Uchiyamada nada sabia disso e se sentiu despreparado para aquela posição. Havia, no entanto, indícios de que ele possuía no mínimo três características que o tornavam a pessoa ideal para comandar esse projeto:

1. *Antecedentes em pesquisa.* A origem de Uchiyamada era a engenharia de teste. Como participante da área de pesquisas da empresa, isso lhe proporcionou acesso a uma extensa rede de pesquisas para desenvolver a nova tecnologia do carro do século XXI.
2. *Capacidades organizacionais.* Ele conhecia a organização Toyota e a melhor maneira de acessar os recursos necessários para esse projeto original. Tinha também talento para a criação de novas formas de organização a fim de, agressivamente, impulsionar novos programas. Isso significava mudar, em caráter inovador, o velho método de desenvolver automóveis, uma capacidade que o tornou um dos principais arquitetos da maior reorganização do desenvolvimento de produtos na história da Toyota (ver Capítulo 8).
3. *EC não convencional.* Na condição de novato que não foi oficialmente preparado para a posição de EC, Uchiyamada conseguiu imprimir uma perspectiva inteiramente nova ao produto e aos processos.

Ao escolher intencionalmente um engenheiro-chefe sem especialização definida, os executivos da Toyota optaram por um EC que precisava "inventar" um novo método para desenvolver carros – justamente um dos desafios lançados pelo G21.

A primeira medida adotada pelo EC foi cercar-se de uma equipe multifuncional de especialistas em quem ele poderia depender em um grau maior do que os tradicionais ECs tinham como hábito. Essa dinâmica de dependência entre líder e equipe produziu uma nova perspectiva de projeto organizacional, o sistema de desenvolvimento *obeya* (grande sala), que passou a ser um método-padrão na Toyota para o desenvolvimento de veículos. Diferentemente dos ECs anteriores, que viajavam para encontrar-se com pessoas de acordo com as necessidades de coordenação do programa, Uchiyamada se encontrava com um grupo de especialistas na *obeya*, longe do burburinho dos assuntos do dia-a-dia, para revisar o andamento do programa e discutir as decisões mais importantes.

Quanto à orientação para o desenvolvimento do *Prius*, Uchiyamada revelou-se um líder disciplinado, que mantinha o projeto nos trilhos com relação aos prazos e aos custos, e com uma *atitude de não fazer concessões* em relação à concretização de metas radicalmente inovadoras e aspectos mais desejados.

Ele mantinha sob constante questionamento o propósito do projeto e o conceito de projeto, que pretendia proporcionar aos clientes algo realmente especial. Por exemplo, nos estágios iniciais do desenvolvimento do conceito, a equipe gastou muito tempo discutindo detalhes técnicos da tecnologia do motor do protótipo. Uchiyamada convocou então uma reunião da equipe e proclamou:

> Vamos parar de focar no *hardware*. Nós engenheiros temos a tendência de nos concentrar muito nisso. Contudo, o que temos de fazer com esse carro é focar nos aspectos *"soft"*. Portanto, vamos deixar de lado tudo aquilo que diga respeito a *hardware* e revisar, desde o princípio, o conceito do carro que estamos tentando construir a partir do nada. (Itazaki, p. 46)

Uchiyamada então *botou as mãos na massa*, comandando uma sessão de *brainstorming* dos principais conceitos que descrevessem as características do possível carro do século XXI. Vários dias depois, a equipe identificou duas idéias que, na opinião da maioria dos participantes, poderiam definir e direcionar o posterior desenvolvimento de um "carro compacto e econômico": 1) *recursos naturais* e 2) *meio ambiente*. A frase "carro compacto e econômico em combustível" resumiu o objetivo do G21.

Uchiyamada adotou outra abordagem não-convencional para concretizar a meta do G21 de um interior espaçoso. Ao contrário dos ECs tradicionais, Uchiyamada não estava habituado com as dimensões padrão dos veículos e, por isso, recorreu à equipe e pediu que estudasse 30 modelos existentes da Toyota. Em cada caso, a equipe notou diferenças com as dimensões que a equipe do EC havia projetado para o G21 e então solicitou aos projetistas dos 30 modelos existentes que descrevessem como haviam desenvolvido as dimensões desses projetos. A resposta foi que "eles sempre fizeram isso dessa forma". Foi só aí que a equipe se deu conta de que suas justificativas para as dimensões do G21 estavam corretas.

A abordagem de Uchiyamada de manter profundas discussões e levar em conta muitos projetos alternativos desde o começo ilustra a abordagem baseada em alternativas (discutida no Capítulo 4) que caracterizou todas as etapas do desenvolvimento do *Prius*. A utilização da abordagem baseada em alternativas por Uchiyamada é ainda mais surpreendente em função das intensas pressões de prazos durante o processo do desenvolvimento. A Figura 7.2 resume a linha de prazos do programa. Como a figura mostra, a administração desafiou continuamente Uchiyamada a fazer cada vez mais em tempo cada vez menor. Apesar dessa pressão, Uchiyamada continuou a seguir o processo enxuto de DP no sentido de estudar profundamente todas as alternativas antes de optar por um determinado rumo.

À medida que o programa G21 avançava, crescia a pressão dos executivos sobre o EC para a produção de um carro híbrido, em vez de um modelo convencional econômico, aumentando paralelamente a pressão para um lançamento

146 ■ Sistema Toyota de Desenvolvimento de Produto

Datas	Aspectos técnicos	Questões organizacionais
1990	O DP na Toyota torna-se rotineiro, estagnado	Bolha da economia japonesa no auge: Eiji Toyoda advoga a mentalidade de crise
Set/93	Fase I: Desenvolver carro para o século XXI	G21 é fundado por Uoshiro Kimbara (VP executivo de P&D) com o endosso de Eiji Toyoda
Dez/93	Conceito do G21 apresentado à diretoria (economia de combustível = 1,5x)	Grupo de estudos do G21 é dissolvido
Jan/94	Fase II: Criar o marco do G21 (conceito detalhado)	"Equipe Permanente de Projeto" para o G21 é formada
Jul/94	Relatório final do conceito detalhado	Equipe é dissolvida; integrantes voltam a desenvolver componentes para o G21 em suas bases funcionais
Jul/94	Fase III: Desenvolvimento concreto para o G21 começa	Formada equipe de desenvolvimento liderada por Uchiyamada como engenheiro-chefe
Set/94	Solicitação para apresentar o G21 como conceito na *Tokyo Auto Show* (plano sobre motor tradicional)	Equipe suspende o desenvolvimento; o projeto é chamado de *Prius* ("antecipação" – do latim "prior" – do século XXI)
Nov/94	Wada (diretor técnico sênior) requisita a exposição do híbrido (economia dupla de combustível)	Intenção secreta é empurrar a equipe para a tecnologia híbrida
Mai/95	Tipo de motor híbrido é apresentado à equipe do G21	BR-VF lança exaustiva busca de 80 tipos de motores híbridos e se fixa num deles como o "padrão *de-facto*"
Jun/95	G21 torna-se oficialmente um projeto de desenvolvimento	Todos os membros da diretoria em reunião; decisão sobre pessoas, orçamento, prazos
Ago/95	Plano desenvolvido (1º protótipo em um ano; pesquisa intensiva no segundo ano; modelo de produção no terceiro ano; começo da produção no máximo em fins de 1998)	Okuda pede o "impossível" – lançamento em dezembro de 1997
Out/95	Primeira apresentação pública do *Prius* na *Tokyo Auto Show* (vitrine de produtos da Toyota)	Até o *show*, está tomada a decisão de buscar o híbrido para o *Prius*
Fev/96	Primeira rodada de esboços do estilo do veículo (>20 a 5 esboços escolhidos)	Incentivada a competição entre os centros de projeto
Jul/96	Revisão final do estilo – escolha do inovador projeto *Calty*	Diretoria, gerentes executivos e painel selecionado decidem: linha acionada (primeiro veículo) em dezembro de 1997 (dentro de 17 meses) e revisão oficial pela diretoria marcada para setembro/96
Dez/97	Lançamento do *Prius*	

FIGURA 7.2 ■ Histórico do desenvolvimento do *Prius*.

Desenvolva um Sistema de Engenheiro-Chefe... ■ 147

antecipado. Como já foi destacado anteriormente, o EC na Toyota é realmente independente e, por isso mesmo, a ele é dado um alto grau de autonomia na condução do conjunto do programa. Embora isso seja verdade na operação diária do programa, a alta administração certamente têm voz e influência sobre os objetivos gerais do projeto, inclusive fatores de desempenho, prazos e objetivos orçamentários. Em setembro de 1994, o EC e sua equipe tiveram uma reunião com o vice-presidente Wada e o diretor executivo Shiomi. Durante essa reunião, foi discutida a tecnologia híbrida, embora nenhuma conclusão tenha sido tirada quanto à sua utilização imediata. Em conexão com a continuação do desenvolvimento do projeto G21, o grupo G21 e a equipe do EC foram solicitados a apresentar o conceito da Toyota para o carro compacto e econômico na Tokyo Auto Show, a feira programada para outubro de 1995. Isso significava que eles teriam um ano para desenvolver o produto que teria a maior visibilidade nessa exposição. Esse desafio, porém, acabou sendo o menor dentre os submetidos à equipe. Em novembro de 1994, o Sr. Wada disse à equipe, como quem não quer nada: "Por falar em prazos, esse grupo também está trabalhando no novo carro conceitual do Motor Show, certo? Faz pouco decidimos desenvolver esse conceito como um veículo híbrido. Dessa forma, ficaria mais fácil explicar sua economia de combustível." (Itazaki, p. 69).

Em outra reunião com Wada e Shiomi, por volta da mesma época, chegou-se à conclusão de que a equipe precisaria dobrar a meta de economia de combustível; uma melhoria de 50 por cento, como a projetada, seria insignificante para o carro do século XXI. A engenharia de motor disponível não conseguia concretizar essa meta, e Uchiyamada protestou com veemência, com uma resposta sutil, porém definitiva: "Como vocês já estão desenvolvendo um veículo híbrido para o Motor Show, não há razão para não usar um híbrido como modelo de produção." (Itazaki, p. 72).

Como é costume na Toyota, esses dois executivos não estavam dando ordens explícitas para a criação de um híbrido. Estavam, na verdade, sugerindo à equipe que essa criação seria a conclusão natural de tudo até ali realizado. O verdadeiro carro do século XXI precisaria contar com essa inovação criativa de economia de combustível, e a única alternativa prática para tanto era um híbrido. Uchiyamada aceitou o desafiou e obteve uma importante concessão – o direito de selecionar os melhores engenheiros disponíveis na Toyota para trabalhar no sistema do motor híbrido.

Em menos de um ano, a nova equipe havia desenvolvido um novo sistema híbrido funcional e um carro conceito para a exposição de Tóquio. O trabalho prosseguiu e, em junho de 1995, o G21 tornou-se um projeto oficial de desenvolvimento com um orçamento e cronograma. Uchiyamada e a equipe se comprometeram com o lançamento em dezembro de 1998, com uma ligeira margem que permitiria, em último caso, reprogramar o lançamento para o começo de 1999. Isso deu ao grupo um ano para desenvolver o primeiro protó-

148 ■ Sistema Toyota de Desenvolvimento de Produto

tipo completo, um segundo ano para refinar o protótipo e um terceiro ano para finalizar a versão para produção e preparar tudo para a manufatura. Considerando que se tratava de uma nova tecnologia com uma nova linha de produção, essa margem de prazo era extremamente estreita.

A pressão do tempo intensificou-se ainda mais em agosto de 1995, quando o novo presidente da Toyota, Hiroshi Okuda, detectou a importância do projeto G21 e disse a Wada que o prazo estabelecido precisaria ser antecipado por se tratar do carro que poderia mudar o futuro da Toyota (Itazaki, p. 115). Uchiyamada ficou em choque. Ele estava trabalhando no carro que poderia mudar o futuro da Toyota, mas, com a data de lançamento alterada para dezembro de 1997, ele acabara de perder um ano inteiro do prazo projetado para a conclusão do projeto.

O *Prius* foi lançado em outubro de 1997, dois meses antes do novo prazo estabelecido pela alta administração da empresa, e clientes potenciais imediatamente bombardearam a Toyota com reservas e pedidos de informação. No fim de março de 1999, as vendas já estavam em 22 mil unidades. No começo de 2003, esse número havia aumentado para 120 mil carros da nova marca. As vendas mundiais continuaram, desde então, a aumentar e o *Prius* se consolidou como um dos *cases* de maior sucesso da Toyota, mas por razões que não se limitam ao seu motor híbrido.

O motor híbrido causou uma revolução no mercado. Mas ainda mais importante para o futuro da empresa foi o fato de que a equipe do EC que trabalhou no *Prius* também fez algumas importantes e fundamentais inovações no processo de desenvolvimento de produtos, inovações atualmente utilizadas em todos os programas de desenvolvimento de veículos na Toyota e que estão ajudando a consolidar a próxima meta, de programas regulares de 12 meses. Medidos por essa perspectiva, os retornos do projeto *Prius* são astronômicos e o investimento, quase trivial.

O MODELO DE LIDERANÇA DO EC

No sistema enxuto de DP, o procedimento operacional padrão atribui aos gerentes mais responsabilidade que autoridade. O sistema de EC da Toyota é o mais perfeito exemplo disso. Em qualquer ponto determinado, existem milhares de associados da Toyota trabalhando num programa, mas o EC tem uma equipe de apenas seis a dez pessoas que se reportam formalmente a ele. John Shook, o primeiro norte-americano a se tornar um gerente da Toyota no Japão, surpreendeu-se ao experimentar esse sistema, que, posteriormente, descreveu como "responsabilidade sem autoridade". Como se discutirá mais adiante (ver Capítulo 8), a Toyota adaptou uma estrutura de organização de matriz ao seu sistema de EC. Os grupos funcionais, como engenharia de carroceria e engenharia de chassis, são grupos de especialidades técnicas com gerentes próprios. Os gerentes gerais supervisionam os engenheiros e decidem a quais projetos se destinam, conduzem as avaliações de desempenho e determinam promoções. O engenheiro-chefe controla o programa de veículo e é responsável pelos resultados, mas depende de todos os grupos funcionais para obter pessoal e concretizar sua tarefa. A cultura do Modelo Toyota aglutina o conjunto do empreendimento, promovendo os objetivos comuns da satisfação dos clientes e do sucesso da empresa.

Todos os gerentes de engenharia têm a responsabilidade de coordenar um grupo de pessoas a fim de que suas atividades se alinhem para completar um projeto. Mas, como a Figura 7.3 ilustra, existe uma acentuada diferença de estilos de cumprimento dessa responsabilidade entre um engenheiro-chefe tradicional e um EC com liderança enxuta.

Na figura, combinações de habilidades de liderança mostram duas dimensões de liderança em engenharia. Numa delas, um líder de engenharia foca principalmente na coordenação social, ou integração técnica entre pessoas e suas atividades. A segunda dimensão distingue líderes autoritários que ditam o que deve ser feito em contraste com líderes participativos, que buscam conhecimento a partir da experiência dos seus pares. Comparando essas características, podemos distinguir quatro tipos de líderes.

1. *Gerente burocrático.* Coordena pessoas de maneira autoritária e não confia na experiência e conhecimentos da equipe, limitando-se a padrões e cronogramas e à tarefa delegada. É o tipo de líder que segue os padrões e normas de engenharia, controla prazos e normas pelo gráfico de Gantt e orçamento e executa o projeto com eficiência. É escassa a flexibilidade admitida na adaptação dos prazos ou visão que saiam da rotina, e o gerente burocrático não se atreve a saltos criativos que possam fazer o projeto avançar além da visão inicial e das competências de cada um dos engenheiros. Sem dúvida, para chegar a essa posição de liderança esse indivíduo deve ter comprovado, em alguma oportunidade, sólidas competências em engenharia; na posição administrativa, no entanto, faz uso mínimo dessa competência. Consegue conduzir um projeto dentro dos prazos e do orçamento, mas não tem as características de um grande engenheiro. É um gerente de projeto, jamais um engenheiro, ou líder.

2. *Projetista de sistema.* Dotado de excepcionais qualidades técnicas e age sempre com a convicção plena necessária para a elaboração de um produto de excelência técnica, com partes do sistema funcionando em conjunto para atingir os objetivos do projeto. É um líder que se caracteriza como pensador criativo e excelente engenheiro de sistemas; no entanto, não tem grande habilidade no gerenciamento de pessoas nem a paciência indispensável para coordenar, ensinar ou ouvir seus pares. Esse gerente tem um estilo autoritário na adoção de decisões técnicas fundamentais e usa os subordinados para a re-

alização do trabalho de rotina, padronizado. Henry Ford, nos seus primórdios, enquadrava-se neste modelo. Existem limites à flexibilidade do projeto porque muitas pessoas fazem apenas o trabalho rotineiro, todas comandadas autoritariamente, e isso só tem bons resultados quando todos estão seguindo instruções claramente especificadas. Mudanças tendem a reverberar na organização e as equipes não são capazes de pensar sozinhas, sem o comando superior.

3. *Facilitador de grupo.* É uma pessoa que desenvolveu capacidades de liderança e tem condições de assumir um grupo de indivíduos e facilitar seu trabalho em equipe. Esse tipo de líder não é necessariamente um grande engenheiro, e pode mesmo considerar o detalhado trabalho técnico um tanto aborrecido. Em lugar disso, gosta de comunicar, facilitar e ser um catalisador que conduz um grupo de talentosos profissionais técnicos à consecução de um objetivo comum. Esse gerente é um pensador flexível e seu grupo pode trabalhar com autonomia para se organizar ou reorganizar de acordo com as necessidades. A expressão "gerente estilo técnico de futebol" sintetiza adequadamente esse estilo de liderança, caracterizada pela adaptação espontânea às mudanças ocorridas no decorrer do jogo. O ponto fraco dessa abordagem reside na ausência de uma forte visão técnica por parte do comando. Isso pode gerar um descuido com detalhes técnicos, o que, eventualmente, faz com que os prazos se estendam exageradamente e a integração técnica perca sua força.

4. *Integrador de sistema.* O integrador de sistema tem sólidos conhecimentos técnicos e utiliza um processo de baixo para cima a fim de obter as melhores idéias dos integrantes da equipe. Esse tipo de líder tem uma visão concreta para o produto e consegue orquestrar a integração técnica do projeto; da mesma forma, proporciona um processo dinâmico de equipe com muita flexibilidade. Os ECs da Toyota em geral se enquadram nesse modelo.

O sistema de EC é projetado para dar a esse engenheiro um reduzido grupo de pessoas para as tarefas administrativas, liberando-o para que possa liderar o projeto com o foco na visão técnica e na horizontalização derivada da integração multifuncional do grupo. Tanto Uchiyamada quanto Suzuki são exemplos desse estilo de liderança. Cada um deles desenvolveu sólidas visões para o produto e buscou as pessoas e recursos certos no momento exato. Eles também se superaram na administração de cima para baixo, aderindo a rígidas metas de prazos, custos, peso e eficiência de combustível, ao mesmo tempo em que motivavam suas equipes para que pudessem concretizar feitos técnicos insuperáveis. A Figura 7.3 mostra que o EC possui características dos quatro tipos de líderes, especialmente do "integrador de sistema".

FIGURA 7.3 ■ Modelos de liderança: tipos de líderes EC.

GERENTE DE DESENVOLVIMENTO DE PRODUTO NA NAC: DE ENGENHEIRO-CHEFE A BUROCRATA

A North American Car Company (NAC) surgiu a partir de uma pequena empresa, e seus primeiros engenheiros tinham muito em comum com os engenheiros-chefes da Toyota. Os líderes da empresa adoravam automóveis, cresceram lidando com máquinas e motores, e eram mais inventores do que propriamente técnicos ou administradores. Eles proporcionaram o gênio criativo necessário para o avanço tecnológico. Sob sua liderança, os carros se tornaram mais sofisticados e os custos foram radicalmente reduzidos. Como a NAC era uma empresa de médio porte, aqueles "engenheiros-chefes" dos velhos tempos não se viam sobrecarregados por montanhas de tarefas burocráticas. Na verdade, eles trabalhavam próximos ao principal acionista da empresa, que compartilhava o entusiasmo de todos com respeito a carros e tecnologia. Isso conferiu a eles um alto nível de autoridade, embora esse poder também estivesse fundamentado na alta especialização de cada um. Àquela altura, a empresa era autocrática; os líderes da engenharia tomavam decisões técnicas e tinham a certeza de que essas ordens seriam obedecidas. Eles eram os arquitetos do sistema, cabendo a outros, participantes de grupos funcionais especialistas, assessorá-los na realização dos testes mais detalhados e no trabalho com os projetos.

À medida que a NAC se transformou numa potência global em seu ramo, os veículos obviamente se tornaram cada vez mais variados e complexos, o mesmo valendo para a estrutura organizacional. Proliferaram os departamentos; departamentos funcionais foram formados para lidar com cada detalhe de cada veículo – chassis, motor, carroceria, sistemas elétricos, eletrônicos, engenharia de modelos, análise de engenharia, reguladores de janelas, controle de emissões – enfim, um rol infindável. Cada grupo funcional tinha vários níveis de gerentes que se reportavam ao vice-presidente de engenharia. Essa pessoa situa-

152 ■ Sistema Toyota de Desenvolvimento de Produto

va-se num escalão tão elevado da empresa que acabava perdendo de vista os detalhes do trabalho em todos os departamentos da empresa. A coordenação geral do programa estava a cargo de grupos especializados de gerenciamento; a integração técnica ficava sob a responsabilidade de grupos especializados de engenharia de sistemas.

Os clientes estavam perdidos nesse emaranhado burocrático. Claro, a empresa podia recorrer a departamentos especializados de vendas e de *marketing* responsáveis pela identificação dos desejos dos clientes, mas, quando essa informação conseguia finalmente fluir por entre os grupos técnicos mais díspares, chegava ao destino final completamente distorcida – e irreconhecível. Na segunda metade da década de 1990, a NAC avançou para uma organização matricial na tentativa de compensar a pesada ênfase em departamentos tomando decisões separadas, com fraca interação com os outros departamentos. O resultado disso foi outra organização burocrática de gerentes de programas tentando exercer influência sobre departamentos funcionais recalcitrantes. Ficou claro que os departamentos funcionais estavam ganhando essa luta pelo poder.

Assim, na NAC, gerentes burocratizados que aprenderam a jogar o jogo do poder passaram a comandar o desenvolvimento de produtos, substituindo os poderosos e criativos engenheiros-chefes dos primórdios da empresa. Esses gerentes eram mais administradores que projetistas de sistemas. Em vez de liderar um processo técnico, eles emitiam ordens, estabeleciam políticas, definiam objetivos para programa (por exemplo, prazos, custos, características) e usavam recompensas e a coerção para forçar a organização a entrar nos eixos. Ao mesmo tempo, departamentos funcionais isolados relegados a segundo plano lutavam para reconquistar funções e poder, tudo a partir da perspectiva dos interesses de cada um deles.

FACILITAÇÃO DE GRUPO NA CHRYSLER

A pesquisa realizada em 1997 por Durward Sobek, comparando a abordagem do desenvolvimento de produtos da Toyota com o da Chrysler, é um estudo de caso interessante em que a original estrutura de equipes de plataforma da empresa norte-americana foi apresentada como um exemplo de "facilitação de grupo". Da mesma forma que a NAC, a Chrysler incentivou o sistema burocrático de gestão até o começo da década de 1990, fato que quase levou o grupo à falência. A Chrysler não conseguia desenvolver novos motores com a rapidez suficiente para manter a fatia de mercado indispensável para sustentar a empresa. Numa manobra audaciosa, Lee Iacocca e seu vice-presidente de engenharia, Robert Lutz, reorganizaram por completo a organização de desenvolvimento de produtos centrando-a em equipes de plataformas, e inclusive construíram um multibilionário centro de P&D em Auburn Hills, no estado de Michigan, para instalar equipes multifuncionais de plataformas. A Chrysler eliminou grande parte da organização funcional que constituía a coluna vertebral de empresas como a NAC e que ainda é uma das principais forças da Toyota. Uma vez essa mudança implementada, os especialistas funcionais – engenheiros de carroceria, engenheiros de chassis, engenheiros elétricos, engenheiros de componentes, e até mesmo alguns engenheiros de produção – passaram a reportar-se diretamente ao gerente da equipe de plataforma. Na verdade, Glenn Gardner, o primeiro gerente-geral de plataforma, insistiu que ou ele era dono de 100% desses grupos, ou nada feito. Esse foco em produto levou a uma grande coordenação entre os engenheiros, visando um objetivo comum. Gardner e seus sucessores na função facilitaram os grupos em direção ao consenso, e os tempos de processamento do desenvolvimento de produtos foram consideravelmente reduzidos, de 48 meses para 33 meses no primeiro programa, diminuindo ainda mais em programas subseqüentes, como o do *Neon* e o da minivan da Chrysler.

Em retrospecto, parece que essa nova abordagem conduziu a produtos radicalmente inovadores, como os carros grandes completamente novos (*Concorde, LHS, Intrepid*), o *Neon*, as novas e diferentes minivans, o novo *Jeep Grand Cherokee* e o *P.T. Cruiser*. Esses produtos inteiramente novos foram lançados em tempo recorde para a Chrysler e acabaram salvando a empresa. Mais ainda, a Chrysler atingiu então o menor custo por veículo e o maior lucro por veículo na indústria, fazendo com que até mesmo a Toyota passasse a tratar a Chrysler como uma ameaça competitiva.

No entanto, mesmo nesse modelo aparentemente bem-sucedido de gestão, os engenheiros da Chrysler passavam da manhã à noite em reuniões e davam a impressão de estarem mais focados em desenvolver consenso de grupo que em concretizar uma engenharia verdadeiramente detalhista. A qualidade e durabilidade dos produtos nunca atingiram os níveis da Toyota e o tempo de processamento para o desenvolvimento de novos produtos nunca se aproximou daquele da empresa japonesa. Houve também considerável dificuldade em manter a capacidade técnica dos engenheiros (que não trabalhavam com outros especialistas em outras plataformas) e os padrões de projeto interplataformas não chegaram a evoluir nem a se aperfeiçoar. Tudo isso levou a um alarmante crescimento dos custos dos produtos. Parece que existiam limites a uma abordagem de facilitação de grupo e à eliminação dos pontos fortes do modelo funcional. Em contaste, o sistema Toyota, baseado na função do "integrador de sistema", avançou muito além do da Chrysler e conseguiu superar a prova do passar do tempo. Não é surpresa o fato de que, nos últimos anos, o grupo Chrysler da *Daimler-Chrysler* tenha estado empenhado em adotar uma versão do sistema de engenheiro-chefe da Toyota.

O SISTEMA DE EC NA TOYOTA: EVITAR COMPROMISSOS QUE LEVEM À BUROCRACIA

A Toyota parece ter obtido sucesso na quebra de princípios organizacionais consagrados ao longo do tempo e em evitar comprometimentos. Por meio do

154 ■ Sistema Toyota de Desenvolvimento de Produto

sistema de EC, a empresa acumulou benefícios derivados da organização multifuncional focada no produto, impulsionada por especialistas funcionais. Ela também tirou proveito da gerência vertical de cima para baixo, que cumpre rigorosos prazos e metas, e da flexibilidade e criatividade características da gestão vertical de baixo para cima. O EC da Toyota leva a prática à excelência técnica e a paixão pela realização que caracterizaram os primeiros projetistas da NAC. Como aqueles pioneiros da empresa norte-americana, os engenheiros-chefes da Toyota contam com a plena atenção da cúpula administrativa e são relativamente autônomos em relação à organização burocrática e à onerosa responsabilidade administrativa. Por projeto, a organização de engenharia está alojada em grupos funcionais e os engenheiros-chefes não precisam preocupar-se com uma grande carga de trabalho administrativo para gerenciar os engenheiros das suas equipes, nem com questões relacionadas a recursos humanos.

No entanto, o engenheiro-chefe na Toyota é diferente dos pioneiros projetistas de sistemas em aspectos importantes. A Toyota é uma imensa burocracia multinacional que não pode funcionar exatamente como funcionavam as pequenas indústrias automobilísticas dos primórdios da indústria. A cultura Toyota é baseada em gestão de consenso (até certo ponto) e uma autocracia não proclamada abertamente. O tamanho e a complexidade da organização e dos veículos que produz impedem que o engenheiro-chefe tome sozinho todas as decisões e ordens. Mais ainda, os engenheiros não se reportam formalmente ao engenheiro-chefe. Assim, o EC precisa combinar sua reconhecida superioridade técnica com sólidas capacidades de liderança para mobilizar a organização, e deve ainda orientar um processo de desenvolvimento de consenso multifuncional. Um elemento que proporciona ao EC a realização desse objetivo é o bloco do projeto; outro, a função do EC como projetistas do sistema e arquiteto geral do veículo. Além disso, o engenheiro-chefe tem a última palavra nas decisões técnicas (sujeitas à aprovação da cúpula executiva nas maiores questões). O sistema funciona porque a Toyota tem uma cultura focada no cliente e os grupos de engenharia funcional reconhecem que existem para *servir aos clientes da Toyota* e que o EC é o *porta-voz do cliente.*

Decisões-chave, aconselhamento, fazer *lobby* por recursos, construir uma visão compartilhada, empurrar o produto para escalões cada vez mais elevados e concretizar metas de qualidade, segurança, custo e prazos, tudo começa com o engenheiro-chefe. É isso que faz o sistema de EC destacar-se como parte fundamental do sistema Toyota de Desenvolvimento de Produtos. O restante da análise do subsistema pessoal da Toyota mostrará de forma clara que o sistema de EC funciona por causa da capacidade e do alinhamento organizacional que evoluíram na Toyota. Em relação a isso, o próximo capítulo examina o Princípio Seis do SEDP e o Sistema Matricial da Toyota.

Fundamentos do Princípio Cinco do SEDP

Desenvolva um sistema de engenheiro-chefe para liderar o desenvolvimento do início ao fim

O SEDP é comandado por um engenheiro-chefe excepcional, dotado das habilidades para liderar a integração dos sistemas, tanto na questão dos produtos quanto em matéria de integrar as pessoas que trabalham no programa. O EC é diferente do tradicional gerente de projeto em vários aspectos. Em primeiro lugar, o EC não gerencia os engenheiros que trabalham no projeto, com a exceção de um pequeno grupo de assessores. O EC exerce sua liderança mediante influência pessoal, conhecimentos técnicos e autoridade sobre as decisões relativas ao produto. Em segundo lugar, o EC representa a voz do cliente e é responsável pelo sucesso do programa de veículo desde a etapa do conceito até as vendas. Em terceiro lugar, o EC concentra suas atenções principalmente em decisões sobre integração de sistemas, muito mais que em decisões sobre pessoal e administração do projeto. Quando o EC funciona somente como um gerente de projeto, a empresa para a qual trabalha não tem uma função de engenheiro-chefe de verdade.

8

Organize para Balancear a Competência Funcional com a Integração Multifuncional

Um dos resultados do desenvolvimento do projeto Prius foi a obeya – sala grande – onde o engenheiro-chefe reúne os membros da equipe responsável pelo projeto. É ali que a engenharia simultânea tem condições de ser implementada com maior eficiência por todos os participantes da reunião.

Takeshi Uchiyamada,
primeiro engenheiro-chefe do híbrido *Prius*

UMA ÚNICA ESTRUTURA ORGANIZACIONAL SUPERIOR?

O problema com a pretensão de atingir a "melhor" estrutura organizacional para o desenvolvimento de produtos reside em conseguir um equilíbrio entre os inevitáveis *trade-offs*. Várias estruturas que promovem organizações focadas em produtos substituíram as estruturas de organização funcional tradicionais da virada do século XX. Hoje as empresas vêem a organização funcional como nociva e se fixam na organização focada em produtos como a melhor. Isso parece muito claro, mas a verdade é que o Sistema Enxuto de Desenvolvimento de Produto ou não usa essas formas... ou utiliza ambas.

Uma organização funcional agrupa especializações afins e profissionais de perfis parecidos em seus departamentos. Ela segrega todos os engenheiros mecânicos num conjunto de cubículos onde eles se dedicam a compartilhar histórias e práticas "de guerra". Todos os engenheiros elétricos ocupam um conjunto diferente de cubículos e contam anedotas sobre aquele trabalho "monótono" que os engenheiros mecânicos realizam. Os engenheiros de manufatura vão para escritórios junto ou perto do chão de fábrica, onde o trabalho "de verdade" é desenvolvido, e criticam o trabalho teórico dos engenheiros elétricos e mecânicos, e assim por diante. Houve um momento, contudo, em que a organização funcional tinha determinadas vantagens. Elas se deviam ao fato de que os especialistas funcionais:

- Conseguiam conversar entre si com eficiência, num dialeto especializado.
- Compartilhavam as mais recentes tecnologias e métodos, aumentando a profundidade dos conhecimentos técnicos.

158 ■ Sistema Toyota de Desenvolvimento de Produto

- Participavam das mesmas convenções profissionais, liam as mesmas revistas especializadas e continuavam a aprender muito tempo depois da formatura.
- Conseguiam padronizar suas abordagens e as tecnologias utilizadas no produto, poupando custos e compartilhando soluções para os problemas.
- Podiam ser alocados de maneira eficiente a projetos compatíveis com as respectivas habilidades (quem estivesse disponível no momento poderia trabalhar no projeto) – com isso tirando o máximo proveito dos recursos de engenharia da empresa.

Havia, no entanto, um grande problema com essa abordagem organizacional – *especialistas funcionais tendiam a se agregar e a se sentir mais ligados às respectivas funções e profissões do que à empresa e aos seus produtos e clientes*. Avaliavam o sucesso de acordo com o desempenho dos respectivos departamentos funcionais e pelo tamanho do orçamento a eles destinado. Acreditavam que sua profissão poderia ser a salvação da empresa; se fossem chamados a comandar os negócios, a empresa certamente atingiria um sucesso nunca antes imaginado. Como resultado de tudo isso, nenhuma das funções conseguia realizar um bom trabalho em coordenação com as outras funções. Hoje, essas funções isoladas são, em geral, conhecidas por termos menos nobres, como *silos* ou *chaminés funcionais*.

Tropeços de uma Organização de Produtos

Uma alternativa à organização funcional é a organização focada em produtos, ou *organização de produtos*. Essa organização cria equipes multifuncionais que focam em um determinado projeto ou produto e estabelecem metas e objetivos muito claros para o novo programa de DP, atribuindo a tais equipes a responsabilidade pelo trabalho. Ela encaminha representantes de todas as funções necessárias para desenvolver o produto e o processo. E, sempre que possível, distribui equipes de maneira que possam comunicar-se constantemente a respeito do produto e do cliente. Isso é freqüentemente chamado de *engenharia simultânea*, porque é projetada para desenvolver produtos e processos de maneira simultânea, em lugar de em série (Fleischer e Liker, 1997). O foco no produto quebra as barreiras entre os silos e alinha a empresa como um todo na preocupação com aquilo que é verdadeiramente importante – satisfazer os clientes para que comprem mais produtos e, com isso, sustentar a lucratividade da empresa. As vantagens da organização de produtos são também muito nítidas porque proporcionam às empresas condições para:

- Alinhar diferentes funções em torno de objetivos e metas comuns necessários para criar produtos que satisfaçam os clientes.
- Comunicar e coordenar com eficiência para reduzir o tempo de processamento.

- Tomar decisões bem-informadas sobre produtos e processos a partir de múltiplas perspectivas para aumentar a qualidade desses itens.
- Criar equipes independentes, flexíveis e adaptáveis às mudanças que se sucedem nos respectivos setores de atuação.

A abordagem organizacional focada em produtos também apresenta problemas, que podem ser exemplificados com a adoção, pela Chrysler, de uma *organização de equipes de plataforma*. Nessa estrutura, a Chrysler classificava veículos por plataformas – carros grandes, carros compactos, minivans etc. –, e colocava todos os engenheiros de todas as funções necessárias a trabalhar na conclusão de um veículo em um único local ou novo centro técnico. Todos os engenheiros se reportavam a um "gerente-geral", com responsabilidades semelhantes às do engenheiro-chefe na Toyota. Contudo, como Sobek (1997) observou, essa reorganização implicava determinados custos e problemas. Por exemplo, seus engenheiros despendiam tempo demais coordenando seu trabalho e participando de intermináveis reuniões e, enquanto isso, uma parte da padronização interfuncional (por exemplo, compartilhamento de peças semelhantes) acabava desperdiçada. Logo, cada plataforma passou a ser sua própria "chaminé", com a única diferença de que, no caso, tratava-se de uma chaminé congestionando produtos, em vez da tradicional chaminé funcional. Isso conduziu a uma utilização deficiente de recursos ao longo das plataformas, concentrando ainda mais os engenheiros em suas respectivas plataformas. Como se não bastasse, embora as cargas de trabalho variassem para cima e para baixo ao longo da duração de um programa, o gerente-geral sempre se inclinava a manter um mesmo número de engenheiros, porque "dividir um engenheiro" com outra plataforma poderia provocar a perda desse especialista.

Com o tempo, uma mentalidade do tipo "construção de impérios" ganhou corpo, e muitas das vantagens da estrutura de equipes de plataforma da Chrysler se dissiparam à medida que as pessoas passavam a se interessar especialmente por atingir os benefícios territoriais de suas próprias "chaminés de produtos" (por exemplo, mais engenheiros, orçamentos maiores, aumento de prestígio). A alta administração conseguiu detectar essa armadilha e desenvolveu uma solução, formando "clubes de tecnologia" ao longo das plataformas a fim de reunir especialistas funcionais para compartilhar informação técnica e desenvolver padrões para os componentes. Ainda assim, os clubes ficavam em posição secundária em relação às incessantes demandas diárias dos programas – especialmente em função da autoridade que os gerentes-gerais exerciam sobre os engenheiros. Como G. Glenn Gardner, o primeiro gerente-geral de plataforma, resumiu: "Se eu não sou dono da pessoa inteira, não tenho nada dessa pessoa. Eu preciso de engenheiros *full-time* na plataforma".

A Toyota raramente faz concessões, e vendo uma opção entre uma organização funcional (com sua experiência funcional e as eficiências que acompa-

160 ■ Sistema Toyota de Desenvolvimento de Produto

nham a distribuição de pessoas ao longo de programas) ou uma organização de produtos, que integra sistemas interfuncionalmente, a empresa certamente afirmará: "Precisamos das duas formas". O segredo do sucesso da Toyota está em combinar uma forte organização funcional baseada em profunda especialização com o sistema de EC como a outra perna da matriz. Usando essa estrutura organizacional de matriz, a Toyota consegue os benefícios máximos de cada um dos sistemas.

PONTOS FORTES E FRACOS DA ORGANIZAÇÃO MATRICIAL PARA GERENCIAR O PROCESSO DE DESENVOLVIMENTO DE PRODUTOS

A partir dos anos 1960, foram muitas as organizações que desenvolveram e adaptaram variadas versões da organização matricial, com resultados mistos. Trata-se, em alguns casos, do melhor de dois mundos e, em outros, do pior desses mesmos dois mundos. Ela proporciona:

- Um excelente equilíbrio entre especialização funcional e integração multifuncional.
- A profundidade e eficiência técnicas da organização funcional com o foco no cliente da organização de produtos.
- Flexibilidade no aporte de recursos a programas, bem como profundidade técnica ao responder com soluções criativas a problemas novos.

A NASA (Administração Nacional de Aeronáutica e Espaço) foi pioneira na estrutura de organização matricial na década de 1960, quando passou a contemplar efetivamente a exploração espacial.[1] Era uma solução que satisfazia a necessidade de profunda especialização funcional – produzir todos os sistemas individuais de veículos à perfeição, usando as mais recentes tecnologias, exigia da NASA que cada peça das astronaves funcionasse em conjunto como um sistema. A mínima falha no alinhamento poderia se transformar em questão de vida ou morte para os astronautas. A NASA também conservou a estrutura de organização funcional, agregando a ela uma estrutura de gerenciamento de programas para administrar os imensos projetos governamentais que são o seu "feijão com arroz". Isso significava que os engenheiros tinham de prestar contas a pelo menos duas pessoas em duas arenas diferentes: gerentes funcionais, no âmbito das respectivas especialidades funcionais, e gerentes de programas, que comandavam cada um dos programas de exploração espacial da NASA.

Como comprova a experiência da NASA, a organização matricial tem uma grande falha: ela é confusa! Isso infringe um princípio central do geren-

---

[1]A Toyota desenvolveu uma forma de organização matricial muito antes da NASA.

ciamento de pessoal que estipula claramente que ninguém deve ter mais de um chefe. Como diz o antigo ditado, "uma pessoa com dois chefes é como um cachorro com duas cabeças". Isso conduz a problemas de comunicação e liderança – cumprir as ordens de quem? – ou então a engenheiros tirando proveito do fato de não existir uma autoridade definida, buscando a aprovação do gerente tão-somente para receber um sim a suas exigências e necessidades. Isso é próprio da natureza humana. Mais ainda, é um ambiente em que os engenheiros podem jogar os chefes uns contra os outros, da mesma forma que as crianças fazem com o pai e a mãe, numa situação que produz conflito interno entre chefias. A Toyota consegue evitar problemas como esses ao preparar seus candidatos a ECs para desempenhar a função de gerente em uma matriz de maneira a prevenir o surgimento de problemas semelhantes.

A ORGANIZAÇÃO MATRICIAL ORIGINAL DA TOYOTA: UMA ANTIGA TRADIÇÃO DE COMBINAR DUAS ESTRUTURAS

De que maneira um sistema enxuto de DP combina uma forte organização funcional com uma organização matricial e preserva a paz entre essas duas estruturas? O segredo consiste na utilização de uma combinação de foco intensivo no cliente (o centro do DNA da Toyota) com o sistema de EC discutido no Capítulo 7, para fazer o gerenciamento do programa, que é parte da matriz, trabalhar em harmonia com as funções. Foi na década de 1950 que a Toyota fundiu seu exclusivo sistema de EC com seu sistema original de matriz.

A Figura 8.1 apresenta uma versão simplificada da organização matricial da Toyota. Originalmente, cada produto tinha um departamento funcional e cada departamento funcional se reportava a um "gerente-geral", que se destacara como um excelente engenheiro e líder naquela função específica. As funções do gerente-geral incluíam:

- Selecionar e aperfeiçoar engenheiros na especialidade.
- Coordenar revisões de desempenho dos engenheiros que a ele respondem.
- Manter listas de verificação do conhecimento acumulado para a especialidade.
- Manter a especialidade sempre na primeira linha das inovações.
- Garantir a coordenação técnica, como entre peças comuns dos veículos.
- Trabalhar com fornecedores de componentes relacionados com a especialidade (por exemplo, engenheiros residentes que procedem dos fornecedores de especialidades).
- Indicar os engenheiros para projetos dirigidos por engenheiros-chefes.

Assim, o gerente-geral tinha as responsabilidades de um gerente tradicional, bem como uma especialização técnica, e respondia ainda pela gerência adminis-

162 ■ Sistema Toyota de Desenvolvimento de Produto

Planejamento de produtos	Departamentos funcionais				
	Projeto ■	Carroceria ■	Chassis ■	Motor ■	Teste ■
Camry ●	▲	▲	▲	▲	▲
Corolla ●	▲	▲	▲	▲	▲
Celica ●	▲	▲	▲	▲	▲
Etc. ●	▲	▲	▲	▲	▲

● Engenheiro-chefe   ▲ Gerente-geral funcional   ■ Engenheiro de DP

- A maioria dos engenheiros depende dos gerentes funcionais.
- Os engenheiros são alocados a projetos de acordo com as necessidades.
- A engenharia de produção é uma divisão independente.
- O engenheiro-chefe tem uma pequena equipe de assessores.

FIGURA 8.1 ■ A organização matricial da Toyota – "É o carro do engenheiro-chefe".

trativa, liderança em desenvolvimento e orientação técnica. O gerente-geral só não era responsável pelo desenvolvimento de um veículo. Esse era um domínio exclusivo do engenheiro-chefe, que, de maneira semelhante, não era responsável pela administração ou pelo gerenciamento dos engenheiros. Essa estrutura dava ao EC o tempo necessário para focar no cliente e no produto, deixando aos gerentes-gerais tempo para focar na administração e no aperfeiçoamento dos engenheiros.

Essa mentalidade evoluiu e se fundiu à estrutura matricial da Toyota. Os engenheiros funcionais representavam um lado da matriz, enquanto que os ECs formavam o outro lado. Normalmente, uma matriz é vista como uma estrutura na qual cada engenheiro se reporta a um chefe funcional e a um chefe de gerenciamento de programa. Na Toyota, a maioria dos engenheiros não se reporta ao EC. Em vez disso, existe um relacionamento de responsabilização do tipo "linha pontilhada": quando os engenheiros trabalham no programa de projeto de um EC, eles se reportam principalmente ao chefe funcional, embora se reportem ao EC na linha pontilhada. Dessa forma, o que consegue dar força à linha pontilhada? E por que isso tem bons resultados na Toyota?

Para responder a essas perguntas, é necessário examinar o motivo pelo qual tantas empresas lutam com a organização matricial. Como destacado, o engenheiro, na maioria das organizações, tem dois chefes – o gerente-geral e o gerente do programa. Como o gerente-geral conduz a revisão de desempenho, o engenheiro tende a favorecer o lado dele. O sistema matricial da Toyota teria tudo para garantir essa tendenciosidade, ao fazer com que o engenheiro se reporte administrativamente ao chefe funcional. Por que o engenheiro em atividade daria aten-

Organize para Balancear a Competência Funcional... ■ 163

ção ao engenheiro-chefe e ao programa específico de veículo? São cinco as razões pelas quais a Toyota consegue integrar com sucesso as funções e os programas:

1. *O cliente em primeiro lugar.* A partir do momento em que o engenheiro passa a trabalhar na Toyota, jamais lhe é permitido esquecer esse princípio. No Japão, novos engenheiros da empresa são inclusive encarregados de vender carros de porta em porta, o que os faz realmente entender a filosofia do cliente em primeiro lugar – o engenheiro existe para servir ao cliente, não ao gerente funcional. Ao mesmo tempo, o engenheiro aprende que o EC representa o cliente. O engenheiro-chefe controla o programa de veículo por ser a expressão da *voz do cliente* e por isso a prioridade máxima dos engenheiros passa a ser ouvir o engenheiro-chefe. Essa filosofia cultural, e o comportamento que a reflete, é forte na Toyota e essencial para um processo enxuto de desenvolvimento de produto.

2. *O engenheiro-chefe é reverenciado.* Como já discutido no Capítulo 7, cada engenheiro reconhece a capacidade, liderança e dedicação indispensáveis para ser um engenheiro-chefe. Isso gera um grande respeito e impulsiona e motiva todos os engenheiros a dar suporte ao engenheiro-chefe.

3. *O engenheiro-chefe tem o apoio da alta administração.* O carro é do engenheiro-chefe, que tem abertura para recorrer a todos os níveis executivos, a qualquer momento, em busca de ajuda. O EC pode não contar com autoridade formal, mas dispõe de acesso irrestrito à alta administração.

4. *Os gerentes-gerais entendem a importância da prestação de serviço aos clientes e da cooperação interfuncional.* Ao realizar revisões de desempenho, o gerente-geral leva extremamente a sério a necessidade de solicitar *feedback* de outras funções e de cada EC dos engenheiros sob sua responsabilidade. Assim, o engenheiro vê em cada diretor um chefe que pode ter influência em sua revisão de desempenho.

5. *Os funcionários mais jovens respeitam os funcionários mais antigos.* A cultura japonesa reforça o respeito tributado aos funcionários mais antigos e mais experientes. Funcionários mais jovens naturalmente acatam essa autoridade veterana, o que reforça, por sua vez, o aprendizado e a transparência da autoridade.

Uma Mudança Fundamental na Organização Matricial da Toyota

A organização matricial da Toyota funcionou de forma afinada durante décadas, mas à medida que a empresa foi crescendo e os carros foram tornando-se mais complexos, as especialidades funcionais proliferaram. Em 1976, o EC precisava coordenar pessoas de 23 departamentos em seis divisões; em 1991, isso havia aumentado para 48 departamentos em 12 divisões (Cusumano e Nobeoka, 1998). À medida que o número de programas aumentou, os gerentes

164 ■ Sistema Toyota de Desenvolvimento de Produto

funcionais passaram a ter dificuldades para administrar os detalhes de tantos programas. O sistema ficou complexo demais para poder ser bem administrado.

Em 1992, a Toyota tomou uma decisão incomum. Depois de décadas de melhoria de um tipo de estrutura de organização matricial, a companhia fundamentalmente se reorganizou em torno de três *centros de desenvolvimento de veículos*, cada um deles lidando com uma família de produtos diferentes de plataformas: tração traseira, tração dianteira e utilitários/vans. Em 1993, a Toyota acrescentou um quarto centro para desenvolver componentes e sistemas interplataformas. Esse quarto centro também abrigava a maior parte das pesquisas e desenvolvimento avançado, juntamente com engenharia elétrica geral e trabalho de desenvolvimento de motores. Em 1993, 12 mil pessoas estavam trabalhando em desenvolvimento de produtos. Com a reorganização, cada um dos centros de plataformas contava com 1.900 pessoas (o maior desses grupos ficava no Centro IV), trabalhando simultaneamente em cinco novos programas de veículos.

O resultado foi centros menores de veículos que reduziram consideravelmente as necessidades de coordenação para os engenheiros-chefes e, na verdade, propiciaram muito maior coordenação entre os programas de um mesmo centro. Para diminuir ainda mais as necessidades da coordenação, a Toyota simplificou os departamentos funcionais. Por exemplo, duas diferentes divisões de engenharia de carrocerias – engenharia de interiores e estruturas externas da carroceria – foram transformadas num único departamento de engenharia de carrocerias em cada um dos Centros I a III de desenvolvimento de veículos. De maneira similar, a Toyota fundiu duas especialidades de engenharia de chassis em apenas uma, reduzindo o número de transferências de controle entre departamentos funcionais. Com três organizações menores, os gerentes-gerais passaram a ter menor número de programas, podendo acrescentar especialidades aos seus respectivos domínios.

Cada centro de veículos tem também divisões próprias de planejamento, apoiadas por cerca de 200 planejadores – cerca de 10% dos funcionários de cada um dos centros. Essas divisões de planejamento incluem os ECs e respectivas assessorias, que gerenciam os programas, e planejadores, que fiscalizam o andamento dos custos e prazos de cada detalhe de todos os programas. Mesmo hoje, o extensivo planejamento Toyota significa que custos e prazos em relação aos objetivos podem ser determinados diariamente, o que garante uma execução afinada dos programas.

A estrutura do centro de veículos mudou outra vez com o surgimento do *Lexus* e com a determinação de separar essa divisão de carros de luxo dos demais produtos. A Figura 8.2 detalha a organização matricial resultante (a versão anterior aparece em Cusumano & Nobeoka, 1998). Cada centro parece uma versão menor da organização matricial original. A maior parte dos veículos de tração traseira está no Centro I e a maior parte dos veículos de tração dianteira está no Centro II. Os caminhões e os utilitários esportivos com chassis independentes

Organize para Balancear a Competência Funcional... ■ 165

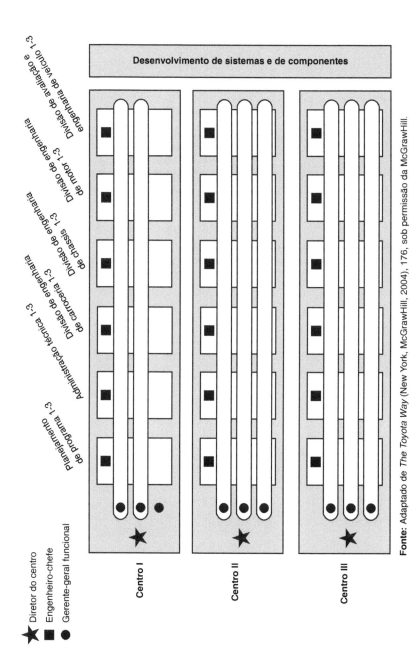

FIGURA 8.2 ■ Estrutura do centro de desenvolvimento de veículos da Toyota.

Fonte: Adaptado de *The Toyota Way* (New York, McGrawHill, 2004), 176, sob permissão da McGrawHill.

166 ■ Sistema Toyota de Desenvolvimento de Produto

que estavam no Centro II foram removidos para o Centro I. Alguns veículos de tração dianteira continuam no Centro I (por exemplo, *Avalon, Camry, Sienna* e *Solara,* fabricados nos EUA, estão no Centro I). O terceiro centro é inteiramente dedicado aos veículos *Lexus.* O *Lexus* tem padrões mais refinados em todos os seus aspectos, de engenharia à produção, e a Toyota decidiu mantê-lo separado dos outros produtos para evitar que se torne um Toyota padrão com a marca *Lexus.* Cabe observar que a centralização dos componentes e desenvolvimento do sistema central concentram esses avanços como um recurso compartilhado entre os centros de desenvolvimento de modo que possam ser partilhados por todos.

A ESTRUTURA DE EQUIPE DE PLATAFORMA DA CHRYSLER: UM CONTRASTE COM OS CENTROS DE DESENVOLVIMENTO DE VEÍCULOS

Já se tornou comum entre as empresas do segmento automotivo a organização dos respectivos programas de DP em volta de plataformas de veículos, embora a maioria delas assim trabalhe sem contar com a função do engenheiro-chefe. Sobek (1997) documentou a *organização de equipes de plataformas* da Chrysler, que proporciona um excelente contraste com os *centros de desenvolvimento de veículos* da Toyota e com a função do EC na estrutura de organização matricial da Toyota.

A estrutura da organização de equipes de plataformas da Chrysler foi originalmente montada em 1989, cerca de três anos antes da reorganização da Toyota. A organização de equipes de plataformas da Chrysler foi a reação da empresa aos problemas decorrentes da falta de comunicação e da eficiência no trabalho conjunto. Executivos da empresa decidiram por uma mudança radical: detonar essa organização funcional e transformá-la numa organização de produtos. No início, a Chrysler lançou a estrutura de equipes de plataforma com os carros grandes LH, que era a maior plataforma de automóveis de passageiros de tração dianteira (Dodge, Intrepid, Chysler LHS, Chrysler Concorde etc.). À época, o vice-presidente Bob Lutz já havia tomado a decisão de converter a organização puramente funcional da Chrysler em equipes de plataformas ao longo da fábrica, e a Chrysler logo criou equipes de plataformas para as suas divisões de carros menores, minivans, jipes e caminhões. A mudança acelerada foi motivada por uma razão muito simples: a Chrysler estava à beira da falência. Ela navegava na onda do carro k – produzido numa plataforma única e muito antiga – e precisava desesperadamente de um novo produto. A sobrevivência estava na mudança. Nesse ambiente, foi um movimento arrojado de Lee Iacocca fazer o *benchmark* do sistema de DP da Honda e então apostar o futuro da sua empresa na organização de equipes de plataformas. O conceito significava transformar a organização funcional em uma organização de produtos usando o trabalho de equipes multifuncionais como a força motora por trás da reorganização. Como mencionado no Capítulo 7, a Chrysler alocou engenheiros das mais variadas funções a um novo e recém-

Organize para Balancear a Competência Funcional... ■ 167

construído centro técnico em Auburn Hills, Michigan, planejado para ser a sede de uma plataforma inteira, ocupando parte de um dos andares, para que as equipes pudessem se manter em continuada interação.

G. Glenn Gardner comandou o programa da plataforma LH e se tornou o primeiro "gerente-geral de plataforma" da Chrysler. Numa etapa anterior de sua carreira, Gardner havia ajudado a dar forma ao conceito de equipes de plataformas, liderando o desenvolvimento de vários veículos Chrysler de sucesso produzidos de maneira secreta (*skunkworks*). As equipes foram montadas, organizadas fora das estruturas normais, removidas da burocracia funcional da Chrysler e liberadas para focar exclusivamente nos veículos. Os resultados foram impressionantes. Infelizmente, a Chrysler acabou desfazendo as equipes; seus integrantes voltaram à base funcional anterior e todo o conhecimento por eles acumulado se perdeu. Depois de alguma experiência na função de executivo na Mitsubishi, onde aprendeu muita coisa sobre trabalho de equipe multifuncional, Gardner retornou à Chrysler. Equipado com novas experiências e novos conhecimentos, ele não tinha interesse algum em reviver a abordagem baseada no segredo, na camuflagem: o que ele queria era uma abordagem capaz de dar sustentação às equipes de DP de projeto em projeto. Por isso, insistiu que:

■ A Chrysler deveria proporcionar-lhe todos os especialistas em engenharia necessários para conseguir projetar o carro.

■ Os engenheiros do processo de manufatura se reportariam a ele.

■ Todos os engenheiros mais importantes participariam o tempo inteiro da equipe – sem precisar dividir-se com outras responsabilidades (a matriz não era uma opção).

Gardner também insistiu que, se contasse com uma equipe de alta qualidade colocada o tempo inteiro sob suas ordens, ele conseguiria completar suas missões com a metade do número de pessoas tradicionalmente participantes dos programas da Chrysler. Fazendo valer a previsão do chefe, a equipe reduziu o tempo de desenvolvimento para a família de veículos LH de 4,5 para 3,5 anos, e fez seu trabalho com 741 pessoas, em vez das 1.400 originalmente previstas, com isso economizando US$ 42 milhões. O produto final ficou com peso abaixo do previsto, custo por unidade mais barato (20 dólares) que o original e com melhor economia de combustível que a prevista. Além disso, era uma plataforma inteiramente nova, com uma linha completa de carros grandes e um novo motor. Os resultados pós-lançamentos foram também impressionantes. Os carros da plataforma LH eram atraentes, com um belo exterior, preço competitivo, e deram início à ressurreição da Chrysler. Os veículos que se seguiram nas outras plataformas foram igualmente bem-sucedidos por seus próprios méritos e a Chrysler tornou-se a produtora de veículos de baixo custo com a maior margem de lucro por veículo.

Como mostra a Figura 8.3, a organização de equipes de plataformas que a Chrysler passou a usar era multifuncional e incluía equipes de engenharia de carroceria, sistemas internos, chassis, potência, eletro-eletrônicos, pré-programação e os departamentos de avaliação do veículo (Sobek, 1997).

Um "engenheiro executivo" no comando de cada uma dessas áreas reportava-se ao gerente-geral (como Gardner havia insistido), que comandava o programa com uma equipe enxuta de gerentes de programas, semelhante à estrutura de pessoal do engenheiro-chefe da Toyota. A *equipe de direção de plataforma*, multifuncional, comandava a plataforma, enquanto o engenheiro de produtos (o gerente-geral) era o responsável pelas operações do dia-a-dia. A equipe de direção da plataforma incluía finanças, compras, planejamento de produtos e produção. Os quatro grupos funcionais tinham representantes destacados na equipe de direção da plataforma que se reportavam, numa linha pontilhada, ao gerente-geral da plataforma. A função da equipe de direção da plataforma era levar o suporte multifuncional fora da engenharia a concentrar-se no cliente e no produto e fazer cessar as disputas por território que muitas vezes ocorriam entre funções de engenharia e não-engenharia.

Como boa parte da ênfase da estrutura de equipe de plataforma está em coordenar várias especialidades multifuncionais diferentes, uma enorme fatia de tempo e de recursos era dedicada à comunicação. Na anterior organização de plataforma da Chrysler, a equipe de engenharia de plataforma cumpria a sua missão dentro da sua especialidade e então simplesmente repassava o projeto para outros grupos, que confrontavam as especificações técnicas e repassavam de novo para outros grupos. Isso consumia tempo e energia em excesso e produ-

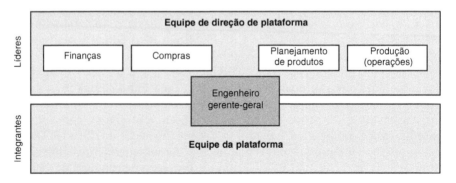

FIGURA 8.3 ■ Sistema de plataformas da Chrysler em 1989.

zia projetos de baixa qualidade. A nova abordagem das equipes de plataforma "juntou todas as funções adequadas na mesma sala", acelerou o processo de negociação e ajudou todo mundo a sair da sala com um projeto semelhante de produto. Quando comparada com seu sistema anterior, totalmente antifuncional, a abordagem de equipe de plataforma mostrou-se uma conquista que revolucionou o processo de DP na Chrysler. Por outro lado, em comparação com o sistema enxuto de DP, essa abordagem mostrava vários pontos fracos:

1. *Utilização deficiente de recursos dos engenheiros.* Existe um desperdício de recursos porque os engenheiros da Chrysler sempre estiveram comprometidos com um programa do começo ao fim. Na vida de um programa, a quantidade necessária de engenheiros é diferente em cada uma das etapas. A Toyota dá conta dessa circunstância utilizando a organização matricial para aumentar ou reduzir o número de pessoas dos programas de acordo com as necessidades.
2. *Utilização deficiente das responsabilidades do gerente-geral de plataforma.* A função dupla do gerente-geral de plataforma na Chrysler, como chefe dos gerentes-gerais funcionais e algo semelhante ao EC na Toyota, significava que esse indivíduo dedicava boa parte do seu tempo à administração. Isso, por sua vez, se refletia em redução do tempo dedicado à função de integrador de sistemas, o que, na Toyota, o EC desempenha em tempo integral.
3. *Utilização deficiente das reuniões.* Os engenheiros da Chrysler precisavam passar tempo demais em reuniões, muitas vezes voltadas para assuntos administrativos que acabavam desviando o tempo dedicado ao trabalho no desenvolvimento técnico do produto. Uma vez que estavam trabalhando em equipes multifuncionais, esses engenheiros precisavam ouvir relatórios de todas as outras funções, fosse ou não fosse relevante essa informação. Sobek (1997) chama essa prática de comunicação por imersão em todos os detalhes. Em vez da comunicação por imersão, os engenheiros da Toyota fazem seu próprio trabalho no CAD, dedicando a maior parte do seu tempo ao projeto final, usando um sistema puxado e buscando a informação que eles precisam, quando precisam, a fim de completar suas tarefas.
4. *Coordenação deficiente de engenheiros no âmbito de suas especialidades funcionais.* As equipes de plataforma da Chrysler focavam tanto em suas próprias plataformas que os engenheiros dedicavam pouco esforço à coordenação de suas funções no âmbito das próprias especialidades funcionais. Por exemplo, a ocupação do tempo na padronização de peças no âmbito de uma função comum aos veículos era prejudicada. A Chrysler então criou "clubes de tecnologia" para que especialistas funcionais, como engenheiros eletrônicos de diferentes plataformas, pudessem en-

170 ■ Sistema Toyota de Desenvolvimento de Produto

contrar-se e discutir questões comuns ao trabalho que realizavam; isso, porém, freqüentemente ficava em segundo plano, pois os engenheiros precisavam dar conta das pesadas demandas dos respectivos programas de veículos. Em contraste, o centro de desenvolvimento de veículos, sistema da Toyota, aproveita o tempo para desenvolver uma especialização funcional mais aprofundada, capturando todo o aprendizado e aplicando-o e/ou padronizando-o ao longo das plataformas de veículos.

É fácil entender os motivos que levaram a Chrysler a fazer o que fez. Em vista dos graves problemas de coordenação existentes ao longo das especialidades funcionais, uma abordagem radical foi desenvolvida: desmontar por inteiro a organização funcional e substituí-la por um processo completamente novo de DP capaz de permitir aos engenheiros que focassem unicamente no produto. Reuniões, da manhã à noite, forçariam a coordenação e alocariam todos os integrantes a uma hierarquia exclusiva de cada plataforma. Isso funcionou até certo ponto. Contudo, esses esforços não levaram à mesma melhoria no tempo de processamento que um processo enxuto conduzido por um EC acaba proporcionando (o sistema de centros de veículos da Toyota, por exemplo, chegou a reduzir os tempos de processamento a programas de 12 a 15 meses). Em 2003, a divisão Chrysler da Daimler-Chrysler estava observando mais de perto o modelo Toyota. Desde então, essa mesma divisão reforçou a estrutura de organização funcional e criou uma função parecida com a do engenheiro-chefe.

Durante essa reorganização do DP da Chrysler, a Toyota não ficou parada. Executivos da empresa entenderam que havia a necessidade de revisitar sua sólida organização funcional que, à época, estava sendo dirigida exclusivamente pelo sistema de EC. Quando a Toyota começou a aperfeiçoar a engenharia simultânea – melhorar a integração do produto com o projeto do sistema de produção –, ficou claro que o próximo passo da evolução iria exigir maior coordenação horizontal no âmbito da organização funcional. Isso conduziu a inovações adicionais, como a sala *obeya*, equipes de módulos de desenvolvimento, engenheiros de comando de produção e um papel ligeiramente diferente para o engenheiro-chefe.

ENGENHARIA SIMULTÂNEA: A SALA *OBEYA*

No começo da década de 1990, Eiji Toyoda passou a dar sinais de preocupação com a possibilidade de a Toyota estar ficando estagnada. Por isso, optou por renovar o ambiente inovador e agitado dos primeiros anos de sucesso usando, como parte fundamental dessa estratégia, a plataforma G21 (Global 21) – que se transformaria no *Prius* – para a transformação (o Capítulo 7 apresenta uma detalhada discussão desse tópico). Um dos dois objetivos desse projeto era "desenvolver um novo método de lançar automóveis para o século XXI". A pessoa escolhida para chefiar o projeto G21 foi Takeshi Uchiyamada, que não tivera

Organize para Balancear a Competência Funcional... ■ 171

até então experiência em desenvolvimento de produtos ou como engenheiro-chefe. Uchiyamada tinha de inovar, ou fracassaria, e sua solução foi buscar ajuda de outros, mais especificamente de pessoas que haviam feito carreira no desenvolvimento de produtos, em lugar de tentar liderar o projeto sozinho. A melhor maneira era escolher líderes técnicos de cada uma das funções centrais e colocá-los em uma sala para pedir-lhes ajuda na condução do programa. Embora isso possa parecer semelhante ao que a Chrysler buscou com a abordagem de equipe de direção de plataforma, havia uma diferença muito importante. A Chrysler desenvolveu a equipe de direção de plataforma a fim de conquistar a ampla participação de funções consideradas normalmente de apoio, como compras e finanças. Uchiyamada, por sua vez, buscou a assessoria técnica de funções centrais da engenharia para ajudá-lo a liderar o próprio desenvolvimento do veículo. Mais ainda, nunca foi posta em dúvida a condição de Uchiyamada como EC e como detentor da palavra final nas decisões sobre produtos.

Como discutido no Capítulo 7, uma das primeiras inovações de Uchiyamada foi a *obeya*, onde de dois em dois dias, no mínimo, o EC participava de reuniões cara-a-cara com equipes de especialistas dos vários grupos funcionais – projeto, avaliação e produção. Nessas reuniões, os especialistas podiam trabalhar com o EC na formulação de idéias, na abordagem de questões pendentes e na tomada de decisões instantâneas. A engenharia de produção também participava dessas reuniões para debater e elaborar questões com os engenheiros de projeto. Fazer com que as equipes se reunissem nas *obeyas* servia a dois propósitos fundamentais – reunir informação e gerenciar informação. A coleta, ou reunião, de informação é responsabilidade principalmente dos grupos funcionais. O gerenciamento da informação é a consolidação da informação disponível e a comunicação diária das decisões num ambiente do tipo sala-de-comando, em que o EC toma decisões conjuntas com outros líderes quase que de imediato (não dentro de alguns dias ou semanas). As *obeyas* eram equipadas com ferramentas visuais de gerenciamento expostas fartamente nas paredes, tais como gráficos das principais métricas relativas à meta, para sustentar a tomada de decisões, e cronogramas com listas de verificação, para que todos pudessem ver facilmente a situação de todos os aspectos do programa, construindo um entendimento mútuo ainda maior entre as equipes.

A *obeya* não substituiu a estrutura matricial da Toyota, que não foi mudada. Ela foi, isso sim, uma melhoria que se acrescentou e maximizou a tradicional abordagem do EC. Ali, o EC desenvolvia o conceito do veículo e, em seguida, passava a discuti-lo com os grupos de projeto e planejamento. Depois disso se recolhia até esboçar um plano, ou um manual do conceito. Além disso, enquanto o EC continuava no controle de todos os aspectos do projeto, a *obeya* dava à equipe multifuncional respostas mais diretas em relação às decisões, no momento em que elas eram tomadas.

A segunda inovação de Uchiyamada foi determinar que o escritório do EC fizesse todo o cronograma do projeto. No sistema tradicional de EC, todas

172 ■ Sistema Toyota de Desenvolvimento de Produto

as equipes juntavam seus cronogramas e repassavam ao EC. Com a nova abordagem, o EC usava a *obeya* para gerenciar esses cronogramas, identificando diferentes áreas com problemas e estabelecendo equipes de trabalho. A partir daí, o EC nomeava um integrante da equipe como o responsável pelas medidas indispensáveis para enfrentar os problemas detectados.

Uma terceira inovação emergiu a partir da necessidade da Toyota de adotar novas tecnologias para o século 21, sendo aplicada simultaneamente por Uchiyamada ao processo de desenvolvimento do *Prius*. Pela primeira vez na história da Toyota, a equipe de desenvolvimento usou extensivamente a Internet e os *e-mails* como um dos principais meios de comunicação. Antes disso, a Toyota sempre havia usado a tecnologia da informação de maneira muito conservadora. Uchiyamada vinha dos laboratórios de pesquisa e, por isso, estava confortável com novas tecnologias.

Uma quarta inovação foi ampliar o impacto da engenharia simultânea e do engenheiro simultâneo (ES). A Toyota havia trabalhado em engenharia simultânea durante vários anos antes do projeto do *Prius*, mas nunca nas proporções em que Uchiyamada se dispôs a utilizá-la. O projeto do *Prius* envolvia muitas inovações tecnológicas e de desenvolvimento, e a alta administração só encurtava os prazos para o lançamento do novo projeto, então Uchiyamada acelerou a utilização dos ESs. Seu plano teve grande sucesso e deu início a uma nova tradição na Toyota. Como destacamos no Capítulo 4, cada uma das equipes de desenvolvimento de módulos (EDMs) da Toyota tem hoje pelo menos um ES, que funciona como representante exclusivo da engenharia de produção. Esse ES é um *expert* em engenharia de produção que assessora a EDM do programa em aspectos da manufatura do projeto no âmbito da sua especialidade (por exemplo, estamparia, fundição etc.) e que também trabalha como o representante do programa, aconselhando especialistas da engenharia de produção que vão atuar na prática. Nessa dupla capacidade, o engenheiro de produção ajuda a sincronizar atividades, reduzir erros e retrabalho, ao mesmo tempo em que vai consolidando a cooperação interdepartamental. Assim, a engenharia simultânea é um vital *mecanismo horizontal de coordenação*.

ENGENHARIA SIMULTÂNEA: AS EQUIPES DE DESENVOLVIMENTO DE MÓDULOS E OS ENGENHEIROS-CHEFES DE PRODUÇÃO

A essa altura, a Toyota já estava desenvolvendo outra iniciativa de engenharia simultânea que, na verdade, consistia em duas iniciativas principais: 1) a equipe de desenvolvimento de módulo (EDM) e 2) uma função correspondente à do EC, com o engenheiro-chefe de produção.

Até certo ponto, essas novas iniciativas eram um afastamento de um sistema que parecia funcionar quase que à perfeição. Durante muitos anos, a Toyota havia construído e consolidado uma reputação de projeto de produtos visando, em primeiro lugar, viabilizar sua produção. E ela havia conseguido manter essa reputação pelas seguintes razões:

1. Era pré-requisito para se tornar um engenheiro de DP de primeira linha contar com tempo de prática na produção para entender o ambiente da manufatura.
2. O mantra da Toyota com relação ao foco no cliente tornava obrigatório que os engenheiros de DP se dedicassem totalmente às tecnologias e às questões que garantissem a viabilidade da produção.
3. Os engenheiros de DP precisavam levar os engenheiros de produção extremamente a sério em função da predominância da manufatura, que assegura importância à engenharia de produção.
4. Tanto a engenharia de produtos quanto a engenharia de produção mantinham, usavam e atualizavam separadamente amplas listas de verificação, garantindo assim a seriedade com que se encarava a produção no estágio do desenvolvimento de produto.
5. Os engenheiros de produção participavam das principais revisões em conjunto com os engenheiros do DP no estágio do *kentou* (esboço do projeto) a fim de dar sugestões e fazer comentários, e deles exigia-se que contribuíssem com o documento das estruturas do projeto (o K4, que discutimos no Capítulo 4).

Contudo, à medida que a Toyota continuou a enxugar seu processo de desenvolvimento de produtos (em alguns casos eliminando protótipos físicos e reduzindo radicalmente o tempo de produção de ferramentas), a tradicional interação entre os engenheiros de DP e os engenheiros de produtos mostrou-se inadequada. Tornou-se claro que o novo processo acelerado de desenvolvimento de produtos da empresa exigia colaboração ininterrupta. Mais ainda, a Toyota pretendia aperfeiçoar sua eficiência na produção elevando-a a um nível tal que lhe permitisse concorrer até mesmo com os baixos salários da mão-de-obra na China. Os dirigentes da empresa deram-se conta, então, de que a redução da mão-de-obra na produção dependeria de produtos projetados com a utilização otimizada da mão-de-obra. Em função disso, a Toyota determinou um envolvimento mais forte e mais sólido entre a engenharia de produtos e a engenharia de produção, para coordenar o aumento da complexidade e a necessidade de rapidez. Foi com isso em mente que a empresa criou a estrutura de equipes de desenvolvimento modular (EDMs).

Exemplos de Equipes de Desenvolvimento Modular para Engenharia de Produção e Carrocerias

As Figuras 8.4 e 8.5 ilustram EDMs para engenharia de estruturas e carrocerias. Os dois exemplos são do Toyota Technical Center (TTC), em Ann Arbor,

174 ■ Sistema Toyota de Desenvolvimento de Produto

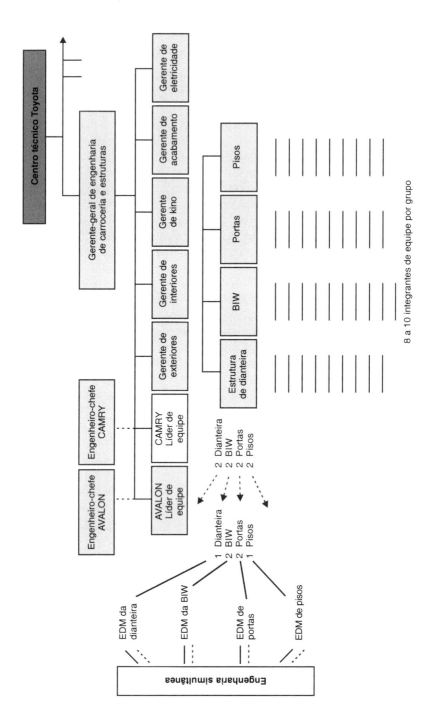

FIGURA 8.4 ■ Organização de engenharia da carroceria e engenharia simultânea da Toyota.

Organize para Balancear a Competência Funcional... ■ 175

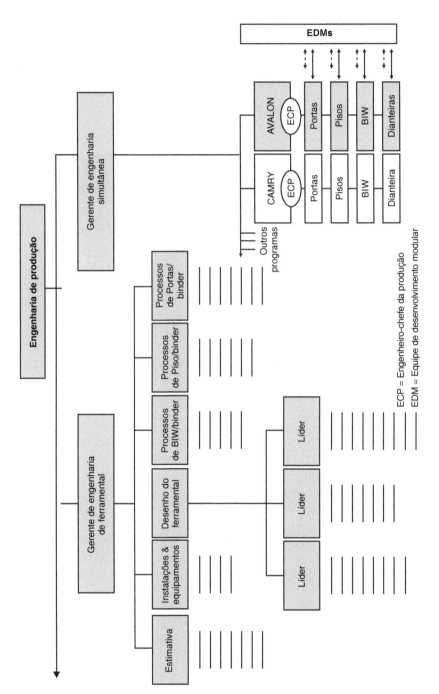

FIGURA 8.5 ■ Organização de engenharia de produção e engenharia simultânea da Toyota.

176 ■ Sistema Toyota de Desenvolvimento de Produto

estado de Michigan, e da organização de engenharia de produção correspondente em Erlanger, Kentucky, na sede da Toyota Motor Manufacturing North America.

Engenheiros de produtos, alojados no TTC, foram organizados de acordo com as respectivas especializações – engenharia de carroceria, engenharia elétrica, HVAC (calefação, ventilação e ar condicionado), etc. – e, no caso da engenharia de carroceria, organizados ainda por área do corpo do carro – dianteira, carroceria bruta (BIW, acrônimo do inglês *body in white*, ou a estrutura da carroceria do carro), portas e o piso (Figura 8.4). Cada um desses subsistemas da carroceria tem uma equipe de engenharia para cada programa de veículo (*Camry*, *Avalon* etc.) chefiada por um engenheiro sênior. A partir da perspectiva da engenharia de produção, elas são organizadas em grupos comparáveis por função (estamparia e estruturas, pintura, montagem final etc.) e muitas vezes ainda mais especializadas no âmbito dessas organizações funcionais.

Por exemplo, no âmbito da organização de estamparia e estruturas, os engenheiros são detalhadamente localizados pela área da carroceria, de maneira semelhante ao que ocorre com seus colegas na engenharia de produtos (portas, dianteira, carroceria bruta). Cada uma dessas áreas desenvolve engenheiros altamente especializados, experientes, que se tornam ESs e representam sua especialidade funcional no programa no âmbito das várias EDMs multifuncionais. Essas equipes mantêm reuniões regulares desde os primeiros estágios do *kentou* – antes mesmo da escolha do modelo em argila. Elas trabalham em conjunto como se fossem uma equipe ampliada, tomando decisões coletivas. Isso complementa o processo em que engenheiros de DP tomam decisões com base nas listas de verificação e depois pedem aos engenheiros de produção que façam uma revisão dessas decisões.

Além disso, na América do Norte, a Toyota criou a função de engenheiro-chefe de produção (ECP), dotado da responsabilidade geral pela preparação da produção e lançamento de cada programa de veículo, função essa em muito semelhante à do EC no desenvolvimento do produto. O papel do ECP é comandar o desenvolvimento geral do processo de manufatura e coordenar as atividades dos ESs ao longo de todas as EDMs. Nas instalações da Toyota nos Estados Unidos, uma importante atribuição do ECP é a de coordenar com o Japão (onde a maior parte da engenharia de produção original se realiza atualmente) e adotar um papel de comando na transferência do equipamento de produção para os EUA. A criação da posição de ECP demonstra com clareza os desafios presentes na coordenação do desenvolvimento de um produto complexo num ambiente de alta velocidade.

No decorrer dos estágios iniciais do processo do *kentou* (discutidos no Capítulo 4), os engenheiros de produção do grupo de estudo de ES estudam informações enviadas eletronicamente sobre o projeto antes de participar das reuniões bissemanais da equipe de desenvolvimento modular. Com os dados de produção e *senzu* atualizados (esboços especificamente detalhados da produção) e listas de verificação em mãos, eles discutem as análises das propostas de projeto mais atuais. Depois disso, a EDM leva um bom tempo em intensivas análises, debatendo e co-desenvolvendo múltiplas alternativas. Por ser responsável por todo o projeto, o ES é motivado a avaliar a qualidade e as implicações de produtividade para a produção proposta.

As EDMs são uma incomparável ferramenta para solução de problemas nos primeiros estágios, desenvolvimento de processos e co-produções, e para isolar as variabilidades. As EDMs são igualmente uma ferramenta fundamental de integração, na qual engenheiros das mais diversas disciplinas se reúnem sem agendas predeterminadas e ganham valiosos *insights* em relação aos desafios enfrentados pelas especialidades dos colegas. Como mostram as Figuras 8.4 e 8.5, cada base de engenheiros de produção continua com a sua respectiva especialidade funcional; os engenheiros de produção também viajam até o Toyota Technical Center (TTC) conforme as necessidades. Durante atividades de pico, os engenheiros de produção e outros podem viajar ao TTC em semanas diferentes. Áreas temporárias de trabalho são mantidas no TTC para utilização pelas muitas EDMs que trabalham em conjunto com o desenvolvimento de produtos em todas as ocasiões. As EDMs da Toyota contribuem com grande parte dos benefícios de integração e comunicação do programa proporcionados pelas equipes de plataforma, ao mesmo tempo em que compartilham de alto grau de conhecimento funcional e desenvolvimento de pessoal, viabilizado pelos grupos funcionais. Embora utilizadas de maneira mais ampla apenas a partir de 1997, as EDMs sempre tiveram um impacto significativo e positivo no desempenho da Toyota em desenvolvimento de produtos.

Ainda que a *obeya* e as EDMs tenham evoluído como sistemas paralelos, separados, ao final elas foram fundidas num unificado *sistema Obeya*. Na verdade, as EDMs são agora consideradas parte do processo *obeya* e proporcionam *input* fundamental à *obeya* em matéria de tomada de decisões e solução de problemas. Esse sistema *obeya* expandido alinhou o EC com as equipes multifuncionais, fortaleceu o sistema matricial da Toyota e, com o uso dos ESs, proporcionou coordenação horizontal entre divisões, equipes e produção. A *obeya* também evoluiu para um construto migratório: a *obeya* principal está no desenvolvimento de produtos nas primeiras etapas do programa e avança para o local da *manufatura* no estágio da preparação de produção para lançamento. É importante destacar que nada disso suplanta a estrutura matricial e a função do EC e da organização funcional. Essa é ainda a principal estrutura da organização e permanece intacta. A *obeya* e as EDMs são mecanismos adicionais de integração que contribuem para manter a coesão dos diferentes grupos funcionais.

A ORGANIZAÇÃO COMO UM PROCESSO EM EVOLUÇÃO

Nos primeiros capítulos deste livro, mencionamos que entender o sistema Toyota de DP é como descascar uma cebola, camada após camada. E como os dois

178 ■ Sistema Toyota de Desenvolvimento de Produto

últimos capítulos mostram, a abordagem Toyota de desenvolvimento de processos e produtos é, claramente, um processo muito vivo e em evolução. Tudo isso faz parte da força do pensamento enxuto, que prioriza uma organização que aprende – a pessoa está sempre melhorando sua capacidade inata e, ao mesmo tempo, conservando a continuidade dos processos. Mesmo com as mudanças dos últimos anos, o sistema Toyota de DP se mantém, em filosofia e fundamentos, o mesmo há décadas. O sistema de EC continua vibrante e a organização funcional foi ajustada e agilizada para o século XXI. A engenharia de produção é tão grande e poderosa como sempre foi. Contudo, o desenvolvimento de produtos, que se tornou cada vez mais complexo e imprevisível, foi compartimentado em departamentos menores, mais gerenciáveis, de plataformas de veículos. A Toyota restringiu, de certa forma, os ECs ao âmbito dos centros de desenvolvimento de veículos, passando a dar maior ênfase à padronização das peças. Além disso, vem promovendo uma deliberada e extensiva agregação de mecanismos de coordenação horizontal por meio da *obeya*, equipes de desenvolvimento modular e das ESs. Mesmo depois de todas essas mudanças, o talento, personalidade e perseverança do EC ainda são os fatores determinantes do sucesso de um automóvel.

Conseguindo implementar o segundo princípio de pessoal do SEDP, *Organize para balancear a competência funcional com a integração multifuncional*, a sua empresa estará construindo as fundações para a melhor utilização possível dos recursos humanos e das responsabilidades na tomada de decisões. O capítulo a seguir aborda a discussão do engenheiro-chefe e da organização matricial e abarca o terceiro princípio de pessoal do SEDP – *Desenvolva a competência técnica superior em todos os engenheiros –*, que reflete a filosofia de selecionar, contratar e desenvolver os talentos apropriados.

Fundamentos do Princípio Seis do SEDP

Organize para balancear a competência funcional com a integração multifuncional

Uma profunda competência funcional é um dos fundamentos do SEDP, como também o é a coordenação entre funções para que se mantenha o foco no cliente em primeiro lugar. É por isso que a estrutura da organização matricial é tão conhecida e empregada – ela proporciona uma oportunidade para balancear a organização funcional e a organização por produtos. Já a matriz é, na verdade, muitas vezes desbalanceada. Ou a organização funcional é dominante, produzindo assim uma ampla variedade de especialistas técnicos interfuncionais, que não falam a mesma linguagem entre si, ou a organização por produtos é dominante, e a empresa perde profundidade em especialização e padronização das características do produto. A Toyota se empenha em manter o equilíbrio, começando com o desenvolvimento da máxima capacidade técnica no âmbito das funções e então compartimentando o sistema de engenheiro-chefe para manter os especialistas funcionais focados no cliente e no veículo.

9

Desenvolva a Competência Técnica Superior em Todos os Engenheiros

Desenvolvemos pessoas e novos produtos simultaneamente usando o Modelo Toyota.

Uchi Okamota,
ex-Vice-Presidente, Engenharia de Carroceria
e Estruturas da Toyota da América do Norte

Para destacar-se no negócio do desenvolvimento de produtos, cujo combustível principal é o talento, uma empresa deve contar com pessoas de extrema habilidade, competentes e motivadas. Concretizar um processo enxuto de DP com a execução precisa e sincronizada de um fluxo equilibrado depende de que todos os participantes do programa de DP executem corretamente e no devido tempo as respectivas tarefas. Basta um elo enfraquecido para acabar com o tempo preciso e provocar um impasse. A fim de prevenir semelhante contratempo e garantir o sucesso, a empresa precisa estar disposta a investir no processo da seleção e aperfeiçoamento das competências técnicas de todos os seus engenheiros.

Em um sistema enxuto, as pessoas aprendem melhor a partir de uma combinação de experiência direta e orientação. Excelentes engenheiros capazes de trabalhar em um DP de alto desempenho não saem das universidades com o diploma debaixo do braço prontos para comandar importantes projetos; eles são preparados progressivamente, a partir do zero. A Toyota sempre reconheceu essa verdade e, por isso, desenvolveu rigorosos programas de seleção e treinamento para sustentá-la. Em relação a isso, os engenheiros da Toyota constroem uma carreira baseada em comprovada competência, um fator crucial no processo de alta velocidade do DP. A rapidez no desenvolvimento de produto depende da "confiança profissional". Engenheiros de desenvolvimento de produtos são como jogadores de hóquei ou membros de uma equipe de forças especiais – precisam poder confiar que os outros estão fazendo o que deveriam estar fazendo no exato momento que deve ser feito. Em troca, existem outros que precisam poder confiar neles. Essa confiança profissional tem dois elementos:

1. *Integridade.* As pessoas devem ter a intenção de fazer aquilo que se comprometeram a fazer.
2. *Competência.* Elas devem ter a competência necessária para tanto.

180 ■ Sistema Toyota de Desenvolvimento de Produto

A confiança profissional definida pela integridade e pela competência só tende a aumentar com o passar do tempo. Ela começa com rigorosos processos de seleção e treinamento, e cresce gradualmente entre profissionais que conseguem comprovar desempenho confiável e testado na prática, nas piores condições.

UMA FILOSOFIA PARA CONTRATAR, ESPECIALIZAR E RETER PESSOAS

A competência técnica superior começa com o sistema que a empresa usa para contratar, especializar e reter seu pessoal. São muitas, infelizmente, as empresas que não têm um sistema ou uma filosofia de desenvolvimento da competência técnica superior. Elas podem ter alguns engenheiros especiais que se destacam naquilo que fazem simplesmente por acaso ou devido a alguma capacidade inata ou incentivada. Elas também podem conquistar "os melhores e os mais brilhantes" por meio de estágios, a partir de feiras industriais ou de recrutamento nas universidades. Na maioria das vezes, no entanto, esses prodígios são jogados em um buraco sem fundo, sem ninguém para orientar seu desenvolvimento. Sem qualquer processo ou programa para orientá-los, eles aprendem e se desenvolvem de forma desordenada, muitas vezes trocando de área com uma rapidez que não permite desenvolver verdadeira competência em qualquer coisa. Mais ainda, uma vez que seus supervisores provavelmente foram desenvolvidos dessa forma, não têm a experiência ou a competência técnica necessárias para prover a orientação técnica adequada a esses novos engenheiros.

Um sistema enxuto de pessoal em DP é uma meritocracia organizada dentro de uma hierarquia técnica criada pelo desenvolvimento e premiação das realizações técnicas. Na Toyota, o rumo da carreira de todos os engenheiros recém-contratados consistem em trabalho prático que desenvolve profunda competência técnica. Os engenheiros são avaliados regularmente ao longo de um período de seis a oito anos para que comprovem sua excelência técnica e, ao mesmo tempo, sua adesão aos processos e padrões da empresa. As recompensas (promoções) são correspondentes ao progresso e às realizações de cada um. Em muitas empresas, a administração é uma espécie de reinado de MBAs, mestres e doutores. Na Toyota, a quantidade de pessoas com esse nível de competência acadêmica é reduzido. A alta administração da Toyota é formada por antigos engenheiros que reverenciam a excelência técnica, vendo nela a verdadeira linha de vida do desenvolvimento de produtos. Esses gerentes foram educados dentro do mesmo sistema e, normalmente, conhecem qualquer tarefa melhor do que os engenheiros delas encarregados e a eles subordinados. Como resultado disso, o princípio da "orientação como liderança" funciona extremamente bem à medida que é perpetuado através de sucessivas gerações de engenheiros.

A maneira como uma empresa identifica suas competências e valores centrais exerce poderosa influência sobre suas práticas de treinamento e desenvolvimento. Por se proclamar acima de tudo um empreendimento de *fabricação de auto-*

móveis (competência central), a Toyota evita muitos dos problemas enfrentados por outras empresas quando colocam engenheiros de produtos a projetar para a produção. A engenharia de manufatura (que a Toyota chama de engenharia de produção) é o mais importante. Como resultado dessa "identidade", os engenheiros da Toyota podem realizar tudo, desde desenhar peças e ferramentas até desenvolver equipamentos inteiros de produção e supervisionar sua construção, responsabilidades que vão consideravelmente além daquilo que a maioria dos engenheiros de manufatura realiza em grande parte das indústrias.

Práticas de contratação e treinamento também criam e influenciam a cultura da organização (ou sistema de valores) necessária para dar suporte a um sistema enxuto de DP. Esse conceito pode ser melhor ilustrado por meio de um exemplo, e o exemplo a seguir revisita uma empresa com a qual o leitor deve estar já bastante familiarizado: a NAC. Este capítulo fornece uma análise das práticas de contratação/treinamento da NAC, em comparação às da Toyota. Os autores suspeitam que muitas empresas poderão ver suas políticas e comportamento cultural refletidas nas políticas da NAC.

PROCESSOS DE RECRUTAMENTO/CONTRATAÇÃO NA NAC

A North American Car Company (NAC) tem uma política descentralizada de contratação, sendo cada uma de suas áreas geográficas/funcionais responsável por seu próprio recrutamento/contratação. Os números se baseiam numa contagem autorizada pela sede, que é incorporada nos orçamentos das áreas funcionais. Existe uma seleção central pelo setor de recursos humanos, que organiza programas de recrutamento em universidades e então programa contatos com candidatos com qualificações para uma carreira na NAC. Departamentos individuais são então chamados a decidir quais, dentre os escolhidos, pretendem contratar. Uma vez tendo a NAC instalado um novo engenheiro em determinado departamento, esse profissional fica "sujeito" aos caprichos e capacidades desse determinado departamento ou gerente – alguns novatos participam de programas de treinamento e orientação, outros não.

Os engenheiros da NAC são incentivados a avançar rapidamente de departamento em departamento a fim de "ampliar sua experiência" – ou seja, qualquer aprendizado ou orientação tende a ser apressado, caótico e exclusivamente voltado para cada indivíduo. Contudo, ao permanecer na mesma função ou emprego durante vários anos, um engenheiro corre o risco de ser considerado dispensável: alguém que não avançará mais para lugar algum na empresa. Aqueles que precisam ou insistem em treinamento dificilmente terão essa reivindicação atendida, com isso tendendo a um desenvolvimento (quando existente) muito lento. Outros, detentores de grande iniciativa em "autotreinamento", desenvolvem-se rapidamente e, muitas vezes, têm uma atitude faça-como-eu-faço – o que causa variações ainda maiores no sistema

182 ■ Sistema Toyota de Desenvolvimento de Produto

de DP. A NAC não conta com um processo padronizado de desenvolvimento de habilidades pessoais; não existe um plano de carreira consistente, nem critérios firmes que fundamentem avaliações e recompensas. O que se esboça a seguir é um esquema do processo da NAC de recrutamento e contratação para engenharia de produtos e engenharia de produção, bem como algumas suposições presentes em muitas empresas de produtos de consumo.

Recrutamento/Contratação na Engenharia de Produtos da NAC

Para preencher seus quadros de engenheiros de produtos, a NAC tradicionalmente recorre às mais famosas universidades norte-americanas, participando de iniciativas de recrutamento promovidas pelas próprias universidades. Tipicamente, um grande grupo dos melhores estudantes de engenharia se candidata a trabalhar na NAC. Para serem levados em conta, os candidatos precisam ter um diploma em engenharia mecânica, elétrica ou química. Muitos deles têm inclusive diplomas de mestrado nessas áreas. Eles passam então por uma série de entrevistas nos departamentos de engenharia e de recursos humanos da empresa. Uma vez contratado, o engenheiro começa imediatamente a trabalhar na especialidade funcional à qual se candidatou. Uma vez em função, espera-se dos novos engenheiros que se tornem quase que imediatamente produtivos, sendo deixados à vontade em projetos de desenvolvimento com escassos recursos em matéria de orientação. Eles aprendem no ambiente de grande pressão de um novo programa de produtos, com uma metodologia de "aprender na prática" que pode produzir uma ampla gama de capacidades.

Contratação na Engenharia de Manufatura da NAC

Para preencher seus quadros na engenharia de manufatura, a NAC procede de maneira praticamente igual àquela descrita no recrutamento/contratação de engenheiros de produtos. Embora no currículo dos candidatos deva, oficialmente, constar um diploma de graduação em uma disciplina de engenharia, a NAC se dispõe a deixar de lado essa exigência em lugar da experiência comprovada na área. O grupo de engenharia de manufatura participa de algumas das atividades de recrutamento, embora a NAC normalmente faça contratações individuais. O processo de entrevistas tem a participação de um gerente de engenharia de manufatura e de um representante dos recursos humanos. O processo de contratação não é rigoroso, mas a NAC dá preferência a técnicos que já trabalhem na empresa, transferindo-os para o departamento pretendido a partir de outras atividades da empresa (por exemplo, de plantas de montagem ou plantas de estamparia). Do mesmo modo que com o desenvolvimento de produtos, os departamentos de engenharia de manufatura assumem a responsabilidade pelo treinamento dos novos contratados e, por isso, não se pode dizer que existam procedimentos-padrão para tanto.

A partir da perspectiva do pensamento enxuto, o processo de recrutamento/contratação da NAC é mal conduzido e não se orienta para a criação de um sistema de desenvolvimento de produtos de alta qualidade. A empresa faz três suposições que são prejudiciais a esse processo:

1. *Os engenheiros são treinados profissionalmente na faculdade.* Ao contratar os melhores estudantes das melhores escolas de engenharia, a NAC supõe estar atraindo engenheiros profissionalmente capacitados, supondo também que esses engenheiros já aprenderam os fundamentos da profissão e, por isso, podem ser produtivos de imediato.

2. *Cada departamento é capaz de desenvolver seus próprios engenheiros.* Deixar o desenvolvimento dos engenheiros para cada departamento funcional é provavelmente a mais antifuncional das suposições. Em discussões com engenheiros da empresa participantes dos processos de recrutamento/contratação, os autores constataram que a atitude imperante nesse nível se resume à convicção de que "nós somos profissionais e por isso temos condições de desenvolver com eficiência outros profissionais do ramo". A experiência sugere que, na prática, a teoria é outra. Pior ainda, sem um processo de iniciação promovido pela empresa, os engenheiros tendem a desenvolver lealdade maior aos departamentos em que atuam do que à empresa como um todo.

3. *Engenheiros de manufatura não precisam ser tão bem treinados, técnica e funcionalmente, quanto os engenheiros de desenvolvimento de produtos.* Isso reflete o preconceito existente na NAC em relação à engenharia de manufatura, que não seria "a verdadeira engenharia". Existe uma aparente crença de que a engenharia de manufatura é algo menos profissional, sendo um trabalho sujo para o pessoal de fábrica, que não precisa, ou não tem condições para, colocar em prática as disciplinas de matemática e ciência indispensáveis no desenvolvimento de produtos, bem mais avançado.

Treinamento e Desenvolvimento na NAC

O desenvolvimento do pessoal na NAC parece estar centrado na experiência. Quase que imediatamente após a contratação, os novos engenheiros são informados de que a experiência é importante para a carreira. A crença que prevalece é a de que qualquer pessoa que permanecer na mesma função por mais de um ou dois anos não conseguirá progredir na empresa. Embora seja verdade que a NAC proporciona oportunidades para treinamento no local de trabalho (OJT), é também verdade que falta estrutura para esse treinamento e que a orientação e ensino não são comportamentos recompensados entre os supervisores. Conseqüentemente, os supervisores não contam com incentivos

184 ■ Sistema Toyota de Desenvolvimento de Produto

para treinar novos engenheiros. E assim, embora existam supervisores que se preocupam em desenvolver novos talentos, eles tendem a ser poucos e seus métodos únicos, nada padronizados. A maior parte do treinamento formal na NAC é *online* e frequentemente encarada como mera formalidade. Por exemplo, exige-se que todo o pessoal de engenharia de produtos da NAC passe por uma série de sessões de treinamento. Contudo, muitos dos engenheiros consideram esse treinamento em sala de aula irrelevante, com pouca relação com seu trabalho diário. Parte do treinamento é considerada valiosa, mas não chega a alterar a maneira de se trabalhar, e os engenheiros inclusive manifestaram à gerência o desejo de que alguma mudança seja feita nas operações diárias de maneira a refletir aquilo que aprendem em sala de aula.

A NAC sem dúvida proporciona orientação em qualidade e quantidade ao seu pessoal. Contudo, essa orientação não é de natureza técnica, voltada para o aperfeiçoamento de comprovadas habilidades técnicas. Boa parte da orientação a qual tivemos acesso preocupava-se, em primeiro lugar, com a melhor maneira de desenvolver uma carreira, focando, por exemplo, nas habilidades indispensáveis para lidar com a política na corporação. Embora o desenvolvimento voltado para as carreiras seja muitas vezes debatido na empresa, nenhuma das pessoas entrevistadas pelos autores pôde identificar um determinado rumo indicado para sua respectiva especialidade funcional. Mais ainda, todos os entrevistados asseguraram que as pessoas mudam com muita freqüência de função, de maneira que não chegam a desenvolver conhecimento aprofundado sobre qualquer disciplina específica em engenharia. Os engenheiros de produtos, especialmente, são muitas vezes deslocados para uma nova especialização antes de terem desenvolvido competência nas funções originais.

Mesmo na gerência de engenharia, em que as pessoas tendem a permanecer mais tempo em suas funções originais, ainda não existe um plano de carreira determinado para que seja possível o desenvolvimento de habilidades técnicas específicas. Uma das razões para isso está no fato de que boa parte da engenharia de produção central é feita fora da NAC. A gestão da engenharia da produção depende daquilo que um engenheiro traz para sua função a partir de sua educação formal, experiência prévia, ou daquilo que possa ter aprendido com os fornecedores. Sem um sistema valorizado e estruturado de orientação e sem um plano de carreira, a NAC luta para transmitir práticas e ferramentas padronizadas aos novos engenheiros. Isso, por sua vez, leva a uma ampla variação nas capacitações de cada engenheiro; alguns deles são excelentes, figurando mesmo entre os melhores de toda a indústria, enquanto outros são quase que incompetentes, uma situação que claramente contribui para a alta variação de tarefas no processo da NAC e diminui a capacidade da empresa de prever resultados, planos e padronização acurada. Como discutido no Capítulo 5, a alta variação de tarefas conduz a filas e prolongados tempos de processamento. A incapacidade de planejar e prever claramente contribui para exacerbar esses problemas.

DESENVOLVIMENTO DE PESSOAL NA TOYOTA

A criação de um sistema enxuto de DP exige não apenas a adoção de ferramentas e o compromisso de enxugar a organização, mas também uma mudança de filosofia relacionada à maneira de fazer as coisas. Isso pode ser exemplificado no rigor com que a Toyota seleciona e desenvolve engenheiros, tanto de desenvolvimento de produtos quanto de produção, usando ao mesmo tempo OJT e a orientação profissional numa metodologia logicamente estruturada. Desde o começo, a Toyota atribui alta prioridade ao incentivo e ao desenvolvimento de talentos em engenharia. Na verdade, o desenvolvimento de pessoal na Toyota parece ser tão importante quanto o desenvolvimento de produtos. Os gerentes da Toyota são treinados como professores e enxergam em cada projeto de engenharia uma oportunidade para o desenvolvimento dos seus engenheiros. Desenvolver pessoas é fundamental para a função de gerente. Todos os gerentes vêem o desempenho de suas equipes como reflexo direto de suas próprias habilidades. Trata-se de uma questão pessoal.

Contratações na Toyota

No Japão, um cargo na Toyota é muito cobiçado, e o processo de seleção da empresa é altamente rigoroso (é preciso registrar que nem sempre foi assim e que no começo a Toyota lutou para conquistar grandes talentos). Candidatos das melhores universidades do país, como as de Tóquio e Quioto, superam em muito o número dos cargos disponíveis. A contratação é centralizada e os engenheiros são normalmente contratados em grupos que constituem uma turma anual de calouros. As turmas são normalmente numerosas e, de cada grupo de 300 novos contratados, a distribuição do nível da formação educacional fica em 2 com doutorados, 198 com mestrados e 100 com graduação universitária, tudo isso na disciplina de engenharia. Quando da contratação, os novos engenheiros não têm a menor idéia de qual será o seu destino na empresa. Embora a Toyota encontre uma posição de acordo com as especialidades de cada um, a organização da engenharia em que eles trabalham é determinada à medida que avançam pelo segmento inicial da carreira.

Os contratados da Toyota normalmente estão entre os melhores de suas turmas, mas esse não é o único critério levado em conta durante o processo da contratação. Cada candidato a uma vaga na engenharia passa por uma série de exaustivas entrevistas cuja finalidade é perceber se o perfil pessoal do candidato irá se enquadrar na cultura da Toyota. Cada candidato é examinado detalhadamente e entre as fontes de informação figuram professores que têm relação com a Toyota, bem como engenheiros que já trabalham para a empresa. De fato, alguns dos engenheiros recentemente contratados retornam às respectivas universidades para comandar reuniões de recrutamento em que surgem candidatos de todos os níveis. A seguir, uma relação das características que esses recrutadores buscam entre os candidatos:

186 ■ Sistema Toyota de Desenvolvimento de Produto

- Gosto por automóveis e pelo trabalho técnico.
- Capacidade técnica.
- Capacidade criativa na solução de problemas (pensamento não-convencional).
- Capacidade de trabalhar em equipe (*nemawashi*, cooperar, partilhar informação).
- Habilidade para "entender situações" com presteza, profundidade e em nível detalhado (o que procurar, quais perguntas fazer, conhecer o que vale a pena conhecer).
- Capacidade de comunicar uma situação de forma sucinta.
- Disciplina para trabalhar consistentemente de acordo com um cronograma determinado.
- Motivação para trabalhar de acordo com as metas.
- Dedicação à especialidade e à empresa (por exemplo, disposição a trabalhar o tempo necessário para completar determinada tarefa).

Treinamento e Desenvolvimento na Toyota

O avanço na carreira na Toyota é chamado de "T da Toyota". Trata-se de um 'T' invertido, com a parte superior simbolizando que a carreira do engenheiro começa com um curto período que é abrangente em escopo e com a base do 'T' simbolizando que ela evolui por muito tempo no âmbito de uma disciplina técnica específica. Um grupo de calouros padrão passa cerca de um mês em treinamento geral, que inclui aulas sobre a qualidade e orientação a respeito da história e tradições da empresa. Em seguida, os novatos passarão de três a quatro meses empenhados no trabalho manual da produção dos automóveis, numa das plantas do grupo. Esses engenheiros podem, a seguir, passar outros dois ou três meses como vendedores, inclusive de porta em porta. A Toyota definiu esse processo de treinamento para garantir que os engenheiros entendam o negócio dos automóveis pela perspectiva da empresa e também pela perspectiva dos clientes.

Esse regime de treinamento comum a todos os calouros também proporciona aos novos funcionários um sentido de participação, aspecto muito importante da consolidação de uma cultura e de uma lealdade à empresa capaz de se manter e incrementar ao longo de uma carreira. A mensagem é clara: na Toyota, cada funcionário trabalha não apenas para uma função específica. Durante esse período de orientação, a empresa avalia constantemente os novos engenheiros, buscando determinar qual o melhor lugar deles na organização.

Treinamento e Desenvolvimento na Engenharia de Carroceria e Estruturas da Toyota

Sempre que um engenheiro chega ao grupo de engenharia de carroceria e estruturas, o departamento normalmente coloca-o aos cuidados de um mentor (um dos engenheiros seniores). Cada novo engenheiro é igualmente encarregado de um projeto de melhoria, o "projeto do calouro". Trata-se de um projeto técnico menor mas, ainda assim, cheio de desafios (como o de reduzir o número de grampos de enlace de uma peça). O objetivo desse exercício consiste em forçar o novo engenheiro a usar ferramentas básicas da profissão e recorrer ao auxílio de outros para cumprir a tarefa, processo esse muito útil na disseminação prática do modo Toyota de engenharia. Por exemplo, um ponto que os mentores mais destacam é que um engenheiro não deve apenas entregar a *resposta* ao seu chefe. Mais importante é considerar o impacto de várias soluções potenciais e apresentá-las no formulário de matriz de decisão, ou A3, demonstrando que estudaram em profundidade a situação a eles proposta. O projeto do calouro dá também seguimento ao processo de socialização, alinhando ainda mais o novo engenheiro ao Modelo Toyota. Tudo é novidade e o projeto do calouro é desafiante, uma experiência nitidamente diferente da educação universitária e da orientação geral do primeiro ano na empresa. Para vários novos engenheiros, essa experiência é emocional; muitas vezes exerce uma impressão tão forte que são inúmeros os engenheiros veteranos que ainda lembram nitidamente os detalhes dos seus projetos como calouros.

Depois que os novos engenheiros completam seus projetos de calouros, com duração de quatro a nove meses, a Toyota os encaminha para setores na área de engenharia de carroceria e estruturas. Os engenheiros sabem que precisam passar por um período de duas etapas de OJT (resumidamente descrito no Capítulo 6). Os engenheiros que completam com sucesso esse treinamento OJT ascendem à condição de engenharia de primeiro nível. A primeira etapa, com dois anos de duração, consiste em trabalho concentrado no terminal de CAD (projeto auxiliado por computador), sob a direção de um engenheiro sênior (os engenheiros precisam aprender a fazer seu próprio trabalho CAD). Depois desse período inicial, um engenheiro de carroceria pode passar vários anos (de três a seis) nessa mesma especialidade técnica, trabalhando em projeto de algumas peças relacionadas à carroceria. Somente então a gerência irá reconhecer esse profissional como um engenheiro capaz de trabalhar de forma independente.

Ao longo do período de desenvolvimento de cerca de oito anos, o gerente continua a orientar e entrevistar o engenheiro três a quatro vezes ao ano. Essas entrevistas não resultam apenas em uma opinião subjetiva do gerente em relação à qualidade do desempenho do novato comparado ao desempenho dos outros engenheiros iniciantes. Pelo contrário, o mentor/gerente usa o conjunto-padrão de expectativas/habilidades para mensurar o progresso técnico do engenheiro e sua adesão aos processos e metodologia-padrão da empresa. A essa informação são acrescidas as opiniões de diversas pessoas com as quais o engenheiro já trabalhou. A partir desses critérios, o gerente define áreas de melhoria e desenvolve um plano de ação a ser avaliado na entrevista posterior. A Toyota também emprega um processo de *hoshin kanri* (colocação de políticas, processo

188 ■ Sistema Toyota de Desenvolvimento de Produto

discutido no Capítulo 15) para que cada engenheiro tenha objetivos específicos em função dos quais venha a ser avaliado. Depois de trabalhar na empresa por cerca de 10 a 12 anos, o engenheiro pode, enfim, sonhar com uma promoção ao *status* de gerente de primeiro nível.

Treinamento e Desenvolvimento na Engenharia de Produção

Como na engenharia de carroceria, os novos membros da organização de engenharia de produção vem da mesma turma de calouros e recebem o mesmo treinamento básico no primeiro ano. Os novatos são também colocados sob a supervisão de um mentor e começam um projeto de calouro no segundo ano. Na engenharia de produção, esse projeto pode ser algo como a redução do número de superfícies planas ou grampos exigido por um determinado dispositivo de fixação da peça. No grupo de engenharia de estamparia (parte da engenharia de produtos), a carreira de um novo engenheiro segue tipicamente o seguinte rumo:

- De quatro a seis meses num projeto de calouro
- Três a quatro anos no projeto de ferramental
- Dois a três anos em processamento e desenvolvimento de binder (componentes do ferramental de conformação)
- Dois a três anos no teste e construção de ferramentas e moldes

Ao contrário de outras empresas (entre elas a NAC), a Toyota não enfrenta pressões sindicais determinando quem pode fazer o quê, por isso os engenheiros da companhia têm liberdade de participar em atividades no teste e construção em ferramentas e moldes. Eles também passam muito tempo nas plantas de estamparia como parte do processo de conclusão de suas tarefas. Aqui, também, os novos engenheiros são entrevistados três vezes por ano e avaliados de acordo com as matrizes de habilidades.

Depois de completarem o período de desenvolvimento ou aprendizado (cerca de oito anos), os engenheiros de estamparia podem ser convidados a participar da organização de engenharia simultânea, a transferir-se para uma planta de estamparia, ou a voltar a uma das especialidades funcionais da estamparia, como projeto de ferramentais. Essas missões, ou deslocamentos, são planejadas com seus gerentes, e os engenheiros podem sugerir suas preferências. Depois de mais alguns anos na sua disciplina preferida, eles estarão prontos para serem promovidos a uma posição gerencial de primeira linha.

Para muitas empresas que querem implementar o DP enxuto, esse significativo investimento em pessoal pode parecer irrealista, particularmente para empresas ocidentais com altos índices de rotatividade de engenheiros. O que essas empresas não conseguem reconhecer é que esse processo de um sistema enxuto de DP ao mesmo tempo desenvolve engenheiros capacitados e fortalece uma vibrante cultura enxuta. É possível começar esse processo utilizando dois elementos do pensamento enxuto:

1. *Padronização.* Ao fazer com que todos os departamentos utilizem expectativas de habilidades-padrão para desenvolver e mensurar novos engenheiros, é possível continuadamente reforçar e/ou melhorar esse conjunto de habilidades. Ao contrário de muitas empresas que fazem os funcionários revisar seus padrões de vez em quando em uma aula de treinamento *online*, o melhor resultado seria aplicar critérios de padronização todos os dias na determinação da competência do pessoal. Para apreciar devidamente a importância desse elemento da produção enxuta, vale lembrar que a padronização ajuda a reduzir a variabilidade no sistema de DP e que *padronização conduz à flexibilidade.*

2. *Organização do aprendizado.* Ser líder numa organização enxuta também significa ser um professor. Dentro de uma organização que aprende, uma responsabilidade principal dos gerentes consiste na orientação técnica dos engenheiros. Esse processo de orientação também prepara uma geração inteira de novos gerentes.

A fim de aumentar o processo de desenvolvimento estruturado, a Toyota conta com um número de mecanismos projetados para os aprendizado organizacional e individual e para o desenvolvimento. A Toyota tem paixão pelo aprendizado e, por isso, constrói oportunidades de aprendizagem já no ptincípio do seu processo de desenvolvimento. No Capítulo 11, há uma discussão detalhada de como a Toyota injeta o aprendizado e a melhoria contínua em seus processos para criar um sistema enxuto de aprendizado. Existem também importantes implicações para como esses mecanismos sustentam o desenvolvimento de competência técnica superior em cada um dos seus engenheiros.

ENGENHARIA *GENCHI GENBUTSU*

A expressão *genchi genbutsu* literalmente significa a peça verdadeira, o lugar verdadeiro; para a Toyota, isso implica *ir até o local para verificar a situação real em primeira mão, a fim de entender em profundidade a realidade do momento.* Trata-se de um dos quatro princípios centrais do documento interno do Modelo Toyota e ele se manifesta em todos os quadrantes da empresa (Liker, 2004). Essa abordagem "mão na massa" é muito importante para um sistema enxuto de DP e fundamental para desenvolver novos engenheiros. Como Kiichiro Toyoda, fundador da Toyota Motor Company, observa, "não se pode confiar em um engenheiro que não precise lavar as mãos antes do jantar".

Em uma época de engenharia *high-tech*, é uma grande tentação para os engenheiros dividir seu tempo igualmente entre salas de conferências e seus

190 ■ Sistema Toyota de Desenvolvimento de Produto

cubículos de trabalho. Mais ainda, em um ambiente inclinado cada vez mais à terceirização no exterior e à "engenharia virtual", é até possível que os engenheiros nunca cheguem perto do produto com o qual estão trabalhando. Mas, como comentou Kelly Johnson, o famoso chefe da lendária divisão Skunk Works da Lockheed, "um engenheiro jamais deveria estar a uma distância maior do que a de uma pedrada do produto físico" (Rich & Janos, 1994). Esse comentário reflete claramente o espírito da *genchi genbutsu*. Exemplos dessa filosofia posta em prática incluem engenheiros trabalhando como vendedores antes de se dedicarem a projetos, trabalhando no desmonte de produtos concorrentes, ou ajustando pessoalmente peças de protótipos. A equipe do EC também vai ao encontro dos clientes, testa veículos e avalia seus próprios dados de qualidade – e os dos concorrentes também. O ponto principal da *genchi genbutsu* está em que só é possível desenvolver produtos de qualidade mantendo os engenheiros da empresa intelectual, física e emocionalmente conectados com esses produtos. Os próximos parágrafos descrevem algumas das formas pelas quais a Toyota aplica *genchi genbutsu* ao desenvolvimento de produtos.

Desmontagens de Produtos da Concorrência

Desmontando produtos-alvo dos concorrentes, a Toyota identifica determinados veículos e componentes específicos como os "melhores" em uma nova classe de veículo. Os engenheiros então reduzem esses veículos a peças individuais e as submetem a uma avaliação competitiva em termos de qualidade, desempenho e facilidade de manufatura. Eles montam e destacam as peças desmontadas num quadro de desmonte ao lado de peças de modelos atuais da Toyota, apresentadas para serem examinadas por todos os participantes (inclusive seus fornecedores). Além disso, os relatórios de análise são distribuídos a todos os grupos funcionais participantes para avaliação e comentário. Esses relatórios são criados mediante a utilização da tecnologia V-Comm, um relatório tipo A3 virtual que inclui fotos digitais, descrição de problemas, contramedidas e a geometria do projeto do produto atual.

Construção de Protótipos

Os engenheiros de carroceria praticam a *genchi genbutsu* durante a fase do protótipo ao participar na construção virtual e física dos protótipos. Eles visitam fontes produtoras de peças e freqüentam reuniões de resumo no lugar da construção, muitas vezes ajustando e montando peças que dão a eles um sentido mais real dos seus projetos. A fase do protótipo é um tempo de aprendizado intensivo para o engenheiro de carroceria e estar na fonte tem, nesse sentido, valor inestimável. Além de trabalhar com os ESs, os engenheiros de carrocerias trabalham com os especialistas em protótipos, especialistas de garantia de qualidade e líderes de equipes de produção/montagem, que participam na construção dos protótipos. Essa fase, que se caracteriza por uma considerável interação, acaba gerando inúmeras mudanças na engenharia.

Quando as mudanças na engenharia são consideradas necessárias durante a fase do protótipo, elas são realizadas no próprio local da identificação dos problemas. Isso ocorre com maior freqüência nas fontes de construção ou manufatura de peças. Os engenheiros marcam e assinam esboços ou desenhos que servem como autorização para a realização das necessárias mudanças. Quando não é possível concretizar as mudanças no local, engenheiros de carroceria devem responder dentro de no máximo 48 horas com dados novos ou complementares. Isso mantém o processo em andamento, enquanto os engenheiros estão atualizando o banco de dados do produto concreto. Por meio desse processo, a Toyota concretiza uma vantagem de desempenho pela utilização de elementos que se sustentam mutuamente. Esse sistema de mudança rápida depende de engenheiros, experientes que entendam todas as implicações das decisões tomadas. Eles usam ferramentas como listas de verificação e matrizes de decisão para fazer decisões rápidas e de qualidade; mais ainda, o processo permite que os engenheiros trabalhem em contato íntimo com o construtor do protótipo e das peças nele usadas, permanecendo próximos ao produto.

Reuniões Diárias sobre o Andamento da Construção

Outro mecanismo de solução de problemas e aprendizagem utilizado pela Toyota durante a fase do protótipo são as reuniões diárias que resumem o andamento da construção. Participam dessas reuniões, que acontecem ao final de cada dia, o EC (ou sua equipe), os engenheiros de carrocerias, técnicos do protótipo, líderes de equipes de produção, engenheiros de produção, além dos fornecedores. Os participantes discutem as questões surgidas durante aquele dia na montagem ou a inspeção de peças do dia seguinte. As reuniões são realizadas no local da montagem e ali os participantes podem testemunhar, em primeira mão, a questão da qualidade, custo ou produtividade/ergonomia, deixando também registradas questões/contramedidas e novas atribuições de tarefas ocorridas no local. Aqui, mais uma vez, é possível perceber o espírito da *genchi genbutsu* personificado por engenheiros de carroceria que trabalham ombro a ombro com líderes de equipes de produção e técnicos de protótipos, que fervilham em torno do protótipo do veículo, ajustando painéis e examinando os resultados de seus desenhos no sistema da carroceria.

O SISTEMA ENXUTO DE DP DEVE DESENVOLVER PESSOAS

As empresas que buscam adaptar um sistema enxuto de DP ficam frustradas e preocupadas quando descobrem a profundidade dos conhecimentos e da experiência dos engenheiros da Toyota, e o tempo que ela necessita para

192 ■ Sistema Toyota de Desenvolvimento de Produto

selecionar, treinar e desenvolver esses engenheiros. Por exigir uma mudança de filosofia, talvez esse seja o mais difícil de todos os aspectos do processo enxuto de DP que tais empresas precisam incorporar. O problema é que essa mudança pode exigir prazos muito maiores do que as empresas estão dispostas a dedicar à implementação de um sistema enxuto. Mas a filosofia por trás da mudança é a coluna vertebral do sistema enxuto de DP, sustentando a maior parte dos princípios do SEDP demonstrados ao longo deste livro. A seguir são apontadas algumas das razões por que a abordagem Toyota é cultural e historicamente única, razões que ilustram como os princípios da produção enxuta apóiam um ao outro.

- Na década de 1930, a cultura da Toyota evoluiu a partir de uma mentalidade de empresa pequena em que seus engenheiros precisavam fazer quase tudo a partir do zero.
- Com o tempo, essa necessidade acabou criando o valor cultural *genchi genbutsu*, o modo Toyota de resolver problemas.
- Esse comportamento reforçou a crença da Toyota no conceito de aprender fazendo.
- Para ser a melhor nisso, a Toyota valorizou o fato de aperfeiçoar engenheiros com detalhada e aprofundada especialização nas áreas focadas.
- Essa valorização sustentou ainda mais a necessidade do desenvolvimento de processos estáveis e padronizados, de maneira que os engenheiros da Toyota pudessem elaborar detalhadas listas de verificação de engenharia que refletem o verdadeiro aprendizado na prática.
- Em função da estabilidade e homogeneidade de gerações passadas de engenheiros da Toyota (homogeneidade em termos da forte cultura da empresa), um elenco muito parecido de expectativas, valores e crenças acabou amadurecendo entre os líderes que treinavam os mais novos. O engenheiro aprende de verdade o "Modo Toyota" de engenharia, independentemente de quem for seu orientador.
- Isso reforçou a cultura de aprendizado da Toyota, que faz da experimentação na prática um evento diário e em que os erros não são punidos.
- Essa atitude incentiva o espírito de inovação, colocando os engenheiros em situações desafiadoras desde o primeiro projeto de calouro.

É verdade que nenhuma empresa pode imitar com exatidão a abordagem ou cultura da Toyota, mas o que cada companhia pode fazer é adaptar o pensamento enxuto para começar o *desenvolvimento da competência técnica superior em todos os engenheiros*. O primeiro passo em tal sentido é consolidar a premissa de que são as "pessoas" que sustentam o sistema e de que quanto maior a excelência das pessoas, maior a eficiência do sistema. E as pessoas precisam ser *desenvolvidas*, não simplesmente recrutadas ou contratadas (o Capítulo 17 volta ao assunto de consolidar a cultura e a máxima excelência técnica exigidas por um sistema enxuto de DP). O próximo princípio do SEDP amplia esse comportamento ao enfatizar que as empresas devem gerenciar e nutrir seus fornecedores da mesma forma que agem com relação aos recursos de manufatura e engenharia.

Fundamentos do Princípio Sete do SEDP

Desenvolva a competência técnica superior em todos os engenheiros

As pessoas proporcionam a energia e inteligência indispensáveis a qualquer princípio enxuto e o desenvolvimento de produtos é um empreendimento movido a talento. Portanto, o SEDP requer que sejam focados tempo e energia significativos no desenvolvimento de competência técnica superior em todos os engenheiros. É preciso começar com um rigoroso processo de seleção, depois estabelecer um sistema de orientação técnica com avaliações periódicas que baseiem seus conceitos em comprovada competência técnica. Os resultados serão variação de tarefas significativamente reduzida, poderosa capacidade de gestão dos fornecedores e um nível de confiança profissional que fundamentará o desenvolvimento da agilidade da produção enxuta. A cultura da Toyota reverencia a competência e consegue estabelecer uma meritocracia técnica. Essa cultura perpetua a excelência técnica por meio da orientação abalizada, missões estratégicas e rigorosas avaliações baseadas no desempenho. Quem quiser criar um SEDP precisa se dispor a realizar um significativo investimento em seleção e desenvolvimento de pessoal.

10

Integre Plenamente os Fornecedores ao Sistema de Desenvolvimento de Produtos

A concretização de metas de desempenho da empresa matriz pela intimidação dos fornecedores constitui prática totalmente estranha ao espírito do Sistema Toyota de Produção.

Taiichi Ohno

No final de década de 1990, duas empresas norte-americanas do setor automotivo chegaram à conclusão de que suas competências centrais eram projetar, montar e vender carros. Acreditavam que poderiam criar novos estilos, comprar peças ou "módulos", formar a partir deles um conjunto e então vender ou financiar o automóvel, deixando que os fornecedores de peças competissem no setor dos componentes. A idéia funcional por trás dessa estratégia era que fornecedores externos se responsabilizassem pela maior parte do veículo e produzissem praticamente o carro inteiro, ficando as empresas automotivas encarregadas da montagem final. Até o motor faria parte dessa concorrência. Se surgisse alguém capacitado a produzir um motor de qualidade e menor preço, ótimo. De acordo com essa filosofia, megafornecedores assumiriam responsabilidade completa não apenas pela produção e engenharia básicas, mas também pelo desenvolvimento integral de importantes subsistemas do veículo: assentos, interiores, freios, eixos e chapa externa de metal. A filosofia dessa estratégia era entregar aos fornecedores maior responsabilidade, pedir melhores contribuições tecnológicas e dividir os riscos, "como se faz no Japão". Naturalmente, esse modelo tinha algumas características capazes de atrair o interesse dos fabricantes norte-americanos:

- Com o passar do tempo, eles acumulariam imensos ativos fixos da manufatura e realizariam tremendos cortes nos custos de investimentos em instalações de engenharia, engenheiros, ferramentaria e equipamento, ao empurrá-los para os fornecedores.
- Os fornecedores apresentavam, em geral, maior eficiência que os produtores norte-americanos de automóveis na relação custos/produção devido às regras mais flexíveis de trabalho e dos custos de mão-de-obra inferiores aos das fábricas de automóveis, dominadas pelos sindicatos.

196 ◼ Sistema Toyota de Desenvolvimento de Produto

- Os fornecedores poderiam desenvolver maior *expertise*, focando exclusivamente naquilo que projetavam e fabricavam.
- As empresas automobilísticas norte-americanas poderiam usar táticas de negociação mais eficientes para forçar a redução dos preços, ou poderiam repassar essa tarefa para outros produtores.
- Novas tecnologias de leilões via Internet possibilitariam concorrência instantânea entre fornecedores para chegar a preços realmente competitivos em escala mundial.

Em resumo, tratava-se de uma receita simples para uma empresa reduzir custos e, ao mesmo tempo, se tornar mais ágil e rápida – ativos fabulosos para quem quisesse mesmo concorrer no mundo do século vinte e um. Em comparação com as companhias japonesas, as empresas automobilísticas norte-americanas produziam mais de 50% dos componentes de qualquer tipo de veículo, enquanto as japonesas já terceirizavam mais de 70% do conteúdo dos seus produtos. Aparentemente, fazia total sentido adotar o modelo de relacionamento com fornecedores da Toyota. Olhando com mais cuidado, notava-se que faltavam ao plano alguns pontos críticos.

UMA PEÇA *NÃO* É UMA PEÇA, E UM FORNECEDOR *NÃO* É UM FORNECEDOR

Um automóvel é um sistema complexo. A maneira como as peças interagem tem muita importância – até os pneus, amortecedores e porta-luvas precisam ser projetados de modo a se adequar a um determinado veículo. É preciso desenvolver ferramentas e moldes, estabelecer linhas de produção e produzir o veículo de acordo com todas as especificações e dentro dos prazos, sempre com a mais alta qualidade. Nada há de trivial em relação a cada uma dessas etapas.

Quando os clientes compram carros, não estão interessados em saber quem produziu o motor, o rádio, o assento, o carpete etc. Os clientes desejam e contam com qualidade confiável e culpam apenas o fabricante do veículo por qualquer detalhe, por menor que seja, que não corresponda às expectativas. A Toyota sabe disso e age no sentido de garantir que cada peça do carro reflita a qualidade Toyota. Para atingir esse objetivo, a empresa transforma cada fornecedor em uma extensão dos processos de DP e da cadeia logística enxuta da Toyota. A empresa delega tarefas a fornecedores, mas, no final da cadeia, é ela quem assume plena responsabilidade por todos os subsistemas e pelo produto acabado. A terceirização não exime a Toyota de qualquer parcela de responsabilidade.

A General Motors, a Ford e a Daimler-Chrysler fizeram, em diferentes oportunidades, tentativas reais de aprender a compartilhar com os fornecedores mediante a emulação do modelo Toyota. Fracassaram quase que por inteiro nesses esforços, entretanto, porque não chegaram a assimilar o real conceito da operação conjunta. Quando o mercado fica difícil e aumentam as pressões sobre os lucros, essas empresas mostraram-se bem menos do que justas em relação aos fornecedores, vacilando entre declarações públicas de comprometimento e plena confiança no parceiro e reduções unilaterais dos preços dos fornecedores depois de os contratos já estarem assinados. Chegaram a abandonar fornecedores em meio a um contrato, repassando-o para um concorrente menos qualificado – e mais barato. Várias e várias vezes assim o fizeram enquanto continuavam a utilizar os projetos do primeiro fornecedor. Depois de um tempo, essa maneira de agir costuma sempre cobrar seu preço e aqueles que a adotam ganham fama, no mercado, de parceiro de negócios indigno de confiança.

Estudos promovidos pelos fabricantes norte-americanos atribuem constantemente nota máxima às relações dos fornecedores com a Toyota. Por exemplo, um estudo de 2005 de John Henke, da Planning Perspectives, situou a Toyota em primeiro lugar num índice baseado em 17 categorias, desde confiança até percepção de oportunidade, seguida pela Honda e pela Nissan. A Chrysler, a Ford e a GM ficaram, respectivamente, em quarto, quinto e sexto lugares (Sherefkin e Cantwell, 2003). Nesse ano, a Toyota teve seu melhor desempenho, marcando 415 dos 500 pontos possíveis (32% acima do alcançado em 2002), enquanto que a GM ficou no seu pior escore de todos os tempos, com 114 entre 500 pontos (29% inferior ao de 2002). Outra pesquisa, realizada pela J. D. Power & Associates, constatou que Nissan, Toyota e BMW tinham melhor desempenho entre os produtores norte-americanos na promoção de inovação por fornecedor (*Automotive News*, 24/02/2003). A Honda e a Mercedes também registraram cotações acima da média em inovação, enquanto que o grupo Chrysler, a Ford e a General Motors ficaram abaixo da média. São várias as razões óbvias que levam os fornecedores a atribuir à Toyota uma qualificação de tamanho destaque:

- Trabalha com fornecedores novos ou muito esforçados, buscando ganhar em rapidez.
- Assume compromissos com os fornecedores nas fases iniciais do processo de desenvolvimento do produto – e cumpre esses compromissos.
- Elabora contratos que são simples e que se prolongam por toda a vida do modelo de veículo.
- Em comparação com as demais indústrias automobilísticas, é a melhor no que diz respeito a equilibrar um foco no custo com um foco na qualidade.
- Cumpre os contratos – jamais renuncia a eles com a finalidade, por exemplo, de economizar em custos.
- Trata os fornecedores respeitosamente e acata a integridade da propriedade intelectual.
- Determina agressivas metas de redução de preços, mas trabalha juntamente com os fornecedores para a consecução dessas mesmas metas.

198 ■ Sistema Toyota de Desenvolvimento de Produto

Isso não significa "via livre" para os fornecedores. Os fornecedores entrevistados pelos autores quase que por unanimidade classificaram a Toyota como seu *cliente mais exigente* – exigente em cumprimento dos prazos, inovação, qualidade e redução de custos. Por exemplo, quando a Toyota descobriu que os preços que pagava aos fornecedores por muitas das peças principais estavam acima dos menores preços que os concorrentes pagavam globalmente, emitiu um novo conjunto de diretrizes para todos os fornecedores principais como parte de um programa batizado de CCC21. Esse programa exigia que eles reduzissem seus preços em 30% no próximo modelo em linha de produção: normalmente isso cobriria um período de três anos. Em vez de se rebelarem, os fornecedores concordaram com os novos termos. Por quê? Porque a Toyota concordou em trabalhar com eles na redução dos custos, inclusive oferecendo ajuda para que mudassem o projeto do produto mediante engenharia de valor. Pelo fato de responder às preocupações dos fornecedores com integridade e capacidade, a Toyota estabeleceu um alto nível de confiança profissional junto a esses empresários, em paralelo muito próximo à confiança que os engenheiros da Toyota estabeleceram uns com os outros.

Como demonstram os 13 princípios do nosso modelo de SEDP, a Toyota desenvolveu um sistema sofisticado que envolve pessoas, processos, ferramentas e tecnologia e se estende a todos os parceiros no empreendimento enxuto. Como parceiros da Toyota, os fornecedores devem seguir processos iguais ou semelhantes aos da empresa em matéria de projeto e manufatura. Mais ainda, uma vez aceitos na "família Toyota", eles são ensinados a se tornar sócios eficientes. A redução dos custos é um dos principais resultados do processo de seleção/ensinamento. A Toyota é mestra na redução interna de custos e espera sempre que os fornecedores também cheguem a essa maestria nessa disciplina. Num sistema enxuto de DP, não se pode "intimidar fornecedores" nem arrancar-lhes a última gota de sangue em busca de uma redução de preços. O resultado financeiro, embora sempre importante, não é o melhor orientador das relações com os fornecedores. Desenvolver excelentes processos e produtos de qualidade é o objetivo principal e, a fim de concretizá-lo, as empresas precisam ampliar a situação de aprendizado conjunto e de verdadeira parceria com seus fornecedores.

A Força do *Keiretsu*

Na década de 1980, os autores visitaram o Japão para aprender alguma coisa sobre o *keiretsu* (conjunto de corporações interligadas). Nesse modelo, um amplo conjunto de diferentes tipos de empresas coopera em negócios e mantém participação acionária em cada uma delas. Os fabricantes de automóveis têm participação acionária num grupo estreitamente interligado de fornecedores, que são, em essência, parte da empresa. Dentro desse modelo, os fornecedores eram informados sobre quais seriam as empresas com quem fariam negócios; como os fabricantes de automóveis participantes desse modelo de organização controlavam os negócios, podiam confiar aos fornecedores informação confidencial, aquele tipo de informação que é normalmente mantida em segredo e protegida mesmo dentro de empresas isoladas. O que os autores descobriram no Japão, contudo, é que a cadeia de suprimentos nesse modelo parecia mais uma hierarquia de corporações interligadas do que uma cadeia. Uma descrição mais fiel do *keiretsu* é a de que se trata de uma organização hierarquizada que produz grande proporção de suas peças mediante a terceirização desse serviço a um pequeno número de fornecedores interligados, de grande capacidade de produção e que estão em diferentes níveis dessa hierarquia, fazendo com eles contratos de longo prazo (Kamath e Liker, 1994). Existe concorrência entre os fornecedores, mas, tipicamente, dois ou três deles fazem uma determinada peça e ficam com 100% do negócio para um determinado programa de veículo. A Toyota seleciona esses fornecedores nas etapas iniciais do programa de desenvolvimento de produto, garante o negócio e os incorpora como parte da equipe de desenvolvimento de produtos.

Os Fornecedores São Todos Iguais?

A Toyota usa uma estrutura de ligações para seus fornecedores semelhante a um organograma. Ela lida principalmente com a primeira camada, os maiores fornecedores que abastecem a Toyota diretamente com subsistemas completos. Essa camada gerencia a segunda camada de fornecedores de componentes, que enviam peças para as fábricas da primeira camada[1], e assim por diante. Isso torna a tarefa do gerenciamento mais eficiente porque a Toyota não precisa comunicar-se diretamente com milhares de fornecedores. Para melhor administrar o *keiretsu*, os fornecedores japoneses têm quatro principais funções para os diferentes programas de veículos da Toyota, cada um dos quais passamos a discutir (ver Figura 10.1) (Kamath e Liker, 1994).[2]

1. *Parceiro.* Este é o nível mais elevado, que inclui empresas como Denso, Araco e Aisin. Essas empresas cresceram a ponto de serem comparáveis, em proporções, à própria Toyota e são tecnicamente autônomas. Elas podem determinar seus próprios subsistemas e componentes e

---

[1] Existem exceções a essa norma. Por exemplo, para algumas matérias-primas básicas como o aço, a Toyota recorre a sua alavancagem de compras para negociar diretamente com os fornecedores e obter um melhor preço, baseado nos grandes volumes comprados; ela negocia diretamente com esses fornecedores mesmo eles não pertencendo à primeira camada.

[2] Os detalhes dessas funções foram originalmente montados por Durward Sobek (da Montana State University) numa viagem de pesquisa ao Japão.

200 ■ Sistema Toyota de Desenvolvimento de Produto

	Contratual	Consultivo	Maduro	Parceiro
Responsabilidade pelo projeto	Cliente	Design Conjunto	Fornecedor	Fornecedor
Complexidade do Produto	Peças Simples	Montagem Simples	Montagem Complexa	Subsistema Completo
Especificações Fornecidas pelos Clientes	Design Completo ou Catálogo do Fornecedor	Especificações Detalhadas	Especificações críticas	Conceito
Influência do Fornecedor nas Especificações	Nenhuma	Capacidades Existentes	Negociar	Colaborar
Momento do Envolvimento do Fornecedor	Protótipo	Pós-conceito	Conceito	Pré-conceito
Responsabilidade pelo Teste de Componentes	Cliente	*Input* do Fornecedor	Conjunta	Fornecedor
Capacidades de Desenvolvimento do Fornecedor	Poucas	Significativas	Forte	Automáticas

Fonte: R. Kamath and J. Liker, "A Second Look at Japanese Product Development", *Harvard Business Review*, Nov.-Dec., 1994: 154-173

FIGURA 10.1 ■ Maturidade dos fornecedores e das funções no desenvolvimento de produtos.

contam com capacidades completas de protótipo e teste. Envolvem-se nos estágios iniciais de conceito da Toyota e, muitas vezes, desenvolvem esboços antes de a Toyota ter criado um contrato, ou até mesmo ter desenvolvido especificações formais para o subsistema. Os sócios têm grande número de "engenheiros convidados" trabalhando nos escritórios de projeto da Toyota com engenheiros da própria empresa para estágios de dois a três anos. Esses convidados ajudam a aumentar a força de trabalho de engenharia sem aumentar a folha de pagamentos da organização; eles colaboram e resolvem problemas do projeto. Quando o projeto detalhado volta para a engenharia do fornecedor, os engenheiros convidados funcionam como elementos-chave de ligação. Ao instalar esses engenheiros na Toyota, os fornecedores estão também treinando sua força de trabalho no sistema de desenvolvimento de produtos da Toyota. São em número reduzido os fornecedores que se ajustam à imagem de parceiro integral, e mesmo esses fornecedores precisam continuamente comprovar que merecem esse status e a confiança da organização.

2. *Maduro.* A maioria dos fornecedores de primeira camada está a apenas alguns passos do nível de parceiro. Amadureceram a ponto de contar com capacidades muito fortes de engenharia e manufatura, mas são um pouco menos autônomos e dependem um pouco mais da orientação da Toyota que os parceiros. Seus produtos não têm a mesma complexidade e eles dependem de especificações da Toyota. É aqui que a abordagem por conjuntos da Toyota em relação à determinação das especificações difere da abordagem usada nas empresas automobilísticas dos Estados Unidos. Enquanto as empresas dos EUA têm especificações detalhadas e rígidas de engenharia para os fornecedores, a Toyota apresenta especificações menos restritivas e as observa como alvos (Ward et al, 1995). Ao entregar essas especificações vagas aos fornecedores, a Toyota usa com freqüência o termo *gurai*, o equivalente japonês de "cerca de". Uma das dificuldades que a Toyota enfrenta nas tarefas de engenharia com fornecedores norte-americanos é que eles precisam de instruções explícitas, inclusive especificações e tolerância detalhadas, antes de começarem a agir. Pior ainda, se a Toyota não solicita especificamente alguma coisa implícita, não a irá receber. Essa tem sido uma experiência frustrante, particularmente para os engenheiros japoneses acostumados ao modo de trabalhar dos fornecedores japoneses, que muitas vezes antecipam suas necessidades. Fornecedores maduros não esperam ser consultados. Eles tomam iniciativas e fazem sugestões. *A Toyota prefere que os fornecedores tenham a capacidade de pensar por conta própria, contestar exigências e proporcionar idéias que agreguem valor ao processo.*

202 ■ Sistema Toyota de Desenvolvimento de Produto

3. *Consultivo*. Esses fornecedores produzem itens como baterias e pneus, mas a Toyota também dá palpites nesse *expertise*, contribuindo com idéias para produtos que ainda não estão na linha de fabricação. Os fornecedores consultivos influenciam as especificações ao recomendar suas próprias inovações – por exemplo, um novo pneu com novas características. Esses produtos em geral não são tecnicamente complexos, sendo menos intensa a colaboração em engenharia com esse grupo de fornecedores, exceto nas proximidades dos estágios de teste e lançamento dos veículos.

4. *Contratual*. A Toyota compra porcas e parafusos, hastes de lâmpadas, velas – peças que não exigem grandes parcerias. Em muitos casos, a Toyota simplesmente especifica o que quer, escolhendo em catálogos ou com os engenheiros um componente especial, quando necessário, e partir daí escolhendo um fornecedor. Fornecedores de primeira camada têm inúmeros desses artigos, mas mesmo quando contrata esses fornecedores a Toyota controla de perto qualidade, custo e entrega. A Toyota busca fornecedores contratuais com capacidade de entrega imediata, com as peças acondicionadas nas quantidades desejadas e nos contêineres adequados e somente da melhor qualidade. Esses fornecedores também devem trabalhar com afinco visando à redução de custos.

A Toyota ensina seu sistema de produção aos fornecedores em todos os níveis, escolhe esses fornecedores com o maior cuidado e se mostra sempre extremamente cautelosa quanto a quais serão os fornecedores aceitos como novos membros de sua "família" e até que ponto eles irão interagir com os parceiros.

Selecionando e Desenvolvendo Fornecedores da Toyota para os Parceiros: Exemplo do Fornecedor de Pneus nos EUA

Os principais parceiros do *keiretsu* da Toyota no Japão fazem parte da empresa estendida há várias décadas e, por isso, torna-se difícil para qualquer novo fornecedor ingressar nessa rede, a menos que tenha, por exemplo, patenteado alguma nova tecnologia que seja do interesse da empresa. Fora do Japão, contudo, nos primeiros estágios do lançamento da produção, a história tem contornos bem diferentes: a Toyota faz questão de trabalhar para aumentar suas redes locais de fornecedores.

Um exemplo disso é o caso dos pneus desenvolvidos por fornecedores que trabalham com o Toyota Technical Center, em Ann Arbor, Michigan, para carros produzidos nos EUA. Um pneu parece uma parte extremamente simples do veículo e, como tal, pode ser facilmente comprado, bastando comparar os preços dos vários catálogos. De acordo com a Toyota, nada disso é verdadeiro. O pneu é uma peça intrincada do chassis, bem como um componente-chave para controlar o ruído, a estabilidade do carro, a dirigibilidade, a segurança e a economia de combustível. Quando o engenheiro-chefe especifica as expectativas para um veículo, por exemplo, dirigibilidade e conforto de rodagem, os engenheiros de chassis aumentam a pressão sobre os pneus e a suspensão para concretizar essas metas. A distância da frenagem é uma função dos pneus e dos freios. Quando, na otimização do conforto e da dirigibilidade, os pneus não conseguem suportar paradas freqüentes, o engenheiro de chassis precisa passar a se preocupar com o sistema de freios. A Toyota trabalha com um detalhado processo para especificar, encomendar e qualificar pneus compatíveis com cada uma das propriedades específicas de cada tipo de veículo. Isso significa que um fornecedor de pneus precisa levar em consideração inúmeras questões técnicas, um processo longo que depende de uma sólida relação entre cliente e fornecedor.

A relação entre os fornecedores e as expectativas da Toyota em relação a eles é muito complexa, mesmo quando envolve um único e específico componente de um carro, como os pneus. Como a Toyota trabalha com apenas dois ou três fornecedores em uma determinada região, não tem por hábito sair com freqüência à procura de novos fornecedores, a menos que isso represente uma necessidade insatisfeita ou uma nova oportunidade. Um novo fornecedor recebe, inicialmente, uma quantidade modesta de encomendas e passa por rigorosos testes até que esses pedidos possam aumentar. Um aspecto dessa política de testes é o fato de envolver investimentos no processo de desenvolvimento, como se descreve a seguir.

1. *P&D de pneus.* Normalmente, o desenvolvimento dos pneus começa com o fornecedor que se mantém em contínua atividade de P&D para desenvolver novos produtos. O fornecedor deve levar em conta aparência, concorrência, exigências do mercado em desempenho, capacidade de produção, custo, regulamentos governamentais e o lugar em que pretende comercializar seus produtos (por exemplo, para os fabricantes de carros ou somente no mercado geral). O fornecedor desenvolve um perfil básico dos pneus mediante detalhado exame dos seus diferentes componentes – o que pode chegar à preocupação com as árvores das quais procederá a borracha usada na sua manufatura (por exemplo, as seringueiras do Vietnã são diferentes das existentes na Índia) e à consideração dos padrões de uso (que afetam a durabilidade, tração em pista seca ou molhada, aquaplanagem, ruído, comando). As variáveis na produção de pneus (por exemplo, o número de sulcos e ângulos e dos materiais dos sulcos) são também rigorosamente examinadas. O fornecedor realiza então simulações em computador e testes físicos para verificar outras preocupações (por exemplo, pressão sobre o pneu, quanto movimento os elementos do pneu suportam sob pressão).

2. *Requisitos básicos para o pneu.* Um comitê de pneus da Toyota Motor Company estabelece os padrões gerais em matéria de tamanho, re-

sistência de rodagem, etc., e o engenheiro-chefe define os requisitos relativos aos pneus no desenvolvimento de um determinado veículo. Esses requisitos incluem exigências objetivas (por exemplo, distância de frenagem) e subjetivas (por exemplo, a capacidade de curva e de manobra). Como a Toyota adotou o compromisso de se tornar uma "empresa verde", o engenheiro-chefe também leva em consideração a eficiência em economia de combustível. Muitas vezes, as especificações são relativas ao modelo em linha ou a um veículo concorrente com melhor comando dos pneus e de manobra, ou melhor conforto na estrada para o motorista. Os engenheiros da Toyota fazem o *benchmark* com uma variedade de pneus para verificar de que maneira eles atendem a todas essas especificações, incluindo na avaliação os pneus usados em veículos dos concorrentes. Eles igualmente estudam pneus apresentados pelos fornecedores como exemplos da utilização de novas tecnologias. A Toyota testa os pneus nos veículos no mercado, analisa *feedback* de clientes por meio das concessionárias e estuda dados da J.D. Powers, Consumer Reports, Car and Driver e outras fontes especializadas. A empresa também verifica regulamentos em vigor e em estudo pelas agências governamentais.

3. *Pedidos para Propostas de Projeto e Desenvolvimento*. A Toyota reúne as especificações no documento PPDD, que é um pedido formal encaminhado a um conjunto de fornecedores selecionados para co-desenvolver e dar preço aos pneus. O documento tem, normalmente, no mínimo quatro páginas de detalhadas especificações, apresentadas em ordem de importância e baseadas num veículo específico (por exemplo, o Camry 1999, AC, ABS, sem teto solar, quatro portas). As metas quantitativas para elementos como massa, velocidade, pressão de calibragem e resistência à rolagem são numéricas. Elas também fornecem exigências subjetivas relacionadas a um pneu de controle já testado pela Toyota. Para cada dimensão subjetiva, um diagrama mostra onde está o pneu de controle (ponto verde), qual o seu alvo (ponto vermelho) e se ele é diferente do pneu de controle (por exemplo, melhor aderência, menos ruído quando atinge algum objeto na estrada, controle). Uma coluna no diagrama indica quem é responsável pelo desempenho no teste. A Toyota realiza testes com um protótipo real, enquanto que o produtor do pneu faz seus testes em equipamentos especializados. Existe também uma coluna para comentários no diagrama. A Toyota dá ainda ao fornecedor um preço-alvo, sendo pequena a margem para negociação.

4. *Entregando o negócio a um fornecedor*. A engenharia trabalha com o departamento de compras para escolher um fornecedor, adequado, sempre incluindo um fornecedor a mais como reserva. Supondo que a

Toyota precisa de dois fornecedores, três deles são convidados a apresentar propostas de preços. Normalmente, esses são fornecedores que já fizeram bons negócios com a Toyota. Espera-se dos fornecedores escolhidos *co-desenvolver os pneus com a Toyota, usando, para tanto, recursos financeiros próprios.*

5. *Revisando e testando os pneus protótipos.* A Toyota espera que os fornecedores desenvolvam duas alternativas para a primeira apresentação de protótipos (1S). Às vezes, trata-se de um pneu inteiramente novo, mas o normal é que se trate de um derivado de um modelo existente, com uma ou mais modificações (o fornecedor, por exemplo, pode mudar apenas a banda de rodagem do pneu). A Toyota então responde às dúvidas, testa os pneus na sua própria pista quando ainda em desenvolvimento, e trabalha com o fornecedor ao longo de todo o processo. Na etapa 1S, os engenheiros avaliam minuciosamente os dois pneus na pista de testes e mediante a revisão de dados do fornecedor. A Toyota escolhe um dos pneus, ou solicita uma combinação das duas alternativas, ou, ainda, pede melhoramentos adicionais. Havendo dificuldades para que sejam concretizados os objetivos do EC, os engenheiros de chassis consultam o próprio engenheiro-chefe. O EC determina se o pneu está "suficientemente próximo" das exigências ou se os engenheiros precisam continuar trabalhando em busca de uma solução.

O fornecedor então entrega apenas um pneu no estágio do segundo protótipo (2S) para avaliação. O desenvolvimento do pneu segue-se ao desenvolvimento dos protótipos gerais do veículo, não necessariamente em etapas rigidamente interligadas. Contudo, os pneus no estágio de protótipo 2S precisam preencher as exigências do veículo e estar disponíveis em tempo para a confirmação final do projeto do veículo, antes do lançamento. Quanto ao desenvolvimento inicial, a Toyota trabalha com um modelo do ano anterior; o desenvolvimento final é feito em um protótipo do novo veículo.

A Toyota realiza testes em seus veículos americanos em campos de prova no Arizona, perto da cidade de Phoenix, que conta com pistas que simulam com precisão diferentes condições de estradas, o que inclui réplicas exatas de segmentos da interestadual I-94 em Detroit (com base em dados de um dia normal de uso) e de uma via expressa nos arredores de Los Angeles. Testes com chuva, testes com tempo seco e testes em estradas com neve são realizados. Os condutores dos testes levam os veículos ao limite, por exemplo, em curvas de alto risco. A Toyota faz a mensuração da distância real de frenagem e, quando o pneu não satisfaz as exigências, solicita ao fornecedor as modificações indispensáveis.

206 ■ Sistema Toyota de Desenvolvimento de Produto

6. *Escolhendo o(s) fornecedor(es) definitivo(s).* Depois da realização do 2S, a Toyota rejeita o fornecedor que não satisfaz as exigências relativas ao desempenho. Quando os três fornecedores cumprem as exigências durante os testes, o departamento de compras da Toyota passa a analisar outros fatores na decisão sobre qual deles deixar de lado, como, por exemplo, a quem se pretende vender aquele modelo de carro. Uma vez tendo a Toyota escolhido o(s) fornecedor(es), ela continua a monitorar a qualidade e o desempenho na entrega ao longo dos primeiros meses do lançamento do modelo no mercado para garantir que os padrões Toyota sejam seguidos.

Cada novo fornecedor precisa passar por todos esses estágios e fazer os investimentos indispensáveis no processo de desenvolvimento, sem qualquer garantia de retorno desse investimento. Novos fornecedores, quando escolhidos pela Toyota, de maneira geral não são contratados para produzir pneus para um novo modelo importante, podendo ficar responsável por fornecer o estepe para um veículo de menor projeção. Normalmente, um fornecedor atravessa vários programas e vários anos de esforços de engenharia até receber, da Toyota, os contratos suficientes para recuperar o investimento inicial. Mesmo assim, a concorrência para se tornar um fornecedor Toyota mostra que essa relação com a empresa japonesa é altamente valorizada.

ESTABELECENDO PARCERIAS COM FORNECEDORES: QUEM GANHA O QUÊ?

O exemplo dos pneus, que acabamos de ver, resume o rigoroso processo Toyota em matéria de desenvolvimento e seleção de componentes e fornecedores, sendo também um indicativo das expectativas de uma empresa enxuta em relação aos seus fornecedores. Como, porém, esse paradigma de sociedade se compara com os modelos tradicionais de relacionamento entre fábrica de automóveis e fornecedores? Existem, é lógico, algumas semelhanças, mas as diferenças (a seguir apresentadas) destacam com clareza por que uma abordagem enxuta desse relacionamento dá suporte ao projeto, à produção e, por fim, à lucratividade.

Fornecedores Trabalhando em Proximidade com uma Empresa: Relações de Longo Prazo Mutuamente Satisfatórias

Tradicionalmente, os fornecedores americanos não trabalham em contato próximo com as empresas automobilísticas no estágio do desenvolvimento. Para fornecedores trabalhando com empresas enxutas, no entanto, esse contato é imperativo. Eles precisam aprender a não apenas cumprir as metas determinadas nesse estágio, mas também a prestar cuidadosa atenção às várias e detalhadas exigências do trabalho, além de oferecerem soluções alternativas.

Integre Plenamente os Fornecedores ao Sistema... ■ 207

Gotsu-gotsu é um termo japonês que se refere à maneira pela qual um pneu reage a um choque de baixa freqüência e alto impacto. O motorista ou passageiro sente esse impacto nas costas. *Buru-buru*, por sua vez, é a reação do pneu a um impacto de baixa freqüência que o motorista ou passageiro sente no estômago. Quando os engenheiros da Toyota dizem "o *gotsu-gotsu* está exagerado", os fornecedores geralmente entendem o que isso quer dizer e sabem como reagir a tais impactos. No Japão, isso é fácil. Nos Estados Unidos, os fornecedores precisam aprender esses e outros termos similares para poderem participar efetivamente do desenvolvimento de produtos da Toyota. A empresa usa uma abordagem passo-a-passo para ensinar a terminologia e seus requisitos, desenvolvendo os fornecedores lenta e resolutamente.

Essa abordagem do desenvolvimento gradual pode revelar-se decepcionante para os fornecedores, especialmente porque a Toyota exige deles que invistam em desenvolvimento e na instalação de linhas de produção. Quando a Toyota estava desenvolvendo um veículo na América do Norte, por exemplo, um novo fornecedor desenvolveu vigas reforçadas durante dois anos. O fornecedor fez um bom trabalho no desenvolvimento e acabou ganhando o contrato para o veículo em questão, mas perdeu a concorrência para o projeto seguinte. Assim, o custo de desenvolvimento do fornecedor foi um investimento pesado, o que lhe acarretou um lucro muito escasso. Por outro lado, no entanto, os padrões desse mesmo fornecedor melhoraram até chegar àquilo que a Toyota sempre exige; com isso, o fornecedor recebeu novas encomendas e conquistou a estabilidade representada por uma sociedade de longo prazo com a Toyota. Em outra situação, a Toyota atraiu um novo fornecedor para o desenvolvimento de um novo tipo de sistema de gerenciamento de energia. O material desenvolvido para moldagem tradicional por injeção funcionou melhor que a espuma expandida usada anteriormente. A Toyota, entretanto, gastou quatro anos analisando e avaliando novos materiais de espuma e sistemas de gerenciamento de energia antes de assinar um pequeno contrato com o fornecedor citado. Pelo fato de aquele material específico jamais ter sido testado na produção de veículos, a Toyota esperou até o fornecedor garantir um contrato com outro cliente para provar a viabilidade do sistema na produção concreta antes de decidir pela assinatura de um contrato.

Novos fornecedores norte-americanos raramente satisfazem as expectativas da Toyota numa primeira tentativa e isso pode tornar difícil, para ambas as partes, qualquer trabalho em conjunto. Por exemplo, em ajuste e acabamento de carroceria, os produtores de automóveis desenvolvem tolerâncias para estamparias isoladas com base em análise de tolerâncias de montagem. Isso requer dados do fornecedor mostrando os índices de tolerância viáveis. Um jovem engenheiro da Toyota recebeu dados de tolerância para peças de estamparia de um fornecedor, mas as médias e as variações eram as mesmas para inúmeras diferentes dimensões. A Toyota havia solicitado dados de mensuração coorde-

208 ■ Sistema Toyota de Desenvolvimento de Produto

nada para mil peças. O engenheiro entendeu que aquilo que estava examinando não poderia estar correto e se convenceu de que o fornecedor só podia ter falsificado os dados. Ele foi ao supervisor da planta e ajudou a remontar o sistema de coleta de dados. Os dados corretos mostraram que a planta não havia atendido o critério de tolerância e, por isso, o fornecedor deveria ter desenvolvido uma rígida análise dos "5 por quês" até localizar a fonte da variância e corrigi-la. O engenheiro de *design* da Toyota desenvolveu o fornecedor, ensinandolhe a maneira adequada de coletar dados acurados e analisá-los e de desenvolver ações corretivas para melhorar a qualidade na manufatura. No relacionamento tradicional fornecedor/empresa, isso raramente acontece. As empresas automobilísticas nesse modelo também requerem dados, mas raramente os analisam com rigor e, se por acaso, encontram inconsistências, normalmente punem os fornecedores em lugar de buscar sua qualificação e aperfeiçoamento. Num sistema enxuto de DP, a norma é ensinar e auxiliar fornecedores que se mostrem dispostos a aprender e aperfeiçoar-se, o que contribui para o desenvolvimento de uma parceria valiosa e contínua.

O Preço Não é Tudo

Numa relação típica com fornecedores, uma vez acertados e concretizados os padrões de qualidade, o preço se transforma na principal preocupação da empresa que pretende escolher um fornecedor. Na relação enxuta, o fornecedor precisa satisfazer as demandas relativas ao desempenho e às metas de preços, mas é igualmente compelido a comprovar a capacidade de se tornar parceiro da empresa em todos os estágios do negócio, à medida que os detalhes vão sendo desbastados e as preocupações são devidamente encaminhadas. A Toyota, via de regra, não terceiriza produção com base exclusivamente nos preços. No exemplo antes citado, tanto a GM e a Ford quanto a Daimler-Chrysler anunciaram metas agressivas de terceirização na China para modelos americanos de automóveis para capitalizar sobre o baixo valor dos salários da mão-de-obra chinesa. Atrair fornecedores chineses muitas vezes significa comprovar uma especulação surgida a partir dos dados dos fornecedores atuais, testando alguns pneus para verificar se são mesmo tudo aquilo que se fala deles e talvez examinar as instalações da fábrica. Se a empresa estiver satisfeita depois de tudo isso, e se o preço for realmente mais baixo, o fornecedor ganha a encomenda. Darrel Sterzinger, diretor-geral de engenharia de projeto e chassis no Toyota Technical Center, comenta a respeito:

> Isso seria impensável na Toyota. Eu perderia o sono se fizesse isso. Se por algum motivo trouxéssemos um fornecedor da China, ele teria de passar pelos mesmos processos de co-produção a que submetemos os demais fornecedores. Isso significa que os chineses precisariam competir nesse processo. E nós daríamos

Integre Plenamente os Fornecedores ao Sistema... ■ 209

partida ao processo destinando-lhes um negócio muito pequeno, como o do estepe de um veículo de baixo volume. A partir de então iríamos monitorar seu desempenho. Se dessem conta do desenvolvimento, qualidade e entrega do produto, poderíamos acertar com eles a produção do pneu estepe de um veículo de maior volume. Depois disso, desde que produzissem adequadamente por alguns anos, teriam condições de conseguir os contratos para a produção dos pneus em um programa de maior volume.

Fornecedores estão sempre assediando a Toyota com promessas de alternativas de baixo custo. Em um desses casos, os preços de uma determinada empresa eram de tal maneira competitivos que o setor de compras fechou a compra de uma lâmpada traseira antes de a engenharia poder comprovar que o fornecedor estava realmente preparado para tal empreendimento. A empresa em questão precisava desesperadamente do negócio e estava inclusive transferindo sua planta para o México, a fim de tirar proveito do menor custo da mão-de-obra local. Logo que a empresa começou a produção, os índices de defeitos se mostraram muito superiores aos padrões determinados pela Toyota. Os engenheiros da Toyota buscaram desenvolver o fornecedor, mas não conseguiram fazer os progressos exigidos nos prazos disponíveis. Logo se tornou claro que o fornecedor simplesmente era incapaz de satisfazer os padrões e exigências da Toyota. O fornecedor foi afastado do projeto e seu relacionamento com a Toyota encerrado. A lição do episódio foi que *pode ser mais caro no longo prazo escolher o fornecedor mais barato quando ele não está preparado para satisfazer os seus padrões.*

Perdendo um Contrato

Em relações comerciais normais, alguns fornecedores fazem propostas para a obtenção de um determinado contrato e um deles é o escolhido. Não conseguir o contrato pode ser penoso para o fornecedor, mas, em função do "investimento zero" até então, seu prejuízo será nenhum. Na abordagem da produção enxuta, um pequeno grupo de fornecedores compete ao longo de todo o processo de desenvolvimento. Embora cada fornecedor faça um considerável investimento em P&D, alguns deles lucram, outros, não. Mas aqueles fornecedores com uma adequada compreensão da filosofia da produção enxuta consideram esse investimento em P&D como parte de um investimento maior em um novo relacionamento. A perda de um determinado programa não significa, portanto, um investimento simplesmente jogado fora. Na verdade, fornecedores que trabalham com a Toyota certamente perdem várias concorrências antes de começar a ganhar contratos lucrativos. A maioria dos fornecedores começa uma parceria com a Toyota que avança sempre um passo de cada vez e se caracteriza por perder grandes contratos e vencer alguns contratos menores, até o dia em que a Toyota decide que o fiel dessa balança já pode ser revertido.

Desenvolvimento da Relação

Como acima destacado, os fornecedores que não satisfazem uma empresa tradicional na realização de uma função ou tarefa específica raramente têm nova oportunidade de trabalhar para essa organização. Em contraste, uma empresa enxuta vê o seu relacionamento com os fornecedores sob a ótica do potencial para o desenvolvimento dessas relações. Isso é especialmente válido no caso da Toyota.

A Toyota faz questão de ordenar todos os novos fornecedores em um regime rigoroso de etapa por etapa. Por exemplo, quando ela começou a trabalhar com a General Tire, tratava-se de uma relação em escala muito pequena. A General Tire foi testada em primeiro lugar como fornecedora de pneus estepe da *station wagon Camry* – veículo de menor volume. A empresa, a partir daí, adaptou esse produto como estepe para a minivan *Sienna*. A Toyota monitorou constantemente o desempenho, ensinando à fornecedora a abordagem Toyota de desenvolvimento e manufatura de produtos. Em algumas ocasiões, a empresa não atingiu os padrões determinados pela Toyota, mas a Toyota continuou com os ensinamentos, entendendo que a contratada estava ansiosa para aprender. O trabalho da General Tire foi, a certa altura, expandido, passando a fornecer os quatro pneus do *Avalon* e do *Solara* – ainda veículos de baixo volume. A Toyota então passou a considerar a possibilidade de usar a empresa como fornecedora para caminhões de alto volume e para os utilitários SUV. Gradualmente, a General Tire tornou-se fornecedora de plena confiança e altamente valorizada pela Toyota – *processo que levou dez anos.*

Sistema de Engenheiro Convidado

A Toyota conta permanentemente com uma equipe de centenas de engenheiros procedentes de fornecedores, postados em tempo integral em seu setor de desenvolvimento de produtos, no chamado "escritório dos engenheiros convidados", ou residentes. Embora tenham áreas separadas, eles interagem diuturnamente com os engenheiros da Toyota. Isso representa uma vantagem óbvia – recursos de engenharia sem custos para a Toyota. Mas não é esse o objetivo do sistema. A meta é a integração.

Quando a Toyota convida um fornecedor a encaminhar-lhe engenheiros residentes, está formalizando um solene compromisso de crescimento conjunto de longo prazo. O fornecedor tem consciência de ter merecido um lugar de longo prazo no conglomerado Toyota. As posições de engenheiros convidados/residentes são altamente disputadas. O fornecedor, ao conquistar uma delas, automaticamente terá condições de se familiarizar com as práticas de desenvolvimento de produtos da Toyota e de receber informações avançadas relacionadas aos programas de novos modelos de veículos.

O fornecedor também pode supor, realisticamente, que engenheiros com a experiência Toyota serão mais qualificados. Trata-se de algo parecido com ma-

Integre Plenamente os Fornecedores ao Sistema... ■ 211

tricular funcionários da empresa em uma escola de engenharia *top of line* – ou quem sabe algo melhor do que isso. Afinal, os residentes terão condições de aprender tudo sobre o Modelo Toyota de engenharia. Eles poderão empregar, a serviço da própria empresa, tudo aquilo que aprenderem nesse estágio, contribuindo para aperfeiçoar os processos de desenvolvimento de produtos do fornecedor. Isso, como é natural, supõe que o cliente tenha alguma coisa a ensinar, o que, em se tratando do cliente Toyota, passa logo da suposição para a certeza.

Os engenheiros convidados flutuam por essa posição normalmente em períodos de dois a três anos. Fornecedores maiores, como a Denso, têm sempre muitos engenheiros em um determinado período, então, muitos dos engenheiros convidados da Denso terão passado por essa experiência na Toyota. Quando falamos da familiaridade dos engenheiros da Toyota com os métodos dos principais fornecedores, proporcionando uma capacidade flexível, o sistema de engenheiro convidado é a razão maior disso.

O Fornecedor Estável

Uma grande empresa geralmente depende de um grupo selecionado de fornecedores, mas, como o propósito principal da relação é a compra de suprimentos por um bom preço, a empresa não vacila quando se trata de ampliar sua base de fornecedores. Quando os fornecedores disponíveis são suplantados ou não conseguem preencher determinadas demandas, a empresa trata de procurar outros, sem sequer olhar para trás. Em muitos casos, o relacionamento com o fornecedor original é definitivamente encerrado.

Um modelo de produção enxuta, por outro lado, trabalha em geral com uma base menor de fornecedores no contexto de um plano ampliado. O objetivo é manter esses fornecedores ocupados e competitivos e motivá-los a dar sempre o máximo, às vezes já olhando para aquilo que poderão fazer em programas futuros.

Com relação a essa filosofia ampliada e de longo alcance, o departamento de compras da Toyota planeja e gerencia a média de encomendas que cada um dos fornecedores deverá conquistar no futuro. O fornecedor que funciona satisfatoriamente, mas não é escolhido para um determinado programa, provavelmente haverá de ser escolhido para outro programa num futuro próximo. Já o fornecedor que tiver desempenho insuficiente em qualidade, desenvolvimento de produtos, entrega ou cumprimento das metas de preços, certamente estará destinado a perder alguma fatia dos contratos a serem atribuídos pelo setor de compras, mas assim mesmo contará com a oportunidade de recuperar essa fatia perdida. Como a Toyota está sempre disposta a trabalhar com os fornecedores no sentido de ajudá-los a se aperfeiçoarem, os fornecedores provavelmente se dedicarão a trabalhar com empenho aumentado para conseguir satisfazer os padrões e demandas da Toyota.

212 ■ Sistema Toyota de Desenvolvimento de Produto

O PONTO-CHAVE DA ESTRATÉGIA DE TERCEIRIZAÇÃO

Como já dissemos, a Toyota terceiriza com sucesso mais de 70% do conteúdo dos veículos de sua produção, e isso parece ter incentivado outras empresas desse setor industrial a fazer o mesmo. No entanto, no esforço de emular o sucesso da Toyota, a maior parte dessas empresas não chega a avaliar ou entender em sua plenitude aquilo que leva a Toyota a ser bem-sucedida com essa política. Embora a Toyota terceirize peças e mesmo engenharia, *ela não terceiriza a competência nem abre mão do controle.*

Como qualquer outra empresa, a Toyota vê inúmeras vantagens na terceirização, inclusive a da flexibilidade de colocar engenheiros especialistas em equipes de programas de DP para trabalhar em componentes específicos, sempre que necessário. No entanto, a Toyota age com o maior cuidado quando se trata de decidir o que pode ser terceirizado e aquilo que deve ser mantido sob controle total. Até mesmo com componentes terceirizados a empresa não aceita abrir mão da competência interna, mesmo quando todos os indicadores apontam que seria mais econômico e mais conveniente terceirizar.

Dominando uma Tecnologia-chave

Manter o controle da competência essencial é quase que um mantra nas teorias de gestão nas empresas automotivas. A Toyota, porém, tem sua interpretação particular desse conceito. Em lugar de se considerar apenas uma empresa de projeto, montagem e venda de automóveis, a Toyota faz sua competência girar em torno da tecnologia de vendas, de projetos, de engenharia e, especialmente, de produção de veículos de transporte. Mais ainda, quando a Toyota terceiriza, ela não abre mão do controle; seu propósito é sempre o de aprender e desenvolver novas tecnologias com os fornecedores. Ainda que, ocasionalmente, transfira algumas responsabilidades, a Toyota *jamais transfere aos fornecedores a totalidade do seu conhecimento-chave ou a responsabilidade plena por qualquer área fundamental.*

Quando uma nova tecnologia é fundamental para um veículo, a Toyota se destaca dos concorrentes pelo incansável trabalho no sentido de dominar plenamente essa tecnologia e de se tornar a melhor no mundo na sua utilização. Como uma organização enxuta, a Toyota tem plena consciência de que dominar internamente qualquer tecnologia-chave ajuda a 1) gerenciar os fornecedores com eficiência (por exemplo, entendendo a realidade dos seus gastos) e 2) continuar a aprender, como organização, a se manter na linha de frente dessa tecnologia.

O Capítulo 7 descreveu detalhadamente o desenvolvimento do veículo híbrido *Prius,* que se baseou em tecnologia fundamental que a Toyota não havia até então transformado em um veículo produzido em massa. Essas novas tecnologias fundamentais nunca antes desenvolvidas na própria empresa foram: 1) o motor elétrico híbrido, 2) a poderosa bateria e 3) controles computadorizados (semicondutores IGBT) que transformam a corrente direta (DC) da bateria de maneira diferente.[3] Em virtude do curto prazo fixado para o lançamento do *Prius*, uma reação mais que natural teria sido associar-se com outras empresas especializadas nessas três tecnologias fundamentais. Em vez disso, e apesar de o então presidente Okuda continuar a antecipar a data do lançamento, o alto executivos e o EC do *Prius*, Uchiyamada, insistiram em desenvolver na própria Toyota tudo aquilo que fosse possível produzir do *Prius,* sem recorrer a terceiros.

Desenvolvendo Novas Capacidades: o Motor Elétrico Híbrido e os Controles Computadorizados

Diretores da Toyota enxergaram no motor elétrico híbrido e, mais especificamente, no desenvolvimento da capacidade de aplicação dos Insulated Gate Bipolar Transistor (IGBTs) – transistores bipolares de potência – uma oportunidade de dominar o mercado de componentes para futuros veículos híbridos. Os IBGTs são semicondutores para converter corrente direta em corrente trifásica, fundamentais para a capacidade de conversão e reconversão do motor elétrico para o tradicional motor a gasolina. Como resultado, a Toyota desenvolveu o IGBT em suas dependências e, no processo, deu início a um novo negócio de produção de semicondutores. O processo de desenvolvimento foi exigente, conduzido por engenheiros com experiência zero nessa tecnologia, e a Toyota investiu 5 bilhões de ienes na nova fábrica. O retorno sobre esse investimento continua dando dividendos. Hoje, a Toyota terceiriza muitas dessas peças desenvolvidas originalmente em suas fábricas, mas continua mantendo um severo grau de controle sobre o fornecimento e os custos dessas peças. Mais ainda, a Toyota sabe hoje como produzir pequenos lotes com maior economia e reduzir os custos resultantes do trabalho extra derivado desses pequenos lotes – uma lição genérica que consegue aplicar aos veículos de nichos.

Terceirização da Bateria com a Manutenção da Capacidade

Embora a Toyota pretendesse desenvolver nova tecnologia para a bateria, enfrentava um problema permanente com a peça condutora de energia da parte eletrônica do motor híbrido. No final, a Toyota precisou terceirizar esse componente. Mas, em lugar de simplesmente entregar a responsabilidade a um fornecedor, a empresa estabeleceu uma *joint venture* com a Matsushita – Panasonic EV Energy (Itasaki, 1994). Tendo já trabalhado com a Matsushita, a Toyota confiava no sucesso da parceria, uma confiança um tanto reduzida pela preocupação

---

[3]A história do desenvolvimento desses três componentes é detalhada no livro "O Modelo Toyota" (Liker, 2005).

214 ■ Sistema Toyota de Desenvolvimento de Produto

relativa às diferenças existentes entre as culturas das respectivas empresas. Uma preocupação específica era se a Matsushita teria, ou não, a disciplina adequada para encaminhar as questões de controle de qualidade necessárias para desenvolver um tipo completamente novo de bateria. Fuji, o engenheiro da Toyota responsável pela bateria, por fim constatou que havia uma maneira de combinar os estilos das duas empresas para abordar essa questão. Assim, o que havia começado como um relacionamento consultivo de terceirização evoluiu para um maduro relacionamento entre parceiros, à medida que os engenheiros da Toyota passaram a trabalhar lado a lado com a empresa parceira nessa *joint venture*.

Mudança de Política Para Manter a Capacidade Interna

Mesmo quando opta por terceirizar componentes fundamentais, a Toyota prefere manter capacidade e competência internas na questão. Tome-se, por exemplo, seu antigo relacionamento com a Denso, que era uma divisão da própria Toyota antes de se tornar empresa independente em 1949. A Denso figura entre os maiores fornecedores de peças automotivas no mundo inteiro e, pelo uso do *keiretsu*, a Toyota tem controle majoritário da empresa, com cerca de 20% do seu capital. A Denso é a fornecedora preferida da Toyota em peças elétricas e eletrônicas, apesar de manter relações igualmente ótimas com concorrentes da empresa no setor automobilístico. Como regra geral, a Toyota trabalha com pelo menos dois fornecedores de cada componente, mas a Denso, operando como uma divisão da própria Toyota, muitas vezes funcionou como fornecedor único de componentes eletrônicos. Esse entendimento, embora quase sempre tranqüilo, às vezes levou a a alguns conflitos, mas nenhuma das duas empresas chegou jamais a pensar em rompê-lo.

Então, em 1988, aparentemente a partir do nada, a Toyota abriu uma planta de eletrônicos em Hirose e começou agressivamente a recrutar engenheiros eletrônicos. A razão principal para essa mudança de política residiu no fato de ter a Toyota reconhecido que a tecnologia de eletrônicos estava se tornando parte proeminente dos veículos. (Atualmente, cerca de 30% dos componentes de cada veículo são dependentes da eletrônica.) Mesmo depois de muitos anos de terceirização para a Denso, a Toyota se mostrava capaz de uma mudança abrupta de rumo e de se lançar a um programa de "aprender fazendo" destinado a "impregnar toda a organização com as capacidades e valores essenciais à produção de eletrônicos na condição de verdadeira competência essencial da corporação" (Ahmadjian e Lincoln, 2001). Hoje, cerca de 30% dos novos contratados são engenheiros eletrônicos.

Usando o Keiretsu para Manter a Capacidade Interna

Como anteriormente discutido, a Toyota sustenta capacidade interna mediante seu *keiretsu* com a manutenção de parceiros de primeira camada e fornecedores maduros que assumem grande parte das responsabilidades em relação à engenharia e testes de subsistemas. A Toyota continua dependente de seus fornecedores porque esses têm ativos exclusivos da empresa, como ferramentas desenvolvidas para um determinado modelo de automóvel, bem como um conhecimento profundo da engenharia de produtos, que é difícil de reproduzir. Por esse motivo, a Toyota mantém o controle sendo proprietária direta de parcelas importantes do capital de seus fornecedores, e igualmente tendo participação visível nas respectivas diretorias. No seu movimento destinado a fazer mais negócios com fornecedores norte-americanos, a Toyota (da mesma forma que as "3 Grandes" empresas do setor nos EUA) insistiu para que os fornecedores de primeira camada instalassem divisões dedicadas a atender exclusivamente às necessidades da Toyota. Além disso, a fim de sustentar a legitimidade dessa propriedade, esses fornecedores são obrigados a instituir e cuidar de dispositivos de segurança capazes de separar os interesses da Toyota dos de quaisquer competidores a que possam estar igualmente fornecendo peças e serviços.

Usando Keiretsu de Mega-fornecedores para Construir Módulos

Uma das tendências na indústria automobilística (como em vários outros negócios orientados para o cliente) é a modularidade. Como outros produtos, os carros podem ser divididos em conjuntos de módulos interdependentes (cabina do piloto, módulo lateral, etc.), cada um dos quais pode ser terceirizado a um fornecedor externo para a engenharia, depois a construção e, em seqüência, o embarque para a linha de montagem. O fabricante simplesmente junta os módulos e o trabalho está feito. A Toyota, preferindo manter maior controle internamente, mostrou-se especialmente conservadora na adesão a essa tendência. Em vez disso, ela criou entre 13 ou 14 *keiretsu* megafornecedores e, em 2003, já contava com uma estratégia toda sua de modularidade, que lhe dá um grande grau de controle e competência interna. Esses novos megafornecedores japoneses têm competências técnicas e de gerenciamento de programas muito amplas e assumem responsabilidade pelo projeto, desenvolvimento, produção e montagem dos módulos. É importante lembrar aqui que os megafornecedores continuam sendo parte da rede de *keiretsu* e que a Toyota, na condição de OEM (fabricante do equipamento original), mantém competências redundantes justamente para supervisionar suas operações e desenvolvimento. Além disso, ao estabelecer novas *joint ventures* com esses fornecedores, a Toyota assume uma parte substancial do valor gerado.

Existe, aparentemente, uma contradição inerente relacionamentos de fornecedores na abordagem enxuta de DP. Por um lado, quando se faz negócio com uma empresa externa, é preciso tratá-la com o respeito devido a um parceiro. Mais ainda, quando os parceiros se tornam parte dos trabalhos internos da empresa principal, eles então se convertem em parte da rede ampliada que corporifica esse empreendimento. Confiança e intercâmbio geral de informações são fundamentais para o sucesso. Por outro lado, é importante definir a sua competência essencial de forma adequada e acurada e, a partir daí, encontrar meios de manter essa situação. Também é preciso identificar e monitorar a capacidade interna, um processo que, às vezes, propicia a largada para um novo negócio ou a mudança de políticas há muito estabelecidas – situações que significam enorme investimento de recursos. Em alguns níveis, a Toyota pode parecer indevidamente conservadora e protecionista em relação ao controle interno. Mas é exatamente em função disso que a Toyota consegue manter um equilíbrio entre duas idéias aparentemente conflitantes mediante a aplicação de um princípio por demais valioso: *assegure aos parceiros externos os mesmos altos padrões garantidos aos engenheiros internos e, enquanto estiver consolidando a confiança, seja relutante quanto a delegar o controle*. O nível da confiança irá sempre variar de acordo com cada empresa. Para a Toyota, mesmo quando se considera a confiança estabelecida, ainda existe clara diferença entre o interno e o externo, e a empresa sempre se reserva o direito de manter a competência técnica central para projetar e construir os componentes básicos em suas instalações.

TRATANDO OS FORNECEDORES COM RESPEITO E RAZOABILIDADE

Solicitado a qualificar a Toyota como empresa parceira, um fornecedor norte-americano não hesitou em afirmar que se tratava de seu melhor cliente, relatando, em seguida, um caso concreto para justificar a resposta. Ele disse que há clientes que, tendo encomendado com antecipação quantidades que depois se revelam excessivas, simplesmente passam o problema para o fornecedor. A Toyota, porém, em situação semelhante, compra todas as peças encomendadas. Ou seja, quando a Toyota assume um compromisso, faz jus aos seus termos – o que significa jogo limpo, confiança integral.

O mesmo fornecedor tinha outra observação interessante. Quando trabalha com a Chrysler no lançamento de um novo veículo, a empresa surge com um manual de procedimentos de qualidade do tamanho de um dicionário Webster. Para piorar a situação, esse manual sofre seguidas alterações e manter-se atualizado com elas consome muito tempo e recursos humanos. Isso é típico dessa empresa e serve para destacar as causas que levam tantos fornecedores a considerar que seus clientes entre as "Big 3" norte-americanas recorrem à burocracia, especialmente à chamada burocracia "da qualidade", como uma ferramenta para derrubá-los. Em inúmeras e repetidas ocasiões, informações confusas ou incompletas dos clientes acabam se traduzindo em aumento de custos e redução de lucros para os fornecedores.

Tanto as empresas norte-americanas quanto a Toyota usam burocracia – padrões repetitivos, procedimentos de auditoria, normas – na rotina dos seus negócios com os fornecedores. No entanto, muitos desses fornecedores consideram as empresas automobilísticas dos EUA como altamente coercitivas, inconsistentes e incompetentes. Já em relação à Toyota, a visão desses mesmos fornecedores é a de um parceiro estimulante – exigente, mas disposto a trabalhar junto com seus fornecedores para solucionar os problemas. Os engenheiros da Toyota têm a capacidade e a experiência necessárias para entender questões críticas e proporcionar saídas diretas e transparentes. Eles não precisam esconder-se por trás de camadas de exigências administrativas ou de um jargão burocrático desnecessários. Um fornecedor de interiores de automóveis, norte-americano, assim descreveu como é trabalhar com a Toyota:

> Em matéria de solução de problemas, a Toyota não costuma mandar fazer detalhados estudos de capacidade de processo com 15 subgrupos, como acontece com a American Auto. Eles simplesmente determinam "tire um pouco de material daqui, um pouco mais dali e tudo acabará se ajustando – vamos em frente". Em 11 anos, nunca construí um ferramenta protótipo para a Toyota. Cintos de segurança, painéis baixos, painéis de instrumentos, etc., são sempre tão semelhantes que não há necessidade de fazer um protótipo. Quando surge algum problema, eles simplesmente o examinam e encontram a solução – focando em fazê-lo melhor e não em procurar culpados. (Liker, 2005)

A Toyota levou sua relação "burocrática" estruturada com os fornecedores de coercitiva a capacitadora (Adler, 1999), com processos estáveis e claras expectativas. Em contraste, muitas empresas automobilísticas norte-americanas estão constantemente reinventando seus processos de fornecimento, que podem variar de engenheiro para engenheiro e até mesmo de departamento para departamento no âmbito de um mesmo projeto. Sem o desenvolvimento de uma base justa e estável para o negócio, torna-se impossível alcançar os níveis superiores de se capacitar sistemas e de aprender realmente como um empreendimento (Liker, 2005).

Existe uma outra desvantagem significativa na abordagem altamente burocrática e competitiva das empresas norte-americanas em relação aos fornecedores: o tremendo desperdício escondido na fábrica e na transação relacionado com a manutenção desse sistema. Vasculhar o mundo inteiro na busca dos mais baixos custos significa gerenciar incontáveis fornecedores, da mesma forma que introduzir um sistema estável de novos fornecedores. Esses fornecedores não conhecem o sistema e necessitam de muito tempo e atenção para sua adequação. Assim, ao mesmo tempo em que administram contratos complexos, gerenciam guerras globais de licitações e supervisionam a constante introdução de novos fornecedores no processo, os produtores norte-americanos precisam sustentar enormes organizações de compras, viabilizar métodos e procedimentos inacreditavelmente complicados e arrastados de fornecimento e conviver com constantes variações de desempenho dos fornecedores no desenvolvimento do processo.

218 ■ Sistema Toyota de Desenvolvimento de Produto

O fundamental de um processo enxuto de DP é tratar os fornecedores com respeito e razoabilidade. Afinal de contas, eles estão viabilizando e construindo partes críticas do produto que se está tentando vender aos clientes, que você quer que enxerguem o produto como sendo da melhor qualidade. Se as peças compradas dos fornecedores forem inferiores, o produto final também será de baixa qualidade. Se os fornecedores não forem os melhores, o melhor é parar de utilizá-los. Contudo, se o fornecedor está projetando e construindo componentes de primeira classe, é preciso, no mínimo, tratá-lo com respeito. Na pesquisa Henke de fornecedores de fabricantes de automóveis, a confiança foi o fator classificado em primeiro lugar, e a Toyota consistentemente ocupa essa posição entre as demais participantes dessa indústria. Sem confiança, não existe parceria.

A confiança entre a Toyota e seus fornecedores é uma rua de mão dupla; cada um dos sócios tira proveito do fato de todos estarem dispostos a percorrer o quilômetro adicional necessário para manter a relação sólida e funcional. Como foi mostrado neste capítulo, a Toyota é exigente ao extremo em relação aos seus fornecedores. Durante sua iniciativa global CCC21, por exemplo, a empresa pediu aos fornecedores a redução em 30% do preço a ela cobrado para o próximo novo modelo da marca. Pode parecer uma meta impossível, especialmente em virtude das reduzidas margens de lucro dos fornecedores. Mas a Toyota jamais trata de simplesmente impor uma exigência; ela faz o pedido e então passa a trabalhar com o fornecedor para concretizar o que está solicitando. Nessa oportunidade, se a Toyota tivesse pedido uma redução de 5%, o fornecedor talvez tivesse condições de simplesmente reduzir sua margem de lucro. Como uma redução de 30% seria proibitiva, o fornecedor precisa encontrar uma solução diferente para o problema, o que exige examinar cada aspecto do negócio, do projeto à matéria-prima e à entrega, a fim de conseguir verdadeiras reduções de custos. Como Darrel Sterzinger, gerente-geral de projeto de engenharia de chassis, no Toyota Technical Center, explicou:

> Um verdadeiro fornecedor norte-americano não consegue imaginar 30% – é algo que não faz parte do seu universo. Mas quando eu converso com eles e explico o pensamento da Toyota a respeito, eles começam a entender o significado da idéia. Não é nos 30% que estamos pensando. É numa maneira nova de fazer negócio. Explicamos tudo e passamos a observar sua operação e eles logo passam a sentir-se mais à vontade com a idéia. Pensam que somos parecidos com as '3 Grandes' e que a Toyota também enlouqueceu. É isso que acontece quando se fala ao fornecedor de uma redução de 30% sem trabalhar primeiro a idéia com ele – é realmente coisa de louco. Para nós, no entanto, trata-se de uma maneira inteiramente nova de pensar que começa com o projeto. E, realmente, se não se procurar em primeiro lugar trabalhar com o fornecedor como parceiro, tratando, em lugar disso, de dizer-lhes, como a GM, que se eles não fizerem outros o farão, é claro que os fornecedores ficarão, no mínimo, muito assustados.

Integre Plenamente os Fornecedores ao Sistema... ■ 219

A Toyota jamais assusta ou intimida seus fornecedores, algo que pode explicar o motivo pelo qual batizou o Sistema Toyota de Produção de "respeito pelo sistema da humanidade". Essa filosofia se estende a todos os sócios com os quais a Toyota trabalha nos seus empreendimentos. A meta colocada no horizonte dos fornecedores é sempre elevada e as conseqüências para quem não a atingir e melhorar podem ser dolorosas. Contudo, há sólidas recompensas financeiras para trabalhar com obstinação a fim de atingir e melhorar essas metas, além do orgulho e da satisfação que decorrem do sucesso e do reconhecimento por eles produzidos.

O princípio do SEDP que determina *a plena integração dos fornecedores no sistema de desenvolvimento de produtos* significa que, em primeiro lugar, é preciso colocar a própria casa em ordem e só então sair em busca dos mais qualificados parceiros no mercado, trabalhando com eles para o desenvolvimento de sistemas e procedimentos compatíveis. No final das contas, tudo isso conduz ao trabalho e ao aprendizado em conjunto, como empresa, o que nos leva ao nono princípio do SEDP: *consolidar o aprendizado e a melhoria contínua.*

Fundamentos do Princípio Oito do SEDP

Integre plenamente os fornecedores ao sistema de desenvolvimento de produtos

Os clientes vêem os componentes comprados como uma parte do produto e exigem que todo o produto seja livre de problemas. Eles não se importam se um problema não é de sua responsabilidade, porque um fornecedor não fez o que prometeu. Aquele que vende o produto final é o responsável pelo todo. Por esse motivo, os fornecedores dos componentes centrais precisam ter o mesmo nível de capacidade de engenharia e produção, contribuindo com peças de qualidade para um produto que se apresenta como de alta qualidade graças à produção enxuta. Além disso, os fornecedores precisam ser compatíveis. Ele devem adaptar-se suavemente ao sistema de desenvolvimento do produto, ao sistema de lançamento e ao sistema de produção. Isso exige que se aprenda a trabalhar em conjunto ao longo de repetidas experiências. É sua a responsabilidade de transferir expectativas muito claras aos fornecedores. A fim de concretizar essas metas, a Toyota traz fornecedores selecionados para o processo de engenharia simultânea desde as etapas do estágio do conceito. Os fornecedores precisam fazer uma contribuição muito séria à engenharia simultânea, sabendo que estão investindo com os olhos postos no futuro e que a recompensa há de surgir no estágio da produção. Esse é, realmente, um princípio digno de ser emulado.

11

Consolide o Aprendizado e a Melhoria Contínua

A habilidade de aprender mais rápido que seus concorrentes pode ser a única vantagem competitiva sustentável.

De Geus (1988)

Na Toyota, o aprendizado e a melhoria contínua são fundamentais no trabalho do dia-a-dia de cada pessoa do grupo, além de serem componentes inseparáveis da cultura Toyota. A empresa estabelece metas de desempenho desafiadoras para cada projeto e promove eventos de aprendizado durante e depois da conclusão dos projetos (chamados *Hansei*, ou reflexões) que incentivam os especialistas funcionais a analisar e atualizar seus próprios bancos de dados de conhecimento. O aprendizado e a melhoria contínua também fazem parte de um processo de solução de problemas que evita a recorrência (Ward et al, 1995). O Princípio Nove do SEDP define que os mecanismos de aprendizado são parte inseparável do processo de desenvolvimento de produtos; que o aprendizado da excelência é uma característica básica inerente a uma organização enxuta verdadeiramente disposta a aprender; e que o aprendizado e a melhoria contínua podem ser as melhores armas do arsenal de competitividade sustentável. De fato, a inigualável capacidade da Toyota de aprender rapidamente e de melhorar em ritmo contínuo e regular é a característica da empresa que seus concorrentes mais temem.

DEFININDO CONHECIMENTO E APRENDIZADO ORGANIZACIONAL

São inúmeras as teorias que pretendem definir aprendizagem organizacional, transferência de conhecimento, gerência de informação e como tudo isso se aplica ao desenvolvimento de produtos. O conhecimento e a informação são os componentes indispensáveis do desenvolvimento de produtos. A literatura sobre conhecimento e aprendizado também proporciona numerosas visões sobre aprendizado organizacional e os requisitos para uma organização de aprendizagem de sucesso. Senge (1990), por exemplo, sustenta que o aprendizado organizacional é "a capacidade de um grupo de pessoas de consistentemente criar os resultados que seus integrantes realmente almejam". Peter Drucker (1998) observa que o

222 ■ Sistema Toyota de Desenvolvimento de Produto

futuro pertence "às empresas baseadas no conhecimento" e, em seu livro, *The Knowledge Creating Company* (1995), Ikujiro Nonaka conclui que "a única fonte duradoura da vantagem competitiva é o conhecimento". Existem acadêmicos que vão um passo adiante, sustentando que o objeto da empresa é criar, estocar e aplicar conhecimento (Kogut & Zander, 1992; Conner e Prahalad, 1996).

Em seu ensaio "Teaching Smart People How to Learn" (1998), Chris Argyris argumenta que "o sucesso corporativo depende do aprendizado" e postula dois tipos de aprendizado: *aprendizado de circuito único* e *aprendizado de duplo circuito*. O aprendizado de circuito único compreende detecção e correção do erro sem a reversão para os valores subjacentes do sistema. Isso pode ser comparado a um termostato, que detecta uma queda de temperatura e religa o calor sem ter, porém, a capacidade de questionar o que está fazendo. O aprendizado de duplo circuito ocorre quando as normas operacionais são questionadas, algo fundamental para a capacidade de aprendizagem de qualquer organização.

Outros acadêmicos destacam dois tipos muito diferentes de conhecimento: o primeiro deles, *conhecimento explícito* ou informação facilmente codificada e transferida sem significativa perda de conteúdo. O conhecimento explícito inclui "fatos, proposições axiomáticas e símbolos" (Kogut & Zander, 1992). A segunda categoria é a do *conhecimento tácito*, ou *know-how*. É um tipo de conhecimento complexo, de difícil codificação, e difícil de transferir; ele exige ligações densas e relacionamentos prolongados (Nelson & Winter, 1982; Kogut & Zander, 1992).

David Garvin (2000) afirma "o conhecimento é em geral visto como um ativo fundamental que a corporação precisa alavancar e explorar", e define um processo de três estágios exigido para o aprendizado organizacional: aquisição da informação, processamento da informação e aplicação. Argyris (1992) enfatiza que o teste definitivo do conhecimento passa pela ação: "Da nossa perspectiva, portanto, não se pode falar de ocorrência do aprendizado em relação a alguém que descobre um novo problema ou inventa uma nova solução para um velho problema. O aprendizado ocorre quando a solução inventada consegue ser efetivamente produzida". Jeffrey Pfeffer e Robert Sutton se alinham a esse pensamento no livro *The Knowing-Doing Gap* (2000), em que afirmam que agir com base no conhecimento é a diferença fundamental entre aprendizado bem ou malsucedido nas organizações. Na verdade, Pfeffer e Sutton entendem que, apesar de toda a atenção dada ao aprendizado organizacional, pouco dele é visto na prática. Garvin concorda: "Organizações que aprendem têm sido amplamente aceitas na teoria, mas são ainda raras na prática."

Transferência de Conhecimento Explícita x Tácita

A maioria das empresas foca em conhecimento explícito, descrito acima como facilmente codificado, transferido sem perda significativa de integridade e de maneira geral armazenado como fatos, proposições axiomáticas ou symbols. Dados históricos, equações matemáticas e fórmulas estão incluídos nessa categoria. Conhecimento explícito é também chamado de conhecimento "saber o quê". Ele se caracteriza por volumosos bancos de dados.

Em contraste, o conhecimento tácito é complexo, "confuso" e de difícil transferência. O compartilhamento de conhecimento tácito requer intrincados laços entre os participantes; representa relacionamentos mais antigos, mais profundos, como aqueles que se desenvolvem entre um mestre de carpintaria e seu aprendiz. Na verdade, a tradição do aprendizado foi projetada como um meio de transmitir conhecimento tático de *"know-how"* do mestre para o aluno.

Dyer e Nobeoka (1998) sugerem que o conhecimento tácito tem o maior potencial competitivo para as empresas, mesmo que seja difícil de aprender (não se pode simplesmente imitá-lo), gerenciar e aplicar. Exatamente porque ele torna o aprendizado organizacional difícil, muitas empresas optam por focar no conhecimento explícito, que é mais fácil de compilar e arquivar. O grande problema do conhecimento explícito reside no fato de que ele pode ser também imitado. Se uma empresa pode criar um extensivo banco de dados de conhecimento explícito, da mesma forma poderá fazê-lo uma empresa concorrente e isso acaba diluindo a vantagem competitiva de ambas as empresas.

Uma das principais razões por que as empresas não conseguem imitar sistemas enxutos está no fato de que elas copiam apenas o conhecimento "explícito" das ferramentas e técnicas enxutas. Essas empresas tentam implementar o sistema enxuto sem entender a necessidade de aprofundar-se no conhecimento tácito da cultura enxuta, o conhecimento de *know-how* que capacita uma organização a aprender organicamente, a adaptar-se e a crescer. Elas não chegam a entender que em *ambientes altamente técnicos, como o do desenvolvimento de produtos, o conhecimento tácito constitui a verdadeira fonte da vantagem competitiva.* Um importante estudo sobre o desenvolvimento de produtos automotivos dá sustentação a essa assertiva (Hann, 1999). O estudo revelou que o conhecimento do teste da matriz é altamente tácito, tende a ser específico para as peças e é de difícil domínio. O autor do estudo também constatou que especialização, sólidas rotinas de trabalho e trabalho contínuo proporcionam uma significativa redução do tempo necessário para completar testes de matrizes. Em conjunto, essas constatações definem parcialmente o poder do aprendizado enxuto.

A REDE DE APRENDIZADO DE DESENVOLVIMENTO DE PRODUTOS DA TOYOTA

Desde sua criação, a Toyota trabalha consistentemente no desenvolvimento de meios e maneiras de coletar, disseminar e aplicar conhecimento tácito, criando uma rede de aprendizado que é aplicada no conjunto da empresa, desde o desenvolvimento de produtos até a produção. Entender esse processo é entender uma parte da cultura Toyota, com sua forte ênfase na importância das pessoas. Para a Toyota, a transferência de conhecimento tácito significa que as pessoas devem se dedicar a conhecer-se de tal maneira que possam compartilhar *insights* aprofundados. Muitas vezes, isso acontece face a face e individualmente. O que capacita essa transferência é uma filosofia social comum, constantemente alimentada e apoiada. Existem várias maneiras pelas quais a Toyota forma uma rede eficaz de aprendizagem em desenvolvimento de produtos:

1. *Demonstrações de tecnologia dos fornecedores.* No início de cada programa, os fornecedores demonstram tecnologias que podem vir a ser apropriadas para o novo veículo. Trata-se de uma boa oportunidade para que os engenheiros da Toyota conheçam fatos novos (Kamath & Liker, 1994), e para que a Toyota faça uma avaliação completa dos recursos dos fornecedores. Os fornecedores trazem peças e encontram-se face a face com os engenheiros da Toyota.

2. *Análises de desconstrução dos concorrentes.* Exercícios de desmonte de produtos constituem uma oportunidade de aprendizado a respeito dos concorrentes. Esses exercícios abertos são mais um exemplo de *genchi genbutsu* e uma excelente modalidade de aprendizado para os engenheiros. No DP enxuto, é sempre desejável usar essas ferramentas de aprendizagem a fim de disseminar informação para que todos os integrantes da equipe possam aprender a partir dela. (O Capítulo 15 aprofunda essa questão.)

3. *Listas de verificação e matrizes de qualidade.* A Toyota usa essas ferramentas tendo em vista organizar e arquivar informação, para que as pessoas tenham condições de aplicá-la de maneira equilibrada em toda a organização. (O Capítulo 15 aprofunda essa questão)

4. *Solução de problemas focada no aprendizado.* Representa a disciplina A3 de solução de problemas que ajuda as pessoas a aprender ao mesmo tempo em que buscam soluções duradouras. Na Toyota, a solução de problemas começa mais cedo (na fonte), é movida a dados, e inclui um componente de aprendizado. (Tema discutido no Capítulo 14.)

5. *Banco de dados de know-how.* O banco de dados de *know-how* é a coleção de padrões combinada com dados e ferramentas de projeto, entre elas a montagem digital (discutida no Capítulo 15). As organizações funcionais que usam esses bancos de dados (uma evolução a partir das listas de verificação) mantêm, validam e atualizam todos eles de acordo com as necessidades.

6. *Eventos Hansei.* O termo *hansei* significa "reflexão" em japonês. Nesses eventos de reflexão, os participantes compartilham suas experiências nos programas de DP, as lições aprendidas, as dificuldades nos projetos e, a partir daí, discutem e desenvolvem contramedidas. (Os eventos *hansei* são discutidos em mais detalhes ainda neste capítulo.)

7. *Conferências de gerentes de programas.* Gerentes de programas de vários projetos se reúnem uma vez por ano para discutir as lições que aprenderam e para transmitir novos padrões. As lições são derivadas do *hansei* (eventos de reflexão) que o gerente do programa comanda.
8. *Equipes de revolução nos negócios.* Essas equipes multifuncionais são formadas para avaliar cada esforço visando a melhorias revolucionárias no negócio. Os executivos da Toyota nomeiam pessoas para essas equipes em regime de tempo integral, podendo cada missão dessas durar entre seis meses a um ano inteiro. O primeiro automóvel híbrido, o *Prius*, começou com uma equipe de revolução nos negócios, da mesma forma que o programa da Toyota para eliminar mudanças de engenharia.
9. *Matrizes de habilidades OJT e carreiras focadas no aprendizado.* Matrizes de habilidades específicas de OJT e capacidades técnicas de supervisão ensinam liderança aos engenheiros e determinam os rumos de suas carreiras. O aprendizado é construído em todas as missões do dia-a-dia, de maneira a que os engenheiros possam usar o método científico Toyota – identificar, avaliar, contrapesar, verificar, comunicar (padronizar) – para questionar e aprender continuadamente. Esse ciclo de orientação, aprendizado e aplicação até que a pessoa esteja capacitada a ser orientadora de outras é o centro do sistema de aprendizado enxuto.
10. *Engenheiros Residentes (ER).* Há um intercâmbio de engenheiros, com caráter temporário, tanto na própria Toyota quanto com empresas filiadas e/ou associadas. Trata-se de uma oportunidade de aprendizagem para o ER e um método para a padronização de práticas.

APRENDENDO COM A EXPERIÊNCIA

Quando uma organização não tem mecanismos ou uma cultura para captar, reter e reutilizar conhecimento, é quase certo que se trata de uma organização empenhada constantemente na reinvenção da roda. Dito isso, é questão de justiça admitir que aprender pela experiência é quase sempre mais fácil na teoria que na prática, especialmente quando envolve experiências extremamente complexas. Trata-se de um processo que requer reflexão consciente e são poucas as organizações que conseguem fazer isso da melhor maneira, ou mesmo que chegam a distinguir a importância de tentar. Conforme Garvin (2000), são várias as razões para o processo de aprender pela experiência não dar certo.

1. *Pressões dos prazos.* Pressões estressantes decorrentes da escassez de tempo causam impacto na maioria das pessoas em cada organização. Tão logo termina um projeto, outro (às vezes com cronogramas atrasados) é divisado e passa a exigir imediatas atenções.

226 ■ Sistema Toyota de Desenvolvimento de Produto

2. *Cargas de trabalho opressivas.* As pessoas tendem a ser absorvidas pela carga de trabalho, muitas vezes ignorando conhecimentos importantes adquiridos em experiências passadas – mesmo sendo de passado recente.

3. *Atribuição de culpa.* Os eventos organizacionais sobre lições aprendidas freqüentemente tendem a se transformar em sessões marcadas pela busca de culpados, acusações e atribuição de culpa. Como resultado, só os mais ousados ou os mais poderosos são ouvidos nesses eventos; as demais pessoas se tornam simplesmente participantes relutantes e muitas vezes mudas.

4. *Projetos complexos.* Projetos complicados impedem o entendimento, causando frustração.

Garvin vai adiante e identifica a reflexão, o *hansei* dos japoneses, como um dos mais poderosos mecanismos de ensino para confrontar os quatro obstáculos acima referidos, e apresenta cinco sugestões sobre como ajudar no sucesso dos eventos de reflexão.

1. *Realizar a reflexão no menor prazo possível após o evento.* A perda de informação valiosa em tempo real aumenta com o passar do tempo.

2. *Focar em fatores sobre os quais o grupo tenha controle.* As pessoas não devem desperdiçar seu tempo confessando pecados ou políticas de outras pessoas sobre as quais o grupo não tem poder de decisão.

3. *Tolerar críticas e promover diálogo honesto.* Os participantes precisam sentir-se autorizados e livres para manifestar todos os pontos que considerarem relevantes, sem medo de qualquer repressão. Ataques pessoais não devem ser permitidos.

4. *A reflexão deve ser um evento regular.* As pessoas precisam ver essa atividade como parte do emprego.

5. *É preciso atualizar padrões e processos.* Apenas falar a respeito de problemas não irá consertá-los. O resultado de cada evento deve ser uma melhoria concreta, visível, pois, do contrário, as pessoas verão esses eventos como inúteis e deixarão de participar deles.

Hansei na Toyota

A prática do *hansei* (reflexão) tem profundas raízes na cultura japonesa e começa na infância, como uma espécie de retiro espiritual em que os pais pedem aos filhos que reflitam sobre alguma travessura típica da juventude. A prática do *hansei* requer submissão, ou ausência de ego, com o objetivo de buscar e identificar pontos fracos no desempenho ou caráter da pessoa. Pode tratar-se de um processo extremamente difícil, especialmente para engenheiros ocidentais que, muitas vezes, o menosprezam como sendo coisa típica de estrangeiro, e cujo ego certamente pode acabar atropelado em meio a essa prática. Aos olhos dos ocidentais, o *hansei* pode ser visto como algo negativista em virtude de seu foco nas fraquezas, uma vez que os engenheiros japoneses não vêem muita razão para discutir tudo aquilo que foi bem feito. No entanto, o *hansei* é um processo necessário e poderoso para a melhoria contínua. De fato, George Yamashita, ex-presidente do Toyota Technical Center, afirma que em engenharia não pode existir *kaizen* sem o *hansei*, pois a natureza do trabalho de engenharia torna necessário pensar em profundidade a respeito do processo. Na Toyota, cada evento de *hansei,* ou *hansei kai* (reunião de reflexão), é projetado de maneira a melhorar o aprendizado organizacional a partir da experiência. Existem três tipos de *hansei*:

1. *Reflexão pessoal.* Neste exercício de *hansei,* um supervisor solicita a um engenheiro que reflita a respeito de algum aspecto de seu desempenho e, a partir daí, desenvolva um plano de ação para sua melhoria. Isso virá em forma de resposta escrita a ser revista e analisada pelas duas partes. Objetivos específicos são estabelecidos e um plano de ação, definido. Essa atividade foca uma habilidade ou capacidade específica que precisa ser incrementada.

2. *Reflexão em tempo real.* Essa experiência de *hansei* ocorre em nível de grupo ou equipe, sendo programada de acordo com o processo de desenvolvimento do produto. Essas *hansei kai* normalmente ocorrem em paralelo com eventos sinalizadores de etapas, como liberação final de dados ou transferência de ferramentas para a planta de estamparia. Programas de DP podem se prolongar por um ano, ou mais, e durante esse período é comum ocorrer a perda de muita informação; por isso, tais reuniões são organizadas como *eventos regulares* programados para ocorrer no menor prazo possível depois das atividades práticas que pretendem analisar. O evento de *hansei* pode focar numa questão específica, por exemplo, o exame de problemas de algumas peças que chegaram mais tarde para o evento de protótipo. Ou, ainda, pode refletir holisticamente sobre o evento de protótipo. Dependendo das questões envolvidas, eventos de *hansei* de grupos ou equipes podem ser multifuncionais ou intrafuncionais. Na maior parte dos casos, são multifuncionais, focando em *feedback* de clientes internos. Embora flexíveis, têm normalmente um esquema fixo e abordam as seguintes questões:

    a) Quais foram nossas metas e objetivos? (quase sempre organizadas por categoria)
    b) Como foi nosso desempenho real em comparação com as metas?
    c) Por que isso aconteceu? (análise de dados).
    d) De que maneira poderemos melhorar na próxima etapa? (um plano de melhoria por escrito).

228 ■ Sistema Toyota de Desenvolvimento de Produto

Esses eventos de *hansei* levam, muitas vezes, à atualização de padrões relevantes ou podem exigir um A3 para o relato ou solução do problema. A duração dos eventos varia, mas eles são normalmente programados como duas ou três reuniões, cada um durando entre duas e quatro horas, distribuídos por um período de duas semanas. Boa parte do trabalho preparatório é feito antes da data da reunião. As metodologias de resolução de problemas Toyota A3 e dos "5 por quês" são rigorosamente empregadas.

3. *Reflexão postmortem.* Esse evento avalia o que funcionou e o que não deu certo. As apresentações são formais, com a maioria das análises e reflexões reais ocorrendo antes da data da reunião. Na reunião, representantes de cada um dos grupos funcionais revisam o desempenho do programa e discutem os resultados, bem como as novas idéias que vão surgindo a partir da reflexão em tempo real. Os gerentes do programa conversam com os participantes em busca de *feedback* e para sintetizar essas reflexões dos seus programas em um número mais reduzido de lições, que são compartilhadas nas reuniões de gestão de programa realizadas várias vezes por ano. Nessas reuniões, ou *hansei kai*, os gerentes do programa produzem documentos resumidos que são compartilhados em cada uma e em todas as equipes de programas de DP. Deve-se notar que existe uma distinção entre gerente de programa e engenheiro-chefe e que essas funções não são intercambiáveis. O gerente do programa (não no mesmo nível do EC) é o responsável pelo processo.

O Teste *Ijiwaru* na Toyota

As etapas de teste e validação podem constituir outra importante oportunidade para aprender pela experiência no desenvolvimento de produtos. Na NAC, especificações requeridas de desempenho das peças são determinadas com antecipação e os projetos são testados para verificar o cumprimento dessas especificações. O aprendizado nesse ambiente é mínimo, por se tratar de uma métrica estritamente de passa/não passa (*pass-fail*). O teste *Ijiwaru*, por outro lado, é a prática de testar os subsistemas em busca de falhas. Ao testar esses subsistemas em condições tanto normais quanto anormais e empurrar os projetos ao ponto de falha, os engenheiros da Toyota adquirem poderosos *insights* quanto aos atuais e futuros projetos e materiais, ao entender os limites absolutamente físicos de seus subsistemas. Em conseqüência, os engenheiros da Toyota desenvolvem uma profundidade de conhecimento do produto que não tem paralelos na indústria automotiva. Essa prática também proporciona à Toyota ampla confiança nos parâmetros de desempenho dos seus produtos quando já em mãos dos clientes.

A FORÇA DOS PROBLEMAS

Deveria estar bastante claro, a esta altura, que a Toyota vê os problemas como parte natural do desenvolvimento de produtos. Na verdade, em certo sentido, a essência do desenvolvimento do produto pode ser vista como uma série de problemas técnicos que precisam ser identificados e solucionados. A partir dessa perspectiva, as empresas que se destacam na resolução de problemas técnicos tendem a concretizar bons resultados com o desenvolvimento do produto. E as empresas que melhoram sua capacidade de solução de problemas técnicos naturalmente irão melhorar sua competência em desenvolvimento de produtos. Conseqüentemente, a Toyota procura e valoriza problemas técnicos como oportunidades de aprender, crescer e melhorar seu desempenho e incentivar atitudes positivas em relação à solução de problemas. Enfrentar, resolver e aprender a partir dos problemas é uma das principais forças da Toyota como empresa de desenvolvimento de produtos. Adotar essa mesma abordagem é algo que certamente ajudará qualquer empresa a enfrentar e resolver problemas com antecipação, chegar rapidamente a soluções ótimas e proporcionar-lhes solução permanente. Isso alarga a base de conhecimento da empresa, constrói habilidades críticas e introduz soluções superiores que se transformam em vantagem competitiva permanente que outras empresas acharão difícil de reproduzir. Em resumo, o processo enxuto de DP enxerga os problemas como oportunidades – não apenas de melhorar os produtos, mas igualmente de aperfeiçoar a capacidade central de desenvolvimento de produtos de uma determinada empresa.

Em contraste, na NAC é comum ver os problemas como fatores negativos e inesperados, uma atitude que sugere que os problemas não deveriam ocorrer, de maneira alguma. Quando os problemas surgem, como eles inevitavelmente devem surgir, há muita repreensão e busca por culpados. Isso acontece porque os gerentes e os funcionários dessas empresas vêem os problemas como indicadores de mau desempenho. Em função disso, cada um dos engenheiros aprende rapidamente a esconder problemas por mais tempo possível. Como é natural, os problemas escondidos tendem a aumentar de proporção e, à medida que o projeto do produto avança para um ciclo posterior, os problemas tornam-se ainda mais difíceis e de solução cada vez mais complicada. Quando não é mais possível esconder tais problemas, é preciso retroceder no processo para resolver o problema a qualquer custo. Como conseqüência, outros trabalhos são postergados até que a confusão possa ser desfeita.

Os supervisores de engenharia da Toyota japonesa no Technical Center em Ann Harbor, Michigan, contam uma história interessante a respeito de alguns engenheiros norte-americanos que eles contrataram de empresas concorrentes. À medida que os supervisores faziam suas revisões e conversavam com esses engenheiros, insistiam em perguntar-lhes se havia ou não algum problema. A resposta automática de todos eles era "não, nenhum problema". Essa resposta, *mondani* em japonês, virou uma piada interna, em que *mondani* era transformada na expressão em inglês "Monday night!" ("segunda-feira à noite!"). Embora tenha começado como uma piada, a questão se transformou em uma fonte de séria preocupação. Quando a primeira sessão de revisão de projeto do produto colocou vários problemas em questão, os supervisores japoneses rapidamente aprenderam que "nenhum problema" era, na verdade, um problemão.

Solução de Problemas na Fonte

A etapa de protótipo do desenvolvimento de produtos é um período de aprendizado intenso. À medida que projetos de peças se tornam protótipos de peças, técnicos e engenheiros começam a montá-las, seguidamente constatando problemas que precisam ser resolvidos na hora. Num ambiente assoberbado por problemas, é claramente vantajoso para a empresa concretizar soluções permanentes de alta qualidade (ou contramedidas) rapidamente. A fim de desenvolver e sustentar um processo enxuto de DP, a empresa precisará transformar esses problemas em oportunidades de aprendizado organizacional e em subseqüentes melhorias contínuas. Isso significa investir tempo e recursos consideráveis no aprimoramento da capacidade de resolver problemas para que existam mecanismos destinados a captar, verificar, codificar e compartilhar essas soluções *antes que elas se percam*. A Toyota atinge essa meta por uma variedade de formas e meios, a começar pela solução padronizada de problemas durante o *kentou*, que continua ao longo do processo de DP. O processo padronizado de solução científica de problemas:

- identifica a causa central do problema;
- avalia o potencial impacto de várias dentre possíveis soluções;
- produz uma contramedida de alta qualidade capaz de resolver a questão mais imediata, e, também, de prevenir sua recorrência;
- verifica a contramedida durante subseqüentes eventos *hansei*;
- comunica o resultado a todos os programas mediante a atualização de padrões e listas de verificação, que são parte cada vez mais importante do "banco de dados de *know-how*".

Muito já foi escrito a respeito do processo Planeje-Faça-Verifique-Aja (PDCA, no acrônimo em inglês), de Deming, e da prática da Toyota de perguntar "por quê?" cinco vezes como maneiras de identificar/resolver a causa central dos problemas e não pretendemos aqui nos alongar a respeito do tema. Contudo, é importante destacar que esses métodos são também aplicáveis em desenvolvimento de produtos, no chão-de-fábrica. No DP torna-se crucial resolver problemas logo que aparecem, na fonte, e de maneira permanente; e aprender a partir desses problemas a fim de melhorar a organização. Num processo enxuto de DP, torna-se essencial construir soluções no processo de melhoria contínua; essas soluções passam então a ser o ponto de partida (os padrões) do programa seguinte.

Multiverificação

A *multiverificação* é um método utilizado pela Toyota para constatar problemas e verificar a qualidade, especialmente a partir da fase do protótipo. Isso se aplica ao processo de entender as reais condições das peças e a adequação e precisão do sistema de mensuração empregado. É possível concretizar a multiverificação solicitando que vários grupos façam checagens independentes das mesmas peças/dados. Por exemplo, peças do protótipo podem ser verificadas num tanque de calibragem do fornecedor, verificadas em comparação com ferramentais pelo engenheiro de carroceria e, finalmente, verificadas contra um dispositivo na construção por um técnico de protótipos. Se alguém identificar qualquer discrepância, em lugar de algum grupo se tornar mais importante que outro, o procedimento será iniciar uma detalhada investigação para encontrar a causa central. Em muitos casos, trata-se de um erro de mensuração (localização, fixação e medição da peça). Se for esse o caso, a equipe irá incorporar uma contramedida subseqüente em calibragem e dispositivos de produção e, quando apropriado, atualizar os padrões.

Reuniões diárias de correção

Outro poderoso mecanismo de aprendizado e correção de problemas utilizado durante as revisões do projeto, montagem do protótipo (físico e virtual), manufatura de ferramentas e lançamento é o da reunião diária de correção. Realizada ao final de cada dia de trabalho, normalmente no chão-de-fábrica em que o trabalho está sendo feito, essa reunião tem a presença de todos os participantes principais, inclusive os fornecedores. Ela constitui uma estratégia destinada a captar as lições aprendidas, esclarecer as missões e quase sempre ajudar nas decisões de correção de rumo em tempo real.

IGNORÂNCIA: A MAIOR DESPESA

Muitas empresas acreditam que pagar para que seus funcionários aprendam coisas novas constitui um custo desnecessário. Para essas empresas, qualquer coisa que não seja tática ou não produza resultados imediatos, mensuráveis, é "vazia", e aqueles que assim não entendem não podem ser considerados empresários sérios, orientados pela ação. Mas a ausência de profundo entendimento técnico leva a uma filosofia do "mais é melhor", que por sua vez acarreta calibragens mais sofisticadas, mais revisões, mais auditorias, mais inspeções e mais pontos de verificação (porque é sempre "seguro" verificar e verificar cada vez mais).

232 ■ Sistema Toyota de Desenvolvimento de Produto

Essa é uma abordagem dispendiosa do desenvolvimento de produtos. Companhias que operam com essa perspectiva amontoam iniciativas de qualificação uma a após outra (QS 9000, ISO, QOS, Shanin, Six Sigma) e comprometem poucos recursos humanos e financeiros a essas iniciativas de adesão, com prejuízo de capacidade central de engenharia e de competência realmente elevada em termos técnicos. Na superfície, essas iniciativas de qualificação demonstram um "compromisso com a qualidade" e levam as pessoas a entender que, com isso, estão realmente realizando alguma coisa. Na verdade, o que acontece dessa forma é uma falha na busca daquilo que guia uma abordagem inteligente e equilibrada da promoção da qualidade num processo de DP: o tempo, a decisão e o trabalho indispensáveis para um profundo entendimento técnico desse processo.

Tais empresas, em lugar de entender o que é realmente fundamental para a qualidade do veículo, em geral focam no aprisionamento da qualidade, mais do que na essência da qualidade. Como Deming, no entanto, destacou, não é possível "inspecionar em qualidade" – e isso se aplica ao desenvolvimento e manufatura do produto. Mais ainda, a constante inspeção tende a criar uma cultura do medo. Os engenheiros com um entendimento técnico "de bom senso" dos fatores essenciais ao processo de produção, ficam muitas vezes temerosos de se manifestar nesse tipo de entorno, pois se o fizerem correrão o risco de serem rotulados como "inimigos da qualidade". Por essa razão, a "síndrome do aprisionamento da qualidade" é uma espiral que suga recursos e pode acabar com todo um sistema de desenvolvimento de produtos.

Ciclos de Aprendizado Rápido

O aprendizado pela experiência é melhorado com a repetição, algo que se revela especialmente verdadeiro para tarefas complexas ou difíceis. No desenvolvimento de produtos automotivos, os novos engenheiros adquirem experiência durante programas de desenvolvimento de múltiplos veículos a fim de adquirir o controle de sua disciplina. Em empresas com programas muito lentos de desenvolvimento e freqüente rotatividade de funções, os engenheiros raramente contam com a oportunidade de experimentar mais do que um programa de desenvolvimento e precisam focar em apenas um aspecto do produto. Por outro lado, empresas com programas de DP muito acelerados e menor rotatividade funcional têm muito mais ciclos de aprendizado para os engenheiros ao longo de múltiplos produtos – o que resulta em curvas de aprendizado mais curtas.

A Toyota leva a sério a análise de Deming do ciclo Shewhart de PDCA – planejar, fazer, verificar, agir. Cada projeto progride ao longo desse ciclo. Em um programa de desenvolvimento de produtos, cada fase principal é um miniciclo do modelo PDCA: o programa inteiro de DP é um reflexo do ciclo em

Consolide o Aprendizado e a Melhoria Contínua ■ 233

nível macro. Quanto mais acelerado o ciclo do desenvolvimento do produto, maior a freqüência da sua produção. Mais importante ainda, o PDCA desenvolve competência técnica superior e sustenta o aprendizado contínuo, e *consolidar o aprendizado e a melhoria contínua* pode constituir o mais importante dos princípios do SEDP para empresas que começam a desenvolver um sistema enxuto de DP. O capítulo a seguir faz a conexão desse princípio com o último princípio do SEDP do subsistema pessoal.

Fundamentos do Princípio Nove do SEDP

Consolide o aprendizado e a melhoria contínua

A capacidade de aprender e melhorar de forma contínua pode ser a arma competitiva mais poderosa de um Sistema Enxuto de Desenvolvimento de Produto. Nesse contexto, o conhecimento tácito, de *know-how*, é o mais poderoso, bem como o mais difícil de construir e gerenciar. Não existem atalhos ou soluções de TI. Transferência e aplicação de conhecimento tácito requerem laços fortes e bastante tempo do conhecimento proporcionado por uma orientação estruturada, pelo OJT, pelo treinamento estratégico e alinhado, e muito tempo passado na fonte, no estilo face a face. A Toyota entende as características essenciais de seu negócio e constrói conhecimento tácito na maneira como o trabalho é desempenhado todos os dias. Na Toyota, o aprendizado tácito não é uma atividade adicional ou extracurricular. Trata-se de um currículo central que é construído pelo *hansei*, orientação, ciclos de PDCA, excelência na solução de problemas, descontrução de concorrentes e outras experiências, todas elas focadas na melhoria.

12

Construa uma Cultura de Suporte à Excelência e à Melhoria Ininterrupta

O SDPT (Sistema de Desenvolvimento de Produtos Toyota) está enraizado profundamente na cultura em aspectos como o genchi genbutsu, o sistema de engenheiro-chefe, o kaizen, o STP, etc. É a totalidade do sistema trabalhando na cultura estabelecida ao longo de muitos anos que faz o conjunto funcionar. O que está realmente acontecendo no nosso local de trabalho? Ter um bom entendimento desse fator é essencial. Na verdade, nada é mais importante do que compreender claramente aquilo que se faz e o modo como está sendo feito.

Takeshi Uchiyamada,
Engenheiro-Chefe do *Prius* original

A cultura de uma organização define tudo aquilo que se realiza no local de trabalho, e não existe empresa capaz de desenvolver um Sistema Enxuto de Desenvolvimento de Produto sem o apoio de uma cultura vibrante e consolidada. O Este capítulo, que examina o Princípio Dez do SEDP, destaca vários dos mais significativos elementos culturais presentes na Toyota. Todos os demais princípios até aqui discutidos são viáveis exatamente porque existe uma cultura que os transforma em parte viva da maneira pela qual o trabalho tem andamento num ambiente enxuto.

DE QUE FORMA A CULTURA PODE SE ERGUER ENTRE VOCÊ E O SISTEMA ENXUTO

Empresas que conseguiram resultados expressivos pela aplicação de conceitos enxutos à produção quase sempre pensam em tirar proveito desses mesmos conceitos no desenvolvimento de produtos. Uma das razões para tanto é o desperdício. Como observado no Capítulo 5, o desperdício existe tanto na produção quanto no desenvolvimento de produtos. A hipótese é que, se o sistema enxuto acabou com ou reduziu o desperdício na manufatura, logicamente poderá fazer o mesmo em benefício do desenvolvimento de produtos. A fim de dar bases sólidas a essa transformação, os engenheiros da empresa

236 ■ Sistema Toyota de Desenvolvimento de Produto

participam de cursos sobre desenvolvimento enxuto de produtos. Invariavelmente, suas organizações esperam que, uma vez concluídos esses cursos, os engenheiros estejam em condições de contribuir com efetivas ferramentas de combate ao desperdício para reduzir o tempo de processamento e os custos. Obviamente, isso não é tão simples. Comentários de empresas cujos engenheiros participaram desses cursos ou buscaram aplicar em seus domínios as ferramentas enxutas de DP da Toyota ilustram o problema.

- Investimos milhões numa "bíblia do conhecimento". Trata-se de um sistema baseado em rede ao qual várias pessoas foram designadas, em missão de tempo integral, a completá-lo com os melhores padrões e práticas em cada categoria. Melhores práticas foram solicitadas do campo e inseridas no sistema por alguém da TI. Mas não estamos ganhando praticamente nada de tudo isso – os engenheiros não usam as supostas conquistas.
- Criamos uma nova função, a do engenheiro-chefe. Um monte de engenheiros com diversificadas funções de gerência de projetos recebeu esse novo título. Mas eles continuam a agir como os antigos gerentes de projetos e ainda não dispõem de autoridade suficiente para concretizar coisa alguma.
- Demos valor ao mapa do fluxo e apresentamos grandes idéias. Criamos A3s e desenvolvemos planos de ação. Como resultado, acabamos praticamente atropelados por três novos programas, com o modo de crise ligado e os planos de ação jogados janela afora.

Como mostram esses exemplos, não é suficiente para empresas fazer com que seus engenheiros aprendam e apliquem essas poderosas ferramentas, de maneira a ficar paradas à espera de que o desperdício seja eliminado para sempre. O que falta a quase todas elas é uma cultura de produção enxuta capaz de dar sustentação às ferramentas. Numa definição simplificada, cultura é aquela coisa suave, imprecisa, às vezes difusa, da vida diária. Em uma empresa, é aquilo em que as pessoas pensam e acreditam, e também o que orienta as prioridades cotidianas. A liderança e a cultura da empresa são inextricavelmente entrelaçadas. A cultura define aquele, ou aquela, que surge como líder, e os líderes, por sua vez, definem a cultura. Edgar Schein (1988), uma das maiores autoridades em cultura organizacional, apresenta uma definição mais formal de cultura como sendo:

... o padrão de *suposições básicas* que um grupo *inventou, descobriu ou desenvolveu* no aprendizado da convivência com seus problemas de adaptação externa e integração interna, e que *funcionaram razoavelmente bem* a ponto de serem consideradas válidas e, por isso mesmo, dignas de serem *ensinadas aos novos membros* como a maneira correta de perceber, pensar e sentir em relação a esses problemas.

Uma explicação dos quatro conceitos principais dessa definição é apresentada a seguir:

1. *A cultura funciona em um nível inconsciente.* Por *suposições* básicas, Schein quer dizer que a cultura, nosso sistema central de crenças, começa num nível inconsciente, cujas raízes remontam às primeiras experiências da vida. À medida que os indivíduos crescem e chegam à maturidade, passam a conhecer o que é o bem ou o mal, aquilo de que gostam e aquilo que procuram evitar. De maneira muito semelhante, à medida que as pessoas começam a fazer parte de uma organização e a definir seu papel nesse ambiente, aprendem o que ela valoriza e recompensa e também o que ela pune. As pessoas modificam sua maneira de agir de acordo com esse aprendizado, embora suas convicções culturais pessoais mais arraigadas não sejam alteradas. A cultura Toyota usa muitas suposições básicas a fim de definir a melhor maneira de "perceber, pensar e sentir". Isso é especialmente verdadeiro em relação à solução de problemas, constituindo também uma das principais razões pelas quais o sistema DP Toyota é difícil de ensinar – corporificadas em muitas ferramentas e técnicas estão suposições de maneira de agir que têm raízes na cultura tanto da Toyota quanto do Japão. Para as pessoas que se criaram no Japão e há muitos anos fazem parte da comunidade Toyota, é muito difícil articular uma cultura que, para eles, já é uma segunda natureza.

2. *Sistema de produção movido pela necessidade e de base empírica.* O sistema Toyota de DP foi *inventado, descoberto* e evoluiu ao longo de décadas a fim de adequar-se aos desafios enfrentados pela empresa ao lidar com a adaptação externa e a integração interna. Os desafios da adaptação externa começaram com a construção de uma empresa automobilística a partir do zero numa economia pós-II Guerra Mundial, obviamente esfacelada. Os desafios da integração interna foram formatados pelo ambiente japonês "coletivista", no qual a maioria das empresas entendia que seus funcionários deveriam subordinar seus objetivos individuais às necessidades das empresas que lhes davam empregos. Esse contexto cultural e econômico – o fato de o povo precisar se unir para sobreviver – tornou relativamente fácil para a Toyota convencer os fornecedores a compartilhar seus objetivos e processos específicos. O corolário disso é que um espírito de colaboração é essencial para o desenvolvimento enxuto de produtos. Historicamente, o sistema Toyota de DP emergiu a partir de tentativa e erro, e também de um método científico usado para buscar soluções realistas aos problemas reais enraizados no contexto socioeconômico mais amplo da época.

238 ■ Sistema Toyota de Desenvolvimento de Produto

3. *Sistemas adaptáveis.* A Toyota transformou em tradição a adaptação de novos métodos que funcionam e se adaptam à sua estrutura cultural. Ou seja, se um sistema ou ferramenta funciona, é mantido e utilizado somente depois de uma adaptação precisa a um processo Toyota. Se não puder ser adaptado, é abandonado. Isso reflete a abordagem empírica da Toyota: trabalhar para encontrar soluções concretas para problemas reais mediante experiência prática, em vez de cair na armadilha burocrática de deixar que crenças ou políticas internas ditem a melhor maneira de fazer as coisas.

4. *Aprender o sistema pela prática.* A Toyota aplica uma abordagem prática para ensinar o sistema de DP a novos funcionários em tempo real e em situações concretas. Ninguém aprende o Modelo Toyota numa sala de aula, nem *online*. Como discutimos no Capítulo 9, preceptores veteranos assumem a responsabilidade de desenvolver os subordinados e jovens engenheiros aprendem pela prática. O aprendizado na Toyota é também um processo de socialização. Embora nenhum estilo de liderança seja idêntico, cada líder da Toyota ensina as mesmas noções centrais com um conjunto muito transparente de crenças sobre a filosofia do Sistema Toyota de DP. A expectativa é que todos compartilhem as mesmas crenças e preceitos claros a respeito daquilo que é considerado prática adequada e não-adequada em engenharia, a trabalhar em conjunto tendo em vista os mesmos objetivos.

Eventos que dão sustentação ao "perceber, pensar e sentir" em relação aos problemas incluem alguns conceitos já abordados neste livro: *genchi genbutsu*, pensamento baseado em conjuntos, reverência pela excelência técnica, *hansei* e colocar o cliente em primeiro lugar. Esse DNA cultural amplamente compartilhado é fundamental para o sucesso do pensamento enxuto. Paradoxalmente, esse mesmo DNA cultural é uma das razões pelas quais torna-se um desafio, mesmo na Toyota, ensinar o Sistema Enxuto de Desenvolvimento de Produto a novos funcionários globalmente.

Em sua abrangente explanação da cultura, Schein também explora a "força" de uma cultura. Por definição, a cultura é compartilhada entre membros ou um grupo. Naturalmente, nem todos os indivíduos irão perceber, pensar e sentir de maneira exatamente idêntica. Em termos estatísticos, a variância compartilhada é a cultura, e a variação cultural indica desvios dessa cultura. Assim, uma cultura forte é aquela em que muitas coisas são compartilhadas por uma larga proporção de pessoas. É claro que existem culturas fortes boas e más, culturas altamente eficientes ou altamente ineficazes. Obviamente, é impossível alcançar 100% de consistência – pessoas, afinal de contas, têm os mais diversos antecedentes. A diversidade de pontos de vista pode ser uma força na solução de problemas. Mas a Toyota trabalha de modo consistente para suplan-

Construa uma Cultura de Suporte à Excelência... ■ 239

tar as diferenças e, como resultado, muitos dos seus funcionários compartilham crenças comuns a respeito de valores, prioridades e de como concretizar o trabalho exigido. Em outras palavras, a cultura na Toyota tem muita força.

UMA FERRAMENTA NÃO É UMA SOLUÇÃO

Um vice-presidente de engenharia que descobriu os relatórios A3 da Toyota exigiu que cada um dos engenheiros de sua organização desenvolvesse pelo menos um A3 por trimestre. Os engenheiros pegaram então seus relatórios originais e passaram dias tentando adaptá-los ao tamanho A3, a fim de satisfazer a exigência da chefia. Ocorre que simplesmente comprar fardos de papel A3, exigir dos engenheiros que elaborem relatórios A3 e, com isso, querer atingir os mesmos resultados que a Toyota é algo que acaba não dando certo. Na Toyota, o A3 funciona porque é o resultado de um determinado contexto cultural (ver Capítulo 14). Como o leitor já deve ter observado, a Toyota tem uma larga história de treinar seus engenheiros em rigorosos métodos para colher informações, identificar os verdadeiros problemas, definir a essência das questões pendentes, estudar múltiplas possibilidades de solução, obter respostas por meio de *nemawashi*, desenvolver contramedidas de forma criativa a partir da origem dos problemas e usar a disciplina na implementação dessas novas orientações. Uma vez tudo isso em seus lugares, os engenheiros da Toyota prosseguem com a padronização e a melhoria contínua. Um engenheiro da Toyota altamente socializado sabe quase que intuitivamente que a obtenção de *input* de todas as pessoas certas é necessário, e já aprendeu pela experiência o valor de apresentar informação concisa e visual. Sem esse contexto cultural, o A3 não passa de um requerimento mecânico, um exercício de condensação de informação valiosa tão-somente para dar satisfação ao chefe. Sem um pensamento aprofundado e um processo baseado no consenso, o relatório A3 é uma ferramenta gerada pelas razões erradas. No pensamento enxuto, *é o processo de produzir, e não o resultado de produzir o A3 que o transforma num método tão poderoso.*

CONTRIBUIR COM OS CLIENTES, A SOCIEDADE E A COMUNIDADE

Conforme o que é descrito em *O Modelo Toyota*, as raízes da cultura Toyota remontam ao fundador da Toyoda Automatic Loom Works, Sakichi Toyoda. Fundada em 1926, a empresa foi a solução de Sakichi Toyoda para acabar com o trabalho em primitivos teares manuais, no qual sua própria mãe e tantas outras pessoas machucaram seus dedos. A invenção do fundador levou, mais tarde, aos teares automáticos Toyoda, mundialmente respeitados e patenteados, e a uma grande riqueza. Sakichi Toyoda poderia ter então se aposentado para desfrutar a fortuna já acumulada, deixar a herança para seu filho e viver no luxo e na fartura.

240 ■ Sistema Toyota de Desenvolvimento de Produto

Mas a sua empresa de teares automáticos tinha um objetivo, que era contribuir para o avanço da sociedade, e para poder satisfazer esse objetivo, Sakichi Toyoda desafiou seu filho, Kiichiro, a manter esse espírito de contribuição. Quando Kiichiro voltou da Inglaterra depois de vender uma patente de teares à empresa Platt Brothers por 100 mil libras, utilizou esses fundos para financiar a Toyota Motor Company, criada para continuar o legado da família de contribuir com a sociedade.

São várias as modalidades utilizadas pela Toyota para manter essa idéia de contribuição social. "O cliente em primeiro lugar", por exemplo, representa uma convicção básica e um princípio enxuto segundo os quais uma empresa deveria existir sempre para prestar serviços à sociedade. Em inúmeras empresas, a idéia do cliente em primeiro lugar é substituída, ou subvertida, por uma cultura do "primeiro eu", que se espraia diretamente das salas dos executivos para os engenheiros e contagia até mesmo os operários no chão de fábrica. Outra maneira de contribuição da Toyota à sociedade é a criação de empregos nas comunidades em que os carros de sua fabricação são vendidos. Uma empresa que se preocupa tanto quanto a Toyota em eliminar o desperdício na produção pode ver como pragmatismo a demissão de funcionários durante períodos de recessão. A prática da Toyota, porém, é a de manter seus funcionários nos empregos, usando práticas como indenizações como forma de incentivar os empregados a se demitir, em vez de serem demitidos. Como mostram os princípios cinco a dez do SEDP, a Toyota existe para as pessoas e se preocupa com as pessoas. Quando os gerentes Toyota afirmam que "nossos maiores recursos são as pessoas", não estão mentindo. Até hoje, o Modelo Toyota é fundamentado em pensar além das preocupações individuais e de curto prazo, buscando, antes, o benefício de longo prazo para a empresa (inclusive seus funcionários) e para a sociedade.

A EXCELÊNCIA TÉCNICA E A EXCELÊNCIA DE ENGENHARIA FAZEM PARTE DA CULTURA

Como discutimos no Capítulo 9, para a maioria das empresas a excelência técnica significa contratar pessoas com as competências adequadas e o melhor currículo acadêmico. Ao longo do processo de contratação, a empresa pode fazer um esforço para determinar se um candidato irá se "enquadrar" no perfil da empresa. Uma vez efetivada a contratação, contudo, pouco ou nenhum esforço é feito para incutir nesse novo "recruta" os valores culturais mais prezados pelo grupo. Isso é contraproducente. Num sistema enxuto de DP, atrair um estudante destacado de uma renomada escola de engenharia garante apenas uma coisa – um jovem que recebe a oportunidade de aprender a ser um engenheiro de verdade. Na Toyota, a educação formal constitui fundamento que não é, pela própria natureza, de grande utilidade, pelo menos até que os funcionários estejam plenamente inseridos na cultura da empresa. A estrutura cultural Toyota inclui os seguintes preceitos:

Construa uma Cultura de Suporte à Excelência... ■ 241

- Comandada por engenheiros, sendo assim uma hierarquia técnica
- Uma empresa de manufatura que se traduz em atividades de produção com valores centrais agregados e naqueles que dão sustentação a essas atividades
- Foco no desenvolvimento de maestria técnica, usando o método científico Toyota de "mãos à obra"
- O engenheiro é figura central do sistema de desenvolvimento de produtos
- Aprendizado e melhoria contínua (*kaizen* diário) é fundamental na maneira como se realiza o trabalho
- Disciplina de processos, trabalho árduo e lealdade são atributos de todos esperados (especialmente dos líderes)
- Foco em dados (informação)

Esses preceitos culturais datam de Sakichi Toyoda, o "rei dos inventores", que aprendeu a partir do zero como construir teares automáticos que utilizavam a tecnologia da energia a vapor. Seguindo esse exemplo, seu filho Kiichiro Toyoda também aprendeu as bases das tecnologias e processos automotivos a partir do zero. Dada essa tradição, muitos poderiam considerar estranho o fato de Fujio Cho, que se tornou presidente da Toyota Motor Company em 1999, não ser membro da família Toyoda e nem mesmo um engenheiro, mas um advogado, graduado pela Universidade de Tóquio em 1960. Como conseguiria um advogado comandar uma empresa de manufatura essencialmente técnica? A resposta está na maneira como Fujio Cho foi inserido na cultura Toyota.

Depois de ingressar na empresa, Cho passou 14 anos em diferentes funções. Em 1974, foi indicado para trabalhar com Taiichi Ohno a fim de aplicar o STP às operações administrativas. A partir desse ponto, a vida de Cho mudou completamente. Ele foi orientado por Ohno, cujo estilo era uma combinação de exigência, pressão e bajulação. Sob a orientação de Ohno, Cho aprendeu que para melhorar as operações administrativas ele teria de voltar aos fundamentos para entender a maneira como o STP se aplica na fábrica. Aprendendo com a severa linha do STP de Ohno – tudo no chão de fábrica – Cho posteriormente se tornou um *expert* em STP. Ele conquistou tamanho respeito na Toyota que em 1988 foi escolhido para inaugurar a primeira fábrica de propriedade integral da organização japonesa nos Estados Unidos, a planta de Georgetown, estado de Kentucky. Na planta, Cho fazia visitas diárias ao chão de fábrica para ensinar o STP diretamente aos operários e seus líderes. Sua imersão nas práticas técnicas no chão de fábrica acabou mais tarde rendendo o título honorário de Doutor em Engenharia pela Universidade do Kentucky. Foi a soma de todas essas experiências que acabou levando Cho a ser nomeado presidente da Toyota Motor Company, uma posição que ele só conseguiu galgar mediante um profundo e integral entendimento do STP.

Há dois pontos importantes nessa história. Em primeiro lugar, ela demonstra a maneira como a Toyota desenvolve, orienta e investe em seu pessoal.

242 ■ Sistema Toyota de Desenvolvimento de Produto

Em segundo lugar, ilustra o que uma cultura de excelência técnica significa: todos na empresa, do operário de fábrica até o presidente, acreditam que o propósito da companhia é agregar valor e que a maneira de agregar valor passa pela melhoria de um processo técnico. No pensamento enxuto, fazer com que as pessoas realizem trabalho técnico para melhorar os processos técnicos é o mais elevado de todos os valores de uma empresa. O pessoal não-técnico existe para apoiar a essa missão principal.

Como enfatizamos ao longo deste livro, a Toyota é uma empresa de produção comandada por engenheiros. Isso é extremamente importante em um sistema enxuto de DP, porque faz do engenheiro, individualmente, o centro desse sistema – todas as decisões, processos e idéias são geradas e nutridas a partir dos engenheiros trabalhando em equipes e que as transferem ao engenheiro-chefe. O que resulta desse processo é a "competência técnica de alto nível" que procede do aprendizado pela execução de tarefas práticas, em vez de a partir do treinamento de exercícios técnicos que "qualificam" os engenheiros. Num sistema enxuto de DP, ser um engenheiro é uma missão, mais do que um emprego. Combinados, esses são os elementos que *fazem de uma empresa uma cultura de excelência técnica* firmemente baseada em maestria técnica, tanto no desenvolvimento quanto na manufatura de produtos.

Disciplina e Ética de Trabalho

A excelência técnica pode ter vários significados. Há, por exemplo, a imagem do inventor brilhante mas nada prático que se apaixona perdidamente pela invenção do momento, perdendo a noção de tempo e espaço. O inventor brilhante pode ser completamente desorganizado, trabalhar por horas a fio, deixar tudo bagunçado e de repente tirar uma folga, fazendo com que outras pessoas tenham que colocar ordem na confusão que ele arrumou. Gire 180 graus e você verá o que significa excelência técnica na cultura Toyota, que espera algo muito diferente da desordem demonstrada. Os engenheiros da Toyota, da mesma forma que o inventor brilhante porém dispersivo acima descrito, se dedicam muito, às vezes esquecem o passar do tempo, demonstram significativo conhecimento técnico e trabalham com verdadeira paixão. Contudo, a diferença fundamental é que eles precisam se dedicar ao Modo Toyota e assumir um compromisso com a disciplina que ele exige.

Quando a Toyota desenvolveu o primeiro dos modelos *Prius*, o então presidente Okuda proclamou que o carro representava o futuro da Toyota. Os engenheiros trabalharam quase como escravos, cancelando todas as férias, a fim de poderem cumprir os prazos para um carro que era, em muitos aspectos, uma novidade absoluta na indústria automobilística, um carro que exigiu uma tecnologia nova e completamente diferente. Em setembro de 1996, depois de anos de trabalho no conceito, os engenheiros envolvidos nesse processo inicial

Construa uma Cultura de Suporte à Excelência... ■ 243

apresentaram formalmente seu conceito de estilo à diretoria para a aprovação dos fundos destinados ao programa. A diretoria aprovou o plano detalhado e o orçamento para seu desenvolvimento, e o que resultou disso foi uma maratona para cumprir o prazo final que o presidente estabeleceu – dezembro de 1997, um ciclo de desenvolvimento, até então sem precedentes, de 15 meses (o prazo foi posteriormente ainda mais antecipado, para outubro de 1997). Todos entenderam que cumprir aquela agressiva meta e seus correspondentes prazos significaria sacrifícios pessoais. Como um exemplo, Yaegashi, um gerente sênior em final de carreira e que não esperava dirigir novamente um importante programa de desenvolvimento de motor, foi convocado por um dos integrantes da diretoria para comandar a equipe do motor híbrido. Ele negociou vigorosamente com os executivos para garantir o controle e a requisição dos melhores especialistas nessa área (nada de aumentos de salários ou de promoções para ele mesmo). Depois de explicar a situação à sua esposa, ele se mudou para o alojamento da empresa para imergir por inteiro na imensa tarefa de que havia sido encarregado. Yaegashi, a essa altura, estava fazendo o que tantos outros engenheiros já haviam feito ao longo da história da Toyota – colocar a empresa acima de todos os demais interesses. Sua prioridade durante o processo de desenvolvimento do motor híbrido foi manter seu compromisso até concluir o novo componente. Uma vida pessoal seria uma distração.

O Capítulo 10 descreve de que forma fornecedores externos se tornam extensões ininterruptas da Toyota. Isso se estende à maneira como os engenheiros dos fornecedores interagem com a cultura Toyota. Espera-se que se dediquem à empresa e tenham uma sólida ética de trabalho, caracterizada por excelência técnica e disciplina. Quando a Toyota decidiu estabelecer uma *joint venture* com a Matsushita para a terceirização da tecnologia da bateria do *Prius*, primeiro ela precisou ser convencida de que todas as qualidades indispensáveis estariam disponíveis. A Divisão de Veículos Elétricos da Toyota já havia desenvolvido, em parceria com a Matsushita, uma bateria híbrida de níquel-metal para uma versão elétrica do veículo utilitário esportivo RAV4 e, por isso, os históricos de sucessos da empresa eram bons. Mesmo assim, a Toyota se preocupava com as diferenças culturais entre as duas empresas, temendo que pudessem interferir na produção de uma bateria de alta qualidade. Essa preocupação foi aliviada quando o engenheiro Fujii notou que um jovem engenheiro da Matsushita estava pálido e exausto. Quando Fujii descobriu que o motivo disso era porque o engenheiro passara a noite inteira trabalhando, sentiu-se aliviado (Itazaki, 1999). A dedicação ao trabalho que viu ali personificada deixou-o confiante de que a Toyota e a Matsushita poderiam trabalhar em conjunto, apesar de todas as diferenças culturais.

A Toyota e a Matsushita acabaram superando todas as disparidades culturais e produziram uma bateria híbrida para automóvel de categoria mundial – o que, mesmo assim, não é o ponto principal dessa história. O que realmente im-

244 ■ Sistema Toyota de Desenvolvimento de Produto

porta aqui é que a Toyota valoriza ao extremo a disciplina e a ética do trabalho e as exige de todo mundo – dentro e fora da empresa. Todos os processos e ferramentas enxutas descritas neste livro são totalmente dependentes desse paradigma de disciplina e ética no trabalho. Os exemplos a seguir ilustram como e por quê.

- *Padronizar e trabalhar para processar.* O *kaizen* começa com um processo estável, padronizado (ver Capítulo 13). Todos os engenheiros da Toyota acreditam na importância da padronização – investir na criação e na melhoria dos padrões e então agir com fidelidade a eles, depois de eles terem sido escolhidos como os padrões.
- *Manter os prazos.* É fácil usar *software* de planejamento de projetos para elaborar magníficos gráficos com detalhados cronogramas, mas os engenheiros da Toyota levam as especificações como um evangelho e as cumprem com o maior rigor. Por exemplo, não é incomum que engenheiros da Toyota durmam no local de trabalho para garantir que possam começar ou concluir algo exatamente no prazo. Pense em alguns dos seus mais importantes prazos, aqueles que você moveria céus e terra para cumprir. Os engenheiros da Toyota pensam em *todos* os cronogramas e prazos exatamente dessa forma.
- *Método A3 de comunicação disciplinada.* O processo de resumir um projeto aos seus fatos essenciais e criar um relatório visual de uma página é extremamente difícil. Funcionários norte-americanos que trabalham para a Toyota relatam que esse é um dos mais difíceis, às vezes até mesmo frustrantes, processos a aprender. É preciso contar com trabalhadores disciplinados que sejam absolutamente comprometidos com o processo, por mais desconfortável e oneroso que ele possa ser.
- *Nemawashi.* Uma parte fundamental da redação do relatório A3 é o processo de buscar consenso enquanto a tarefa está em andamento. As reuniões parecem tediosas e um desperdício total. Quando esse procedimento não está inserido na cultura, os engenheiros tendem a buscar rapidamente atalhos, mas esses podem acabar levando o projeto ao fracasso.

O acompanhamento de todos esses minuciosos processos envolve comunicações e reuniões, consome muito tempo e deixa em segundo plano qualquer pessoa que acredite num horário de trabalho estável. Quando os coordenadores japoneses viajam aos Estados Unidos a trabalho, normalmente deixam suas famílias no Japão. Fazem então o que estão acostumados a fazer no Japão – trabalham até altas horas. Isso transmite uma mensagem forte e às vezes perturbadora aos seus colegas norte-americanos de que, para os funcionários da Toyota, fora do trabalho, pouca vida existe. A maioria das empresas japonesas não tem programas de "equilíbrio trabalho-vida". A Toyota, no entanto, aprendeu muito cedo que outros países, como os EUA, têm culturas diferentes, dando-se conta de que precisaria adaptar-se a essa realidade desenvolvendo uma cultura híbrida capaz de acomodar diferenças culturais sem destruir qualquer matriz cultural ao longo do processo.

Nos Estados Unidos, por exemplo, os interesses pessoais e familiares são importantes – a vida não se resume ao trabalho. Isso não impede a Toyota de perseguir seu compromisso com a disciplina e a ética no trabalho nas filiais norte-americanas. A Toyota busca e descobre engenheiros comprometidos com a sua arte, indivíduos que amam o trabalho técnico e ostentam uma rígida ética de trabalho com alto grau de disciplina. Mais ainda, a liderança Toyota reforça esses parâmetros com seu comprometimento com a criação de excelentes engenheiros.

Kaizen de Todos os Dias

Uma frase que se ouve muitas vezes na Toyota é "tudo depende de como trabalhamos, de como fazemos as tarefas de todos os dias... cada dia um pouco melhor que no anterior". A frase é um reflexo do compromisso da Toyota com o *kaizen*. Kaizen *não é uma técnica; é simplesmente uma paixão e um modo de viver.* Sem uma cultura de *kaizen*, é impossível realizar um processo enxuto de desenvolvimento de produtos. Mas o que isso realmente significa e como pode ser traduzido em processos? Uma fórmula simples é mostrar aquilo que acontece ao longo de um processo de DP. Os engenheiros definem objetivos específicos, mensuráveis, de níveis de componentes para construir a melhoria contínua em cada novo programa, e cada programa representa uma oportunidade de melhorar o que se conseguiu no anterior. Cada estágio no programa é uma oportunidade de aprendizado. Todos aprendem alguma coisa com o primeiro protótipo e fazem um trabalho melhor no segundo protótipo.

Um elemento inerente ao espírito do *kaizen* é a humildade, porque uma vez que se acredita ser o melhor e o imbatível, o *kaizen* está morto. Em 2004, a Toyota atingiu o que muitas empresas do próprio Japão e dos EUA consideraram o auge do sucesso – mais de um trilhão de ienes (US$ 10 bilhões) em lucros e crescimento, durante vários anos de predomínio. Mesmo assim, o presidente Fujio Cho percebeu aí uma ameaça e proclamou estado de crise. A ameaça era a da complacência. Não se tratava de uma anomalia; era, apenas, um exemplo de como a Toyota é compelida a constantemente reinventar-se (*Automative Industry Management Briefing Conference*, Traverse City, agosto de 2004):

> Qual é o motivo para reinventar-nos quando os negócios estão tão prósperos? É porque toda empresa que não tem a ousadia de assumir esse risco está condenada ao fracasso. O mundo de hoje muda a um ritmo alucinante. E se você não estiver constantemente reinventando sua empresa, garanto que já está regredindo. Pior ainda, seus clientes estão provavelmente olhando para outros lados.

246 ■ Sistema Toyota de Desenvolvimento de Produto

Durante esse mesmo período de sucesso sem paralelo na Toyota, encontramos o espírito do *kaizen* não apenas com o presidente, mas em todos os níveis da empresa. Era muito comum que engenheiros e gerentes nos falassem de todos os desafios por eles enfrentados e de quanto trabalho pendente existia em suas respectivas áreas de responsabilidade. Não conseguimos lembrar de qualquer ocasião em que um funcionário da Toyota, em todos os níveis, tenha transmitido uma impressão de complacência.

Tentativas desesperadas de implementar *kaizen* para reduzir os custos e salvar uma empresa ameaçada de falência constituem algo que qualquer empresa estaria disposta a tentar, mas esta "mágica do instinto de sobrevivência" é um indicador muito pobre da maneira como o *kaizen* funciona. O verdadeiro teste do *kaizen* é aquilo que uma empresa faz quando está às portas de um sucesso sem precedentes. Na Toyota, engenheiros e gerentes disseram aos autores que "nós na verdade não somos tão eficientes assim, tanto que ainda enfrentamos muitos problemas", passando em seguida a recitar uma interminável relação de tarefas não completadas. Esse é o verdadeiro espírito da cultura enxuta.

O Espírito do "Cliente em Primeiro Lugar"

Na Toyota, um denominador comum alinha todos os participantes na busca de um mesmo objetivo. Para determinar qual seria esse denominador comum, considere as seguintes perguntas:

- De que maneira a Toyota consegue fazer uma organização de matriz funcionar? Em muitas empresas com uma matriz, os engenheiros acabam desenvolvendo lealdades conflitantes ao chefe funcional e ao gerente de programa.
- Como é que os diferentes engenheiros-chefes da Toyota evitam competir pelos melhores recursos?
- De que forma a Toyota usa métricas e incentivos para levar os engenheiros em direção a objetivos comuns?
- Como conseguem os engenheiros da Toyota trabalhar em cooperação com o estilo, sem que ocorram conflitos em torno de aparência *versus* funcionalidade?
- Como é que os engenheiros de produto conseguem trabalhar em cooperação com a produção, em vez de se dedicar unicamente a objetivos da engenharia de produto?

A resposta a todas essas perguntas é a mesma: os *clientes estão em primeiro lugar*. São inúmeros os exemplos que ilustram a importância desse conceito para a Toyota: o exemplo aqui apresentado deveria ser suficiente para demonstrar a abrangência do conceito. Numa entrevista com um grupo de engenheiros de carrocerias, os autores perguntaram a respeito de sua interação primária com os estilistas do estúdio de *design* na fase do *kentou* de qualquer programa determinado. Nessa fase, os projetistas responsáveis pelo estilo apresentam vários modelos em argila à engenharia e ela antecipa problemas que tais modelos poderão apresentar a partir da perspectiva da engenharia e da produção. Eles desenvolvem muitos esboços e fórmulas para explorar as soluções. Interrogados a respeito de como resolvem as diferenças quando a melhor solução de engenharia não corresponde ao *design* mais artístico, os engenheiros ficaram surpresos. Eles responderam a essa "estranha" pergunta explicando as funções de estilo e engenharia em termos de satisfação do cliente. O estilo, observaram, procura dar aos clientes um carro atraente que eles terão orgulho de possuir. A função da engenharia é concretizar a visão do estilo sem comprometer a aerodinâmica, a funcionalidade ou a produtividade. Os engenheiros trabalham para manter a integridade do estilo – pois seus clientes diretos são os estilistas.

Pouco tempo depois disso, um dos autores fez uma apresentação sobre o sistema Toyota nos estúdios de uma das três maiores empresas automobilísticas norte-americanas, contando a história mencionada no parágrafo anterior. Depois da conversa, um *designer* sênior aproximou-se do palestrante e lhe disse: "Quase caí da cadeira com aquela história. A engenharia, na nossa empresa, é rei. Quando o estilo causa problemas, ele simplesmente tem de ser modificado. Eles nunca diriam que nós, do estilo, somos os clientes deles." Por ironia, engenheiros da mesma empresa contaram aos autores que seus colegas do estilo pensam que eles é que são os "reis" e não se dispõem a recuar em suas convicções para tornar um *design* manufaturável. Trata-se de uma evidente questão cultural, em que nenhuma das partes envolvidas se dispõe a fazer concessões em benefício daquele que é verdadeiramente o cliente de todos na empresa – a pessoa que vai comprar o automóvel.

O DNA DO APRENDIZADO

A organização que aprende foi discutida no Capítulo 11 e é aqui revisitada a partir de uma perspectiva diferente, mas complementar. A Toyota tem a firme convicção de que a capacidade de aprender é a fonte maior da vantagem competitiva e que a melhoria contínua tem tudo a ver com o aprendizado. A Toyota tem dois conceitos culturais principais com relação ao aprendizado:

1. *Aprendizado é tácito.* É o mais importante desses conceitos. Por definição, só é possível transferir conhecimento tático quando existem fortes laços sob a orientação de um mentor capacitado. Na Toyota, cada líder é um professor – treinando e aperfeiçoando pessoalmente cada um dos colegas mais jovens no Modelo Toyota.

248 ■ Sistema Toyota de Desenvolvimento de Produto

2. *Aprender fazendo, o que significa tentar.* Não é possível aprender median-te a determinação teórica do melhor caminho e, a partir daí, progredir para executar apenas a melhor maneira. Existem muitas soluções vi-áveis e só se consegue aprender experimentando-as, aproveitando tudo aquilo que dá certo e refletindo profundamente sobre os eventuais erros. A pessoa que estiver sempre tentando descobrir a melhor solu-ção teórica ficará em constante estado de espera, perdendo muitas oportunidades de aprender.

Os líderes da Toyota muitas vezes se referem a esse modo de pensar sobre aprender fazendo como parte do DNA da Toyota. A vontade de testar opções e aprender com experiências reais está nos genes dos funcionários. Os líderes são guias, incentivando e observando para captar sempre a oportuni-dade certa de ensinar lições realmente importantes. Isso se aplica tanto aos participantes internos quanto aos sócios externos. Andy Lund, um gerente de programa norte-americano da minivan *Sienna* no Toyota Technical Center, ex-plica de que forma ele aprendeu tudo isso com um engenheiro de qualidade japonês antes de começar a trabalhar na Toyota:

> Um engenheiro de qualidade japonês visitou nossa fábrica, enviado pela Toyota, para realizar uma auditoria. Ele explicou que o valor de uma peça defeituosa é dez vezes maior que o de uma peça perfeita, porque com a primeira é possível aprender muito mais a respeito de como evitar que o problema venha a se repetir. Se vamos a uma linha de montagem e não existe por perto um contêiner para peças defeituosas, um engenheiro da Toyota irá pedir: "Eu quero ver as peças com defeitos". Nos primeiros estágios do lançamento do *Sienna*, nós oferecemos um plano aceitando 100% de devolução. O mote estava em que, se houvesse qualquer peça com defeito na minivan, os varejistas deveriam devolvê-las à fábrica para que os engenheiros de qualidade pudessem fazer a revisão de toda a engrenagem. Isso é parte do *genchi genbutsu* – cuidar da peça verdadeira, não apenas ler o relatório de campo sobre defeitos – algo que, naturalmente, nós fazemos antes de qualquer outra coisa.

Confiança e Responsabilidade

Equipes são praticamente uma obsessão na Toyota. O crédito é sempre dado às equipes. O trabalho em equipe é a chave do sucesso. Paradoxalmente, no entanto, existe um ditado na Toyota que diz: "se todos são responsáveis, ninguém é responsável". Cada engenheiro precisa ser confiável – todos preci-sam ter a capacidade de entregar o produto. Na Toyota, ninguém perde tempo culpando ou criticando os demais, mas, no final, sempre existe alguém que é responsável quando alguma coisa não dá certo e exige que alguém assuma (ou aceite) a responsabilidade pelo fracasso.

Essa disposição de aceitar a responsabilidade é o espírito do *hansei* (ver Capítulo 11) na prática. Quando um programa está atrasado porque os modelos não ficaram prontos em tempo, alguém acaba assumindo responsabilidade individual por essa falha. Quando algum componente não funciona, sempre haverá um engenheiro que assume a responsabilidade por não ter pensado com o devido cuidado nas eventuais alternativas. O *hansei* diz respeito à reflexão, a identificar fatores que não funcionaram de acordo com o esperado e a assumir a responsabilidade. Como explicou um executivo sênior, "É preciso sentir-se realmente mal pela falha e se comprometer a jamais repetir aquele mesmo engano." Sentir-se mal e comprometer-se sinceramente a trabalhar melhor no futuro é o motor que impulsiona o *kaizen*. Como observou o mesmo executivo, "não se pode ter *kaizen* sem *hansei*".

Integridade da Equipe

Numa empresa que considera ensinar e aperfeiçoar seu pessoal fatores essenciais da criação e manutenção da vantagem competitiva, a principal função dos líderes consiste em investir no ensino. Parte desse ensino reside em saber como tratar as pessoas que estão sendo ensinadas. Um corolário disso é saber o que *não* se deve fazer:

- Não reduzir pessoal ao primeiro sinal de crise nos negócios.
- Não jogar as pessoas umas contra as outras de maneira a recompensar os vencedores e dispensar os perdedores.
- Não deixar os novos funcionários jogados à própria sorte ou ambições, aprendendo por conta própria e de maneira isolada.

Os bons tempos dos empregos vitalícios parecem ter desaparecido quase que por completo na maioria das empresas no Japão. Na Toyota, contudo, essa tradição está viva. É improvável que alguém saiba ou lembre a última vez que um funcionário de tempo integral da empresa foi demitido. O que todos conhecem é a política da Toyota de negociar com funcionários que deixaram de agregar valor. Essas pessoas ganham "um lugar à janela", o que significa que são encaminhados para uma função na qual não terão condições de causar qualquer problema. Um gerente, por exemplo, a quem ninguém presta contas tem um lugar à janela e recebe tarefas que não poderão jamais causar prejuízos à empresa ou a qualquer outro negócio. Ainda que muitos possam considerar essa situação como o "emprego dos sonhos", com poucas dores de cabeça, a verdade é que na cultura da Toyota, em que todos se sentem sempre pressionados a render o máximo, não existe posição mais humilhante.

Ao optar por essa e outras soluções destinadas a proteger sua integridade, a Toyota mantém e alimenta a "competência técnica superior" discutida no Capítu-

250 ■ Sistema Toyota de Desenvolvimento de Produto

lo 9. Desenvolver essa competência é um processo extremamente estruturado, com um conjunto comum de experiências de socialização, impostas aos novos funcionários praticamente a partir do seu primeiro dia na empresa. Há quem considere esse método uma "doutrinação" que anula as individualidades. Até certo ponto, há razão para tanto. Trata-se mesmo de uma doutrinação, mas seu propósito não é eliminar o pensamento livre e criativo. O que se pretende é doutrinar cada funcionário no Modelo Toyota com o apoio e o incentivo necessário para que se habilite a abordar a solução de problemas e consiga oferecer novas perspectivas – tudo isso no contexto do modelo Toyota de fazer as coisas.

Para que isso funcione, determinados princípios do Modelo Toyota são "transplantados" para o DNA do funcionário. Por exemplo, os engenheiros precisam com presteza aprender o que é aceitar *genchi genbutsu, nemawashi, kaizen*, o valor das pessoas e dos associados, o papel do líder como um mestre e o espírito de desafio, todos considerados genes desse DNA. Se cada participante da empresa tiver uma perspectiva diferente a respeito de cada um desses tópicos centrais, não haverá Modelo Toyota e a Toyota acabará perdendo seu "ovo de Colombo", que lhe dá uma margem competitiva.

O que mantém as equipes Toyota alinhadas são os objetivos comuns, desde o topo da pirâmide executiva até o chão de fábrica. O processo de planejamento *hoshin* (a ser discutido no Capítulo 15) determina objetivos em nível da corporação; cada funcionário tem objetivos que são desenvolvidos junto com seu superior imediato, e esses objetivos, por sua vez, se encaixam perfeitamente com os do próximo nível mais acima. A concretização de objetivos individuais alinha os funcionários em equipes que trabalham em função dos planos da empresa. Isso só é possível numa cultura que acolhe o trabalho com vistas a objetivos que vão além do horizonte específico dos interesses individuais dos participantes.

GERENCIAMENTO ASCENDENTE, DESCENDENTE E LATERAL: GESTÃO *HOURENSOU*

Infelizmente, muitos gerentes de engenharia modernos acreditam que sua função na organização se resume a participar de reuniões, conhecer os últimos lances da política organizacional, tomar as decisões mais completas relacionadas aos grandes problemas da empresa e, de forma geral, olhar para cima e para fora. A filosofia parece significar que um bom gerente é aquele que sabe delegar, e que os bons gerentes deveriam trabalhar de forma autônoma.

O princípio do *"hourensou"* sugere uma imagem muito diferente do gerente Toyota. Esse conceito japonês de gestão pode ser interpretado como Hou (*hou koku* – reportar-se a), Ren (*renroku* – proporcionar atualizações periodicamente) e Sou (*sou dan* – consultar, ou assessorar). Em outras palavras, os líderes na Toyota têm a responsabilidade de se manter informados a respeito das atividades dos subordinados, de maneira a terem condições de reportar atividades-chave, apresentar atualizações aos seus líderes e assessorar os subordinados.

Vimos esse princípio em ação quando George Yamashina era presidente do Centro Técnico Toyota em Michigan. Yamashina parecia estar em todos os lugares ao mesmo tempo, fazendo perguntas, conversando com os técnicos. Todos os seus gerentes eram obrigados a mandar-lhe um *e-mail* no final do dia, resumindo em itens as atividades principais daquela jornada de trabalho. Ele recebia mais de 40 mensagens por dia dos subordinados, e a leitura desse material, especialmente quando redigido em inglês, consumia tempo. Mesmo assim, ele acreditava tratar-se de um investimento valioso e lia cada uma das mensagens.

Yamashina tinha uma visão ampla do conjunto da organização. Para estar sempre a par do quadro geral, ele se mantinha em permanente movimento, viajando do Centro Técnico em Ann Arbor para plantas de manufatura em que engenheiros residentes eram alocados para o campo de testes do Arizona, para a sede, para o Japão, e de volta à sua base, num ciclo interminável. Quando interrogado a respeito disso, Yamashina explicou que pela visão das partes, tornava-se mais fácil ver o conjunto. Por exemplo, se um engenheiro de uma peça da organização já havia realizado testes com resultados negativos, não haveria razão para que outro engenheiro, em uma parte diferente da organização, fizesse o mesmo teste com resultados semelhantes. O resultado do teste do primeiro engenheiro poderia ser enviado ao segundo engenheiro e tudo estaria resolvido.

Os autores tiveram uma proveitosa conversa sobre a questão do *hourentsou* com Yamashina e vários gerentes da Toyota norte-americana. Um deles foi Chuc Gulash, vice-presidente do Centro Técnico Toyota, que admitiu ter ficado desconcertado por essa prática:

> No começo, eu rejeitei o conceito, pois me parecia microgerenciamento. Agora, no entanto, eu apóio plenamente a atividade e acho que a entendo. Sempre acreditei na gestão por acompanhamento do processo, mas o que eu deveria aprender ao fazer esse tipo de gestão? E então? Bem, você anda por aí, acompanha. O *Horensou* proporciona uma maneira eficiente e disciplinada de saber o que está ocorrendo, da minha perspectiva de executivo, e me permite compartilhar esse conhecimento com toda a organização.

Essa citação reflete adequadamente o choque da cultura Toyota com uma típica cultura norte-americana de gestão. Nos EUA, "inspecionar" é uma prática considerada inadequada. É uma forma de microgerenciamento. Um gerente eficiente deve delegar e, a partir daí, afastar-se do caminho do engenheiro. Para um engenheiro Toyota, no entanto, isso é simplesmente abdicar da responsabilidade. De que maneira o gerente pode aconselhar ou mandar quando não sabe o que está acontecendo? Quando o gerente não tem maior informação a respeito do que acontece na organização do que qualquer outro engenheiro, qual é a utilidade dele?

O PROCESSO CERTO GERA OS RESULTADOS ADEQUADOS

Informações reunidas durante as entrevistas dos autores com engenheiros e gerentes da Toyota no Japão e nos Estados Unidos mostram que, entre os que são japoneses, muitos aspectos da cultura enxuta estão arraigados e exercem influência direta sobre a maneira como pensam e agem. Os três subsistemas da cultura enxuta – processo, pessoas, ferramentas e tecnologia – fazem realmente parte do seu DNA. A Toyota alcançou sucesso em doutrinar gerentes e funcionários norte-americanos em termos de pensamento enxuto, mas conseguir que essas pessoas vivam e respirem o "pensamento enxuto" – que é exatamente o que seus colegas japoneses fazem – é bem mais difícil. Os engenheiros japoneses têm a plena convicção de que o Modelo Toyota é o modelo correto. Para eles, não há dúvida de que *existe um processo para fazer tudo e seguir esse processo levará a resultados positivos*. Aparar as arestas poderá funcionar ocasionalmente, mas não conseguirá levar a resultados excelentes de forma consistente.

A maioria dos gerentes norte-americanos não tem essa convicção plena, pelo menos até que consigam distinguir evidências irrefutáveis que os tornem crentes dessa filosofia. Andy Lund explicou as tensões que algumas vezes sentiu como gerente do programa *Sienna* entre o Modelo Toyota e o modelo tradicional. Por exemplo, parte de sua função era comandar o *hansei* no final do programa. Na condição de gerente de programa, ele comandou sessões dedicadas a refletir sobre o programa e teve que conseguir muita informação e usar o método dos "5 por quês" para analisar as causas originais. Conversou com os engenheiros para ouvir seus pontos de vista sobre tudo o que havia acontecido; várias vezes chegou a ficar em dúvida sobre se conversar com mais uma pessoa sobre o mesmo assunto teria realmente qualquer utilidade e se sentiu tentado a deixar de lado algumas pessoas. No entanto, cada vez que conversava com uma dessas pessoas que havia pensado em deixar para trás, descobria algo surpreendente e informativo. O conflito enfrentado por Lund era de natureza cultural: um choque entre a crença Toyota no processo e as origens norte-americanas do executor, que o instavam a chegar a uma conclusão da maneira mais rápida possível. O fato de Lund ter crescido no Japão complexifica ainda mais esse conflito.

A CULTURA DÁ SUSTENTAÇÃO AO PROCESSO

Muitos produtores de automóveis gostariam de adotar os processos enxutos de DP da Toyota. Alguns deles chegaram a lançar grandes iniciativas destinadas a aprender com a Toyota e, muitas vezes, ficaram desapontados. Tentaram os relatórios A3, a construção funcional (apressar a construção da carroceria), a função do engenheiro-chefe, o planejamento *hoshin* e um banco de dados de *know-how*. Essas ferramentas foram úteis durante algum tempo, mas logo esquecidas. Na maioria dos casos, engenheiros e gerentes perderam o interesse ou retornaram aos velhos métodos que mais ou menos funcionavam. A razão principal pela qual essas empresas experimentam tamanha dificuldade em adotar e dar sustentação a esses princípios simples e de bom senso reside na cultura. A Figura 12.1 compara as culturas da Toyota e da NAC, a empresa utilizada ao longo deste livro como a antítese do verdadeiro pensamento enxuto.

Um exame superficial mostra quão diametralmente diferentes são, em cada dimensão crítica, a Toyota e a NAC. A NAC é uma empresa orientada para os negócios; satisfazer as expectativas trimestrais de lucros em benefício da Wall Street é seu objetivo mais elevado e, por isso, tem uma cultura dominada pelas finanças. A excelência técnica é secundária porque a NAC tem por finalidade conseguir resultados extremos de qualquer maneira e a qualquer custo. Enquanto a Toyota reverencia a excelência técnica e investe no desenvolvimento de seu pessoal, muitos executivos da NAC acreditam que as pessoas acarretam custos para a empresa e concentram esforços na redução de pessoal, mesmo que isso signifique perder competências centrais. A Toyota se preocupa com o processo. Basta seguir o processo adequado que os resultados desejados surgirão. A NAC é muitas vezes motivada pelas mais recentes e promissoras iniciativas e tecnologias destinadas a tornar o trabalho mais fácil e ágil – encurtando a linha entre dois pontos. Ela não se ocupa com atividades cotidianas, como engenharia detalhada, ou com construir carros que não sejam chamativos. Já a Toyota é focada em melhorar de forma contínua processos cotidianos. Engajar-se em planejamento detalhado ao extremo é a norma na Toyota. A orientação por resultados da NAC tem como corolário uma mentalidade de "fazer logo", sem um esforço para captar qualquer ensinamento que possa representar uma melhoria para o programa seguinte. A Toyota é totalmente voltada para o ensinamento, programa por programa, engenheiro por engenheiro. Na NAC, pedir explicações detalhadas ou perguntar o que se fazia anteriormente é considerado indelicadeza e até mesmo sinal de incompetência. Um rápido sorriso e um confiante "sem problemas" é a atitude típica dominante entre os engenhei-

Toyota	NAC
Excelência técnica	Excelência nos negócios
Disciplina de processos e ética do trabalho	Foco em resultados
Kaizen todos os dias	Novas iniciativas
Planejamento e execução detalhados	Simplesmente fazer
DNA do aprendizado	Sem problemas

FIGURA 12.1 ■ Culturas contrastantes na Toyota e na NAC.

254 ■ Sistema Toyota de Desenvolvimento de Produto

ros da NAC, não importa quão complexa seja a tarefa a eles encomendada. Um comportamento idêntico na Toyota no mínimo provocaria espanto. Será possível fazer um bom trabalho dentro do Modelo Toyota sem questionar profundamente, *nemawashi*, sem aprender fazendo, sem compartilhar impressões com a equipe e sem aprender como uma organização?

Dada a cultura que impera na NAC (e em empresas similares), é fácil perceber por que implementar e dar sustentação a processos de desenvolvimento estilo Toyota são tarefas praticamente impossíveis. Três exemplos daquilo que tende a acontecer em tais situações são apresentados a seguir.

Sistema de engenheiro-chefe. O princípio cinco do SEDP é *desenvolver um sistema de engenheiro-chefe para integrar o desenvolvimento do início ao fim*. Ou seja, o engenheiro-chefe orienta todo o sistema de desenvolvimento do produto – essa é uma das bases do sistema enxuto de DP. Várias tradicionais indústrias automobilísticas passaram por reorganizações e determinaram a criação da função de engenheiro-chefe. Numa cultura burocrática, trata-se de algo bem mais fácil de dizer do que de fazer. A reação típica era mudar os títulos dos cargos dos gerentes de programas para engenheiros-chefes e dar-lhes algum treinamento para explicar suas novas funções de maneira que pudessem ser oficialmente chamados de "engenheiros-chefe". Isso gera no mínimo três questões: terão os novos ECs a capacidade técnica e o respeito da organização para concretizar seu trabalho? Será que os chefes funcionais destinarão a cada programa os funcionários certos na hora certa? As pessoas avaliadas por seus chefes funcionais e que também se reportam a um engenheiro-chefe em determinado programa seguem as orientações de qual deles, mesmo? Não é muito difícil enxergar por que esse processo se mostra irrealizável. E não é de surpreender que o índice de fracasso desses "ECs instantâneos" seja elevado em todas essas empresas.

Concentrar esforços no início. O princípio dois do SEDP manda *concentrar esforços no início do processo de desenvolvimento de produto enquato existe máxima flexibilidade de projeto para explorar integralmente soluções alternativas*. Desse modo, é possível antecipar e resolver problemas antes mesmo que as ferramentas sejam projetadas e antes de qualquer investimento de capital. A Toyota usa uma fase *kentou* para tanto. Na cultura orientada por resultados da NAC, novas questões logo surgem: a fase *kentou* será realmente levada a sério? Os gerentes de engenharia destinarão os melhores engenheiros para trabalhar na fase do *kentou*? Os engenheiros terão tempo, *know-how* ou disciplina para trabalhar ao longo de cada um e de todos os esboços, eliminar possíveis problemas e elaborar contramedidas? Conseguirão ultrapassar as fronteiras funcionais e mentalidade de domínios para trabalhar em cooperação que supere as barreiras entre organizações funcionais? Numa cultura apressada do "faça logo", a ampla circulação do *kentou* poderá conduzir a uma profunda reflexão sobre cada detalhe do projeto? A resposta a todas as perguntas é "provavelmente não".

Nivelar a carga de trabalho. No princípio três do SEDP, *criar um nivelamento de fluxo do processo de desenvolvimento de produto,* nivelar a carga de trabalho depende da flexibilização da destinação de pessoal ao programa ao longo de seu desenvolvimento inicial. Em períodos de pico do programa, é preciso contar com engenheiros e técnicos de conjuntos flexíveis de pessoal e também de fornecedores. Aqui, mais uma vez, a cultura da NAC gera algumas questões interessantes: a empresa tem condições de recrutar com flexibilidade engenheiros que possam contribuir de forma contínua para o processo de engenharia? Será esse grupo de engenheiros treinado de modo adequado no "Modelo NAC" para entender os processos e a filosofia do projeto? Os engenheiros desse grupo falarão a mesma linguagem que os funcionários de carreira de tempo integral? Poderão sentir-se tão motivados quanto os engenheiros da NAC a contribuir para o objetivo comum de colocar os clientes em primeiro lugar? Outra vez, "provavelmente não".

Como essa breve análise demonstra, não há montante suficiente de mudanças de processos ou ferramentas enxutas impostas de cima para baixo capaz de penetrar na cultura errada e criar as condições necessárias para tornar eficientes as ferramentas e processos enxutos. Jogar os processos e as ferramentas numa cultura existente é garantia de rejeição, do mesmo modo que um corpo irá rejeitar um órgão transplantado quando ele for incompatível com os demais órgãos ou sistemas.

OS LÍDERES RENOVAM A CULTURA

As empresas interessadas em implantar o projeto enxuto de DP da Toyota muitas vezes fazem esta pergunta: quando tivermos instalado essas ferramentas enxutas, como conseguiremos sustentar seu funcionamento? Implícito na pergunta está o entendimento de que adotar um sistema não significa necessariamente que ele vá funcionar e continuar a dar resultados com o passar do tempo. Não existe garantia de que uma vez instaurado o processo enxuto, as ferramentas irão adquirir vida própria e uma empresa se auto-sustentar. O progresso ou o fracasso dessas ferramentas depende sobretudo da liderança. Mais ainda, é importante recordar que os líderes fazem a cultura em que vivem e que toleram.

No sistema Toyota, os líderes servem como os exemplos da cultura Toyota e são os sustentáculos dessa cultura pela sua ação diária. Pode, certamente, ser tedioso seguir os processos corretos dia sim, dia não. Nenhum líder Toyota atreveu-se a proclamar que o processo enxuto consegue sustentar-se pelas próprias forças. Pelo contrário, os líderes da empresa intuitivamente entendem que a evolução natural de uma cultura fará com que ela se atrofie e deteriore, a menos que seus líderes estejam continuamente renovando e passando o DNA dessa cultura adiante. Se fosse questão de termodinâmica, diríamos que os sistemas tendem ao estado mais baixo de energia. Somente pela adição de nova energia

256 ■ Sistema Toyota de Desenvolvimento de Produto

a fim de deter a entropia (atrofia) é possível manter ou melhorar um sistema. Os líderes são a fonte principal de energia; eles impedem a atrofia das ferramentas enxutas e as mantêm florescendo e evoluindo na cultura. Eles têm as condições de dar sustentação ao pensamento enxuto.

Este capítulo conclui os cinco princípios do SEDP relativos ao subsistema pessoal. A seção seguinte examina o terceiro subsistema, de ferramentas e tecnologia, e os princípios finais, onze a treze.

Fundamentos do Princípio Dez do SEDP

Construa uma cultura de suporte à excelência e à melhoria ininterrupta

As ferramentas enxutas não serão eficientes a menos que usadas numa cultura que lhes dê sustentação. A cultura é a maneira como se faz o trabalho e como as pessoas pensam a respeito do trabalho e dos produtos. Alguns dos valores centrais que sustentam o desenvolvimento enxuto de produtos são o *genchi genbutsu*, o pensamento baseado em alternativas, o *hansei*, e o posicionamento do cliente em primeiro lugar. Esse DNA compartilhado em toda uma cultura é fundamental para o sucesso do pensamento enxuto e uma razão adicional por que a mudança é indispensável, mesmo na Toyota, para ensinar o Sistema Enxuto de Desenvolvimento de Produto a novos funcionários em sentido global. Características fundamentais da cultura Toyota de alto desempenho, que deveriam ser usadas na sua organização, incluem:

■ A excelência técnica e de engenharia deve ser altamente valorizada.

■ A cultura precisa ter base em disciplina e numa forte ética de trabalho.

■ Melhorar por meio do *kaizen*, todos os dias, deve ser transformado no melhor modo de trabalhar.

■ Todos os participantes do processo de desenvolvimento precisam colocar o cliente em primeiro lugar.

■ O aprendizado como uma organização precisa estar impregnado no DNA da empresa.

■ Os indivíduos devem se dispor a assumir responsabilidades sempre que a situação o exigir.

■ Investir em engenheiros e tratá-los como ativos de valor deve ser norma.

■ Todos os engenheiros devem buscar e enfrentar desafios como algo natural.

■ O cumprimento dos processos adequados para concretizar o trabalho vem em primeiro lugar.

■ Erros precisam ser vistos como oportunidades de aprender.

■ Os líderes devem ser os pregadores da cultura corporativa e devem liderar pelo exemplo diuturno.

PARTE IV

SUBSISTEMA FERRAMENTAS E TECNOLOGIAS

13

Adapte a Tecnologia ao Pessoal e ao Processo

A primeira regra de qualquer tecnologia utilizada nos negócios é que a automação aplicada a uma operação eficiente aumentará a eficiência. A segunda é que a automação aplicada a uma operação ineficiente aumentará a ineficiência.

Bill Gates,
presidente e CEO da Microsoft

Empresas de todo o mundo tentam encontrar meios de agilizar o desenvolvimento de produtos, vendo nisso a melhor maneira de estabelecer vantagem competitiva. Em muitos casos, os esforços para acelerar o processo de DP focam em tecnologia avançada. No entanto, prototipagem acelerada, simulações digitais, gerenciamento de ciclo de vida de produtos, engenharia virtual e ferramentas e tecnologias similares destinadas a revolucionar o DP nem sempre produzem os resultados esperados, especialmente porque as tecnologias poucas vezes são exclusivas. Qualquer empresa moderna tem condições de copiar ou comprar as ferramentas e tecnologias usadas pela concorrência. Já o sucesso na utilização dessas ferramentas e tecnologias depende da capacidade de customizá-las de forma a torná-las exclusivas e integrá-las à empresa que as utiliza. Ninguém, por exemplo, pode negar que as ferramentas e tecnologias tiveram grande influência na consolidação da capacidade da Toyota de atingir ciclos de desenvolvimento de produtos de 15 meses – ou até menos. Porém, é importante reconhecer que isso aconteceu porque a empresa teve, antes disso, a visão e a disciplina indispensáveis para customizar ferramentas e tecnologias de maneira a torná-las viáveis numa estrutura mais ampla, que inclui pessoas e processos.

CINCO PROCESSOS PRINCIPAIS DE ESCOLHA DE FERRAMENTAS E TECNOLOGIAS

Não se perder em meio à "selva tecnológica" é tarefa difícil. A funcionalidade em rápida mudança, juntamente com as inúmeras armadilhas espalhadas ao longo do caminho, dificultam a identificação e a opção pelo melhor caminho. Decisões sobre quais ferramentas ou tecnologias adotar e quando e

260 ■ Sistema Toyota de Desenvolvimento de Produto

como integrá-las na organização possuem significativas implicações para o sistema de DP de uma empresa. O processo de seleção requer substanciais investimentos de recursos, tanto humanos quanto financeiros, e pode resultar em confusão organizacional e em irrecuperável perda de tempo, especialmente se a nova ferramenta ou tecnologia não se integrar com os outros dois subsistemas do SEDP – processos e pessoas. O princípio onze do SEDP, *adapte a tecnologia ao pessoal e ao processo*, é uma diretriz primordial para implementar e sustentar um sistema enxuto de desenvolvimento de produtos. Uma diretriz que a Toyota internalizou excepcionalmente bem. Subdividimos esse princípio em cinco passos, ou subprincípios, de alta eficiência.

1. *As tecnologias precisam ser integradas de forma orgânica.* A Toyota integra muitas das suas tecnologias de desenvolvimento de produtos em seu sistema V-Comm. O V-Comm integra testes de superfície/projeto, montagem digital, simulação e de banco de dados de *know-how* num único sistema orgânico, que possibilita aos engenheiros da Toyota saltar do projeto para a simulação ergonômica, atualizar resultados de testes fornecidos pelos colegas e conseguir acesso aos indispensáveis padrões e listas de verificação. Essa poderosa seqüência de ferramentas e informação em tempo real é disponibilizada aos engenheiros que trabalham no programa.

2. *Tecnologias devem dar sustentação ao processo, jamais conduzi-lo.* Os consultores de tecnologia constantemente advertem: "para manter-se atualizado com as mais recentes tecnologias, é preciso modificar constantemente os processos de sua empresa." Pela perspectiva da Toyota, isso é retrocesso. Mudar o processo a fim de que se adapte à tecnologia leva à instabilidade, confunde as pessoas e cria imenso desperdício. Sempre que as empresas modificam os processos para extrair os máximos resultados de alguma supernovidade e, com isso, demonstrar a sabedoria de sua estratégia e investimentos, elas estão na verdade perdendo tempo e dinheiro. A maioria das tecnologias de ponta torna-se obsoleta em menos de um ano. O resultado disso é uma corrida desenfreada para adquirir a próxima maravilha tecnológica, o que agrega prejuízos ainda maiores a um processo já destituído de funcionalidade.

3. *As tecnologias devem valorizar as pessoas, jamais substituí-las.* Em muitas empresas, a justificativa principal para grandes compras de novas tecnologias é a possibilidade de reduzir os custos com o trabalho – ou seja, quantas pessoas elas irão substituir? Num empreendimento conduzido pelo talento e dependente da especialização técnica, tudo isso é claramente contraproducente. Em desenvolvimento de produtos, o aconselhável é escolher ferramentas e tecnologias que façam o melhor uso possível do tempo e talento dos engenheiros. Ferramentas e

tecnologia não devem ser vistas como substitutas da especialização; elas precisam complementar essa capacidade.

4. *Orientadas para soluções específicas: jamais uma solução milagrosa.* A tecnologia pode proporcionar alta alavancagem quando uma empresa tem um objetivo claramente definido. Procurar um Santo Graal é inútil. A tecnologia nunca será um substituto do trabalho dedicado indispensável para tornar competitivo um sistema de desenvolvimento de produtos. Seu potencial reside em apoiar e acelerar aquele trabalho dedicado em meio a um processo enxuto e estando as pessoas de alta competência apropriadamente treinadas e organizadas.

5. *Do tamanho exato – sem exageros.* Muitas empresas ocidentais apresentam uma tendência a comprar as maiores, piores, mais rápidas e mais modernas ferramentas presentes no mercado. A NAC, por exemplo, seguidamente proclama que vai finalmente superar a Toyota por meio da capacitação tecnológica. Isso, no entanto, não acontece e o exemplo a seguir mostra por quê. Por décadas, a Toyota usou, com sucesso, cadernos para as suas listas de verificações de engenharia. A NAC desenvolveu um impressionante banco de dados *online* e plenamente integrado, convencida de que essa inovação a ajudaria a ultrapassar a Toyota em gestão do conhecimento. Os dados, no entanto, eram vagos, de propriedade de um "grupo de tecnologia" independente e, pior ainda, raramente utilizados. O ponto é que o arquivamento eletrônico de dados não é um substituto para engenheiros que desenvolvem conhecimento com o passar do tempo, criam listas de verificação para captar o conhecimento e têm conhecimento acumulado e listas de verificação para garantir que tudo esteja sendo feito da maneira mais adequada.

A TECNOLOGIA NO DESENVOLVIMENTO ENXUTO DE PRODUTOS

O sucesso no desenvolvimento de produtos automobilísticos depende de uma competente aplicação de centenas de diversificadas tecnologias. Uma detalhada análise dessas tecnologias está além do escopo deste livro e a presente seção cobre algumas delas, fundamentais para o processo do desenvolvimento de produtos. Nosso objetivo é mostrar a forma pela qual a Toyota adere aos princípios discutidos acima, evitando armadilhas tecnológicas. Para concretizar esse objetivo, as seções a seguir são estruturadas como uma série de modelos contrastantes (Toyota e NAC) e a maneira pela qual compatibilizam ou deixam de compatibilizar com os princípios da produção enxuta. É importante começar essa discussão enfatizando que um ambiente enxuto capacita a Toyota a 1) encontrar a ferramenta ideal, 2) trabalhar incansavelmente em processos já eficientes e 3) alinhar a tecnologia e as ferramentas de maneira a aperfeiçoar tanto o desenvolvimento quanto a manufatura do produto.

Engenharia Digital na Toyota

A Toyota alavancou uma seqüência integrada de ferramentas digitais ao longo de todo o fluxo de valor do desenvolvimento de produtos. Seus integrantes começaram a implementação da engenharia digital na Engenharia de Produtos e já desenvolveram poderosas ferramentas que ajudam os engenheiros em todos os segmentos do desenvolvimento de produtos. Essa seqüência integrada de ferramentas, batizada de V-Comm, inclui seu *software* de projeto e superfície, *software* de montagem digital, numerosos bancos de dados, entre eles os de *know-how* e de processos padronizados, a seqüência da montagem, bem como um bom número de ferramentas de comunicação.

A Toyota vem progressivamente implementando a engenharia digital desde a última década. Começando com ferramentas de *design* para painéis de instrumentos, estamparias e montagem de carrocerias de veículos em 1996, seus engenheiros evoluíram pelo compartimento do motor e agregaram peças projetadas pelos fornecedores em 1998. Em 1999, o Scion bB, ou programa caixa preta, foi o primeiro veículo a empregar uma seqüência inteira de ferramentas digitais.

Mais recentemente, a Toyota adaptou um novo *software* de projeto comercial (CATIA V-5) e promoveu também aperfeiçoamentos radicais em seu *software* de montagem digital, com o que se capacitou a concretizar parcela ainda maior de trabalho nas etapas ainda iniciais do processo de desenvolvimento.

Tecnologia de Projeto na Toyota

A Toyota emprega um bom tempo na customização do seu *software* de projeto, garantindo que esse *software* se adapte aos seus processos e métodos antes de ser utilizado em um programa de desenvolvimento de produto. Por exemplo, na Toyota, a capacidade de projetar uma peça dentro do seu ambiente de trabalho e perceber o uso que ela terá é ponto crítico no projeto do *software*. Como destacado no Capítulo 5, um dos principais elementos do projeto na Toyota é resolver as questões de integração e garantir a compatibilidade dos sistemas antes de completar os projetos. Sob essa visão, torna-se óbvio o benefício dessa tecnologia. Projetar em um ambiente integrado de produto permite aos engenheiros da Toyota visualizar os projetos em redor e as possíveis variações desse mesmo projeto. A uma simples ordem, como "mostrar todas as peças a uma determinada distância da minha peça", o *software* permite que um engenheiro veja tudo aquilo que precisa ver no projeto. Mais ainda, ao selecionar determinados códigos de assuntos a partir da lista de material, os engenheiros podem localizar variações com base em pacotes de opções e similares. Isso ajuda a reduzir as mudanças tardias de engenharia. E também, como parte da integração ininterrupta e da comunicação aperfeiçoada, a fábrica e os varejistas têm condições de fazer uso dos mesmos códigos de artigos a fim de manter uma comunicação precisa ao longo de todo o empreendimento.

Adapte a Tecnologia ao Pessoal e ao Processo ■ 263

O *software* de projeto da Toyota também dá sustentação ao princípio quatro do SEDP, de "padronização rigorosa para reduzir a variabilidade". Utilizando modelos de peças padronizados no CAD, os engenheiros da Toyota conseguem facilmente alterar seções padronizadas de construção para se adaptar a novos parâmetros de projeto baseados em regras preestabelecidas. Por exemplo, uma seção (viseira) do arco do teto (reforço do teto) é predeterminada com base em modelagem analítica do seu avanço, etc. À medida que novos tetos ganham novos contornos para se adaptar às especificações de estilo de um novo veículo, os engenheiros podem modificar o arco do teto para que se adapte ao novo contorno e, ao mesmo tempo, conserve as proporções críticas da seção.

Os engenheiros podem também aplicar essa ferramenta ao projeto de moldes e acessórios, modificando componentes-padrão das ferramentas a fim de se adequarem às exigências do projeto da nova peça. Isso poupa tempo tanto no projeto de produto quanto no de ferramentas. Ao mesmo tempo, isso aumenta a confiabilidade do desempenho, dando ainda maior sustentação a um dos princípios centrais da Toyota, o da reutilização, e proporcionando melhor integração entre projeto e produção.

Uma característica importante do *software* de projeto da Toyota consiste no fato de ele ser paramétrico. Ou seja, à medida que um engenheiro elabora mudanças que afetam o projeto de outro engenheiro (seja de produto ou de manufatura), peças relacionadas são adaptadas de acordo com a mudança. As mudanças são destacadas em cor diferente e ganham um código de modificação, alertando assim o segundo engenheiro para o fato de que houve uma mudança capaz de afetar seu projeto. Esse engenheiro tem então condições de revisar os dados e entrar imediatamente em contato com o primeiro engenheiro, caso entenda que existe alguma coisa fora do lugar. Na prática, isso dá claramente sustentação ao Princípio 3 do SEDP, pois o fluxo equilibrado depende da ininterrupta execução multifuncional que previne variações de retrabalho. Isso também apóia a habilidade do engenheiro de desenhar em contexto de "tempo real" e sincroniza a engenharia convergente.

Manufatura Virtual e Visualização Digital na NAC

Podemos valorizar a força da abordagem Toyota de integrar tecnologias, processos e pessoas quando a comparamos com a maneira pela qual a NAC utiliza a produção virtual e a visualização digital. Projetada para utilizar novos dados de projeto a fim de controlar os efeitos da tolerância de acúmulos de folgas/interferências de peças e acesso de produção para montagem, pode ser igualmente utilizada no estudo dos tempos de ciclos de produção.

Da perspectiva da montagem de veículos, a NAC emprega essa tecnologia depois da liberação dos dados do projeto como maneira de verificar a exatidão e completude do projeto. Os engenheiros programam eventos de construção virtual em uma grande sala, onde representantes das várias áreas se reúnem, du-

264 ■ Sistema Toyota de Desenvolvimento de Produto

rante vários dias, para revisar as questões pendentes. Isso culmina em uma revisão sumarizada pela alta liderança. Infelizmente, os eventos de construção virtual são programados já nos estágios finais do processo de desenvolvimento do projeto, sendo completamente controlados por um grupo isolado de especialistas sem outros produtos para entrega. Como resultado, os engenheiros consideram a tecnologia da produção virtual como apenas uma ferramenta a mais de auditoria que identifica problemas. Inúmeras questões são relatadas, mas quase sempre é tarde demais para fazer mais do que acertar mudanças no projeto. Em lugar de aprender com a ferramenta e usá-la em benefício de futuros projetos, os engenheiros vêem nela uma ferramenta que os torna vulneráveis a críticas.

A Toyota usa essa tecnologia na fase inicial de um processo, a fim de identificar problemas com a maior presteza. É importante, porém, observar que não é o *software* que identifica os problemas, mas os engenheiros. O *software* é meramente uma ferramenta que gera representações virtuais que os engenheiros devidamente capacitados podem usar para identificar e resolver problemas. Na Toyota, essas ferramentas virtuais, combinadas com competência técnica excepcional e excelentes processos de solução de problemas, viabilizam o Princípio Dois do SEDP: *carregue o início do processo de desenvolvimento de produto para explorar integralmente as alternativas.*

Montagem Digital na Toyota

Desde os primeiros anos da década de 1990, a Toyota vem empregando *Montagem Digital* (MD) durante a fase mais primária de *kentou* do desenvolvimento, e mais além. Ao utilizar a verificação antecipada, dados padronizados de projeto, componentes comuns e dados reais em 3-D da produção na estação de trabalho, a Toyota estuda o ajuste/folga da peça na carroceria, ergonomia, montagem, tempos de ciclo, projeto de posto de trabalho, localizadores e superfícies dos dispositivos, bem como questões de acabamento (adequações e acabamentos internos e externos dos veículos). Na Toyota, as células de trabalho, postos, prensas, etc., são geometria real em 3-D do chão-de-fábrica, mostrando liberações e restrições precisas que os operários irão encontrar no trabalho. Entre outras coisas, a montagem digital Toyota permite aos engenheiros:

- Estudar de que maneira os componentes individuais serão montados num veículo e identificar potenciais interferências no projeto muito antes de ele estar completo. Eles também podem visualizar os efeitos de vários cenários de estudos de tolerâncias, projetar para maximizar as melhores condições de ajuste e projetar acabamento nos níveis superiores com um *software* de *Montagem Digital* (MD) especialmente desenvolvido.
- Usar *viabilidade* de MD para estudar em detalhes os efeitos que as mudanças no projeto terão em questões ergonômicas envolvidas na monta-

gem de um veículo. Ao utilizar MD em conjunto com a equipe piloto da montagem (trabalhadores contratados por hora por dois anos de atividades na preparação do lançamento de novos veículos) durante o período de *kentou*, eles conseguem abordar questões atuais e antecipar outras, identificando a forma mais segura e eficiente de montar o veículo.

- Estudar processos detalhados, como solda e estamparia, utilizando dados de um novo produto. A engenharia de manufatura pode determinar acesso à solda, tempos de ciclos e até mesmo *layout* de posto de trabalho da montagem em paralelo com a engenharia de produto.
- Otimizar projetos de montagens usando a função de planejamento de processo da MD pela identificação de pontos de potenciais desvios e problemas de acesso.

No passado, a Toyota não conseguiu estudar muitas dessas questões até o advento dos primeiros protótipos físicos, quando, em sua perspectiva, era tarde demais no processo, porque as mudanças se tornavam dispendiosas e acabavam criando problemas. A MD resolve essas questões e permite uma correção de rumo antes que o programa atinja a etapa do protótipo. Isso geralmente tem como resultado um número menor de protótipos (em alguns casos eles se tornam desnecessários) e maior qualidade de produtos, poupando tempo e dinheiro. Isso, por sua vez, permite à Toyota não apenas começar mais cedo como também avaliar exatamente as exigências do projeto do novo produto na planta específica em que será produzido.

Mais ainda, ao colocar a força dessa tecnologia nas mãos do engenheiro, a Toyota está ao, mesmo tempo, reforçando seus princípios sobre pessoas. A tecnologia está disponível para engenheiros de projeto e de produção como parte da maneira que realizam o seu trabalho. A disponibilização desses dados também capacita os engenheiros a utilizar projeto de verdade e informações reais sobre operações de produção para dar início a tarefas de Engenharia Industrial nas fases iniciais do processo. Os engenheiros podem verificar o seqüenciamento, as estimativas de tempo de operação, juntar operações para avaliar o atendimento do tempo *takt* e conduzir simulações virtuais para ajudar na tomada de decisões de projeto que venham a otimizar as operações de produção. O resultado disso tudo é uma tecnologia que ajuda a orientar a produção enxuta ao verdadeiro começo do fluxo do desenvolvimento de valor – habilitando, com isso, uma *mentalidade enxuta desde o começo*.

O leitor deve recordar que no Capítulo 6 discutimos a maneira pela qual a força da padronização habilitou a Toyota a construir oito tipos diferentes de carrocerias na mesma linha, sem a necessidade de construir, manter e mudar dispendiosas plataformas para cada estilo de carroceria. Essas ferramentas digitais são fundamentais para garantir essa capacidade com relação aos projetos de novos veículos. Mais ainda, ao compartilhar informação digital com a totali-

266 ■ Sistema Toyota de Desenvolvimento de Produto

dade do empreendimento, a Toyota consegue juntar múltiplos especialistas funcionais e também parceiros de produção – virtualmente – para trabalhar com dados específicos de projeto de peças, informação detalhada de processos, fatores reais do ambiente da produção, bem como informação detalhada sobre qualidade e desenvolvimento para melhorar os processos e otimizar os projetos em todas as facetas da manufatura, inclusive local de montagem, montagem final, pintura, material e envios de fornecedores.

Ao empregar a tecnologia desde o começo e consistentemente ao longo do processo, a Toyota adere igualmente ao Princípio Dois do SEDP, sobre concentração dos processos. Torna também a tecnologia compatível com outras tecnologias usadas pelos engenheiros. A MD é igualmente a principal tecnologia empregada nas revisões de *design*. Assim, além da comunicação engenheiro-a-engenheiro, a MD dá sustentação à integração de equipes plenas ou parciais.

Análise de Elementos Finitos na NAC e na Toyota

A análise de elementos finitos (AEF) da formabilidade é uma ferramenta crucial para o teste das propriedades estruturais. No mundo do projeto de ferramental para a estamparia externa de peças da carroceria, as empresas usam a AEF para prever a formabilidade do metal e a eficiência do desenho da matriz. O desenho da matriz é o primeiro (exceção feita à ferramenta de *blank*) e principal ferramental de metal no processo de manufatura. Conseqüentemente, é importante que seja feito com total correção. O *software* AEF da formabilidade pode prever estresse do material, fragilidade, compressão, estreitamento indevido e fratura durante a operação de formação.

Uma função de animação proporciona aos usuários detectar a ocorrência de qualquer defeito ao longo do processo de formação e também mostra a alimentação de material durante esse mesmo processo, o que pode ser repetido durante o processo real de avaliação do ferramental. Com base nos resultados da AEF da formabilidade, os engenheiros conseguem modificar peças ou o desenho da matriz para otimizar a conformação das peças antes de fazer os moldes.

Por mais poderosa que a AEF da formabilidade possa ser, seu potencial ainda não foi plenamente explorado na NAC. Apesar dos 100% de aplicação da AEF da formabilidade, ainda existe um índice elevado de falhas da formabilidade no teste do molde. Um motivo para tanto é que a NAC não padroniza *inputs* dos programas de AEF. Além disso, têm sido escassos os esforços no sentido de desenvolver estudos de correlação estatisticamente significativos entre a AEF e o teste concreto do ferramental. Em favor da NAC, podemos dizer que a empresa, pensando em tornar a ferramenta AEF mais efetiva, tem trabalhado na busca de soluções para os problemas antes citados. Como a NAC não dispõe de fortes processos nem padronização de projeto, os engenheiros de estamparia da empresa usam a AEF para testar unicamente processos e projetos de peças, e

Adapte a Tecnologia ao Pessoal e ao Processo ■ 267

a ferramenta realmente serve para tanto. Mais ainda, qualquer coisa que torna a AEF mais efetiva terá indubitavelmente um impacto positivo no processo de engenharia de manufatura da NAC.

A Toyota também faz uso da AEF da formabilidade, mas apenas em bases muito mais limitadas. Menos de um terço das peças Toyota passa pelo processo de AEF. A Toyota usa a ferramenta AEF principalmente para peças diferentes ou únicas – um passo extra que é dado quando absolutamente indispensável, porque rodar a AEF exige muito tempo. Por implementar a padronização de processos com rigor, a Toyota raramente tem necessidade de prever a formabilidade da maioria das peças. Aplicar a AEF a peças padronizadas seria uma forma de desperdício. Mesmo assim, a Toyota já dedicou muito tempo ao desenvolvimento de padrões de entrada para utilização da AEF, e listas de verificação muito detalhadas orientam tanto a montagem da AEF quando a interpretação de seus resultados.

FERRAMENTAS PARA ENGENHARIA DE MANUFATURA E PRODUÇÃO DE FERRAMENTAS

As pessoas quase sempre pensam o processo de desenvolvimento em termos de impacto na produção. Na verdade, existe muita manufatura em qualquer processo de desenvolvimento de produtos; a integração do projeto do produto e do processo pode fazer a diferença entre ciclos rápidos, com processos que funcionam adequadamente desde o começo, e ciclos demorados, com excesso de retrabalho de engenharia quando do lançamento. Realmente, como Clark e Fujimoto (1991)[1] sugeriram, capacidade e habilidades de engenharia de produção fortes são capacitadores fundamentais da excelência no desenvolvimento de produtos. O modo de utilizar ferramentas e tecnologias para a preparação da produção nos primeiros estágios do desenvolvimento de produtos também tem tremenda importância. O estudo, a seguir, sobre a maneira pela qual ferramentas e tecnologia são usadas na engenharia de manufatura e na construção de ferramentas na Toyota e na NAC, denota importantes diferenças.

Listas de Verificação e Ferramentas de Padronização – Toyota e NAC

A importância da rigorosa aplicação de listas de verificação de engenharia (tanto na engenharia de produtos quanto na engenharia de produção) é destacada ao longo de todo este livro. Na Toyota, isso também se aplica à engenharia de manufatura e à produção de ferramentas. Na verdade, processos específicos e listas de verificação com base em peças são onipresentes no sistema de DP da Toyota. Por todos os meios, a Toyota incorpora essas listas de verificação ao

---

[1] Kim B. Clark e Takahiro Fujimoto. *Product Development Strategy, Organization and Management in the World Auto Industry*. Boston, Harvard Business School Press, 1991.

268 ■ Sistema Toyota de Desenvolvimento de Produto

banco de dados macro de *know-how*, sendo atualizadas a cada estágio e programa de preparação de produtos. Como antes destacado, isso se aplica até mesmo a ferramentas e aplicações específicas de *software* (AEF) e nem é preciso dizer que o uso de listas de verificação se estende a todos os aspectos do projeto, preparação e avaliação do ferramental. Em contraste, a NAC só recentemente passou a utilizar ferramentas e listas de verificação de padronização (tentando aprender com a Toyota), e só algumas pessoas em programas-piloto especiais fazem delas uma rigorosa utilização. Se a NAC estiver mesmo pretendendo desenvolver um sistema enxuto de DP, certamente precisará passar a adquirir largamente e a utilizar com o devido rigor esses instrumentos.

Projeto de Moldes Sólidos: NAC *versus* Toyota

A NAC reconhece a importância do projeto de moldes sólidos e conta com a capacidade técnica informatizada para construir modelos sólidos. No entanto, só recentemente ela começou a utilizar essa capacidade em todos os projeto de moldes. A NAC começou o projeto de moldes sólidos por volta de 2001, e a implementação foi demorada. Os fornecedores faziam todos os projetos de moldes da NAC e sua resistência à adoção de investimentos significativos nessa tecnologia retardou a transição da NAC para a utilização plena. A NAC também insiste em trabalhar com *software* interno de projeto e em desenvolver aplicativos próprios em lugar de recorrer ao *software* disponível comercialmente.

A Toyota utiliza projeto baseado em molde sólido em todos os seus projetos de moldes desde a década de 1990. A Toyota foi realmente agressiva na adoção dessa tecnologia e no reconhecimento do seu potencial de impacto, tanto no projeto de moldes quanto nos processos mais adiantados. Como é de seu estilo, a Toyota trabalhou em conexão íntima com a empresa de *software* para customizar os pacotes de acordo com suas especificações, numa relação benéfica que igualmente aperfeiçoou os serviços da empresa para outros clientes. A essa altura, a Toyota já dispunha de uma adiantada capacidade de projeto e produção de moldes, e por isso não precisou convencer projetistas terceirizados a usar tal tecnologia.

Os benefícios da tecnologia dos moldes sólidos são óbvios. Quando combinados com os processos padronizados de produção da Toyota, os projetos de moldes sólidos transformam-se em ferramenta de peso para a sincronização de processos multifuncionais e para concretizar a execução simultânea sem retrabalho. Como dispõem de acesso a uma biblioteca de componentes padronizados, os projetistas de moldes podem escolher o componente certo "não-disponível" mesmo antes da plena estabilização dos dados do produto. O projeto de moldes sólidos também funciona com o *design* de dados em sua forma nativa, sem a necessidade de conversão que acarreta uma natural perda de detalhamento.

A utilização de tecnologia de simulação sustentada pelo projeto de moldes sólidos dá ao grupo de projeto a capacidade de verificar problemas, automação e funcionalidades fundamentais das matrizes. Os engenheiros podem simular a formatação da produção, a transferência de peças, as áreas de sucata e igualmente realizar análises de fadiga de metal. Quando utilizada em combinação com as listas de verificação e padrões da Toyota, a simulação elimina a necessidade de muitas das revisões tradicionais e de grande parte do retrabalho que são rotina na NAC. A Toyota consegue projetar seus moldes com enorme detalhamento e exatidão. Além da simulação do desempenho real do molde, a Toyota também utiliza a tecnologia de simulação para aperfeiçoar a usinagem de seus moldes. Essa capacidade é utilizada para simular a usinagem dos moldes, criar listas detalhadas de materiais para as matrizes e orientar seqüências padronizadas de montagem de moldes. Isso, por sua vez, tem como resultado a produção enxuta de moldes, que será discutida ainda neste capítulo. Outra importante vantagem para o projeto de moldes sólidos reside no fato de a simulação capacitar a construção de padrões em alta velocidade, elemento por demais importante do processo de elaboração de moldes na Toyota.

ELABORAÇÃO DE MODELOS NA NAC *VERSUS* ELABORAÇÃO DE MODELOS EM ALTA VELOCIDADE NA TOYOTA

Os modelos são representações no formato do molde fabricadas em espuma e usadas em moldes de fundição. A construção desses moldes foi tradicionalmente um processo manual na NAC. Cerca de 60 a 70% dos modelos são usinados; o restante dos modelos laminados (dependendo do molde/tipo de peça) devem ser feitos a mão, de acordo com formatos gerados pelo grupo de projeto de moldes. A superfície de acabamento é, em geral, dura demais para fins de fundição e, por isso, tal acabamento precisa ser feito manualmente.

Um dos benefícios que a Toyota obtém do projeto de moldes sólidos é a capacidade de manter um processo automatizado e ultra-rápido de elaboração de modelos. A empresa usa uma seqüência de *softwares* de projeto de moldes sólidos chamada CADCEUS para desenvolver uma estratégia de camadas de modelos que lhe permite usinar cerca de 95% dos moldes-modelo em espuma. Três ou quatro longas fôrmas retangulares de espuma são cortadas e usinadas em formatos intrincados, que são então colados em camadas para criar um padrão único de molde. Esse processo automatizado consome menos de 25% do tempo dos métodos convencionais, dispensando igualmente os especialistas – todos altamente remunerados – ou a supressão de modelos necessários para a elaboração tradicional, que a NAC utiliza.

Usinagem de Moldes: NAC *versus* Toyota

A NAC fez um significativo investimento em várias máquinas muito grandes, modernas, do tipo CNC (comando numérico computadorizado). Essas máquinas podem processar moldes de até 4.000 mm por 2.500 mm, a uma velocidade linear de 250 polegadas por minuto (IPM). Em vista do aumento da velocidade das máquinas, a NAC reduziu o sobremetal para 0,5 mm, assim reduzindo o montante de acabamento manual exigido pelos moldes sem superfícies expostas (tipo 1).

A NAC, no entanto, não fez qualquer outra mudança significativa em sua tecnologia de usinagem, nem na qualidade dos moldes usinados. No âmbito da produção enxuta, reduzir o tempo de ciclo de alguns processos enquanto outros têm ciclos mais prolongados significa que o tempo maior de processamento produzirá gargalos. Por esse motivo, a tecnologia de Comando Numérico (CN) não aumentou significativamente a produção nem reduziu o tempo de processamento. Mais ainda, a NAC tem um número bem menor de máquinas CNC (cerca de uma dezena) do que a Toyota, todas as quais são de grandes proporções e produzem apenas grandes quantidades de moldes, às vezes em número significativamente maior que o necessário (ou seja, superprodução). Finalmente, a usinagem perfaz apenas cerca de 60% o da construção de moldes da NAC, deixando grandes volumes de trabalho manual para os fabricantes isolados de moldes.

A Toyota fez também significativos investimentos em máquinas CNC, tendo porém o cuidado de comprar muitas e de tamanhos variados, principalmente porque os moldes para a maioria das peças de um carro não exigem máquinas de grande porte. A principal planta de ferramentas e moldes da Toyota tem mais do dobro do número de máquinas CNC e é organizada em linhas de fluxo por classificação de moldes (A-E). Como seria de esperar de uma empresa de produção enxuta, a Toyota identificou famílias de peças e desenvolveu linhas de fluxo exclusivas – linhas de máquinas especializadas para diferentes tamanhos de moldes, obtendo com isso grandes reduções no tempo de processamento e aumentos na produção geral. Os moldes são programados para a menor máquina possível.

A capacidade de alta velocidade da maior parte das fundições da Toyota permite à empresa reduzir as escalas a menos de 0,2 mm, e mesmo superfícies de classe 1 exigem escasso – ou nenhum – trabalho manual (mesmo quanto aos seus raios). Além disso, a Toyota desenvolveu e patenteou muitas ferramentas customizadas de usinagem e corte para proporcionar significativas melhorias em precisão de pinos-guia e almofadas de uso. A usinagem padronizada, de precisão, representa mais de 85% do processo total de construção de moldes da Toyota, minimizando o montante de trabalho manual.

A Toyota também se concentra em cronogramas precisos de usinagem. Cada detalhe de todos os moldes é programado hora a hora para a usinagem. Cartazes visuais de horários de usinagem (afixados perto das máquinas) são utilizados. Os tempos reais de operação registrados pelo operador são revisados diariamente em inspeções pela planta. Cortadores, peças de trabalho e roteiros de corte solicitados são entregues nas máquinas JIT, contribuindo assim para melhores médias de utilização.

Os moldes de alta precisão da Toyota permitem a rápida construção, minimizam os ajustes nas prensas e, conseqüentemente, o tempo de teste dos moldes. Moldes de alta precisão são também críticos para a consistência no desempenho dos moldes. A variância do set-up entre moldes é muito mais elevada do que a mesma variância no molde (Hammett et. al, 1999) e, conforme a Toyota, a usinagem de baixa tolerância (ou alta precisão) dos moldes consegue torná-los muito mais reproduzíveis entre os *setups* das prensas. Isso facilita o rápido *setup* dos moldes nas operações de estamparia e é fundamental para qualquer sistema enxuto de DP.

Os moldes da Toyota são montados em células de trabalho. Usinagem de precisão, construção padronizada dos moldes e os princípios da produção enxuta se conjugam para criar um eficiente processo de construção centrado em células de propósitos específicos abrigadas em baias de construção das categorias A a E. As células, embora nem sempre em formato de U, contêm todos os equipamentos e materiais necessários para a realização do trabalho específico, padronizado dentro de tempos equalizados de tarefas. Os materiais e componentes usinados indispensáveis são entregues JIT à célula de construção adequada. Os passos da construção já foram dissecados, e o trabalho padronizado foi usado para reduzir radicalmente o tempo necessário para a montagem de moldes. Listas de verificação mantidas nas células facilitam o trabalho padronizado e a inspeção na fonte. Painéis visuais mostram o progresso da montagem dos moldes em relação a um tempo *takt*, e os desvios acionam um painel luminoso a fim de pedir suporte para possibilitar o retorno à normalidade.

Prensas de Teste: NAC *versus* Toyota

Como grande parte do ferramental da NAC exige períodos relativamente prolongados de teste, as prensas da NAC, em sua maioria, são grandes, de alta tonelagem, equipadas com pontes rolantes para facilitar a retificação fora da prensa e a troca rápida de ferramental. A Toyota exige tempo bem menor de tempo de avaliação (*tryout*) final e a maior parte das suas prensas é de "regulagem". Menos dispendiosas que as prensas de estamparia, elas são usadas apenas para verificar a funcionalidade básica das ferramentas. O *layout* das prensas da Toyota facilita a transferência das ferramentas de prensas de regulagem para prensas de estamparia, onde 40 peças são estampadas. As ferramentas são removidas das prensas de regulagem via pontos rolantes para um imenso mecanismo de transferência de ferramental e rotados para uma prensa de estampagem. Qualquer manejo adicional é facilitado por guindastes suspensos. Essa é a base da troca rápica de ferramentas exigida para a utilização eficiente da prensa de teste.

272 ■ Sistema Toyota de Desenvolvimento de Produto

Construção Sem Ajuste da NAC *versus* Construção Funcional da Toyota

Uma das ferramentas principais tanto para a identificação quanto para a resolução de questões relativas a peças, instalação e montagem na carroceria do veículo é a construção funcional ou construção numa carroceria parafusada. Essa é uma abordagem para uma análise peça a peça das peças físicas e submontagens que facilita o entendimento e o ajuste às linhas e ao acabamento da carroceria do veículo. Na versão física desse processo, as peças foram literalmente aparafusadas no que é chamado de carroceria parafusada (mais tarde rebitadas). A carroceria parafusada passou a ser então avaliado por equipes. Mais recentemente, a Toyota evoluiu da carroceria parafusada física para uma elaboração virtual (digital) a partir de dados de peças"em estado natural" para revisão. Em ambos os casos, a filosofia é a mesma: uma abordagem destinada a entregar ao cliente um valor percebido, que orienta a tomada de decisões num ambiente complexo (Hammett et al., 1999; Ward et al, 1995b). Para facilitar a identificação prematura de grandes problemas de adequação na fase do protótipo, os engenheiros usam um corpo preliminar funcional feito de peças do protótipo. A construção funcional é uma valiosa ajuda em decisão e aprendizado no processo de desenvolvimento da carroceria. Contudo, os engenheiros precisam ser muito experientes nesse julgamento para executar esse processo complexo e uma orientação efetiva é fundamental no desenvolvimento do adequado conjunto de habilidades.

Quando esse processo é descrito para engenheiros que não são da Toyota, é comum que esses profissionais indaguem sobre base técnica específica para decidir quando as dimensões do produto que não se equiparam a dimensões nominais no banco de dados original são aceitáveis. Informados da grande autonomia dos engenheiros da Toyota para tomar essas decisões, os engenheiros de outras empresas mostram-se incrédulos. Ocorre que, como detalhado no Capítulo 9, os engenheiros da Toyota capacitaram-se a exercer essa "força" a partir de rigorosos treinamentos e experiências.

Uma lembrança permanente a respeito da Toyota é que se trata de uma organização que está sempre mudando. Por exemplo, o processo de construção funcional era parte central da metodologia Toyota de engenharia de carrocerias. A empresa reconheceu que a estamparia é mais arte que ciência, e que não é possível fazer com que as peças estampadas tenham precisamente as dimensões nominais do banco de dados original CAD. Atingir essa exatidão exigiria retificação dos moldes, operação que é dispendiosa e demorada. No momento, a Toyota está mudando sua filosofia e trabalhando para atingir as dimensões nominais que possam eliminar a necessidade da retificação. Os engenheiros da Toyota estão confiantes que, com as novas tecnologias de simulação e modelagem, possam chegar muito mais perto das dimensões nominais do que era possível em anos passados, quando desenvolveram em caráter pioneiro a construção funcional. E com a globalização e as ferramentas novas de manufatura, mais o compartilhamento de plataformas, arquitetura e componentes ao longo

Adapte a Tecnologia ao Pessoal e ao Processo ■ 273

de vários programas de veículos, passou a ser mais importante fazer com que ferramentas e peças reproduzissem os bancos de dados. Pela perspectiva da vantagem competitiva, as empresas atualmente em processo de aprendizado de construção funcional (e são muitas nesse estágio) podem bem vir a concorrer com uma Toyota que, a essa altura, já terá evoluído para processos substancialmente mais aperfeiçoados.

Ainda que a NAC tenha feito experiências com a construção funcional, sua filosofia de construção de veículos é que componentes dimensionalmente corretos (usando dimensões nominais) venham a ser montados numa carroceria de veículo dimensionalmente correta. Por isso, a NAC prefere a estampar peças que aderem a faixas de tolerância dimensional genéricas, tolerâncias desenvolvidas para peças rígidas da carroceria, como os blocos usinados. Os engenheiros de produto e engenheiros de montagem da NAC impõem rígida implementação de dimensões e tolerâncias, às vezes ignorando as realidades do processo de desenvolvimento dos moldes. A realidade, naturalmente, é que as estamparias de chapas de metal não ficam em conformidade com as tolerâncias desenvolvidas para as peças rígidas, usinadas, da carroceria. Obviamente, essa política de implementar o que não é implementável redunda em altos custos de moldes retrabalhados, tempos de teste de moldes muito longos, tempo de processamento idem e problemas no lançamento.

O processo de construção funcional da Toyota aponta para as características dimensionais que são significativas para a adequação e acabamento do veículo, isso é, as características dimensionais com impacto na construção ou desempenho do veículo. Muitas das tolerâncias dimensionais exigidas isoladas perdem importância depois que a peça foi montada. Um exemplo disso é uma peça fina, estruturalmente fraca, montada numa peça estruturalmente forte. Uma vez estando a peça fina engastada na peça mais forte, ela se adaptará ao formato da última. Gastar muito tempo no teste de moldes para elaborar uma "peça fina" dimensionalmente correta é desperdício de esforço – a peça fina irá se adaptar à formatação da peça mais forte na montagem. Além disso, o teste dimensional representa muito dinheiro em um programa tradicional. Mais de 20% dos custos dos moldes são gastos em reformulação, o que pode chegar a mais de 20 milhões de dólares em um único projeto. Boa parte desse custo é formatado para atingir dimensões nominais, e 10 a 20% das questões relativas a componentes dimensionais representam de 80 a 90% dos custos de retrabalho (Hammett, Wahl e Baron, 1999).

A construção funcional pode melhorar a qualidade final do produto e, ao mesmo tempo, afrouxar tolerâncias e poupar tempo e dinheiro (Hammett, Wahl e Baron, 1999). Ao concentrar-se na qualidade dos sistemas do veículo, a construção funcional adota uma perspectiva de otimização de sistemas que usa especificações do projeto original como meta. Quando a Toyota enfrenta dificuldades para cumprir uma determinada especificação durante o teste da

274 ■ Sistema Toyota de Desenvolvimento de Produto

linha de montagem, costuma abordar o problema numa operação a jusante ou mesmo trocar por outra peça que possa ser modificada com maior rapidez. Na verdade, como já foi observado, a Toyota aprendeu tanto com o processo de construção funcional e com a melhoria do projeto de moldes, modelagem de superfícies, previsão de efeito-mola (*springback*), e com a precisão da manufatura dos moldes, que passou a afastar-se gradualmente da construção funcional para passar a construir de acordo com dimensões realmente nominais. A NAC, em contrapartida, não desenvolveu essa capacidade e, em conseqüência, poderá beneficiar-se da utilização da construção funcional, algo que exigirá uma mudança cultural entre seus engenheiros.

Mensuração Tridimensional sem Contato

O escaneamento ótico é um dos avanços tecnológicos que possibilitaram a evolução da Toyota para um processo de construção funcional virtual "como manufaturado". A empresa utiliza essa tecnologia para dar suporte à construção funcional mediante o escaneamento de peças manufaturadas em múltiplas plantas e sua montagem virtual num local central, mesmo antes de essas peças serem para lá embarcadas a fim de concluir a montagem física. Os engenheiros também usam essa tecnologia para medir peças em processamento entre operações de manufatura para determinar com rapidez a fonte da variabilidade num processo de manufatura. A Toyota emprega essa tecnologia nos processos de desenvolvimento e de produção.

Gabaritos são usados ao longo do processo de desenvolvimento da carroceria a fim de localizar peças para funcionalidade, mensuração e montagem. Esses gabaritos podem ser extremamente dispendiosos, chegando um gabarito de verificação na NAC a custar por volta de 250 mil dólares. A NAC concentrou muita energia e recursos na construção de sofisticados gabaritos de verificação. Embora isso possa proporcionar muitos dados de verificação, acaba mantendo grupos de auditoria de qualidade ocupados com a avaliação de intermináveis mensurações.

Os maiores gabaritos de verificação da Toyota custam menos de 20% daquele mencionado da NAC e, além disso, produzem dados mais utilizáveis. Em lugar de se engajar na inspeção de peças, a Toyota concentra-se mais no controle de processos e monitoração de fontes de abastecimento, empregando tecnologia de mensuração tridimensional sem contato que produz mensuração relativa de superfícies completas, em vez da sofisticada verificação ou das mensurações de pontos independentes preferidas pelos auditores de qualidade da NAC. Fundamentalmente, a tecnologia de mensuração tridimensional sem contato funciona mediante a tomada de uma "foto" tridimensional da peça, transferindo-a para o ambiente CAD e comparando-a com a geometria do projeto empregado. Os engenheiros ou operadores têm condições de ver instanta-

Adapte a Tecnologia ao Pessoal e ao Processo ■ 275

neamente qualquer desvio existente entre esses pontos. A mensuração da superfície completa é mais útil no diagnóstico do processo do que os pontos isolados, e os sistemas de mensuração sem contato já se demonstraram mais rápidos, mais compatíveis com os centros de trabalho e mais acurados que as técnicas baseadas em pontos ou dependentes de laser (Hammet, Frescoln e Garcia-Guzmán, 2003).

ADAPTAÇÃO DA TECNOLOGIA PARA CAPACITAR O PROCESSO

Os exemplos anteriormente apresentados mostram que a NAC e a Toyota pensam a tecnologia a partir de abordagens fundamentalmente diferentes, com a NAC focando na tecnologia propriamente dita e a Toyota se concentrando, em primeiro lugar e acima de tudo, no processo. A NAC vê a tecnologia e pergunta: "o que esta tecnologia conseguirá agregar ao nosso processo? Poderemos justificar sua aquisição? Como poderemos lucrar mais a partir do menor investimento possível nesta tecnologia?" Uma vez adquirida, a tecnologia muitas vezes requer que os processos em funcionamento sejam modificados para que dela possa ser obtido o melhor proveito. Isso pode até parecer lógico, mas num sistema enxuto de DP, essa lógica não existe. Em um autêntico sistema enxuto de DP, o primeiro passo é reduzir o desperdício no processo e então buscar oportunidades em que a utilização da tecnologia venha realmente a dar suporte ao processo de DP e a desenvolver claros requisitos que a tecnologia consiga suprir. Por fim, sempre que necessário, trabalha-se com os vendedores de *software* a fim de customizar a tecnologia de maneira a adaptar-se ao processo. *Em um processo enxuto de DP, em lugar de fazer com que a tecnologia oriente mudanças no processo, é o processo que conduz à adoção de tecnologia capaz de aperfeiçoá-lo.* Uma organização enxuta entende que a maior preocupação é sempre trabalhar para o aperfeiçoamento do processo; a tecnologia só será útil quando funcionar como capacitadora ou catalisadora.

Em situações de manufatura (p.ex., a produção de moldes), a abordagem da NAC consiste em investir em pequenas quantidades de dispendiosos e enormes centros de usinagem, o que cria a construção em lotes, pobre sincronização das etapas e gargalos nas operações. A Toyota, ao contrário, usa o conceito enxuto do fluxo de peça única, separando as peças em famílias e criando linhas de fluxo. Com essa abordagem, a Toyota consegue sincronizar as etapas do processo, aumentar a produção total e reduzir o tempo de processamento.

Olhando para sólidos, para a AEF ou construção funcional, a NAC enxerga na tecnologia uma solução milagrosa. Ironicamente, essa idealização acaba promovendo uma utilização deficiente da tecnologia. Muitas vezes, os engenheiros chegam a ser acusados de não fazer o uso mais correto da tecnologia. O Princípio 11 do SEDP, *adaptar ferramentas e tecnologias para que se ajustem às pessoas e aos processos*, sugere que a abordagem com maior possibilidade de sucesso é

276 ■ Sistema Toyota de Desenvolvimento de Produto

agir com uma perspectiva realista e pragmática, vendo a tecnologia como uma ferramenta capacitadora do progresso, e não como uma solução milagrosa. É a partir dessa posição que as empresas enxutas adaptam tecnologias mais modestas, menos dispendiosas e mais eficientes.

Fundamentos do Princípio Onze do SEDP

Adapte a tecnologia ao pessoal e ao processo

As diretrizes a seguir podem ajudá-lo a conseguir avanços com tecnologias que funcionam como poderosos aceleradores do sistema de DP.

1. Integrar novas tecnologias organicamente às tecnologias existentes e ao Sistema Enxuto de Desenvolvimento de Produto, antes de utilizá-las.
2. Usar a tecnologia para dar suporte ao processo enxuto de desenvolvimento, e não o contrário.
3. A tecnologia deve ajudar as pessoas, jamais substituí-las.
4. Não se deve buscar soluções milagrosas para melhorar o desempenho do desenvolvimento de produtos – não existem atalhos para tanto. Não existem, igualmente, maneiras de fugir ao trabalho pesado indispensável para concretizar um sistema de alta qualidade de desenvolvimento de produtos.

É preciso recordar que qualquer um dos seus concorrentes pode comprar ou desenvolver tecnologias semelhantes àquelas que nos são disponibilizadas. O melhor proveito de qualquer tecnologia decorre não apenas da sua adaptação ao sistema, mas da possibilidade de aperfeiçoar os processos e promover seu desenvolvimento contínuo – o ser humano ainda é o responsável maior pelo trabalho.

14

Alinhe a Organização Mediante Comunicação Simples e Visual

Nos negócios, o excesso de informação deve ser eliminado.
A Toyota suprime esse excesso deixando que seus produtos
sejam os veículos dessa informação.

Taiichi Ohno

Muitos dos problemas que as empresas enfrentavam antes da engenharia simultânea eram resultado do fenômeno "chaminé". Os especialistas viviam em chaminés e se comunicavam apenas para cima, com outros especialistas, e muito pouco entre as chaminés. Hoje, quem se atrever a perguntar, numa sala cheia de engenheiros, se a comunicação é importante para um desenvolvimento de produtos eficiente, terá como resposta um coro de bocejos de enfado – a resposta é mais do que óbvia. Afinal, o desenvolvimento de produtos é o fluxo de informação entre muitos especialistas. Interrompa a comunicação, bloqueie o fluxo da informação, e o desenvolvimento de produtos pára. Atualmente, em vez de simplesmente passar o projeto para a próxima equipe, os engenheiros são ensinados a comunicar-se simultaneamente com uma equipe de especialistas nas fases tanto iniciais quanto mais adiantadas da cadeia – uma comunicação multifuncional. Quanto mais comunicação, melhor para todos, e instalar engenheiros nas mesmas áreas de atuação para que possam comunicar-se com maior intensidade a cada dia é uma "boa prática" em DP.

Já que todos concordam que a comunicação é fundamental para o ótimo desenvolvimento de produtos, o que restaria a dizer sobre esse tema? Na verdade, muitas coisas, inclusive o fato de que mais comunicação nem sempre significa melhor comunicação. E que, às vezes, a comunicação ao vivo não é tão eficaz quanto a por escrito. Também, que a colocação em larga escala pode não ser tudo aquilo que parece.

Se essas afirmações são surpreendentes, basta pensar por um momento a respeito das intermináveis reuniões de engenharia simultânea em que se perde tempo apenas para fazer com que diferentes funções cheguem a um acordo sobre terminologia básica e de quão improdutiva essa "intensa" comunicação pode ser. A verdadeira necessidade é de uma comunicação seletiva que transmita a informação certa às pessoas certas no momento certo, aju-

278 ■ Sistema Toyota de Desenvolvimento de Produto

dando-as a tomar decisões adequadas. Fornecer um excesso de informação às pessoas muitas vezes faz com que elas não consigam distinguir o que é informação central e o que é secundária. Esse excesso é ineficaz, desgastante, desperdiça tempo e talento e, às vezes é, menos produtivo do que a antiga prática comum de simplesmente delegar projetos e nada mais falar a respeito. Entre essas duas metodologias existe um ponto ótimo que evita a sobrecarga de informação e, ainda, passa a informação necessária aos outros com competência e eficiência.

O Capítulo 4 descreveu a maneira como a Toyota concentra e antecipa seu processo de desenvolvimento de produtos. A essência da engenharia simultânea é apontar considerações sobre a produção logo no começo do processo de desenvolvimento, quando as opções são mais fluidas. A engenharia simultânea baseada em alternativas foi debatida como uma maneira de abordar muitas opções nesse estado fluido e, a partir daí, estreitar simultaneamente o alcance ao longo das funções. A comunicação é essencial para que se concretize essa função, mas isso significa comunicação dinamizada que faça com que cada nota, mapa, reunião e relatório tenham significado. Este capítulo oferece uma revisão das ferramentas utilizadas pela Toyota para manter a comunicação altamente concentrada, simples e visual em um Sistema de Desenvolvimento de Produto.

MANUAL DE CONCEITO DO ENGENHEIRO-CHEFE: UM DOCUMENTO DE ALINHAMENTO

No Capítulo 7, discutimos o papel central do engenheiro-chefe, e no Capítulo 3, discutimos a maneira como o manual de conceito do EC lança e define os parâmetros centrais do conjunto da proposta de desenvolvimento de produto na Toyota. O manual de conceito é um documento confidencial, tem entre 15 a 25 páginas, e seu texto é complementado por tabelas, gráficos e esboços destinados a proporcionar à equipe uma direção central unificadora e uma diretriz para a tomada de decisões. Com esse documento, o EC alinha muitos especialistas funcionais de maneira eficiente em direção a uma visão comum.

O engenheiro-chefe não cria esse caderno a partir do nada. O processo de DP da Toyota incentiva o intercâmbio de muitas idéias para poder escolher as melhores dentre elas, e o EC consolida o conceito do veículo projetando em cima de diversas sugestões e opiniões (procedentes do planejamento, estilo, *marketing*, departamento de compras, etc.). A fim de integrar todos esses subsídios, o EC comanda muitas reuniões e, seguidamente, precisa coordenar acaloradas discussões e debates. O EC examina os dados dos clientes, fornecidos pelo departamento de *marketing*. Pondo em prática o *genchi genbutsu*, ele também observa e aprende a respeito das atividades do dia-a-dia de seu público-alvo. (O Capítulo 3, por exemplo, mencionou o engenheiro-chefe da minivan *Sienna*, que percorreu, de minivan, todos os estados norte-americanos e mexicanos e todas as províncias canadenses a fim de verificar pessoalmente as condições de trafegabilidade das estradas da América do Norte.)

Além do *genchi genbutsu*, o engenheiro-chefe também depende do *nemawashi*, buscando propostas e reações de muitas pessoas e modificando a opinião coletiva para que reflita um consenso. *Nemawashi* não é exclusivo da Toyota (trata-se, na verdade, de parte importante do estilo japonês de gestão), mas mesmo assim constitui ponto central em qualquer questão de solução de problemas na empresa. De fato, um bordão comum dos ECs da Toyota diz que "minha autoridade deriva exclusivamente da persuasão pessoal". Nenhuma proposta final vai para os encarregados da decisão final no nível executivo superior sem antes passar por uma ampla circulação. Disso se depreende que, em essência, a proposta já está aprovada quando submetida a uma reunião formal. Uma vez tendo o EC uma visão para um novo veículo, ele se reúne com especialistas técnicos da empresa e de fora dela para identificar subsistemas que possam ser adequados para esse veículo. Esse grupo de especialistas inclui, freqüentemente, representantes dos fornecedores que desenvolveram uma determinada tecnologia (como nas áreas de iluminação ou de assentos dos carros) que possa se encaixar na visão do veículo em projeto. O EC identifica as tecnologias adequadas para o veículo e então determina, com a ajuda do(s) especialista(s), qual das tecnologias indispensáveis já está plenamente desenvolvida e é financeiramente viável. A equipe do EC convidará fornecedores cujas tecnologias sejam aprovadas pelo EC a fim de participar nas demonstrações de tecnologias para considerações adicionais. O EC também irá consultar especialistas em engenharia de produtos ou visitar plantas de produção para obter ali opiniões a respeito da praticidade de determinadas tecnologias ou características de estilo em consideração. Tudo isso garante que o manual com o esboço do conceito seja viável e plenamente fundamentado em dados e capacidades existentes. Uma vez pronto o documento, o EC o distribui a todos os seus assessores e aos líderes do pessoal funcional do programa.

A maneira como o manual do conceito é concebido ilustra a importância de se contar com uma clara definição de funções e responsabilidades. Isso estabelece as bases e o terreno para saber perfeitamente o que se deve e o que não se deve comunicar. A visão enxuta da comunicação é:

- Se todos são responsáveis, ninguém é responsável.
- Se todos precisam entender tudo, ninguém entende qualquer coisa em profundidade.
- Se todas as comunicações são passadas a todos os participantes, nenhum deles foca na comunicação mais importante para a sua função e responsabilidade.
- Se você fornecer pilhas de comunicação a sua equipe, ninguém irá ler.

280 ■ Sistema Toyota de Desenvolvimento de Produto

Na Toyota, embora exista uma grande quantidade de informações compartilhadas de modo multifuncional, essa informação é sempre focada. Quando um protótipo de um veículo está passando pela etapa de revisão, cada engenheiro representa uma determinada função. Eles chegam às reuniões de revisão preparados com listas de verificação relativas às respectivas funções para avaliar todos os pontos críticos. Cada engenheiro se concentra intensamente em sua parte do veículo e em qualquer componente interfacial. Qualquer sugestão é encaminhada diretamente ao engenheiro responsável por aquela peça do veículo. Mais ainda, o responsável deve considerar o problema ou sugestão e tratar de encontrar uma resposta (embora isso não precise ser necessariamente feito no momento da apresentação da questão). O indivíduo elabora comentários, preocupações ou sugestões num quadro branco (*flip chart*) para aquela determinada peça do veículo. Posteriormente, preenche um painel com informações detalhando o problema, as soluções propostas e o cronograma de sua implementação.

A *OBEYA* MULTIFUNCIONAL

Quando a comunicação multifuncional tornou-se padronizada na Toyota, era implementada originalmente mediante reuniões ou relatórios por objetivos e pela função integradora do EC. A prática evoluiu com o desenvolvimento da *obeya*, ou "sala de comando". Como discutimos no Capítulo 7, o EC Uchiyamada usou a *obeya* no desenvolvimento do veículo híbrido *Prius* como forma de compensar aquilo que, na época, era seu principal problema – a falta de experiência. Os ECs anteriores da Toyota envolviam-se em semanas de discussões com engenheiros, um por um, antes de tomar decisões, mas Uchiyamada descobriu que, apesar da sua falta de conhecimentos aprofundados sobre produtos, ele conseguia a tomar decisões mediante uma simples reunião com gerentes de engenharia representando os diferentes departamentos funcionais.

A decisão de Uchiyamada apóia a visão dos defensores da engenharia simultânea, os quais constataram que a localização próxima intensificou a comunicação e levou à solução de problemas mais cedo, antes de investimentos grandes. Mas, como foi mencionado no Capítulo 8, existem características exclusivas da *obeya*:

- ■ *Os engenheiros não estão localizados próximos uns dos outros.* São os líderes do pessoal de engenharia (líderes de cada grupo funcional) que se reúnem regularmente com o engenheiro-chefe. Esses gerentes de engenharia têm postos exclusivos de trabalho em suas organizações funcionais e participam regularmente da *obeya* (muitas vezes diariamente) para prolongadas e produtivas sessões de trabalho (diferentes das reuniões tradicionais).
- ■ *A gestão visual é fundamental para uma comunicação eficiente.* Os engenheiros cobrem as paredes da sala e também as "paredes móveis" com informa-

ção organizada por peças do veículo. O chefe funcional responsável por aquela peça do veículo fica encarregado da exposição e manutenção da informação, e essa informação permite a qualquer pessoa "passear pelas paredes" para avaliar o *status* do programa (qualidade, pontualidade, função, peso) até aquele dia.

- A obeya evoluiu mediante cuidadoso PDCA (planeje, faça, controle, verifique, aja). Uma das inovações produzidas pelo processo PDCA foi que, à medida que o programa avança, saindo da engenharia para o protótipo em instalações de engenharia para a preparação da produção na fábrica, a *obeya* também é movimentada. A fim de acomodar essas questões, a *"obeya móvel"* foi desenvolvida para deslocar-se na planta de acordo com o avanço do programa. Uma modificação adicional foi incorporar equipes de desenvolvimento modular ao processo da *obeya*. Cada modificação na *obeya* foi sempre deliberada, estudada, ajustada e então padronizada ao longo dos programas.

A *obeya* foi uma parte importante do sucesso da Toyota na redução radical do tempo de processamento, mas parte desse sucesso residiu no fato de a empresa não ter deslocado a organização funcional nem reposicionado centenas de engenheiros. O sistema de *obeya* combina o melhor das mais recentes tecnologias da Toyota com suas tradicionais práticas enxutas. A *obeya* contém sistemas computadorizados CAD de ponta e tecnologia de projeção digital para melhorar a visão em tempo real do projeto, simulação e resultados de testes para incentivar a colaboração multifuncional. Contudo, o gerenciamento visual de papel continua a constituir uma peça central da gestão de programas, mas o papel é agora pendurado nas paredes da *obeya*. Gerentes funcionais são responsáveis pela informação sobre suas áreas de especialização e, em reuniões padrão, apresentam o *status* do seu trabalho referente ao que está visualmente presente na parede. Por meio de reuniões regularmente programadas (ainda que seletivas) de líderes das diferentes funções, a Toyota conseguiu melhorar a organização funcional agilizando a tomada de decisões.

FERRAMENTAS DE ALINHAMENTO

Qualquer empresa que empregue de 500 a 1.000 profissionais técnicos trabalhando em partes de um sistema complexo e várias centenas de fornecedores desenvolvendo e testando componentes precisa ter um sistema para o alinhamento desses indivíduos com o seu trabalho. *Alinhamento significa reunir harmoniosamente todas as opiniões individuais de várias pessoas no tempo certo para concretizar o objetivo pretendido.* Há um número limitado de maneiras de fazer com que isso funcione:

1. *Nível individual.* Cada pessoa é capaz de operar de forma independente. Se as especificações técnicas estiverem perfeitamente claras e se todos os indivíduos forem dotados da capacidade e do conhecimento necessários para fazer exatamente aquilo que deles é exigido, eles podem juntar suas opiniões e fazer com que se ajustem ao conjunto. Isso exigiria condições e conhecimentos técnicos muito detalhados e não sujeitos a modificações.
2. *Nível de equipe.* Uma grande equipe pode reelaborar cada um dos detalhes em reuniões ou reuniões virtuais a fim de chegar a um acordo a cada passo da jornada. Isso consome bastante tempo.
3. *Nível de sistema e de subsistema.* Significa dividir um sistema global em subsistemas relativamente autônomos. As equipes de subsistemas, seguindo padrões claramente definidos, podem trabalhar em separado para garantir a integração em cada subsistema e atingir as exigências globais necessárias para que os subsistemas possam funcionar em conjunto.
4. *Integração horizontal.* Diferentes indivíduos e subsistemas trabalham em separado, enquanto uma "força integradora" garante que o trabalho seja bem coordenado ao longo das partes do sistema. Esse tipo de integração é facilitado por um superintegrador que dirige uma quantidade de pessoas em funções de ligação ou por grupos de trabalho multifuncionais.

A Toyota utiliza todos esses métodos, nos seus mais variados graus. O engenheiro-chefe faz o papel do superintegrador, enquanto equipes de desenvolvimento modular gerenciam a integração nos subsistemas. Orientadas por objetivos claros a partir do manual de conceito do engenheiro-chefe, habilidades padronizadas e listas de verificação permitem que os indivíduos trabalhem separadamente. Diversas reuniões promovem a aproximação das pessoas para focar em questões de integração. Além disso, a Toyota usa um conjunto específico de ferramentas para ajudar na tarefa de integração, algumas delas discutidas a seguir.

Nemawashi na Toyota

Nemawashi não é uma ferramenta no sentido tradicional, mas é fundamental para a integração e dá suporte à utilização de várias outras ferramentas, como o relatório A3, descrito mais adiante neste capítulo. Em japonês, a palavra *nemawashi* originalmente se referia a fazer os preparativos necessários para transplantar uma grande árvore. No mundo dos negócios, *nemawashi* tem a ver com a busca de um consenso entre os vários *stakeholders* antes da decisão formal sobre algum negócio. O *nemawashi* em desenvolvimento de produtos normalmente envolve a comunicação de dados ou informações relevantes aos integrantes apropriados da equipe de DP e a realização de reuniões restritas, informais, normalmente técnicas, sobre potenciais soluções para desafios em projeto ou manufatura. Esses encontros ocorrem normalmente fora das reuniões formais, de modo que o tempo das reuniões é usado principalmente para passar aos gerentes de nível superior as informações sobre as opções e as recomendações do grupo. Um A3, ou matriz de decisão, geralmente comunica essas informações.

Se o problema de projeto ou manufatura exigir uma mudança de grandes proporções no processo, em padrões de projeto ou em montantes de destinação de fundos, um processo mais formal de decisão é usado. Todos os engenheiros, no começo de suas carreiras, aprendem o processo de *nemawashi* – compartilhar o problema com outros à medida que se trabalha nele, obter opinião de terceiros e apostar nela de maneira que o produto final possa ser melhor e passe a contar com a aprovação geral ao longo do desenvolvimento. Nunca defenda a sua solução sozinho, mesmo que ela pareça tecnicamente forte e defensável.

O Sistema *Ringi* na Toyota

O *sistema ringi* é um processo mais formal de decisão, usado para tratar de decisões de maior porte. No processo *ringi*, uma equipe reduzida de especialistas é encarregada de analisar alguma questão ou desafio específico e de recomendar uma solução. Na conclusão desse processo de análise, a equipe cria um documento de decisão, um *ringi-sho*, que detalha os desafios, as contramedidas e as potenciais implicações, tanto positivas quanto negativas, da adoção da proposta. A equipe faz então reuniões com todos os gerentes atingidos pela proposta e solicita a aprovação deles. A aprovação formal da proposta é tradicionalmente concedida com o *hanko* de um gerente – um carimbo pessoal usado exclusivamente por gerentes a partir de um determinado nível. Originalmente, a Toyota exigia um mínimo de oito *hankos* para a aprovação de uma proposta. Contudo, em 1990 um grupo interno da empresa iniciou a "campanha dos três selos", destinada exatamente a reduzir o número de carimbos necessários para tal aprovação. Ao mesmo tempo que isso diminuiu o número de pessoas responsáveis pela manutenção do alinhamento essencial, também agilizou o processo decisório.

No desenvolvimento de produtos, o *ringi* tipicamente ocorre nas fases iniciais do processo, durante a fase de estudos – *kentou*. Equipes multifuncionais, de poucas pessoas, são indicadas para, num período limitado de tempo (cerca de 30 a 90 dias), analisar um desafio, reunir-se com gerentes e difundir o documento ao longo de toda a organização de desenvolvimento de produtos afetada. No desenvolvimento de produtos, o *ringi* pode ser usado quando o projeto de um novo produto exige uma significativa mudança no processo padrão de manufatura ou quando a engenharia de produtos pretende testar um novo processo, potencialmente mais eficiente, ainda que não padronizado. Em ambos os casos, a engenharia de produto, a engenharia de produção e a planta de manufatura teriam de assinar o *ringi-sho*.

A utilização do *ringi* no desenvolvimento de produtos tem diversas vantagens. Ele agrupa opiniões de todas as partes afetadas e alinha os grupos resultantes, reduzindo a tomada de decisões a uma etapa única durante o processo de desenvolvimento de produtos. Além disso, ele viabiliza uma corrente construtiva para abordagens não padronizadas, garantindo, ao mesmo tempo, o suporte organizacional para projetos e processos padronizados. A mensagem subjacente consiste em seguir os padrões, a menos que exista um motivo muito forte para que isso não seja feito – suficientemente forte para passar pelo processo do *ringi* e comprovar essa convicção.

Gerenciamento *Hoshin* na Toyota

O gerenciamento *hoshin* (ou desdobramento de diretrizes) constitui uma ferramenta eficiente para alinhar uma organização em direção à concretização de objetivos ou metas mais gerais e permitir que a organização reaja rapidamente a um ambiente em mudança. Numa organização enxuta, o *hoshin kanri* é geralmente uma ferramenta anual de planejamento que alinha a visão de longo prazo com as atividades de mais curto prazo, ao mesmo tempo que alinha os esforços das pessoas com os objetivos da organização (ver Figura 14.1).

São seis os componentes primários do *hoshin*. O primeiro deles é a visão da empresa – a visão de longo prazo sobre qual será sua meta principal, o que ela representa e o que ela quer ser. O *hoshin* anual complementa os valores da empresa. Em conexão com tudo isso, o *hoshin* também considera as metas anuais específicas, os meios para concretizar essas metas, as métricas para mensurar o progresso, o valor alvo para essa métrica e o prazo final e o acompanhamento. Existem quatro fases para *hoshin* na Toyota.

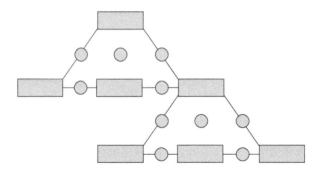

O gerenciamento *hoshin* alinha as atividades das pessoas ao longo da empresa para que ela possa completar suas metas principais e reagir com agilidade a um ambiente em constante mudança.

FIGURA 14.1 ■ O gerenciamento *hoshin* é uma ferramenta de alinhamento.

1. *Planejamento estratégico.* O planejamento estratégico tem diferentes níveis. Num sentido amplo, pode significar o desenvolvimento de um plano estratégico de dez anos identificando o mercado-alvo estratégico para o conjunto da empresa. O *hoshin* não é usado para isso, exceto como um veículo para a consideração de um conjunto de etapas de curto prazo para concretizar a visão de longo prazo. Como outras abordagens de planejamento estratégico, o *hoshin* identifica problemas e oportunidades a partir do desempenho da empresa e de outros dados do entorno (inclusive os resultados de *hoshin* anterior). Isso, em troca, pode ser usado para desenvolver uma visão de médio prazo e de estado futuro baseada nesses fatores.
2. *Desdobramento do* hoshin. *Desdobramentos de determinações* devem basear-se em fatos e em dados, ser operacionalmente viáveis e estar alinhados com os seis componentes primários do *hoshin*. No Centro Técnico Toyota (CTT), em Ann Arbor, e em todas as instalações da Toyota, o evento de *hoshin* do presidente constitui o início do ano. O presidente comunica seu *hoshin*, com base no *hoshin* do presidente da organização, aos funcionários do CTT (ver Figura 14.2). Essas determinações são comunicadas aos vários grupos funcionais, que devem então traduzir o *hoshin* em um objetivo que faça sentido para aquela função. Por exemplo, o presidente pode fazer um *hoshin* de reduzir em 20% o prazo de processamento de produtos empregando novos métodos e ferramentas. O vice-presidente de Engenharia de Produção pode então, em apoio, fazer um *hoshin* visando a reduzir o tempo de processamento da respectiva área em 20%, mediante uma maior alavancagem das capacidades de projeto de moldes sólidos e por um projeto padrão de usinagem automatizada até o programa "X". O gerente de projeto de ferramentais passa a desenvolver, por sua vez, vários *hoshin* de apoio, como treinamento de pessoal, trabalho conjunto com o fornecedor de tecnologia para a sua adaptação plena ao processo Toyota e orientação para tecnologia em aplicações específicas. Em cada nível do diagrama, os participantes passam por um processo de negociação de metas chamado *catchball* (método participativo). O processo *catchball* permite que os participantes desenvolvam um claro entendimento do *hoshin* e capacita o receptor do *hoshin* a "comprometer-se" com os objetivos gerais.
3. *Controlar por métricas.* Tanto resultados quanto meios são avaliados e revisados a intervalos regulares, de acordo com uma metodologia PDCA. No exemplo acima citado, o CTT avaliaria tanto a redução do tempo de processamento (resultados) quanto a implementação de capacitadores específicos (meios), como o projeto de moldes sólidos ou o processo automatizado de padronização. Isso fornece informações em relação à implementação dos meios e à verificação da eficácia desses meios na concretização dos resultados pretendidos.

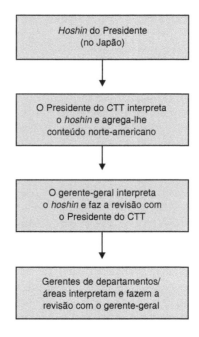

FIGURA 14.2 ■ Exemplo de *hoshin* no Centro Técnico Toyota (CTT) de Ann Harbor.

4. *Verificar e agir.* No decorrer do ano, os gerentes avaliam o progresso real em relação às metas e fazem os necessários ajustes. Em muitos casos, os gerentes são chamados a desenvolver um plano alternativo que possam implementar se a diferença entre a meta e a realidade for muito grande.

A chave para a utilização eficiente do *hoshin* é reduzir a brecha por meio de revisões rigorosas em cada nível (ver Figura 14.3). Cada conjunto de níveis deve, em primeiro lugar, concordar sobre alguns objetivos críticos para o ano em curso e a maneira pela qual eles serão avaliados. A partir daí, um time de supervisores e seus pares irão se reunir periodicamente para revisar o progresso em direção ao *hoshin*. No CTT, isso acontece três vezes por ano e cada indivíduo é avaliado em relação a metas específicas. Embora os problemas sejam abordados durante essa revisão, a reunião se concentra no *hoshin* – os objetivos específicos do indivíduo na busca dos objetivos estratégicos de alto nível.

Um interessante exemplo da utilização estratégica do *hoshin* no desenvolvimento de produtos foi o *hoshin* do presidente no começo do século XXI. Com base no compromisso da Toyota com o meio ambiente, o presidente decretou um aumento na economia média de combustível por meio do uso de novas

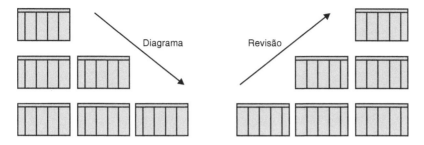

FIGURA 14.3 ■ Diagrama e processo de revisão do *hoshin*.

tecnologias. A comunidade de desenvolvimento de produtos respondeu a isso, entre outras coisas, com o *Echo*. O empenho com o meio ambiente é parte da declaração de compromissos da Toyota e uma estratégia central destinada a projetar a empresa para o futuro. Esse *hoshin* desencadeou muitas iniciativas concretas em direção a essa visão.

A FERRAMENTA DE SOLUÇÃO DE PROBLEMAS A3

A3 é a denominação de um formato padrão de comunicação, um processo disciplinado para a expressão clara e precisa de pensamentos complexos numa única folha de papel. Como se infere dos comentários a seguir, feitos por gerentes da Toyota, o formulário A3 é muito mais do que uma simples ferramenta:

> Obriga a pessoa a filtrar e refinar pensamentos para que caibam em uma folha de papel, de forma tal que a gerência consiga, a partir disso, respostas para todas as dúvidas mediante a leitura de uma simples folha de papel – resumindo, é a verdadeira essência do processo enxuto.

> O A3 relaciona-se muito mais com pensamento disciplinado do que com qualquer técnica de redação.

> O que você sentiria se quisesse me entregar um relatório mas eu lhe deixasse comunicar essa informação somente por meio de um único desenho?

O A3 é uma metodologia padronizada de redação técnica para criar um relatório em um lado de uma folha padrão de papel, destinado a orientar a solução de um problema e a conseguir comunicação transparente entre as várias especialidades funcionais. Existem quatro tipos diferentes de formulários A3 (ver Figura 14.4).

1. *História de proposta*. Usada para propor um plano ou nova iniciativa, essa história sempre gira em torno de um tema. Mesmo que não conclua

288 ■ Sistema Toyota de Desenvolvimento de Produto

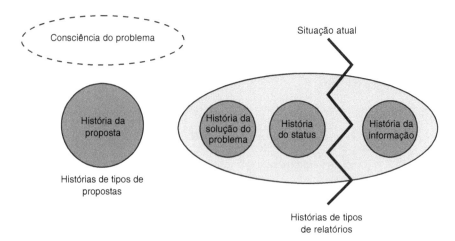

FIGURA 14.4 ■ Quatro tipos de história A3.

com uma proposta concreta, requer um plano claro, identificação das questões que terão de ser resolvidas e um cronograma (ver Figura 14.5).
2. *História de status*. Usada para definir o *status* de uma iniciativa em andamento, essa história pede informação adicional (ver Figura 14.6). Qual era o objetivo do projeto e como ele está em relação ao objetivo? O que foi planejado *versus* o cronograma do tempo real da implementação? Quais problemas precisam ser resolvidos e que ações futuras são planejadas?
3. *História informacional*. Usada para compartilhar informação, por exemplo, sobre o desenvolvimento de projetos numa empresa concorrente ou em outros setores da própria Toyota, os A3s informacionais têm "formato livre" e o leiaute e a formulação da história ficam inteiramente a cargo do redator.
4. *História de solução de problemas*. Usada quando um plano, objetivo ou padrão existentes não estão sendo cumpridos pela empresa (ver Figura 14.7). Ou seja, é preciso que exista um problema. A história de solução de problemas precisa ser objetiva, comunicando o processo completo do planejar-fazer-verificar-agir. Acoplada a essa maneira de contar uma história encontramos a abordagem Toyota da "solução prática de problemas", deixando claros os objetivos, os dados sobre a situação atual, uma análise detalhada das causas mais profundas, as contramedidas e a história de sua implementação. O acompanhamento precisa incluir a verificação (controle) de que as contramedidas funcionaram, as ações futuras a serem adotadas e tudo o que se aprendeu ao longo do processo de controle. Um exemplo de uma história de solução de problemas para uma questão de segurança é mostrado na Figura 14.8.

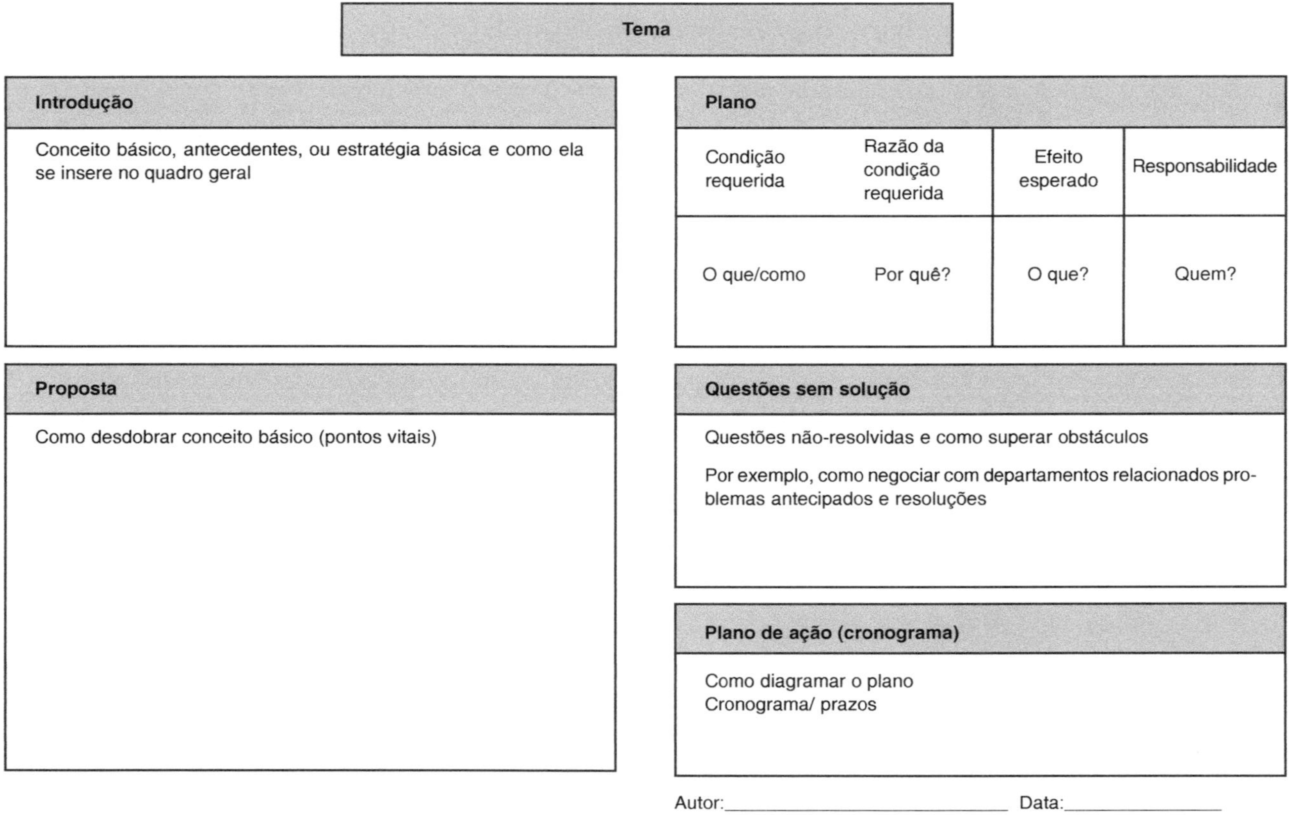

Tema

Introdução
Conceito básico, antecedentes, ou estratégia básica e como ela se insere no quadro geral

Plano

Condição requerida	Razão da condição requerida	Efeito esperado	Responsabilidade
O que/como	Por quê?	O que?	Quem?

Proposta
Como desdobrar conceito básico (pontos vitais)

Questões sem solução
Questões não-resolvidas e como superar obstáculos

Por exemplo, como negociar com departamentos relacionados problemas antecipados e resoluções

Plano de ação (cronograma)
Como diagramar o plano
Cronograma/ prazos

Autor: _____ Data: _____

FIGURA 14.5 ■ Exemplo de história de proposta.

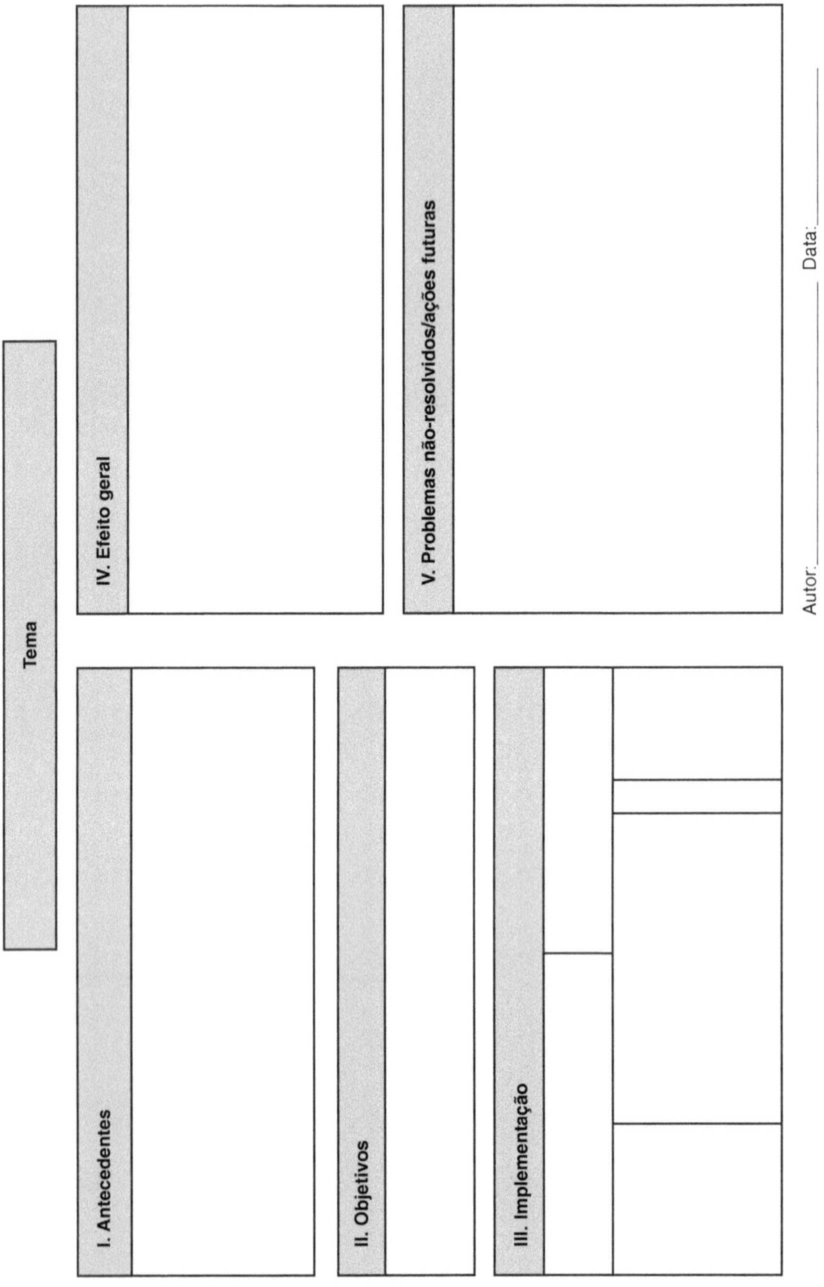

FIGURA 14.6 ■ História de *status*.

Alinhe a Organização Mediante Comunicação... ■ 291

Tema
Responder a pergunta: "O que estamos tentando concretizar?"

Situação do problema
- O padrão
- Situação atual
- Discrepância/extensão do problema

Motivos para escolher o problema (importância para a atividade empresarial, objetivos ou valores da organização)

Objetivo/metas
Descrição mensurável daquilo que se pretende mudar: quantidade, prazos

Análise das causas
Problema:

Causas potenciais
Causa direta mais provável:

Por quê? → Por quê? → Por quê? → Por quê? → Por quê?

Causa raiz:

Contramedidas
(Resultantes da análise das causas)
- Medida temporária
- Contramedida de longo prazo

Implementação

O quê	Onde	Quem	Quando
Ações a serem empreendidas	Localização da atividade	Pessoa responsável	Prazos, datas

Acompanhamento
- Questões não-resolvidas e medidas para encaminhá-las
- Como serão verificados os efeitos?
- Quando serão verificados os efeitos?
- Como serão relatadas as constatações?
- Quando serão relatadas as constatações?

Autor: _____ Data: _____

FIGURA 14.7 ■ Relatório de solução de problemas, exemplo de história de proposta.

Reduzir lesões decorrentes de cortes no manuseio de chapas de metal

PARA: ____________

Situação do Problema

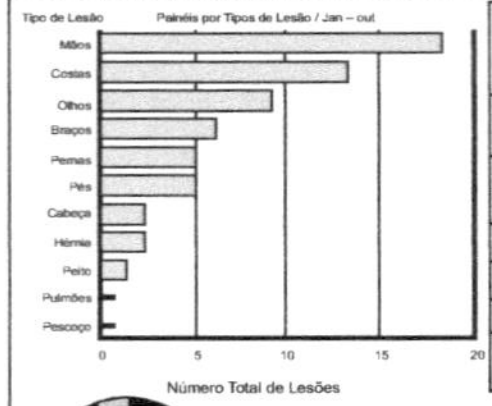

Descrições de lesões nas mãos	# de incidentes	# de incidences causadores de dias de trabalho perdidos
Cortes e arranhões leves decorrentes do manuseio de chapas de metal exigindo tratamento inicial no local de trabalho	6	1
Cortes mais profundos decorrentes do manuseio de chapas de metal exigindo pontos e outros tratamentos médicos	10	10
Deslocamento de dedos	1	1
Ossos fraturados (mãos e dedos)	0	0
Cortes e arranhões	0	0
Lesões repetitivas – tempo de trabalho perdido em função de monotonia ou cansaço	1	1

	# médio de horas/homem detrabalho perdido por incidente	# de incidentes causadores de perda de dias de trabalho
Mãos	19,7	13
Costas	37,6	13
Olhos	15,4	2
Braços	17,5	1
Pernas	19,3	1
Pés	6,3	0
Cabeça	24,5	2
Hérnia	6	1
Peito	0	0
Pulmões	0	0
Pescoço	0	0

Nota: Lesões graves são registradas a um máximo de duas semanas de tempo perdido (ou seja, ossos fraturados, ferimentos exigindo longos períodos de incapacidade, morte e perda de membros).

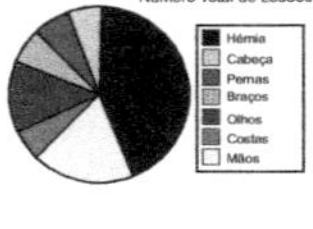

Total (na fábrica) de horas/homem de trabalho perdido em conseqüência de lesões para 2001 é inaceitável → 1550 horas
O objetivo é reduzir esse total em 50%. (1550 → 775 horas)

Significativas lesões nas mãos (exigindo perda de dias de trabalho) decorrem principalmente do manuseio inadequado de materiais. A maioria das lesões ocorre em áreas de fundição/fabricação/montagem, nas quais é indispensável o manuseio de materiais em função da natureza das tarefas.

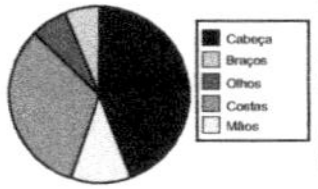

350 horas de tempo perdido foram registradas em 2001 em função de lesões nas mãos. As lesões nas mãos custam à Goliath 14.200 dólares/ano em tempo perdido.

A segurança dos funcionários é um dos principais valores da empresa Goliath e precisa ser intensificada.

Objetivo/meta

Reduzir a freqüência das lesões por manuseio de folhas de metal em 90% nos próximos 12 meses.

Análises de causas

PROBLEMA: *Os funcionários sofrem cortes, arranhões e queimaduras durante o manuseio de chapas de metal.*
CAUSA MAIS PROVÁVEL: *Os funcionários não estão cumprindo a exigência do uso de luvas quando do manuseio de peças ou acessórios de metal.*

POR QUÊ? Em tarefas rápidas ou pequenas, os empregados, quando não há luvas ao seu alcance, preferem arriscar-se a um ferimento do que procurar um par de luvas de proteção.
POR QUÊ? Falta de disciplina em relação às normas da empresa.
POR QUÊ? É da natureza humana tomar o caminho mais fácil – os benefícios percebidos superam os riscos.
POR QUÊ? Falta de motivação para seguir as regras quando não é conveniente segui-las.
POR QUÊ? Punições pela quebra das regras não são aplicadas E/OU não há estímulo para adesão às normas.

CAUSA ORIGINAL: Questão motivacional → Empregados não são suficientemente motivados a fazer o esforço necessário para observar as regras básicas de segurança quando não é conveniente segui-las.

Contramedidas

Esclarecer definições e condições para a aplicação de medidas de segurança com representantes do sindicato e supervisores de fábrica. As regras podem precisar de reformulação e renovação para refletir a aplicação prática no chão de fábrica.

Sistema de recompensas será implementado como primeiro passo de um pacote de ações disciplinares contra empregados que não seguirem as regras de segurança.

Um prêmio em dinheiro (valor sugerido, dois mil dólares) será oferecido ao final do ano. Para se habilitar, os trabalhadores precisarão:

- Apresentar ficha limpa em matéria de acidentes e lesões
- Não ter registro de violação das normas para manuseio de folhas de metal e proteção dos olhos.

Os operários serão incentivados a informar e cuidar dos colegas ao longo do dia de trabalho. Uma ou duas vezes por semana um integrante do pessoal de supervisão, escolhido aleatoriamente, fará uma revisão no chão de fábrica para verificar a observação das regras.
Os funcionários eliminados da possibilidade do prêmio de fim de ano poderiam comprar esse acesso com doações em dinheiro a um projeto beneficiente (a ser escolhido).

Subseqüentes infrações da segurança depois da eliminação da lista de fim de ano poderão resultar na dispensa do funcionário.

Implementação

A ser implementado como iniciativa de segurança da empresa em conjunto com o sindicato.
O acompanhamento será feito para o resto do ano a partir de março de 2002.

Medidas Necessárias	Responsabilidade	A partir de
Aprovação do projeto	Presidente (Lowery)	8 de fevereiro
Comunicar o plano A3 ao comitê de segurança do sindicato para revisão, discussão e estratégia de lançamento	Relações com funcionários RH (Elzeman)	15 de fevereiro
Esclarecer as regras de segurança no chão de fábrica	Golyath – Subcomissão de Segurança do sindicato	25 de fevereiro
Revelar os detalhes aos Gerentes e supervisores da Golyath + operários (em reuniões de equipes)	Representante da Golyath em Segurança (Gaci)	28 de fevereiro

Atividades de verificação e acompanhamento

Andamento será acompanhado mensalmente em reuniões de verificação das medições da Equipe de Sistema da Qualidade (comparar o progresso em 2002 com os dados de segurança relativos aos períodos de 1999/2000/2001)

Pesquisa informal de supervisão e gerenciamento de chão de fábrica, quinzenalmente, sobre a melhoria do nível de segurança e da obediência às normas de segurança no chão de fábrica.

AUTOR: ____________
DATA: ____________

FIGURA 14.8 ■ Relatório A3 de solução de problemas: redução de ferimentos nas mãos.

Embora o superior imediato do funcionário seja o principal professor da redação de A3, a Toyota proporciona "pontos vitais" universais tanto para redação de A3 quanto para a solução de problemas durante o treinamento, recomendando aplicações específicas para os gráficos e outras auxiliares de comunicação. A seguir, são listados alguns pontos vitais da solução de problemas e da redação de A3s.

Pontos vitais da solução de problemas

1. Avaliar a situação com base em fatos
2. Observar o problema desde o início
3. Abordar uma única ocorrência anormal (um A3 – um problema)
4. Observar a ocorrência anormal no ponto da causa
5. Investigar a causa minuciosamente e revisar todos os fatos e dados
6. Usar medidas (de contenção) temporárias sempre que necessário
7. Identificar a causa original
8. Desenvolver contramedidas e tarefas e estabelecer prazos

Pontos vitais na redação do A3

1. Definir prazo para avaliar a situação TOTAL.
   a) Avaliar um amplo leque de fontes de informação
   b) Basear a história em fatos, não em opiniões
   c) Avaliar os efeitos a longo prazo
2. Decidir qual o tipo de história será necessário contar. Escrever diretamente para o público. Levar em conta suas necessidades e o grau de conhecimento da situação.
3. Estabelecer a relação entre a história e os valores e filosofia da empresa.
4. Fazer com que a história flua em seqüência lógica.
5. Economizar palavras. Usar gráficos e efeitos visuais sempre que possível para contar a história.
6. Dar o devido valor à cada palavra. Ser específico e evitar o jargão.
7. Levar em conta o efeito visual de cada seção na página em termos de ajuda ao desenvolvimento da história.

Existe um interessante paralelo entre a maneira como a Toyota utiliza o espaço em seu Sistema Toyota de Produção e seus relatórios A3. Numa fábrica enxuta, é muito ruim preencher espaço com *muda*, ou desperdício, constituído em geral por excesso de estoque. Qualquer espaço é sempre altamente valorizado. "Um monte de coisas inúteis" deixado nesse espaço leva inevitavelmente à desorganização e fica difícil distinguir a condição padrão correta da condição fora de padrão. Da mesma forma, nos relatórios A3, o ponto é contar com documentos de alto valor agregado nos quais seja fácil visualizar os pontos críticos afetados pelo desperdício – palavras em excesso, explicações elaboradas, gráficos, etc. *Muda* em documentos obscurece a mensagem e muitas vezes conduz as pessoas a deixar de lado pontos fundamentais.

Os relatórios A3 da Toyota e a disciplina seguida em sua preparação proporcionam comunicação ágil e precisa que a organização em seu todo consegue entender – algo crucial para um sistema enxuto de DP. O A3 também facilita a melhoria contínua. O que o relatório A3 exige é sempre feito; por exemplo, o banco de dados de *know-how* será atualizado para refletir qualquer mudança num padrão ou acréscimo ao conhecimento resultante do processo A3. No pensamento enxuto, o foco está sempre em aprender a partir da solução de problemas (não apenas em resolver uma situação momentânea), e o A3 é uma ferramenta que viabiliza esse esforço.

COMUNICAÇÃO E ALINHAMENTO NA TOYOTA

Inúmeras empresas já tentaram implementar métodos semelhantes de comunicação e estratégias de alinhamento. No entanto, mesmo que utilizem gestão por objetivos, gerenciamento de projetos, modelos *stage-gate*, decisão por consenso, distribuição, engenheiros residentes, equipes multifuncionais, ou mesmo relatórios A3, poucas são as que conseguem a mesma eficiência que a Toyota.

A causa provável para essa diferença reside no modo como cada empresa atribui funções e responsabilidades, gerencia essa atribuição e verifica se proporciona um grau mínimo de estabilidade organizacional indispensável para fazer com que essas ferramentas gerem resultados. A Toyota, que conta com uma organização funcional muito forte em função da integração multifuncional, consegue eficiência máxima na comunicação funcional com o sistema do engenheiro-chefe, pois ele proporciona um ambiente de trabalho estável, padronizado e de melhoria contínua. A estabilidade organizacional começa no estágio da liderança, que proporciona orientação consistente sobre aquilo que é importante. A estabilidade no nível do trabalhador inclui o emprego do tempo em meio a uma especialidade funcional e com o ganho de conhecimento aprofundado. A estabilidade também proporciona a capacidade de aprender de programa em programa.

As funções e responsabilidades significam que existe sempre um indivíduo responsável pelo encaminhamento das respectivas ações. Em outras empresas, o pêndulo oscila com demasiada freqüência – ou na direção da responsabilidade individual, ou na das equipes. A Toyota descobriu um equilíbrio saudável. Embora o relatório A3 seja na verdade uma atividade de grupo e o *nemawashi* seja crítico para a construção do consenso no processo A3, um autor individual sempre assina o relatório. Quando existem co-autores, todos compartilham a responsabilidade. Assim, o processo A3 é uma ferramenta de alinhamento que administra e faz com que funções e responsabilidades funcionem. No processo de comunicação e alinhamento no DP enxuto, existe uma importante interação entre trabalho de equipe e trabalho individual. Os indivíduos sempre fazem trabalho detalhado. As equipes proporcionam idéias e opiniões, compartilham o processo de decisão, apóiam-se na concretização das atividades e compartilham a implementação.

Por fim, o alinhamento e a comunicação eficiente dão a qualquer empresa a capacidade de desenvolver padrões por toda a organização. As pessoas avaliam com sentido crítico e aperfeiçoam esses padrões, criando padrões revisados conforme a necessidade. Esse é o ponto central do aprendizado como uma organização. O capítulo a seguir, que cobre o último princípio do SEDP – usar ferramentas poderosas para a padronização e o aprendizado organizacional – revisita esse conceito.

Fundamentos do Princípio Doze do SEDP

Alinhe a organização mediante comunicação simples e visual

É mais do que óbvio que a comunicação constitui um elemento poderoso no desenvolvimento de produtos. Não se consegue desenvolver novos produtos sem uma adequada comunicação. Mas o SEDP reconhece que é possível ter demais de uma coisa boa. A comunicação, pois, deve ser objetiva, precisa e focada nos fatos essenciais. A Toyota desenvolveu diversos mecanismos para a melhoria da comunicação eficiente. O papel do EC proporciona importante orientação aos programas e cria alinhamento. O sistema de *obeya* é um mecanismo para uma permanente comunicação multifuncional e controle das situações. O *nemawashi*, o sistema *ringi* e o *hoshin* proporcionam ferramentas para o alinhamento organizacional. O processo A3 ajuda a criar disciplina e padronização a fim de melhorar a eficácia de todos os tipos de comunicação – em especial a comunicação que gira em torno da solução de problemas.

15

Use Ferramentas Poderosas para a Padronização e o Aprendizado Organizacional

Os engenheiros do Centro Técnico Toyota usam o hetakuso-sekke, *uma pequena agenda que registra os fracassos experimentados no passado.*

Kunihiko Masaki,
ex-presidente do Centro Técnico Toyota em Ann Arbor

Várias empresas gastaram centenas de milhões de dólares numa busca desesperada pelas melhorias em desenvolvimento prometidas pelo aprendizado organizacional e pela gestão eficaz pela informação. Elas fizeram megainvestimentos na revolução da informação, investindo em redes de conhecimento, imensos bancos de dados *online* e todas as últimas palavras em matéria de *hardware* e *software*. E apesar desses colossais investimentos de recursos humanos e de capitais, a maioria das empresas continua a lutar para tornar o aprendizado organizacional uma vantagem realmente competitiva. Uma das razões para tanto é o fato de terem seu foco em ferramentas que gerenciam conhecimento explícito ou de procedimentos, algo que é, embora dispendioso, relativamente fácil de fazer e de ser clonado pelos concorrentes. Como já se discutiu anteriormente, é na alavancagem do conhecimento "tácito", ou *know-how*, que reside a maior de todas as fontes da vantagem competitiva. Esse foco precisa estar concentrado em ferramentas que ajudem a organização a mudar a maneira como faz as coisas. Esse tipo de conhecimento está impregnado nas pessoas e na cultura; é em torno do conhecimento tácito que as melhores ferramentas e tecnologias de aprendizado são projetadas e construídas.

COMO A SUA ORGANIZAÇÃO APRENDE?

O Capítulo 12 identificou o *aprendizado organizacional* como uma fonte fundamental da vantagem competitiva da Toyota. Mas como ela conseguiu ser bem-sucedida exatamente onde tantas empresas fracassaram? Que ferramentas e métodos empregam e até que ponto essas ferramentas diferem daquelas usadas pelos concorrentes? Uma forma de entender as ferramentas e métodos da Toyota é, uma vez mais, compará-la com a NAC. Embora tendo em seus quadros engenheiros extremamente capacitados, a NAC lutou para reinventar-se como uma organização aprendiz. Como a Toyota, a NAC reconhece a importância do conhecimento e muitos indivíduos na empresa aprenderam muito bem pelo processo de tentativa e erro. Esses indivíduos foram gradualmente tornando-se mais valiosos. Infelizmente, o que faltava na NAC eram os mecanismos indispensáveis para infundir – pelo menos nas proporções indispensáveis – nos quadros da empresa e na geração seguinte de engenheiros, aquilo que os primeiros haviam aprendido. E, sempre que um funcionário veterano deixava a empresa, acabava levando consigo muitos – e insubstituíveis – anos de conhecimentos acumulados.

Um sistema enxuto de DP encontra melhor ambiente para expansão em uma empresa que entende e cultiva o aprendizado organizacional, desenvolve sistemas e faz evoluir uma cultura que capta conhecimento tácito e o transforma em padrões que todos conseguem aprender e transmitir a outras pessoas. A importância do aprendizado está corporificada em muitas das ferramentas já discutidas neste livro. Já debatemos um bom número dos mais eficientes instrumentos de aprendizagem da Toyota (treinamento técnico, *hansei*, A3) de maneira detalhada e, por isso, não os abordaremos neste capítulo. Este capítulo trata de outros instrumentos de DP enxuto que contribuem para a capacidade de aprendizado da Toyota: bancos de dados de *know-how*, listas de verificação, desmontagens de produtos concorrentes, *senzu*, planilhas de processo e matrizes de qualidade. A força e a eficiência desses instrumentos são exemplificados pela comparação entre a maneira como são usados numa organização como a NAC e em uma organização que aprende como a Toyota.

BANCOS DE DADOS DE CONHECIMENTO NA NAC: A CADEIA DE VALOR DO DESENVOLVIMENTO DA CARROCERIA

Embora a NAC tenha desenvolvido várias tentativas de criar bases de conhecimento para orientar e assessorar seus engenheiros, nunca houve uma estratégia central para a gestão do conhecimento e da informação ao longo do fluxo de valor do desenvolvimento de carrocerias. Em lugar disso, muitas funções de locais individuais desenvolveram as respectivas versões de um banco de dados de conhecimentos e, naturalmente, acabaram provocando inconsistência, e até mesmo contradições, em relação à informação, ao longo desses bancos de dados. A falta de envolvimento dos especialistas principais na criação, validação e manutenção dos bancos de dados contribuiu ainda mais para sabotar esse sistema. Em geral, esses especialistas tinham pouca fé na informação, um pré-requisito para que qualquer instrumento de conhecimento funcione. Conseqüentemente, a informação disponível raramente era usada. Para piorar essa condição, a NAC não tinha em funcionamento, antes da criação do banco de dados, disciplina, valores e sistema de recompensa, que são fundamentais, e os especialistas funcionais não viam no banco de dados um instrumento de grande utilidade.

A NAC também tinha investido num piloto de *engenharia baseada em conhecimento*. Essa tecnologia "inteligente" baseada em regras consegue acumular e codificar novas informações de forma contínua e deveria utilizar os mais recentes dados para ativamente orientar os engenheiros no seu processo de projeto, restringindo determinadas opções e proporcionando seqüências automáticas de projeto. Desenvolvida e mantida por equipes de TI e, em alguns casos, por empresas terceirizadas, que trabalham para obter informações dos engenheiros e inseri-las nos bancos de dados, essa tecnologia não apenas fracassou na apresentação dos benefícios prometidos como também se mostrou uma potencial causadora de danos. Ela não teve sucesso porque não conquistou credibilidade junto aos engenheiros; eles não haviam sido convocados para o processo de desenvolvimento. E ela não funcionou porque violou um dos princípios principais de convencimento da tecnologia enxuta: ela busca substituir, em vez de aperfeiçoar, sua base de usuários. E é potencialmente danosa porque remove o engenheiro como participante ativo do processo de aprendizado.

O BANCO DE DADOS DE *KNOW-HOW* NA TOYOTA

A compilação dos incontáveis modelos de listas de verificação que a Toyota usou durante mais de 40 anos é a base do seu banco de dados de *know-how* informatizado. É importante entender que esses anos de experiência acumulada funcionaram com muita eficiência em forma de papel antes de serem informatizados. Por exemplo, listas de verificação de engenharia eram organizadas em blocos de anotações mantidos por grupos funcionais isolados. Cada grupo funcional tinha seus próprios blocos de anotações (por exemplo, agendas promocionais). No começo de um programa, o grupo de engenharia de produção responsável pelas portas compartilhava suas mais atualizadas listas de verificação sobre portas com os engenheiros de carroceria responsáveis pelas portas. Como a Toyota tem uma organização muito clara das responsabilidades e papéis funcionais, não se torna indispensável enviar toda a informação das listas de verificação em cada oportunidade. É sempre muito claro quais especialistas trabalham em que peças, e apenas eles precisam da informação constante nos blocos de anotações para as suas peças do veículo. Os blocos de anotações não eram profundos e não serviam para substituir conhecimentos mais sólidos de engenharia. Eles simplesmente alertavam o engenheiro para pensar a respeito de todos os aspectos: você verificou quais as duas peças que estão interferindo uma com a outra? Confirmou que a distância se ajusta aos padrões? Essa proporção está de acordo com um intervalo padrão? Pode haver um gráfico mostrando que não se deve exceder esse nível. Em todos os casos, o engenheiro faz uma revisão física para anotar "pensei isto" ou "fiz aquilo". É parecido com a lista de controle de vôo de um piloto de aviões comerciais. Essa lista não transforma o piloto em um grande piloto, mas ela certamente o ajuda a evitar erros básicos.

O *hetakuso-sekke*, descrito por Kunihito Masaki na citação de abertura do capítulo, é um tipo diferente de guia de referência padrão usado principalmente na engenharia de carroceria. Nesse caso, a Toyota organizou, principalmente por meio de diagramas, um conjunto de regras daquilo que concretiza um projeto bom ou ruim. Por exemplo, em engenharia de carroceria, há muitas regras relacionadas à redução de peso. Pode haver um prato em que um simples furo conseguirá reduzir o peso. Tratando-se de uma calha, um raio na cantoneira pode ser usado para minimizar o peso. Isso é considerado por engenheiros veteranos como um "conceito peso leve". O nome significa algo como engenharia banal, ou projeto intuitivo. Um engenheiro experiente certamente não precisaria de pistas como essas. Mas, para um engenheiro jovem, isso pode constituir uma fonte de grande valor em relação a sugestões de projeto.

Antigamente, colocar no papel essas sugestões de esboços e listas de verificação era uma forma muito útil de conservar um banco de dados de conhecimento. Mas não era o único banco de dados de conhecimento. O verdadeiro banco de dados estava no cérebro de engenheiros experientes com "competência técnica superior". Cada um deles é um banco de dados vivo com um conhecimento extraordinário em áreas muito específicas. Quando se sabe com quem falar a respeito de um problema, ou desde que a pessoa certa revise o projeto, esse banco de dados de conhecimento é ativado. Assim, listas de verificação ou blocos de notas tornam-se meros complementos.

Arquivar essas formas escritas de conhecimento num computador não substitui o profundo conhecimento dos especialistas funcionais. E as listas de verificação escritas cumpriram sua função muito bem durante várias décadas. Mas o banco de dados computadorizado de *know-how* é, apesar de tudo isso, um avanço significativo. Diretrizes de engenharia, gráficos e práticas são diagramadas e explicadas com detalhamento muito maior do que era possível com as listas de verificação manuscritas. A informação é classificada de acordo com peça de veículo, ou somente tipo de peça, e, no banco de dados de tipos de peças, existe um componente de *benchmark* de outras marcas que permite aos engenheiros examinar imagens de produtos concorrentes e fazer análises detalhadas. Outros dados são organizados por processo de manufatura/tipo de peça e incluem acesso às matrizes de qualidade e ao *senzu* discutidos posteriormente neste capítulo. Mais ainda, o banco de dados de *know-how* é ligado a bancos de dados de projeto para facilitar a importação e exportação de informação/geometria. Existem também planilhas de processos de manufatura completas, com descrições, fotos e até mesmo vídeos de processo em andamento no chão de fábrica. Os usuários também podem acessar dados de qualidade e desempenho por peça e por planta.

Um avanço importante na informatização das listas de verificação é transformá-las de simples regras sobre o que é preciso evitar, ou quais valores numéricos devem ser usados, em instrumentos de explicação do raciocínio por trás da regra. Um engenheiro que analisa a antiga lista de verificação não tem como conhecer a partir dela o raciocínio que conduz à regra. Ela proporciona o conhecimento do fato (*know-what*), mas não o conhecimento do motivo (*know-why*). Isso não tem tanta importância quando os especialistas que criaram as regras estão presentes na sala de discussão, no Japão. Mas à medida que a Toyota globaliza o desenvolvimento de produtos, obter acesso a verdadeiros especialistas fica mais difícil, e é importante incluir o processo de raciocínio, de modo que o engenheiro possa pensar a íntegra do problema, em vez de simplesmente seguir uma regra.

Fundamental para o sucesso do banco de dados de *know-how* na Toyota é integrá-lo verticalmente no V-comm, o sistema maior. O V-comm é uma rede plenamente integrada de ferramentas que faz a ligação entre tecnologias ativas de projeto, simulação, teste e comunicação em conjunto com um o banco de dados de *know-how* a fim de proporcionar aos engenheiros uma poderosa seqüência de ferramentas habilitada a melhorar a sua produtividade. Pela integração do banco de dados de *know-how* ao conjunto básico de ferramentas de engenharia, a Toyota destaca que o aprendizado não é um acréscimo ou algo "extracurricular"; trata-se, na verdade, de uma parte básica do trabalho.

Esse banco de dados é bem-sucedido por uma série de razões. Como anteriormente relatado, os valores, a disciplina e a recompensa subjacentes pela adesão aos processos já existem na empresa e, por isso, as pessoas automaticamente usam e aprendem com essa informação. Mais ainda, o banco de dados é centralizado; não existem bancos de dados concorrentes para criar confusão ou contradições. Os especialistas funcionais mantêm, verificam e atualizam suas respectivas partes do banco de dados, da mesma forma que sempre foi feito com as listas de verificação manuscritas. Isso acontece tipicamente depois de um evento *hansei* (uma reflexão ou evento de aprendizado, discutido no Capítulo 11). Por fim, o banco de dados é projetado para melhorar o desempenho das pessoas na Toyota, jamais para substituí-las ou para retirar o processo de projeto do seu alcance. Num processo enxuto de DP, engenheiros são importantes individualmente; os instrumentos de aprendizagem e a tecnologia devem constantemente refletir esse fato.

CONJUNTOS DE COMUNICAÇÃO E AVALIAÇÃO

Como já discutimos anteriormente, a engenharia simultânea com base em alternativas é um dos pilares do processo de desenvolvimento de produtos da Toyota. Além disso, ela é uma poderosa fonte de conhecimento e melhoria contínua. Contudo, comunicar, avaliar e aprender a partir de diversas alternativas, cada uma provida de características técnicas e de projeto diversificadas, é um desafio de grandes proporções. Por isso mesmo, os engenheiros da Toyota aprenderam a utilizar duas importantes ferramentas para ajudá-los nessa tarefa.

Curvas de Compensação

A curva de compensação é um instrumento relativamente simples que os engenheiros da Toyota utilizam freqüentemente para entender o inter-relacionamento das características dos vários projetos. Numa curva de compensação, o desempenho de uma característica de um subsistema é mapeado no eixo Y, enquanto o desempenho de outra característica é mapeado no eixo X. Uma curva é então traçada para ilustrar o desempenho do subsistema em relação às duas características. Curvas de compensação podem ser usadas para avaliar a rapidez da economia de combustível na calibração de uma determinada configuração de potência, ou para avaliar o tamanho de um radiador em relação à sua capacidade de resfriamento. Num caso particular, um fornecedor de sistema de exaustores da Toyota criou mais de 40 protótipos para um programa de automóvel. Para que fazer tantos protótipos? Para alternar diferentes fatores e realizar testes a fim de desenvolver curvas de compensação de forma que o engenheiro-chefe tivesse condições de entender a relação entre a pressão no silenciador traseiro e o ruído do motor (ver Figura 15.1) e de adotar uma decisão bem-fundamentada.

As curvas de compensação são um meio ágil e eficiente de comunicar atributos de desempenho extremamente complexos e técnicos num ambiente com base em alternativas. Uma curva de compensação usada pelo engenheiro-chefe do primeiro modelo *Lexus* mostra o gráfico da velocidade máxima (potência) *versus* o índice de consumo de gasolina, comparando carros de luxo dos EUA, Reino Unido e Alemanha com a meta então revolucionária que havia estabelecido para o *Lexus LS400* (ver Figura 15.2).

FIGURA 15.1 ■ Protótipos múltiplos ajudam a entender o espaço do projeto.

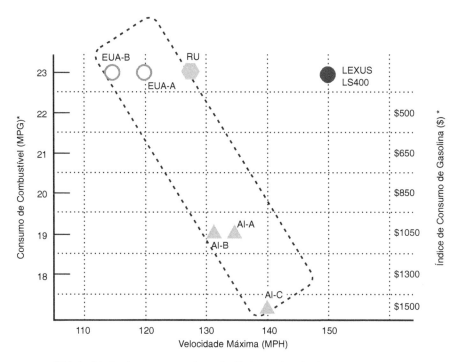

FIGURA 15.2 ■ Curva de compensação para estabelecer a revolucionária meta do *Lexus* em velocidade e consumo de combustível.

Matrizes de Decisão

Quando os engenheiros da Toyota pretendem estudar várias alternativas de projeto, proporcionar *feedback* ou sugerir soluções para desafios, eles se comunicam por meio de matrizes. Como o leitor certamente recorda, uma das primeiras lições que os novos engenheiros aprendem a partir do seu projeto de estréia é pensar seus problemas com atenção, e parte desse processo inclui apresentar uma matriz à equipe. Só para reforçar, lembramos que essa é uma forma muito simples e eficaz para comunicar e avaliar as alternativas. As alternativas de projeto são relacionadas em um dos eixos da matriz e critérios específicos de avaliação são relacionados no outro, criando assim múltiplas células. Cada alternativa de projeto é então comparada com relação a esses critérios, e um valor quantitativo ou qualitativo é inserido na célula correspondente. Por exemplo, um engenheiro pode estar avaliando os projetos A, B e C pelos critérios de custo, peso, durabilidade e funcionalidade (ver Figura 15.3). Neste exemplo, as versões A, B e C do projeto são listadas paralelamen-

Alternativa de projeto	Custo	Peso	Durabilidade	Desempenho funcional	Total
A	1	2	2	2	7
B	3	2	3	1	9
C	2	3	1	3	9

Os números 1 a 3 representam uma classificação simples.

FIGURA 15.3 ■ Exemplo de matriz de decisão.

te ao eixo Y e o critério de avaliação no eixo X, com os valores correspondentes para cada um. Observe que esses valores não são métricas quantitativas exatas, mas sim uma avaliação subjetiva da concretização do objetivo que permite o acréscimo de classificações ao longo das categorias para completar um escore total. Isso talvez não pareça um instrumento de engenharia, mas a verdade é que proporciona uma ordem bruta das alternativas que é prática e pode auxiliar os engenheiros experientes na tomada de decisões.

Essas duas ferramentas não apenas tornam a comunicação e a avaliação mais eficientes, como também proporcionam um instrumento importante para a aquisição e a preservação de conhecimento no sistema de desenvolvimento de produtos da Toyota.

RELATÓRIO DE *BENCHMARKING* DA CONCORRÊNCIA NA NAC

Os concorrentes proporcionam uma das melhores fontes de informação quando se está desenvolvendo o conceito para um novo veículo. A NAC estuda os aspectos e características populares ou úteis dos veículos dos concorrentes no âmbito do tipo de veículo ou segmento de mercado dos veículos que pretende desenvolver. Ela faz então o *benchmarking* dos dados de vendas e desempenho do concorrente contra determinadas características do veículo classificadas pela sua equipe como dignas de cópia. Em alguns casos, a equipe usa a análise de desmontagem do veículo para identificar os possíveis capacitadores dessas características no projeto. A NAC então resume os resultados dessas investigações em relatórios de muitas páginas que os participantes estudam. A equipe pode fazer o acompanhamento com uma visita à instalação de desmontagem e examinar com maior profundidade os recursos e características que se adaptam ao conceito do novo veículo; suas constatações são então comunicadas aos grupos funcionais com recomendações para eventuais aplicações ao veículo em fase de desenvolvimento. A expressão-chave aqui é "comunicada aos" – o fluxo da informação é claramente unidirecional e nem mesmo flui na direção correta.

Aqui, também, a NAC está copiando uma ferramenta enxuta, mas ignora a essência dessa ferramenta. Os engenheiros que precisam usar esses resultados não são "donos" do processo de desmontagem. *Outra pessoa na empresa fez a desmontagem e elaborou um relatório.* A NAC inclusive terceirizou o desmonte do veículo da concorrência a empresas externas. Contudo, contratados temporários só proporcionam resultados até passarem a trabalhar para outros clientes; pior ainda, eles não têm interesse algum em proporcionar dados que sejam abrangentes e que digam respeito especificamente às empresas com as quais trabalham.

Em função da existência de uma separação cultural e profissional entre as pessoas que fazem a análise e aquelas que precisam sintetizá-la e agir com base nas constatações, os engenheiros da NAC não conseguem tirar todos os benefícios possíveis desses exercícios de desmontagem. Essa é uma falha muito séria no tradicional sistema de DP. Mesmo se os engenheiros aprendem algo e o aplicam a um programa de veículo, o que é aprendido e aplicado raramente é padronizado ou mesmo comunicado a outros programas. Como resultado, esse aprendizado tende a ser isolado e desconexo. A oportunidade de espalhar pela organização o que foi aprendido acaba sendo perdida.

PLANILHAS DE ANÁLISE E DESMONTAGEM DE PRODUTOS CONCORRENTES

A Toyota usa um processo que, na superfície, é parecido com o da NAC. Existem, porém, diferenças significativas na maneira como o processo é abordado e aplicado. Depois que o manual de conceito do engenheiro-chefe identifica as características de veículos de alto nível de desempenho, as equipes de desenvolvimento de módulos (EDMs), discutidas no Capítulo 8, criam objetivos de níveis de componentes ou subsistemas que são alinhados com os objetivos de níveis de desempenho do veículo ou componentes. Num processo enxuto de DP, esses objetivos de níveis de componentes podem ser desenvolvidos de várias formas. Um dos métodos é usar o programa de visitas da equipe às plantas para identificar questões potenciais de qualidade ou viabilidade de produção com o componente atual. Outro método é a análise da desmontagem e produtos do concorrente em busca dos melhores componentes de cada classe.

O Capítulo 3 incluiu um exemplo genérico de pesquisa relacionada ao desenvolvimento da carroceria, que ilustra de que forma as EDMs criam e alinham os objetivos de níveis de componentes. No exemplo, a equipe de desenvolvimento de módulo responsável pelas listas de verificação identificou problemas de borda (a dobra da extremidade da chapa de metal na porta) na versão anterior das portas de seus veículos. Revisando dados de quantidade de planta de montagem, a EDM constatou que o tamanho da distância, ou margem, entre a frente da porta e a retaguarda do pára-lama e a parte de trás da porta e a parte dianteira do painel variavam em um nível inaceitável. O grupo agregou essa característica específica à sua relação de questões em aberto.

Com o *benchmarking*, a EDM conseguiu também identificar problemas na porta de um veículo concorrente com margens mais consistentes.

Depois de obter mensurações de margem e compilar dados comparativos, os técnicos resumiram suas constatações num gráfico de radar que identificou áreas específicas de preocupação tanto na margem dianteira quanto na traseira da porta (ver Figura 15.4).

As equipes então desmontaram metodicamente e analisaram as montagens da porta à procura de características de *design* ou montagem que pudessem orientar um aperfeiçoamento da borda. Nesse caso, a EDM identificou pelo menos três características que melhoraram essa margem e mais uma que foi a base para um rejunte aperfeiçoado.

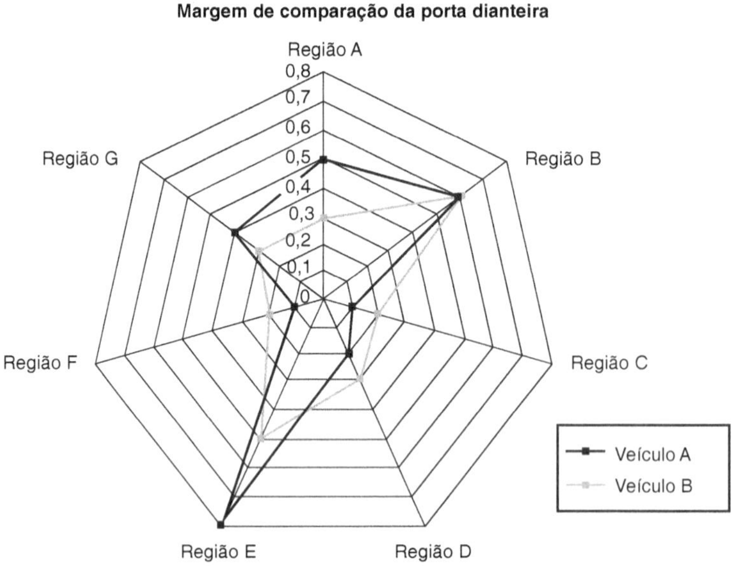

Margem de comparação da porta dianteira

Detalhamento de região	Veículo A	Veículo B
Região A	0,5	0,3
Região B	0,6	0,6
Região C	0,1	0,2
Região D	0,2	0,3
Região E	0,8	0,5
Região F	0,1	0,2
Região G	0,4	0,3

FIGURA 15.4 ■ Comparação de gráfico de radar – áreas de preocupação nas margens traseira e dianteira da porta.

Depois de completar essas análises, a EDM desenvolveu desenhos de estudos, ou *kentouzu*, e uma matriz específica de plano para ajustes e modificações relacionadas, específicas, no novo veículo. Estilo, engenharia de carroceria e engenharia de produção posteriormente assinaram, todas, o documento e o utilizaram como orientador de projeto.

Houve dois fatores principais de sucesso no *benchmarking*: 1) foi propriedade de uma equipe de engenheiros especializados e responsáveis pelas portas e 2) o *benchmarking* foi transformado numa definição específica de problema com contramedidas específicas. O mesmo grupo que realizou a análise comparativa implementou as mudanças. *Propriedade, responsabilidade e capacidade de solução de problemas são, todas, fatores de um processo enxuto de DP fadado ao sucesso.*

Esse cenário se repete múltiplas vezes ao longo do programa, à medida que cada grupo de especialistas em engenharia funcional do grupo se responsabiliza por seu próprio *benchmarking* e processo de desmontagem. Trata-se de um processo seqüencial em que os próprios engenheiros literalmente decoram como é cada parte do carro do concorrente, machucando as articulações e cortando os dedos no detalhado exame de subsistemas, reduzindo-os às suas peças componentes, montando-os e criando uma análise técnica aprofundada. Os engenheiros têm prazer com esse processo e um dos efeitos colaterais é que, com essa abordagem total, eles aprendem mais do que apenas as especificações resumidas de cada peça que precisam definir. Melhor ainda, tudo isso é conhecimento tácito, o que constitui o *genchi genbutsu* em seu mais amplo sentido.

FERRAMENTAS DE PADRONIZAÇÃO NA TOYOTA: LISTAS DE VERIFICAÇÃO DE ENGENHARIA, MATRIZES DE QUALIDADE, *SENZU*, PLANILHAS DE PROCESSOS PADRONIZADOS

Ferramentas de padronização, como as listas de verificação, são parte central do processo Toyota de DP. Engenheiros que trabalharam na NAC e hoje estão na Toyota são enfáticos nesse ponto, argumentando que se trata da principal razão que torna o sistema Toyota de DP melhor que o da NAC. A razão para tanto é que existe um processo que faz com que essas ferramentas de padronização agreguem valor. Desde o princípio, já a partir do período do *kentou*, cada atividade funcional utiliza um conjunto de listas de verificação de engenharia que orientam o processo de decisão ao longo de todo o processo de desenvolvimento do produto. As listas de verificação podem definir passos cruciais em um processo (listas de verificação de processo) ou proporcionar orientação para características específicas do projeto de um produto (listas de verificação de produto). Elas têm base em experiências práticas e são atualizadas e validadas regularmente para que possam incorporar qualquer dado novo ou avanços tecnológicos. Em todos os casos, essas listas de verificação contêm informação detalhada sobre o produto ou o processo. Além disso, os mesmos grupos que usam as listas de verificação fazem sua manutenção e atualização ao final de cada programa e, de acordo com as exigências, em eventos *hansei*.

Como anteriormente destacado, um exemplo de lista de verificação de produto é a matriz de qualidade. O departamento de engenharia de produção, por exemplo, mantém uma matriz de qualidade específica para cada componente metálico em cada veículo (por exemplo, o pára-lama do *Camry* tem matriz de qualidade projetada, da mesma forma que o exterior da porta da minivan *Sienna)*. No topo da matriz vão relacionadas todas as etapas do processo de manufatura (ver Figura 15.5). No lado esquerdo, figuram as questões de qualidade e produtividade potencialmente relacionadas com essa determinada peça, com base na funcionalidade do veículo e processo de manufatura. As peças complexas podem ter centenas ou mesmo milhares de considerações individuais. Ao incluir questões de qualidade e de produtividade, a equipe pode começar a estudar "temas de manufatura enxuta" a partir da origem do projeto.

Se uma etapa específica na manufatura tem impacto sobre uma questão de qualidade ou produtividade, um ponto indica essa relação. Na versão eletrônica do banco de dados de *know-how* (V-comm) da matriz, o usuário simplesmente clica no ponto e logo aparece o padrão apropriado, ou padrões. Além disso, cada avanço individual e plano de teste da peça padronizada está disponível por meio do V-comm. Esse formato eletrônico proporciona acesso fácil aos produtos, processos e multirreferências antes indisponíveis.

A matriz contém as recomendações específicas para geometria de projeto de produto, bem como os limites da atual tecnologia de manufatura para produzir uma determinada característica geométrica. Por exemplo, a matriz pode conter parâmetros de projeto, como a proporção largura x profundidade a ser mantida para a estamparia de uma determinada característica. Duas importantes características desse padrão devem ser destacadas: 1) elas especificam apenas os requisitos críticos para a manufatura e 2) normalmente elas proporcionam padrões em termos de proporção (profundidade x largura) ou de declarações "se/então" (se você encomenda um determinado ângulo e tolerância de calha, então esse raio será indispensável para uma curvatura de qualidade). Essas características proporcionam sólida orientação à manufatura eficiente, juntamente com suporte a um projeto de máxima flexibilidade.

O *senzu,* ou o esboço da engenharia de estamparia, é outro exemplo de uma ferramenta de lista de verificação/padronização. Para cada um dos elementos principais da estamparia, os engenheiros dispõem de um desenho em três dimensões. Todos os requisitos especiais da manufatura são marcados no desenho perto do lugar relevante na peça específica. (Por exemplo, o montante de compensação de efeito-mola (*springback)* que deve ser incluído no ferramental a fim de conseguir um ângulo correto de borda será anotado no desenho perto do ponto em que é exigido. Ou o montante de superfície adicional (sobremetal) e o padrão de moldagem utilizado para conseguir uma condição de superfície

Use Ferramentas Poderosas para a Padronização... ■ 309

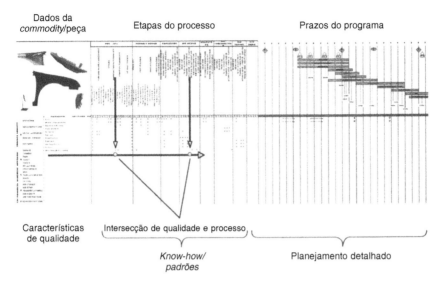

FIGURA 15.5 ■ Integração da matriz de qualidade e do banco de dados de *know-how*.

otimizada serão anotados em uma transição de superfície de primeira classe.) Como outras listas de verificação, essas *senzu* são atualizadas ao final de cada programa e utilizadas como ponto de partida para o programa seguinte. Como nos descreveu um engenheiro de produção da Toyota:

> Quando estamos próximos da entrega à fábrica, fazemos anotações no desenho do *senzu*. Qual foi a expectativa em comparação com o que vimos? Ao longo do processo, o engenheiro do processo e o engenheiro de estamparia fizeram amplas anotações. Mudanças de engenharia estão documentadas. A documentação mais intensa ocorre justamente antes da entrega à planta. Isso é usado principalmente para o próximo ciclo de evolução. Se descobrimos algo importante, ocasionalmente fazemos a retroalimentação imediata, mas isso não é comum. Em vez disso, arquivamos tudo com a expectativa de que o próximo veículo parecido utilize essa informação.

Outra importante ferramenta de padronização é a representada pelas planilhas de processo padronizado que indicam o processo específico de manufatura para cada uma das peças. Utilizando no tempo certo essas planilhas, no processo de DP, os engenheiros conseguem projetar peças dentro dos parâmetros padrão de manufatura. As exceções são raras e tipicamente exigem um *ringi-sho*, discutido no Capítulo 14.

Seções de construção comum constituem uma ferramenta de padronização utilizada para captar a arquitetura padrão para cada peça e proporcionam desenhos-âncora para cada veículo. Essas seções habilitam o *kentouzu* (desenhos de estudo) gerado durante a fase do *kentou*. Elas reduzem radicalmente o montante de trabalho exigido do engenheiro da carroceria durante a etapa em que novos estilos de *design* são considerados.

O PAPEL DAS FERRAMENTAS DE PADRONIZAÇÃO E APRENDIZADO

Qualquer pessoa que conheça um pouco do pensamento enxuto logo entende que o aprendizado organizacional constitui uma das vantagens competitivas centrais da Toyota. Algo que não é compreendido na mesma extensão é o fato de o aprendizado organizacional só se tornar possível com padrões vivos e atuantes que sejam seguidos com seriedade e sejam atualizados regularmente. Ainda que os concorrentes trabalhem para se tornarem enxuto, o sistema enxuto da Toyota continua a evoluir porque a empresa tornou o aprendizado e a evolução dos padrões parte integrante dos seus sistemas. Cada programa, cada projeto de componente e cada teste realizado é um exercício em aprendizado organizacional pela atualização de lições aprendidas e práticas padronizadas. Tornando a Toyota melhor, de forma lenta e metódica, a força do aprendizado organizacional às vezes confunde tentativas de mensurar estatisticamente a capacidade da Toyota com estilos convencionais de mensuração (tempo de processamento de desenvolvimento, custo ou qualidade dos produtos). Um *benchmark* melhor é a trajetória da melhoria de mudança em mudança de modelo.

Os humanos aprendem; a tecnologia não tem essa capacidade. Em um processo enxuto de DP, contudo, ferramentas e tecnologia podem nutrir e sustentar o aprendizado humano. Mas isso só pode acontecer quando engenheiros com "competência técnica superior" em áreas funcionais específicas assumem a responsabilidade pela utilização dessas ferramentas para desenvolver padrões que se tornam o novo (e sempre mutante) melhor caminho da empresa. Cabe à liderança dar autonomia aos funcionários e continuamente desafiar e melhorar os padrões existentes até que se transformem em novos padrões. Sejam essas ferramentas manuais ou eletrônicas, os engenheiros responsáveis por uma parte do veículo devem tanto saber usar essas ferramentas como se sentir "donos" delas. É justamente esse sentimento de propriedade que cria e cultiva uma organização de aprendizado. Naturalmente, se não houver a competência técnica superior, uma organização funcional bem-desenvolvida e grupos funcionais que assumam responsabilidade pela manutenção e utilização de padrões, corre-se o risco de terminar como os bancos de dados informatizados da NAC, raramente utilizados.

Este capítulo conclui a análise dos 13 princípios do SEDP e a tentativa dos autores de decompor o sistema enxuto de DP da Toyota em um modelo que proporcione um entendimento da história, complexidade e força do desenvolvimento enxuto de produtos. Embora o modelo do SEDP no papel não seja substituto para sua a aplicação na prática, o objetivo deste livro é explicar a estrutura e as ferramentas enxutas de um sistema forte e viável. Outro objetivo central deste livro é alertar que, embora determinados aspectos do desenvolvimento enxuto do produto possam ser isoladamente valiosos, o que os torna verdadeiramente poderosos são as ferramentas, processos e sistemas humanos trabalhando em harmonia e em permanente sustentação mútua. O próximo capítulo deste livro descreve a maneira como a Toyota usa os princípios trabalhando em harmonia para atingir um sistema coerente de desenvolvimento de produtos. Os Capítulos 17 e 18 continuam essa discussão e exploram a melhor maneira que a sua empresa pode desenvolver e implementar um Sistema Enxuto de Desenvolvimento de Produto coerente.

Fundamentos do Princípio Treze do SEDP

Use ferramentas poderosas para a padronização e o aprendizado organizacional

Neste capítulo, debatemos algumas ferramentas e métodos específicos que podem ajudar a alavancar o poder do conhecimento e processo tácitos, de *know-how*, do produto e da padronização de conjuntos de habilidades. Essas ferramentas não são complexas e não dependem de soluções dispendiosas na área da TI. Mas elas precisam ser rigorosas, claras e próprias, ou seja, mantidas, validadas e atualizadas pelos *experts* funcionais que devem utilizá-las. Algumas das ferramentas em discussão incluem o banco de dados de *know-how* integrado V-comm, listas de verificação de engenharia, matrizes de qualidade, *senzu* e planilhas de processos padronizados. O ponto crucial a respeito do aprendizado e padronização organizacionais, contudo, é que as ferramentas específicas utilizadas por qualquer organização são menos importantes que o tipo de conhecimento em que são focadas, a apropriação do processo de aprendizado e a forte inclinação cultural para o aprendizado e o reconhecimento do verdadeiro poder da padronização criativa.

PARTE V

CRIANDO UM SISTEMA ENXUTO E COERENTE DE DP

16

Um Sistema Coerente: Todas as Peças Nos Devidos Lugares

*A maneira de construir um sistema complexo que funcione é construí-lo
a partir de sistemas muito simples que funcionem.*

Kevin Kelly

Até esta parte do livro, organizamos nossa discussão sobre o desenvolvimento de produtos da Toyota em três elementos do modelo sócio-técnico: pessoas, processos e tecnologias. Usamos esses conceitos teóricos para simplificar, codificar e comunicar aquilo que, de outra maneira, provavelmente seria complexo e amorfo. E ainda que organizar nossas observações independentemente nessas três categorias ajude a entender a Toyota e o SEDP, não é dessa maneira que o mundo real funciona. Pessoas, processos e tecnologias não existem isoladamente, ilhados uns dos outros e do mundo exterior. No mundo real, o desenvolvimento de produtos da Toyota é um sistema integrado, em permanente evolução, e os três subsistemas do modelo de SEDP apresentados neste livro interagem, se sobrepõem, são interdependentes e funcionam em conjunto para criar um universo coerente. Mudanças em um desses subsistemas sempre terão implicações para os outros dois.

A fim de ilustrar esse conceito, basta pensar em um subsistema mecânico simples, como um motor. É possível ter o melhor pistão, os melhores cilindros e os melhores injetores de combustível, mas, se eles não funcionarem em conjunto, serão apenas peças de qualidade que nada realizam. Acrescente a complexidade dos sistemas humanos ao conjunto, e as implicações serão ainda maiores. No desenvolvimento de produtos, o "encaixe" dos sistemas é muito importante. Na verdade, a força do sistema é muitas vezes determinada não pela eficiência de qualquer um dos seus subsistemas isoladamente, mas pelo grau em que os três subsistemas se alinham e se sustentam mutuamente. Mais ainda, a eficácia do desenvolvimento de produtos não é determinada pela competência de uma única organização funcional, mas sim pela integração e colaboração de todos os especialistas que convivem ao longo da cadeia de valor do desenvolvimento do produto. Este capítulo examina essas duas exigências: a integração dos subsistemas e a integração multifuncional.

Muitas empresas têm fortes atributos isolados de subsistemas e departamentos funcionais de alta capacidade. Mas nem sempre as características dos subsistemas se ajustam adequadamente e as organizações funcionais colaboraram no nível exigido para o desenvolvimento enxuto de produtos em alta velocidade. Muitas vezes não existe uma perspectiva "empreendedorista", os três subsistemas entram em conflito uns com os outros, as organizações funcionais se isolam e as culturas corporativas destacam a realizações individuais orientadas a objetivos incompatíveis. As empresas estão, em suma, em estado de constante conflito, e a organização parece empenhada num perpétuo autoconfronto. Como conseqüência, os esforços para implementar o sistema enxuto, especialmente os processos de desenvolvimento enxuto de produtos, acabam sendo inúteis, por melhores que sejam as intenções.

É preciso destacar que a Toyota não tem mestres de teorias de sistemas complexos empenhados em orquestrar sistemas conjugados de extrema complexidade. Na verdade, um dos princípios da Toyota é o uso de processos simples e de bom senso que funcionem. Todos os subsistemas que descrevemos ao longo dos 13 princípios são elegantes em sua simplicidade. Mas, em seu conjunto, os subsistemas do sistema Toyota de DP são eficientemente alinhados e se sustentam mutuamente para criar um alto grau de harmonia. Mais ainda, todas as organizações funcionais da Toyota ao longo do processo de desenvolvimento de produtos são integradas e trabalham em colaboração mútua. O poderoso efeito sinérgico que isso produz é um dos principais fatores de sucesso do sistema Toyota.

Porque a empresa consistentemente supera as expectativas na integração de todas as suas partes, o seu todo funciona de forma adequada. Os três subsistemas explorados neste livro – pessoas, processos e ferramentas e tecnologias – são elementos de um sistema maior, abrangente e harmonioso, com um único propósito. Esse propósito é colocar produtos de alta qualidade no mercado com a maior agilidade e eficiência possíveis, algo que a Toyota consegue fazer com consistência. A Toyota igualmente aprendeu que são necessários os esforços combinados de estilistas, engenheiros de carroceria, engenheiros de manufatura, fabricantes de ferramentas e especialistas em manufatura para lançar com sucesso produtos de alta qualidade. Integrar essas diversificadas organizações funcionais e alinhar seus esforços é fundamental para um desenvolvimento eficaz de produtos (Clark & Fujimoto, 1991; Wheelwright & Clark, 1992).

Portanto, dois fundamentos são indispensáveis para criar um sistema enxuto de DP de alto desempenho: 1) a integração dos subsistemas num sistema unificado, coerente, cujo único objetivo é o desenvolvimento de produtos e 2) a integração dos vários grupos de diversos especialistas técnicos necessários para desenvolver um novo produto. A maior força de um Sistema Enxuto de Desenvolvimento de Produto reside na integração contínua e em contar com uma cultura comum que proporcione um verdadeiro suporte ao sistema enxuto de DP.

INTEGRAÇÃO DOS SUBSISTEMAS: PESSOAS, PROCESSOS, FERRAMENTAS E TECNOLOGIAS

A primeira etapa no desenvolvimento de um sistema alinhado de DP é estabelecer aquilo que o seu cliente valoriza. A partir daí, se desenvolve um fluxo de trabalho, ou *processo*, livre de desperdícios para entregar esse valor. No entanto, processos eficientes tornam-se inúteis quando as *pessoas* certas não estão disponíveis no momento certo. É preciso levar em conta as habilidades, práticas e características organizacionais necessárias para executar o processo que entregará valor ao cliente. Finalmente, são indispensáveis *ferramentas* e *tecnologias* que dêem suporte às atividades dessas pessoas para habilitá-las a realizar todo o seu potencial e dar a elas a autonomia para que possam superar as expectativas. Em manufatura e engenharia, escolher somente as melhores ferramentas e práticas, sem levar em consideração o ambiente sistêmico, é um erro comum em muitas iniciativas enxutas. Contudo, e como a citação de abertura deste capítulo indica, para construir sistemas complexos é preciso começar com sistemas simples que funcionem. Como iremos discutir no Capítulo 17, é impossível mudar uma organização inteira de uma única vez. É preciso avançar aos poucos, transformando lentamente um fluxo de trabalho de cada vez.

Como debatido ao longo de todo o livro, muitas empresas orientadas para o cliente lutam com sistemas de desenvolvimento de produtos que estão fora de sincronia e não conseguem entregar valor ao cliente. Muitas empresas não investem na integração dos processos, pessoas e ferramentas e tecnologias, nem têm uma visão para um sistema coerente de DP. Uma forma de ilustrar de que maneira os subsistemas de um sistema enxuto de DP, orientados por objetivos, alinhados e que se sustentam mutuamente, têm sucesso, consiste em examinar a integração desses subsistemas a partir da perspectiva dos cinco princípios enxutos do valor, fluxo de valor, produção puxada, fluxo e perfeição, descritos em *Lean Thinking* (Womack e Jones, 1996).

IDENTIFICANDO VALOR: ENTREGANDO VALOR DEFINIDO PELO CLIENTE

Entregar valor definido pelo cliente é a primeira e provavelmente mais importante tarefa em desenvolvimento de produtos. Quando não se cria e entrega algo a que o cliente dê valor, todo esforço é inútil. No pensamento enxuto, entregar qualidade definida pelo cliente se torna o objetivo central da organização. A Toyota tem sucesso nesse empreendimento ao focar processos, pessoas e ferramentas em objetivos claros. Esse processo começa no *kentou*, ou período de estudos, mediante a criação e difusão do manual de conceito do engenheiro-chefe (EC). Com base nos dados e informações colhidos a partir do manual do EC, em planilhas de análises dos concorrentes e visitas às plantas, as equipes de desenvolvimento de módulos estabelecem objetivos específicos de nível de componentes para a concretização do conceito do EC. Vários representantes funcionais dão apoio à visão do EC de entregar valor ao cliente; além disso, esses indivíduos participam ativamente no processo comunicando a estratégia às suas respectivas organizações matrizes. Mais ainda, tanto engenharia quanto manufatura são especialidades representadas nas equipes de desenvolvimento de módulos, aumentando assim as possibilidades de que a organização consiga realmente entregar valor ao cliente.

Essas práticas surgem em uma cultura que pratica de modo consistente uma filosofia do "cliente em primeiro lugar". A aplicação dessa filosofia multiplica a eficiência dos processos e ferramentas. Pessoas, processos e ferramentas, combinados, sustentam o valor definido pelo cliente (ver Tabela 16.1), e o valor definido pelo cliente como cultura comum sustenta pessoas, processos e ferramentas.

HABILITANDO O FLUXO DE VALOR: ELIMINANDO O DESPERDÍCIO E A VARIAÇÃO

Em sua obra *Lean Thinking*, Jim Womack e Dan Jones (1996) enfatizam a importância da redução ou eliminação do desperdício. O Capítulo 5 deste livro aprofunda esse tema, descrevendo desperdícios específicos particularmente prejudiciais ao processo de desenvolvimento de produtos. Atividades não essenciais ou redundantes que não agregam valor ao produto desperdiçam tempo e recursos, tornando-se um sério obstáculo no fluxo de valor do desempenho de qualquer desenvolvimento de produto.

Em um sistema enxuto de DP, é preciso eliminar o desperdício gerado pelo processo de desenvolvimento do produto. Na Toyota, isso começa com a detalhada programação e planejamento de capacidade, para identificar o uso mais eficiente dos recursos disponíveis, e com o acordo multifuncional quanto a uma estratégia de liberação de dados aglutinados para reduzir o tamanho dos lotes. A disciplina padronizada A3 Toyota, de comunicação e resolução de problemas, pro-

TABELA 16.1 ■ Buscando valor definido pelo cliente

Processos	Pessoas	Ferramentas
■ *Kentou*, fase de estudo para analisar e chegar a um acordo sobre uma estratégia específica para entregar valor ao cliente ■ Visitas pré-agendadas às plantas para identificar problemas atuais de qualidade	■ Sistema de engenheiro-chefe ■ Equipe multifuncional EDM para a implementação ■ Cliente em primeiro lugar – a filosofia permeia a organização	■ Manual de conceito do EC ■ Análise de desconstrução da concorrência – planilhas para determinar objetivos específicos mensuráveis

porciona comunicação eficiente entre as organizações funcionais, minimizando grande parte do desperdício causado pela comunicação deficiente.

As melhores práticas padronizadas e as listas de verificação a elas associadas levam a consistente execução e apóiam as amplas responsabilidades do engenheiro simultâneo (ES). Isso, por sua vez, minimiza a necessidade de transições e aumenta a confiabilidade. O *kentou* inicial, ou fase de estudo, permite que os problemas sejam identificados e resolvidos antes da etapa de execução. Essa prática, combinada com padrões de projeto e processos, minimiza as mudanças em engenharia que constituem outra enorme fonte de desperdícios. As listas de verificação e padrões da Toyota, com o suporte da disciplina de processo, habilita a execução de trabalho detalhado, eliminando as redundantes revisões e inspeções de qualidade. Finalmente, como uma organização que aprende, a Toyota vê o desenvolvimento de produtos como um processo repetitivo sujeito ao Planeje, Faça, Verifique, Aja (PDCA). Cada programa de desenvolvimento e cada estágio de um programa constituem oportunidades de eliminar desperdícios no programa seguinte.

O sistema Toyota de DP combate o desperdício com tanta eficiência por que os vários subsistemas organizacionais se apóiam mutuamente. O ES não conseguiria funcionar de forma eficiente se não existissem as listas de verificação, o *senzu* e os processos padronizados para minimizar as transições. Nem estaria pronto para o ES assumir as enormes responsabilidades que o seu cargo exige sem ter percorrido uma carreira voltada para o desenvolvimento do conjunto adequado de habilidades à função de ES. O processo *kentou* não chegaria perto da sua atual eficiência se não tivesse a participação das equipes multifuncionais de desenvolvimento de módulos e ferramentas como matrizes de qualidade e montagem digital. Em todos esses casos, os subsistemas organizacionais funcionam em conjunto para criar um efeito sinérgico, que também se manifesta nos projetos de produtos que orientam a manufatura enxuta.

Os processos *kentou* – envolvimento imediato e intenso das equipes de desenvolvimento de módulos, sustentado por ferramentas como a matriz de qualidade baseada nas peças, *senzus* e processos padronizados de manufatura – levam qualidade e manufatura enxuta à origem do produto. A força conjunta de todos esses componentes individuais possibilita à Toyota explorar o potencial pleno da produção enxuta (ver Tabela 16.2).

Elimine ou Isole Variações

Qualquer que seja o processo, as variações de tarefa e entrada, combinadas com a sobrecarga do sistema, são as maiores causas de longas filas e atrasos nos tempos de processamento (Hopp & Spearman, 1996). Como uma contramedida, a utilização de gabaritos padrão de melhores práticas em desenvolvimento de produtos tem um impacto positivo sobre os tempos de produção (Adler et al.,

TABELA 16.2 ■ Eliminação do desperdício no processo de DP

Processos	Pessoas	Ferramentas
■ Minimizar transições em processos ■ Planejamento detalhado de cronograma e capacidade para a melhor utilização dos recursos ■ *Kentou* para minimizar mudanças e retrabalho	■ O grupo do ES e a carreira que habilita ampla responsabilidade ■ EDM para antecipar e resolver problemas com presteza ■ Pessoal de produção no planejamento avançado	■ Listas de verificação ■ *Sensu* ■ Planilhas padronizadas de processos ■ Matrizes de qualidade ■ Uso avançado de montagem digital ■ Comunicação por A3

1996). Mas é impossível eliminar todas as variações, e nem todas as variações são negativas. De fato, elas são inerentes ao desenvolvimento de produto, e algumas chegam a ser positivas, pois podem levar à exploração de idéias divergentes. O reconhecimento dessas duas peculiaridades da variação fez a Toyota criar a estratégia de confinar a maioria das variações à fase do congelamento pré-argila do desenvolvimento do produto, com isso isolando-as da fase de execução.

A cultura de um sistema de DP é formada pela cultura maior na qual existe. Uma cultura que valorize a adesão a processos padronizados e foque em execução detalhada orienta uma cultura de sistema de DP que não tolera atrasos. A Toyota começa seus processos de DP reunindo equipes de desenvolvimento de módulos muito antes da fase do congelamento da argila para identificar e resolver questões centrais de engenharia que poderiam causar demoras na etapa da execução. Ela utiliza cronogramas para minimizar a variação da entrada, o que proporciona gabaritos de melhores práticas para reduzir a variação de tarefas.

A Toyota trata a manufatura de ferramentas como uma operação normal de manufatura e aplica princípios de produção enxuta ao processo, o que resulta em baixos níveis de variação e "WIP"*– alta qualidade e tempos de processamento reduzidos. O valor da integridade da equipe possibilitou a automação do processo de manufatura de ferramentas; os produtores de ferramentas da Toyota não são resistentes à automação em virtude da confiança criada pela adesão da empresa a esse valor com o passar dos anos. À medida que a tecnologia avançou, os ferramenteiros tornaram-se projetistas em CAD, planejadores de processos, programadores e operadores de CNCs. Essas pessoas, o processo no qual estão engajadas e as ferramentas que usam conjugam forças para tornar possíveis baixos níveis de variação, tempos de processamento reduzidos e resultados consistentes e previsíveis em matéria de prazos e qualidade (ver Tabela 16.3).

---

*Estoque em processo – *work in process*.

TABELA 16.3 ■ Reduzindo a variação no processo de DP

Processos	Pessoas	Ferramentas
■ *Kentou* para a engenharia central e solução antecipada de problemas antes da fase de execução ■ Processos padronizados ■ Processo enxuto de manufatura de ferramentas	■ Reunião da EDM multifuncional antes do congelamento da argila ■ Disciplina para concretização de cronogramas ■ Confiança pela integridade da equipe	■ Listas de verificação ■ Planilhas padronizadas de processos

Capacidade Flexível

Como discutimos no Capítulo 5, a habilidade para criar capacidade flexível é fundamental para o ambiente altamente cíclico do desenvolvimento de produto (Adler et al., 1966; Loch e Terwiesch, 1999). Simplificando, é a capacidade de ter recursos disponíveis sempre que necessário, sem precisar pagar por eles quando não estão em demanda. Isso permite que uma organização coloque os recursos certos no lugar certo no tempo certo sem o custo de negociar com os fornecedores ou a despesa com o pessoal necessário para enfrentar picos de carga de trabalho.

As *habilidades padronizadas, os processos padronizados* e *os projetos padrão* possibilitam a capacidade flexível e o uso de valores de liberação de capacidade na Toyota. Essa padronização permite que técnicos de vários departamentos sejam destinados a um determinado programa JIT, atuando ali com pouca ou nenhuma liderança, e que sejam transferidos para outros programas de acordo com a demanda. (Essa padronização também permite à Toyota liberar força de trabalho para suas filiais com pouco ou nenhum custo de transação.)

A disciplina da Toyota e a prática de recompensar pessoas pela adesão ao processo, a ênfase na integridade da equipe e a recompensa à excelência técnica são fatores que reforçam ainda mais a capacidade flexível. Os valores culturais da empresa promovem as habilidades técnicas e sustentam a flexibilidade isenta de desperdícios. Sempre que uma empresa não consegue entender nem seguir plenamente esses padrões, as práticas que sustentam a flexibilidade tendem a gerar confusão, atrasos e baixa qualidade. A Toyota estende esses valores culturais para a sua rede de fornecedores, as empresas que lhe "emprestam" engenheiros são tratadas como "sócias" e esses engenheiros recebem ali ensinamentos sobre processos específicos da sua especialidade e também sobre a cultura Toyota (ver Tabela 16.4).

CRIANDO UM SISTEMA E FLUXO PUXADO

Depois que uma empresa reduziu ou eliminou o desperdício e a variação de um processo único e simplificou o fluxo de valor, a uma tarefa seguinte consiste

TABELA 16.4 ■ Criação de capacidades flexíveis

Processos	Pessoas	Ferramentas
■ Processos padronizados plenamente entendidos ■ Capacidade de planejamento avançado e válvulas de escape de capacidade	■ Carreira destinada a criar habilidades padronizadas ■ Filiais fazem parte da família ■ *Pools* de técnicos ■ Pessoas recompensadas pela adesão aos processos	■ Listas de verificação ■ Padrões de projeto ■ Planilhas padronizadas de processos

em fazer com que os passos remanescentes do processo também tenham um fluxo adequado (Womack & Jones, 1996; Rother & Shook, 1998). O objetivo é fazer com que um produto avance regularmente do conceito ao cliente, sem interrupções ou atrasos. No desenvolvimento de produtos, isso inclui o desenvolvimento de capacidade de engenharia simultânea eficiente junto com tarefas multifuncionais sincronizadas.

Os participantes do processo de desenvolvimento de produtos da Toyota alternam a liberação de produto e a data de fabricação de forma que os dados sejam liberados como exigidos pela organização funcional seguinte, enquanto as equipes multifuncionais maximizam a utilidade dos dados disponíveis; os participantes não procuram trabalhar com dados instáveis. Nas primeiras fases do desenvolvimento do produto (*kentou*), por exemplo, equipes de desenvolvimento de módulos investigam dados que, em alguns aspectos, parecem relacionados com fatores que podem não ser uma preocupação real naquele momento, mas que poderão ser meses mais tarde. Mas as visitas às plantas, matrizes e montagens digitais usadas pelas EDMs *são* atividades alternadas, em tempo real. Elas são apropriadas porque proporcionam dados estáveis que têm impacto nos estágios iniciais do DP, evitando problemas que surgiriam em estágios mais avançados, ou mesmo durante a manufatura. Além disso, a obsessão da Toyota com a execução detalhada conduz a um adequado entendimento das subtarefas. Isso, por sua vez, capacita um meticuloso projeto e sincronização de tarefas, o que, quando combinado com padrões e ferramentas de padronização, elimina os eventos de revisão. Isso cria um firme movimento, ou fluxo, de dados do congelamento em argila até o SOP (começo de produção). Como acima discutido, isso é especialmente válido na fase de manufatura de ferramentas do desenvolvimento de produtos, quando conceitos enxutos de manufatura são utilizados para criar fluxo nas operações de ferramentas gerais da Toyota. O resultado é um fluxo de processo e tempos de processamento reduzidos (ver Tabela 16.5).

TABELA 16.5 ■ Criação de fluxo

Processos	Pessoas	Ferramentas
■ Liberação alternada de projetistas ■ Processos sincronizados de execução simultânea ■ *Kentou* para a solução antecipada de problemas ■ Manufatura enxuta de ferramentas	■ Execução detalhada ■ Confiança gerada pela integridade da equipe ■ Amplo conhecimento do processo de DP ■ EDM	■ Processos padronizados ■ Execução e ferramentas patenteadas de alta precisão ■ Montagem digital nos primeiros estágios do processo

Habilite a Manufatura Eficiente

Um dos três objetivos principais de um sistema eficiente de desenvolvimento de produtos é criar projetos e processos capazes de dar suporte à manufatura de alta qualidade e isenta de desperdício. A maior oportunidade de provocar impacto na eficiência de custo, qualidade e manufatura de um produto ocorre durante seu desenvolvimento. É possível acessar o maior potencial da produção enxuta quando os princípios que a norteiam são aplicados ao produto e ao processo desde o começo. Ao longo deste livro, há exemplos e descrições de maneiras como o sistema Toyota de DP capacita o método de produção da empresa. Desde o começo do processo de DP, as EDMs examinam o impacto de novos projetos sobre eficiência e ergonomia. Os engenheiros utilizam padrões de projeto, uma estratégia de modularidade e processos padronizados de manufatura para minimizar a variação e acelerar a fase inicial de produção.

Os engenheiros de produção e os engenheiros da planta de produção fazem parte das mesmas organizações centralizadas e compartilham conhecimentos e objetivos. Os engenheiros de produção mantêm listas de verificação próprias, que compartilham com o desenvolvimento de produto no início de qualquer novo programa. Em estamparia, práticas padronizadas de produção de ferramentas e moldes, como usinagem de precisão e construção, agilizam os prazos de instalação e minimizam as variações entre instalações (ver Tabela 16.6).

PERFEIÇÃO: CONSOLIDANDO O APRENDIZADO E A MELHORIA CONTÍNUA

"Buscar a perfeição" é a etapa final na transformação enxuta defendida por Womack e Jones (1996). É uma expressão interessante, significando que não existe um limite para até que ponto um processo pode ser melhorado por meio da consistente aplicação das metodologias enxutas. A metodologia enxuta é uma jornada, não um destino, e somente pelo aprendizado e pela melhoria contínua

324 ■ Sistema Toyota de Desenvolvimento de Produto

TABELA 16.6 ■ Habilitar o Sistema Toyota de Produção

Processos	Pessoas	Ferramentas
■ *Kentou* ■ *Hansei* ■ Usinagem de precisão dos moldes para minimizar o tempo de preparação e a variabilidade. ■ Projeto baseado em processos padronizados, arquitetura modular comum (localizadores/seções da construção/localização da solda) ■ Visitas pré-agendadas às plantas para definição de contramedidas	■ Atividade de EDM multifuncional/líder da equipe piloto de produção ■ Engenharia de produção de organização única, centralizada. Equipe de planta e engenharia com objetivos e experiências comuns ■ Manufatura é prioridade	■ Matrizes de qualidade ■ Montagem digital ■ Ferramentas patenteadas ■ Matrizes de qualidade com padrões de qualidade e produtividade ■ Ferramentas de montagem digital no *kentou*

as organizações conseguem liderar no hipercompetitivo mercado do desenvolvimento de produtos de hoje. A aprendizagem é uma parte fundamental do DNA da Toyota (Spear & Bowen, 1999), e ela envolve adquirir, sustentar e transmitir valioso conhecimento tácito. Num sistema enxuto de DP, diversas ferramentas e tecnologias, processos e práticas organizacionais sustentam as características culturais que criam uma poderosa rede de aprendizagem. Este livro abordou algumas dessas características, mostrando de que maneira cada uma delas é comunicada, aplicada e posta em prática na Toyota (ver Tabela 16.7).

INTEGRAÇÃO MULTIFUNCIONAL

Subsistemas de desenvolvimento enxuto de produtos alinhados e mutuamente sustentáveis constituem um alicerce sólido para um sistema enxuto coe-

TABELA 16.7 ■ Investir em aprendizado e melhoria contínua

Processos	Pessoas	Ferramentas
■ Reflexões no processo/eventos *hansei* ■ Treinamento no local de trabalho e orientação de um mentor	■ Gerentes tecnicamente habilitados ■ DNA do aprendizado ■ Carreira baseada em habilidades e avaliações ■ Ensinar é liderar ■ Usuários atualizam listas de verificação padronizadas	■ Resolução de problemas A3 ■ Foco no ensino ■ Demonstrações de tecnologia dos fornecedores ■ Banco de dados de *know-how* ■ Projetos de calouros ■ Ciclo PDCA

rente de DP que seja mais poderoso que a soma de suas partes. No entanto, o desempenho do desenvolvimento de produtos depende também da integração das organizações funcionais sem a diluição dos ativos específicos e com a boa integração das melhores características dos indivíduos na organização funcional. Entregar produtos de alta qualidade ao mercado, com sucesso, exige os esforços de um grande grupo de especialistas técnicos diversificados. É preciso que sejam elaborados estilos atraentes dos estúdios de *design*, *designs* práticos e realizáveis da engenharia de produtos, processos executáveis da engenharia de produção, ferramentas com qualidade no tempo certo da ferramentaria e produtos de alta qualidade da manufatura. Grandes produtos são criados quando todas essas atividades funcionais estão alinhadas de acordo com o objetivo, sincronizadas, integradas e dispostas a apoiar-se mutuamente. O nível de ação harmoniosa de todas elas em direção a um objetivo unificado determina o sucesso do empreendimento. Sete integradores multifuncionais que evoluíram na Toyota foram debatidos nos capítulos anteriores (especialmente no Capítulo 8). Vale a pena examiná-los novamente levando em conta as informações apresentadas neste capítulo.

Equipes integradas de desenvolvimento. O desenvolvimento multifuncional foi formalizado na Toyota há relativamente pouco tempo, apesar de equipes similares existirem na empresa durante décadas, trabalhando informalmente para a consecução de objetivos comuns. As equipes consistem em representantes de especialidades funcionais envolvidas no desenvolvimento inicial de produtos e processos, fase em que as decisões têm o impacto mais profundo quanto ao destino final do programa. Como os integrantes se mantêm como parte permanente de suas respectivas organizações funcionais, o risco de perda ou não compartilhamento de conhecimento técnico ao longo dos programas é mínimo.

Sistema obeya de equipes. Relativamente nova na Toyota, a equipe da *obeya* integra vários participantes de desenvolvimento de produto ao longo de um programa. Os gerentes de cada organização funcional se reúnem numa sala de comando (*obeya*) com o engenheiro-chefe e sua equipe várias vezes por semana; essas reuniões habilitam decisões rápidas e compartilhamento de informação entre as diversas funções.

Listas de verificação e padronização. É uma fonte um tanto surpreendente de integração na Toyota, pois parece refletir o que ocorre durante um projeto ou operação isolados. No entanto, quando os grupos funcionais trabalham com confiança para um processo padrão ou para projetos padronizados, outros grupos sabem o que e quando esperar deles.

Construção funcional. Discutida no Capítulo 13, é um elemento fundamental da integração multifuncional, pois consegue organizar para trabalhar em conjunto vários especialistas funcionais para a adoção de decisões táticas baseadas em critérios de nível de sistema. Diversos especialistas técnicos trabalham fisicamente próximos do veículo e uns dos outros, compartilhando comunicação técnica ao longo das funções. Cada especialista contribui com conhecimento de sua respectiva organização, mas o grupo toma decisões com base em dados objetivos e com um propósito único.

Comunicação padronizada A3. Comunicação precisa é crucial para a organização. Devido à diversidade de grupos especializados num projeto de desenvolvimento de produto com diferentes terminologias e jargões, essa precisão pode ser difícil de atingir. Como o formato A3 usa gráficos e frases curtas e precisas, consegue superar essa dificuldade.

Engenheiros residentes. A Toyota acolhe em suas diversas instalações engenheiros residentes das empresas fornecedoras para missões internas e externas que podem durar até três anos. Essas funções temporárias, especialmente no caso de empresas filiadas, têm um efeito positivo na integração das várias organizações e na extensão dos procedimentos operacionais padronizados e do conhecimento técnico. Essa prática promove um sentimento de participação de uma entidade corporativa comum.

Eventos hansei. No decorrer dessas oportunidades de reflexão, diferentes grupos se reúnem para discutir desempenho e programas em andamento e/ou recentemente concluídos. Esse evento não apenas proporciona uma oportunidade para aprender e se aperfeiçoar, mas também para que grupos multifuncionais identifiquem oportunidades para a melhor coordenação de suas respectivas atividades. Debater resultados comuns ajuda as diferentes funções a desenvolver um sentimento de destino compartilhado.

A integração multifuncional no desenvolvimento de produtos não é feita ao acaso na Toyota. Pelo contrário, a empresa utiliza sete mecanismos para integrar os diferentes especialistas técnicos necessários para desenvolver um novo veículo, sem os riscos apresentados pela abordagem da equipe de plataforma. Com esses elementos integradores, seus subsistemas de desenvolvimento de produto e sua cultura, a Toyota conseguiu desenvolver um sistema de DP integrado, alinhado e coerente. A palavra-chave é coerência.

17

Eliminação do Desperdício no Fluxo de Valor do Desenvolvimento de Produtos

> *Recordo claramente uma discussão que tive com meu pai a respeito do começo de um novo projeto. Eu era contra o projeto, e ganhei a discussão. Mas meu pai pediu para pelo menos fazer uma experiência, com o que concordei. Para meu espanto, a experiência foi um grande sucesso. Daquele momento em diante, passei a discutir menos e a praticar mais."*
>
> Kiichiro Toyoda,
> referindo-se ao pai, Sakichi Toyoda

Os capítulos anteriores deste livro apresentaram os princípios e a estrutura do Sistema Enxuto de Desenvolvimento de Produto, complementados por exemplos de métodos e práticas culturais específicas que habilitam ou limitam o potencial dessa poderosa estratégia. A esta altura, o leitor deve estar imaginando o que fazer para usar a informação contida nesta obra e transformar seu sistema de DP em um sistema enxuto de DP. Neste e no próximo capítulo, forneceremos ferramentas, métodos e *insights* destinados a ajudar o leitor nessa jornada ao mesmo tempo desafiadora e estimulante. Este capítulo trata da melhoria do processo de desenvolvimento de produto por meio do foco em fluxo de valor e da aplicação dos princípios do processo enxuto de DP. O Capítulo 18 examinará métodos já testados para a transformação para uma cultura enxuta.

Como definido por Rother e Shook (1998), "um fluxo de valor é constituído por todas as ações (tanto agregadoras quanto não agregadoras de valor) exigidas para levar um produto desde o estágio da matéria-prima até o cliente, ou pelo fluxo do projeto, do conceito ao lançamento". O mapeamento do fluxo de valor (VSM – *Value Stream Mapping*) é uma técnica eficiente para demonstrar graficamente essas atividades, bem como o fluxo da informação e produtos entre essas atividades (a Toyota, que desenvolveu esse conceito para a manufatura, chama-o de Diagrama do Fluxo de Material e Informação). Ao mapear o fluxo de valor, é possível visualizar o processo inteiro, o que fornece suporte à fundamental reinvenção de processo que exige que você avance para a etapa mais importante – desenvolver um mapa do estado futuro do fluxo de valor. O estado atual é o fundamento. O estado futuro é a visão de onde se pretende chegar. Para Rother e Shook, o VSM é uma ferramenta mais do que testada de melhoria dos processos de manufatura, bem como o ingrediente que faltou na maioria das iniciativas de manufatura enxuta que não tiveram sucesso. Os mesmos autores explicam que o VSM é poderoso porque:

- Ajuda a visualizar mais do que um só processo.
- Ajuda a ver mais do que o desperdício – faz com que sejam vistas as fontes do desperdício.
- Serve como linguagem comum a todos os participantes.
- Leva o participante para além de determinar problemas isolados no estado futuro, proporcionando-lhe uma visão coerente de um sistema no estado futuro.
- Constitui a base de um plano de implementação. Ajuda a desenhar o sistema inteiro e se torna um diagrama para a Implementação Enxuta.
- Torna transparentes as decisões sobre o fluxo.
- Mostra a ligação entre a informação e o fluxo de material.

Uma filosofia de sistema de mudança gerencial é fundamental para o mapeamento do fluxo de valor. Para mudar um sistema complexo, não basta identificar problemas isolados em processos particulares e consertar esses problemas. Por isso, o mapeamento do fluxo de valor nunca se detém com um mapa de estado presente. *O mapa de estado presente proporciona embasamento na realidade, mas o verdadeiro salto consiste em desenvolver uma visão para o estado futuro.* Isso é o que proporciona uma visão para o sistema futuro e para os subseqüentes planos de ação cuja implementação é indispensável para concretizar esse futuro.

Embora Rother e Shook incluam o desenvolvimento de produto como uma parte de sua definição do VSM, um dos autores deste livro (Morgan, 2000) foi o primeiro a desenvolver uma adaptação específica do VSM para o ambiente do desenvolvimento de produto (PDVSM – *Product Development Value Stream Mapping*). Ainda que focada no desenvolvimento de produto, a metodologia pode ser aplicada a qualquer processo que atravesse fronteiras funcionais ou organizacionais e no qual as tarefas sejam paralelas e interdependentes. Por ser crítico para o processo de mudança, uma visão geral da ferramentaria do PDVSM merece atenção especial, fornecida neste capítulo e em um estudo de caso no apêndice, que demonstra o seu uso. Um livro de exercícios separado sobre PDVSM (também da autoria de Morgan) proporciona uma detalhada explicação desse processo.

MAPEAMENTO DO FLUXO DE VALOR NO DESENVOLVIMENTO DE PRODUTOS

Muitas das questões endêmicas em processos complexos são particularmente problemáticas no processo de DP, e a ferramenta PDVSM em desenvolvimento de produtos é no mínimo tão (ou talvez ainda mais) útil quanto o

VSM o é na manufatura. Eis algumas das razões por que essa ferramenta é tão poderosa:

1. *Variabilidade de tarefa e chegada que resultam em longas filas e trabalho desperdiçado e estoques armazenados no processo são onipresentes no processo de DP.* Embora alguma variabilidade seja inevitável, e até mesmo benéfica, em função da natureza do trabalho do projeto, os estudos dos autores e a pesquisa anteriormente mencionada por Adler demonstram que ela pode ser administrada.
2. *Atividades sem valor agregado, ou desperdícios, são onipresentes no processo de DP, da mesma forma que nos processos tradicionais de manufatura.* Os tempos mais prolongados e a natureza complexa do trabalho no processo de DP tendem a obscurecer grande parte dessa insidiosa atividade que não agrega valor.
3. *Padrão discernível de evolução de produto de um estado para outro ao longo do tempo.* Ainda que de maneira intermitente, o processo de DP avança desde o conceito até o cliente. Na verdade, o processo de DP consiste em muitos fluxos progressivos de informação e decisões, e segue em paralelo com questões semelhantes na manufatura (por exemplo, estoques *versus* fluxo de peça única).
4. *Capacidade e questões relacionadas de programação.* A utilização do sistema é um dos melhores índices de previsão de tempos de processamento nos sistemas de manufatura e desenvolvimento de produtos. Quer sejam medidos em horas/pessoa ou por produtividade, ambos os tipos de processos precisam lidar com restrições de capacidade. Os sistemas de desenvolvimento de produtos tipicamente têm grandes picos e vales em carga de trabalho, e os picos operam em níveis muito além de sua capacidade.
5. *Transição de uma atividade funcional para outra.* Os maiores desafios são encontrados na intersecção de atividades, seja na manufatura ou no DP.
6. *Há um processo de trabalho que deve ser constantemente analisado, padronizado e aperfeiçoado.* Embora a natureza do trabalho de desenvolvimento de produtos e da manufatura sejam diferentes, ambos podem ser aperfeiçoados mediante esforços de melhoria dos processos.
7. *Pressões pela redução dos tempos de processamento.* O foco do mapeamento do fluxo de valor está na melhoria dos tempos de ciclo e tempo no sistema, especialmente quando comparados com o tempo real que agrega valor. Conseguir continuamente reduzir o tempo para a colocação do produto no mercado é um objetivo em nível de sistema característico dos sistemas de desenvolvimento de produtos de alto desempenho.
8. *As tarefas devem ser sincronizadas.* No desenvolvimento de produtos, é preciso sincronizar tarefas simultâneas ao longo das organizações fun-

cionais ou centros de trabalho, para minimizar o desperdício do retrabalho e maximizar os benefícios da engenharia simultânea.
9. *As restrições precisam ser identificadas e administradas.* Os processos de DP, como os processos de manufatura, são apenas tão bons quanto o seu elo mais fraco.
10. *Criação de fluxo.* Uma vez eliminado o desperdício, é necessário fazer o fluxo do processo inteiro pela sincronização das tarefas multifuncionais e a identificação das restrições. Isso é tão importante no DP quanto o é na manufatura.

Da mesma forma que com os processos de manufatura, o processo de DP pode ser aperfeiçoado pelo mapeamento do fluxo de valor e pela implementação do plano de ação resultante por uma equipe multifuncional.

Algumas Diferenças entre o DP e o VSM na Manufatura

Ainda que os processos de manufatura e desenvolvimento de produtos possam ter várias características comuns, os ambientes de DP e de engenharia são significativamente diferentes da manufatura, e ainda não conseguimos encontrar uma empresa que tenha alcançado sucesso na melhoria do desempenho em DP simplesmente transferindo ferramentas da fábrica para o DP. Para uma eficiente utilização do PDVSM, é preciso entender alguns dos aspectos distintivos do ambiente de DP e de como ele contrasta com um ambiente de manufatura.

1. *O desenvolvimento de produtos se preocupa em grande parte com o fluxo de dados, em vez de com uma entidade física. O foco principal é no fluxo de valor dos dados, e os dados são mais evasivos que as matérias-primas físicas.* Nas etapas posteriores de um projeto, a produção de ferramentas e peças é examinada, mas, nas etapas iniciais, trata-se apenas de dados. Uma importante característica dos dados é que eles podem estar simultaneamente em múltiplos locais, permitindo que muitas das atividades em DP operem simultaneamente, em vez de em seqüência.
2. *Medidas de tempo em DP são calculadas em semanas, meses e mesmo anos (ao contrário dos minutos e segundos na manufatura); são muitas vezes mal definidas, e podem ser altamente variáveis.* Isso tem importantes implicações tanto para o processo de mapeamento quanto para o processo de aprendizado/melhoria permanente.
3. *A natureza do trabalho no DP é intangível em comparação com o da manufatura tradicional.* Boa parte do trabalho é intangível, e até mesmo invisível. É aquilo que Peter Drucker cunhou de "trabalho do conhecimento". Pela própria natureza, é mais diversificado e menos previsível.
4. *O fluxo de dados, informações e produtos é freqüentemente não-linear e multidirecional.* Grande parte do trabalho é, por natureza, iterativo, cíclico

ou estreito. Em lugar de uma marca contínua, consistente, da matéria-prima ao produto acabado, o processo de DP é uma progressão adaptativa, pontuada por significativos recuos. Informações e dados fluem reciprocamente entre múltiplas atividades simultaneamente no processo de DP. O processo de DP não é tão previsível quanto a manufatura tradicional, e exige mais e diferentes tipos de comunicação.
5. *Há um grupo maior, mais diversificado de participantes no processo de DP.* O processo de DP exige muitas disciplinas técnicas ou atividades funcionais, cada uma das quais envolvendo múltiplas tarefas e subtarefas.

Embora essas questões diferenciem os típicos processos de DP dos processos de manufatura, é preciso levar em conta que os processos de DP compartilham inerentemente muitas das características que ocorrem em todos os processos de múltiplos estágios.

Desafios e Contramedidas Específicos para o Mapeamento do Processo de DP

A Tabela 17.1 mostra algumas das características exclusivas do processo de DP que apresentam significativos desafios para uma metodologia de mapeamento. Será preciso avaliar esses desafios individualmente, juntamente com técnicas específicas de mapeamento como contramedidas.

Dados virtuais

Em um ambiente de manufatura, o mapeamento do fluxo de valor foca primariamente no fluxo de materiais. Informações/dados dão suporte principalmente à evolução material de matéria-prima até produtos acabados. A tendência dos materiais físicos a se fixar em um lugar de cada vez simplifica o

TABELA 17.1 ■ VSM em desenvolvimento de produtos *versus* na manufatura

Processo de desenvolvimento de produtos	Processo de manufatura tradicional
Fluxo de dados virtuais	Fluxo de produtos físicos
Semanas e meses	Segundos e minutos
Trabalho principalmente com conhecimento	Manufatura física
Fluxos não-lineares e multidirecionais	Evolução linear
Grupo grande e muito diversificado de especialistas técnicos	Organização principalmente de manufatura

332 ■ Sistema Toyota de Desenvolvimento de Produto

processo de mapeamento. No desenvolvimento de produtos, é preciso preocupar-se com a evolução e fluxo de idéias e dados. O fato de que os dados podem estar simultaneamente em múltiplas locações é crucial para a engenharia simultânea (ver Figura 17.1), mas torna o processo de mapeamento (bem como a coordenação das atividades) mais complicado, porque é preciso apresentar muitas atividades simultâneas no mapa.

É possível enfrentar essa dificuldade mediante a criação de fileiras multifuncionais ou camadas horizontais, alinhadas com uma única escala de tempo, na qual seja possível ver diferentes atividades em ocorrência simultânea a qualquer momento dado durante o processo de DP (ver Figura 17.2). Isso proporciona *insights* em nível de sistema em relação ao processo. A partir dessa perspectiva, o VSM é muito útil para facilitar a engenharia simultânea.

Atividades simultâneas também complicam a capacidade de "ir e encontrar", ou "ir diretamente à fonte", como se recomenda no tradicional mapeamento do fluxo de valor. Afinal, as pessoas, como os materiais, não podem estar em mais de um lugar de cada vez. Contudo, as prolongadas faixas de tempo de tarefas relacionadas com o processo de DP garantem o tempo suficiente para registrar múltiplas atividades funcionais por meio de registros e entrevistas de atividades de engenharia, bem como para empregar várias tecnologias de bancos de dados a fim de capturar a movimentação de dados virtuais de maneira instantânea.

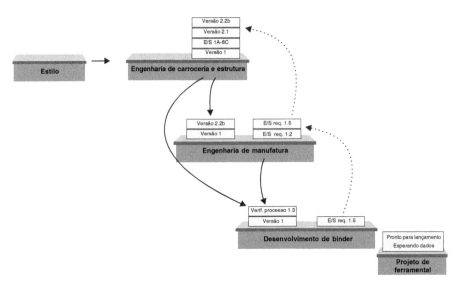

FIGURA 17.1 ■ Dados virtuais presentes simultaneamente em muitos locais.

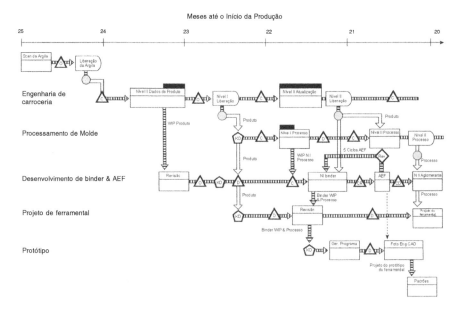

FIGURA 17.2 ■ Escala de tempo e processo funcional escalonada aplicado ao fluxo de valor do DP.

Tempos específicos prolongados

Os prazos prolongados, mais variáveis, relacionados com o processo de DP, constituem outra importante distinção em relação à manufatura típica, em que os tempos de tarefas são mensurados em minutos, ou mesmo em segundos, e são usualmente estáveis, previsíveis e sujeitos a pouca variação. Medem-se os prazos das tarefas no desenvolvimento de produtos em semanas, meses, até mesmo em anos, e todos esses prazos podem ser amplamente variáveis (ver Figura 17.3).

Por esse motivo, o PDVSM anexa a escala de tempo localizada no topo da página na Figura 17.4, de modo que seja possível traçar todas as atividades relacionadas a essa escala, e localizar os principais eventos decisivos escalonados para compará-los com os fatos reais.

À medida que o nível do foco do mapeamento muda, é preciso mudar a escala temporal de acordo com isso. Quando se está mapeando atividades multifuncionais de nível elevado, por exemplo, uma escala de tempo em semanas ou mesmo em meses é mais apropriada. Quando você se concentra numa determinada atividade para mapear um processo específico, a escala de tempo será provavelmente em dias de trabalho (ver Figura 17.5).

334 ■ Sistema Toyota de Desenvolvimento de Produto

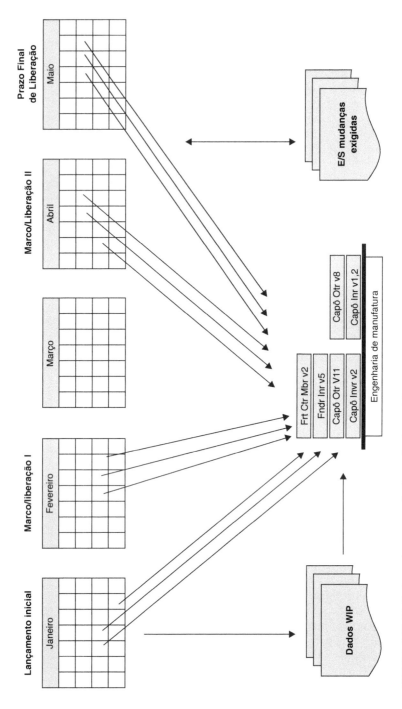

FIGURA 17.3 ■ Dados sobre prazos da liberação de produtos.

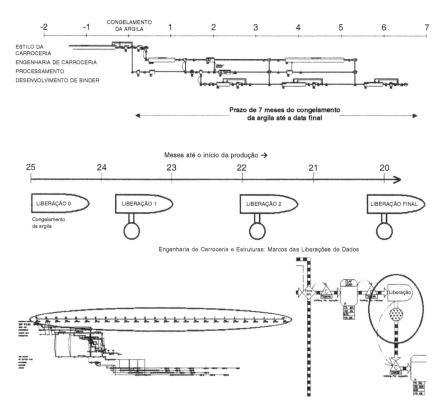

FIGURA 17.4 ■ PDVSM: representação da liberação de dados e prazos do programa.

Trabalho com conhecimento

Na manufatura tradicional, a atividade ocorre no chão-de-fábrica na forma de trabalho humano e processamento mecânico. Em contraste, boa parte do trabalho presente no desenvolvimento de produtos refere-se a conhecimento e ocorre na mente do funcionário. Se esse trabalho deixa de ser documentado, torna-se invisível e, por isso, difícil de mapear. É possível coletar dados de tempo para o mapa do estado presente para objetos físicos de movimentação lenta, como moldes, usando etiquetas de ferramentas. A Figura 17.6 é um exemplo de uma etiqueta de ferramenta que foi usada para acompanhar o fluxo do desenvolvimento da ferramentaria conforme os prazos e para gerar registros de atividades com tempos reais. É possível registrar dados sobre os prazos em registros de atividade de engenharia, mostrados na Figura 17.7, para o desenvolvimento de binder. A Figura 17.8 mostra o mapa, feito à mão, da situação atual do processo de desenvolvimento de binder até a data respectiva.

336 ■ Sistema Toyota de Desenvolvimento de Produto

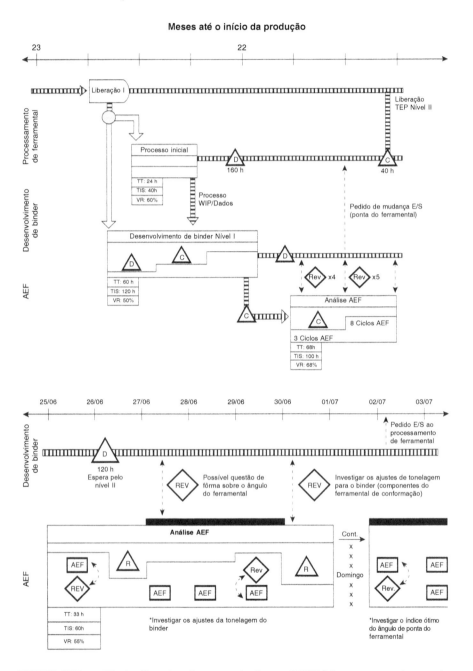

FIGURA 17.5 ■ Níveis diferentes de apresentação em PDVSM (meses, na parte superior, *versus* dias, na parte inferior).

Eliminação do Desperdício no Fluxo de Valor... ■ 337

As etiquetas são afixadas à ferramenta e atualizadas por funcionários da planta ou pelo pessoal de movimentação de materiais a cada atividade realizada na ferramenta etiquetada.

Frente da etiqueta

Registro de atividade de manufatura
Parte # _____

Data	Hora do início	Hora da finalização	Categoria de operação	Descrição da operação/comentários
			☐ Setup/Desmontagem ☐ Ciclo da Máquina ☐ Atividade Manual ☐ Novo setup ☐ **Espera/Fila**	Conferir atividades (valor agregado) e conferir a duração do *setup*, processamento mecânico e manual (e quaisquer atrasos).
			☐ Setup/Desmontagem ☐ Ciclo da Máquina ☐ Atividade Manual ☐ Novo setup ☐ **Espera/Fila**	
			☐ Setup/Desmontagem ☐ Ciclo da Máquina ☐ Atividade Manual ☐ Novo setup ☐ **Espera/Fila**	

Data da conferência: _____   Conferida por: _____

Verso da Etiqueta

Registro do movimento da ferramenta

Data	Hora	De	Para	Descrição do Movimento
				Verificação de movimento na planta.
				Registro de dados DE e PARA, data e horário e causa do movimento.

Data da conferência: _____   Conferida por: _____

Figura 17.6 ■ Exemplo de coleta de dados usando etiquetagem de atividades de ferramentas.

338 ■ Sistema Toyota de Desenvolvimento de Produto

Mês	Semana	RESUMO DA SITUAÇÃO DA PEÇA	ATIVIDADE DE ENGENHARIA	Ativ. Total (horas)
1	1	Congelamento da argila.		
	2			
	3			
	4	Dados WIP liberados pela engenharia de carroceria. Esperando pela ordem oficial para o início do trabalho.	Esperando ordem de trabalho.	0/40
2	1	Marco programado I perdido pela engenharia de carroceria.	Esperando ordem de trabalho.	0/40
	2	Dados do marco I liberados. Aprovada revisão de dados WIP apesar da inexistência de autorização de trabalho.	Esperando ordem de trabalho. Revisão dos dados iniciais WIP	8/40
	3		Esperando ordem de trabalho.	0/40
	4		Esperando ordem de trabalho.	8/40
3	1	Marco II perdido pela engenharia de carroceria. Processo de Nível I recebido pelo binder de ferramental.	Promover desenvolvimento de binder para o status de nível I.	32/40
	2	Ordem de trabalho recebida. Início imediato. Eng. de carroceria empurra a versão mais recente do produto.	Esperando revisões AEF. Promover desenvolv. do binder ao status de nível I. 3 versões do binder submetidas à AEF – três ciclos realizados	16/48
	3	Liberação do marco II. Empurrados dados de nível II da eng. do carroc. Possível questão de formabilidade na AEF – eng. carroc. notificada	Esperando revisões AEF. 4 versões diferentes do binder submetidas à AEF – 6 ciclos realizados.	20/40
	4	Problemas de formabilidade na AEF. Debate com eng. carroc. sobre o curso de ação. Retrabalhando binder para tentar resolver.	Esperando revisões AEF. 2 novas versões do binder submetidas à AEF – 2 ciclos realizados	20/40
4	1	Marco III. liberação perdida pela eng. de carroc. Retrabalhando binder para tentar resolver problema de formabilidade. Trabalhando com AEF	AEF realizou mais 2 ciclos – sem sucesso.	0/40
	2	Esperando por dados atualizados.	Retrabalho no binder nível II para responder pelo produto atualizado. Embarcar binder atualizado e projeto de ferramental para reunião de lançamento.	40/48
	3	Dados atualizados do nível II recebidos da engenharia de carroceria.	Esperando dados e revisão AEF. Novo binder preparado e embarcado para a AEF para verificar formabilidade – 1 ciclo realizado.	8/40
	4	Liberação do marco III.	Trabalhando em outras peças. Aperfeiçoar binder para liberação final.	32/40
5	1	Dados finais empurrados da eng. de carroc.	Trabalhando em outras peças. Atualizando binder para liberação final. Embarcado binder final para o projeto de ferramental + AEF para verificação final (AEF ocupada com outras peças).	16/40
	2		Esperando pela revisão do desenvolvimento do binder em reunião com cliente. AEF realizou um ciclo com novo binder – sem problemas.	0/40
	3		Reunião de revisão. Sem problemas.	0/40
	4	Planta de estampania emitiu mudança na linha de manufatura. Desenvolvimento de binder não afetado.		0/40
6	1			0/40
	2			0/40
	3			0/40
	4			0/40

FIGURA 17.7 ■ Exemplo de resumo de atividade de registro, atividade de desenvolvimento de binder – painel interno da porta.

Eliminação do Desperdício no Fluxo de Valor... ■ 339

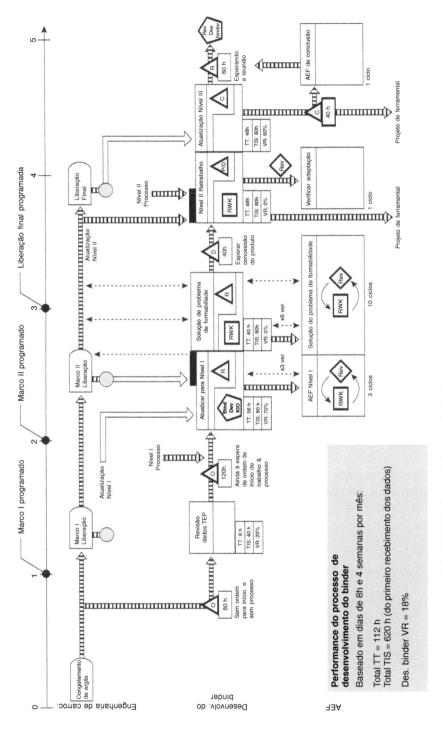

Figura 17.8 ■ Estado atual do VSM do desenvolvimento do binder.

Embora registros e entrevistas tenham suas limitações, é possível apoiá-los com o multirreferenciamento e as tecnologias de acompanhamento de dados discutidas anteriormente. Manifestações virtuais e físicas do trabalho de conhecimento são também disponíveis como evidências do trabalho realizado. Manifestações virtuais incluem gráficos computadorizados de projeto de peças, animação de resultados de testes e dados. Manifestações físicas (como modelos em argila, desenhos, protótipos de peças, ferramentas e o produto acabado) servem também como indicadores de *status*, localização ou qualidade do projeto.

Deve-se registrar que, com o propósito de melhorar o processo, nem sempre são necessários dados de extrema precisão. Estimativas aproximadas dos prazos podem constituir a base para divisar grandes acúmulos de desperdício, e uma visão de estado futuro pode ser construída para melhorar de modo significativo qualquer processo. Às vezes, *workshops* de mapeamento de fluxo de valor são realizados com equipes multifuncionais, e as estimativas dos participantes são usadas para complementar os dados existentes.

Fluxo de informação complexo

Na manufatura, o fluxo de valor é tipicamente linear e unidirecional, marcada por uma discreta transição de um estado para o seguinte, até o produto acabado emergir do processo. Uma etapa específica do processo, uma vez completada corretamente, não precisa ser repetida. No desenvolvimento de produtos, contudo, grande parte do trabalho é iterativa, com dados e informações fluindo para frente e para trás entre funções numa complexa rede de atividades. Quando combinado com os muitos diferentes tipos de dados e fluxos de informação, isso pode agregar mais complexidade a qualquer missão de mapeamento.

O fluxo de dados que é mais importante captar no desenvolvimento de produtos inclui liberações de dados primários, *feedback*, mudanças de engenharia, informação sobre cronogramas e intercâmbios "extra-oficiais" de dados. É preciso identificar pontos de decisão e iteração de processos, porque ambos causam grandes filas e sérios retardos nos processos. Existem vários tipos diferentes de fluxos de dados/informações a serem mapeados:

- Os dados do produto em estado virtual. Isso inclui tanto datas de liberação completa ou parcial de dados de produto quanto de mudanças de engenharia.
- Direção ou informação administrativa dada por organizações controladoras, como a equipe do programa. Isso poderia incluir datas principais e *status* pré-cronograma, autorização de mudança de engenharia, decisões e aprovações, ordens de compra e quantidades, relações de materiais, etc.
- *Feedback* de informação comunicado em reação a algumas atividades de desenvolvimento de programa. Exemplos disso incluiriam *feedback* de via-

bilidade de manufatura de um projeto de peça, ou *feeback* de algum evento funcional de integração, como o protótipo ou relatório externo de eventos sobre *status* de programa, e assim por diante.

É preciso documentar cada um desses fluxos de informação no processo de mapeamento, diferenciando-os por cor, tipo de linhas e ícones específicos. É preciso engajar-se simultaneamente no processo de comprimir os dados. A compressão aqui se refere ao processo de reduzir um número de potenciais soluções de projeto até que reste uma única seleção. Esse processo também ocorre com o passar do tempo e pode ser ilustrado no mapa mediante o uso de uma única cor para mostrar múltiplas atividades ou soluções trabalhando simultaneamente no âmbito da mesma função. Essas soluções são reduzidas com o passar do tempo até restar apenas uma delas, que é então promovida para a atividade seguinte.

Grupo de especialistas grande e diversificado

O processo de DP exige os esforços de grupos grandes e diversificados de especialistas técnicos (ver Figura 17.9). Manufatura pura normalmente envolve apenas pessoas a ela ligadas, seja em trabalho direto ou numa função de apoio.

Essa diferença ilustra com clareza o motivo que torna o PDVSM essencial para que se "veja" o processo em andamento. Esse mapeamento dará assistência às muitas organizações funcionais para identificar a complexa rede de interdependências no desenvolvimento de produtos e, como anteriormente mencionado, capacitará uma eficiente engenharia simultânea pela identificação de atividades específicas ao longo das organizações funcionais em qualquer ponto no tempo.

WORKSHOPS EM PDVSM

Utilizar registros de atividade de engenharia para obter os dados requeridos é uma maneira precisa de criar um PDVSM atualizado. Contudo, já que os ciclos de tempo de desenvolvimento de produtos podem ser relativamente longos, essa atividade exige muito tempo e, por isso, deve ser utilizada somente quando a precisão é decisiva. Uma forma alternativa de criar tanto o atual quanto o futuro mapa de estado é a dos *workshops* de PDVSM. Esses *workshops* de três dias foram desenvolvidos por Morgan (2001) e começaram a funcionar com as empresas na melhoria de sistemas de DP existentes, tendo se mostrado eficientes numa variedade de ambientes de desenvolvimento de produtos (ver Figura 17.10). Reunir dados mediante etiquetas e registros pode resultar em dados altamente precisos, mas é um processo que pode levar semanas, ou meses. *Workshops* em PDVSM requerem apenas algum trabalho preliminar e, pelo uso de estimativas de tempos, podem ser completados em poucos dias. A Figura 17.10 mostra a agenda de um *workshop* de PDVSM de três dias. Uma das vantagens desses *workshops* está

342 ■ Sistema Toyota de Desenvolvimento de Produto

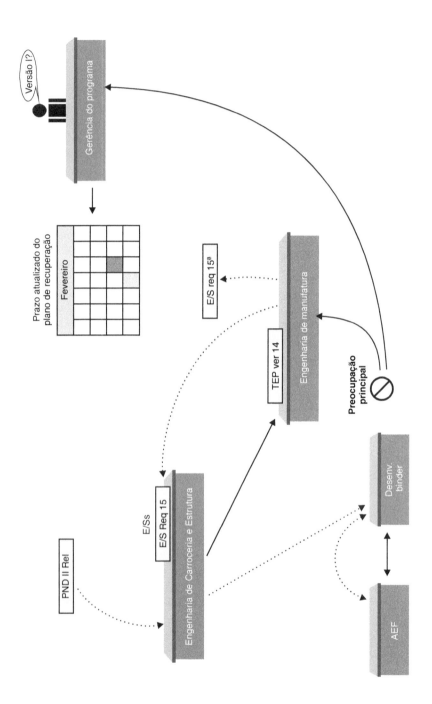

Figura 17.9 ■ Processo exige um grupo grande e diversificado de especialistas.

Eliminação do Desperdício no Fluxo de Valor... ■ 343

PREPARAÇÃO	WORKSHOP			
Objetivos Visão geral do DP enxuto Quem é o cliente? De que forma o processo entrega valor? Qual é o valor criado? Metas do *workshop* O que deve ser mapeado? Pontos iniciais e conclusões Quem deve participar? Quais são os dados requeridos/disponíveis?	**1º Dia** Revisão do VSM – uma ferramenta para melhoria dos processos Dados do mapa da situação atual Mapa da situação atual criado pelo *workshop*	**2º Dia** Discussão dos princípios do desenvolvimento enxuto de produtos Oportunidades do mapa da situação atual/identificação de desperdícios Criação do mapa da situação futura	**3º Dia** Plano de implementação por etapas determinadas Propostas habilitadoras da implementação	**Relatório à gerência e comprometimento com mapas** Resposta em 72 horas **Acompanhamento** Atualizações para a gerência em 30 dias, 60 dias, 90 dias, 1 ano

Figura 17.10 ■ Estrutura da agenda do *workshop* do PDVSM.

no diálogo multifuncional que registros de atividades não permitem. Fazer com que uma equipe multifuncional se empenhe em profundo diálogo focado num processo comum, desenvolvendo assim objetivos comuns, pode ser algo de grande potencial em todos os sentidos (naturalmente, tendo colhido dados por meio de registros de atividades, um formato de *workshop* pode ser usado para construir os mapas do fluxo de valor).

O primeiro passo na organização de um *workshop* é escolher um grupo pequeno e confiável para identificar qual produto ou família de produtos será mapeado, o nível de detalhamento exigido e os pontos de começo e de encerramento. Isso é *delimitar o projeto*. Uma vez tendo o grupo chegado a esse entendimento, precisará identificar os clientes da organização e quais são os valores que a empresa entrega a esses clientes a partir desse processo. Com base nessa informação, o grupo pode determinar quem deve participar do *workshop*. Os participantes de todas as funções do processo que se pretenda mapear no *workshop* devem estar presentes ou representados, inclusive o cliente interno ou externo do processo. As necessidades dos clientes e os resultados do processo deveriam ser alinhados. Por isso, antes de fazer com que os participantes comecem o *workshop*, é preciso reunir dados de apoio do projeto visado e criar uma moldura de mapa (similar àquela discutida para o PDVSM) dos registros de atividades. Uma vez realizado esse trabalho preparatório, o *workshop* de três dias terá um andamento parecido com o seguinte:

- *Primeiro dia do workshop PDVSM.* O primeiro dia do *workshop* começa com uma breve discussão do PDVSM e do escopo e objetivos do encontro. As equipes participantes esboçam o projeto e revisam a estrutura do mapa criada nas atividades preparatórias. Todas as funções são representadas ao longo do eixo Y (vertical) da estrutura do mapa e a correta estimativa de tempo é apresentada ao longo do eixo X (horizontal) (os autores normalmente imprimem esse esboço em papel com 1m de altura por 1,5m de comprimento). Depois, a equipe começa a recriar o processo, utilizando grandes "blocos de notas auto-adesivas" para as caixas de processo e desenhando manualmente o fluxo de informação. A equipe deve ter em seu poder todos os dados relevantes para que possa configurar um mapa da maior exatidão. É possível usar uma variedade de ferramentas, técnicas e métodos a fim de aumentar as possibilidades de um evento bem-sucedido de mapeamento, mas isso está além do escopo deste capítulo. Se o projeto teve seu objetivo corretamente definido e o primeiro dia da equipe no *workshop* foi eficiente, o resultado é um mapa completo da situação atual e um grupo de pessoas muito cansadas, mas otimistas em relação às possibilidades levantadas.
- *Segundo dia do workshop PDVSM.* No segundo dia, a equipe começa a criar o mapa da situação futura. Deve haver um alto nível de energia e expec-

tativa gerados pelo primeiro dia do *workshop*, quando os participantes começaram a enxergar algumas oportunidades para melhorar o seu processo de DP. Esse é um resultado natural por se "ver" esse processo pela primeira vez. A equipe precisa resistir à tentação de começar a melhorar as peças individuais do processo de imediato. Os autores contêm essa tentação pelo uso de uma sessão de debate focada nos 13 princípios do desenvolvimento enxuto de produtos abordados neste livro, dedicando especial atenção aos princípios, métodos e técnicas abordados dos capítulos 3 a 6 (a seção de processos):

- Criar fluxo alavancado e eliminar retrabalho no processo mediante a concentração de esforços para resolução de problemas no início.
- Qualidade no projeto de produto, alcançado compatibilidade de sistema antes da conclusão dos componentes.
- Criar mecanismos de cadência para fazer com que o processo evolua de forma conjunta.
- Sincronizar atividades multifuncionais para transferir a informação adequada no tempo certo.
- Integrar os fornecedores ao processo.

Essa discussão levará a equipe a identificar outras oportunidades de melhoria e proporcionará contramedidas adequadas para abordar essas oportunidades. À medida que estudam o mapa da situação atual, os participantes precisam engajar-se ativamente em questionar o que estão na verdade buscando, perguntar "onde estão os desperdícios?" e "como usar os princípios para desenvolver contramedidas eficazes?". Uma vez completada essa etapa, a equipe pode começar a criar o mapa da situação futura do seu processo.

- *Terceiro dia do workshop PDVSM*. No terceiro dia, os membros da equipe trabalham num plano coletivo de implementação baseado na transformação do seu processo para o estado futuro. Eles precisam identificar capacitadores específicos de processos que venham a permitir ou "capacitar" o nível de melhoria do futuro desempenho, ou a situação futura do processo. Como trabalhar de modo diferente para fazer do estado futuro uma realidade? As propostas em A3 são uma excelente ferramenta para esse objetivo. Os A3 de cada participante são unidos a um detalhado plano de implementação que inclua métricas e então uma abordagem PDCA é desenvolvida para a execução do plano. Esses A3s são alguns dos mesmos documentados postados na *obeya* e rigorosamente debatidos nas revisões multifuncionais de projeto.

Por fim, a equipe faz um relatório à alta administração, com autoridade para implementar as mudanças necessárias ou adquirir as ferramentas ou tecnologias requeridas. A empresa deve estabelecer um prazo limite (no máximo 72 horas) para que a equipe de alta administração envolvida desde o começo do projeto dê uma resposta à proposta da equipe participante do *workshop*.

O DESENVOLVIMENTO DE PRODUTOS COMO UM PROCESSO

O processo de PDVSM pode ser a primeira oportunidade dos participantes de realmente *ver* seu processo de DP e, nesse sentido, trata-se de uma ferramenta de aprendizado inestimável. O conhecimento produzido pelo exercício do PDVSM em si vale o tempo nele investido. Mais ainda, o PDVSM é uma ferramenta de comunicação, servindo como linguagem comum entre organizações funcionais díspares. Pela primeira vez, atividades funcionais podem começar a entender suas respectivas funções no âmbito do contexto integral do sistema e o efeito que sua ação tem sobre outras atividades funcionais. O formato de *workshop* consegue unificar essas organizações funcionais e focá-las no processo – não na busca de falhas. Uma linguagem comum facilita um entendimento profundo do processo de desenvolvimento de produtos. Sem isso, melhorias holísticas em nível de sistema são impossíveis. O PDVSM também traz à tona relações de causa e efeito, tornando-as mais evidentes. A longa demora que normalmente existe entre causa e efeito no processo de DP desaparece quando reduzida a um mapa de fluxo de valor. Ainda, o PDVSM capacita *ver* as atividades simultâneas e superpostas em DP, mostrando todas as atividades em andamento no processo de DP a qualquer momento dado. Isso ajuda a obter significativos *insights* em gestão de atividades simultâneas, bem como a obter oportunidades para criar maior simultaneidade. O PDVSM é talvez a ferramenta mais eficaz para melhorar a simultaneidade do DP em função de sua capacidade de mostrar múltiplas atividades funcionais paralelas em diferentes níveis de detalhamento.

É importante lembrar que o aprendizado e a melhoria contínua não podem ser interrompidos com o PDVSM e os esforços de redesenho do processo. Uma das marcas registradas de um sistema enxuto é o aprendizado e a melhoria contínua. É fundamental considerar esse esforço de aperfeiçoamento como o começo de uma maneira inteiramente nova de desenvolver produtos, e não como um fim em si mesmo.

Mudar o processo de DP é necessário, mas não é o suficiente para criar um Sistema Enxuto de Desenvolvimento de Produto. De fato, mudar o processo pode ser a parte mais fácil. No capítulo a seguir, examinaremos o que é preciso para produzir verdadeiras mudanças nos seus sistemas de pessoas e cultura.

18

Concretizando a Mudança Cultural: O Coração do DP Enxuto

Claro que os ladrões podem copiar os desenhos e produzir um tear. Mas nós modificamos e aperfeiçoamos nossos teares todos os dias. Quando os ladrões chegarem a produzir uma máquina a partir dos planos que roubaram, nós já estaremos muito além em termos de desenvolvimento.
Kiichiro Toyoda,
reagindo aos roubos de projetos de máquinas
dos Toyoda Automatic Loom Works

Um dos grandes erros que muitas empresas cometeram ao aplicar o Sistema Toyota de Produção para a transformação de ambientes tradicionais de manufatura foi enxergar no STP um conjunto de ferramentas. O mapeamento do fluxo de valor descrito no Capítulo 17 é uma poderosa ferramenta para entender o fluxo dos processos e para reduzir o desperdício no fluxo de valor, mas não passa disso – uma simples ferramenta. Ela foca principalmente em um dos três subsistemas do modelo de SEDP – o subsistema processo. Infelizmente, se o processo de transformação for apenas alguns *workshops* e alguns fluxos de valor aprimorados, os esforços de modernização não irão evouir. Sem uma verdadeira mudança de cultura, os fluxos de valor vão voltar a se encher de desperdício e, em pouco tempo, estarão extremamente parecidos com o que eram no início. Muitas empresas nos perguntam como sustentar as mudanças enxutas – mas essa é a pergunta errada. Não basta instalar um determinado sistema enxuto e então rezar para que a mudança seja contínua. A cultura organizacional precisa ser modificada de maneira que fazer aperfeiçoamentos e consolidar a disciplina indispensável para seguir o melhor procedimento conhecido sejam um verdadeiro modo de vida.

Nos últimos anos, os autores trabalharam com inúmeras organizações interessadas em desenvolver um Sistema Enxuto de Desenvolvimento de Produto tendo como modelo o sistema Toyota de DP. A maioria dessas organizações está há poucos anos nessa jornada. Todas descobriram que a transformação requer algumas mudanças radicais, ou *kaikaku*, no âmbito dos sistemas de DP existentes. Ao trabalhar com essas organizações, os autores aprenderam também algumas coisas, inclusive algumas verdades básicas da transformação enxuto do DP:

1. *Transformar o DP em um processo enxuto é mais complexo e menos exato que transformar a manufatura em um processo enxuto.* Existem tantas variáveis, atividades paralelas, rumos interdependentes e complexos nós de *feedback* que se torna impossível modelar com precisão o processo de desenvolvimento de produtos. O mapeamento do fluxo de valor, por exemplo, pode ser usado tanto no desenvolvimento enxuto de produtos quanto na manufatura enxuta, mas isso não quer dizer que vá produzir os mesmos resultados em cada uma dessas aplicações. As mudanças em ciclos de tempo, tempos *takt*, etc., não são tão precisas no desenvolvimento de produtos. Isso não significa que seja uma tarefa fútil; simplesmente se trata de uma tarefa diferente do que mudar um processo de manufatura que esteja exigindo uma nova abordagem. Embora existam limites ao grau de precisão, melhorias radicais são viáveis.
2. *Questões culturais aumentam a complexidade.* Patrocinar *workshops* e desenvolver mapas do fluxo de valor com detalhados planos de ação podem ser tarefas complexas, mas são extremamente simples quando comparadas com o enfrentamento de todas as questões culturais que precisam ser resolvidas antes que uma empresa consiga criar um ambiente capaz de dar sustentação ao desenvolvimento enxuto de produtos.
3. *Engenheiros são engenheiros e tendem a reduzir metodologias enxutas de DP a ferramentas técnicas.* Isso é algo que não funciona. A transformação para um sistema viável de desenvolvimento enxuto de produtos exige muito mais que um conjunto de ferramentas sofisticadas; é indispensável, acima de tudo, um renascimento do sistema humano.
4. *A alta liderança precisa ser envolvida no processo de transformação, mas ela não costuma se engajar em um nível substancial.* A importância do comprometimento do líder com as transformações já está amplamente documentada, mas chegar a esse comprometimento é um grande desafio, superior aos esforços necessários para transformar a manufatura. Por ser a implementação da mudança no sistema enxuto de DP uma jornada complexa, com altos índices de risco e implicações organizacionais de longo alcance, a participação comprometida da alta liderança é essencial.
5. *A alta liderança precisa entender o comprometimento e ter paciência.* A paciência é um luxo que poucos líderes têm coragem de ostentar. Se o DP enxuto fosse simplesmente uma questão de implementar algumas ferramentas e eliminar algum desperdício (leia-se custos), então a maioria dos líderes teria um nível apropriado de comprometimento. Infelizmente, esse é o típico nível de entendimento e compromisso. Se o dinheiro não aparece de imediato, os líderes perdem rapidamente a paciência. Mas o DP enxuto não costuma mostrar imediatas reduções de custos. Como já vimos, a força do método enxuto reside na mudança da estrutura básica do gerenciamento de

pessoas, processos e tecnologias e, portanto, numa mudança para um novo modo de fazer as coisas. Um novo modo de gerenciamento não se faz em dois ou três anos e não pode ser delegado a um departamento enxuto de nível de gerenciamento intermediário.

Embora cada uma dessas verdades represente um desafio significativo, as organizações com as quais os autores trabalharam conseguiram melhorias que sugerem fortemente que esses desafios podem ser enfrentados e vencidos e que os resultados valem muitas vezes todo o tempo e energia investidos. Uma razão para tanto é que a maioria dessas organizações de desenvolvimento de produtos começou a jornada depois de reconhecer que precisava concretizar melhorias fundamentais num processo que se mostrava seriamente fora de controle. Uma segunda, e talvez mais importante razão para tanto, foram os resultados: quando apareceram, as organizações passaram a reconhecer que os métodos e técnicas utilizados durante o *kaikaku* representam o início de uma jornada e não o objetivo final.

DESENVOLVA UM AGENTE DE MUDANÇA INTERNA

Em seu livro *Lean Thinking*, Jim Womack adverte que o primeiro passo no caminho de uma revolução enxuta é encontrar um agente de mudança interna. Nós concordamos. É importante que alguém na organização passe a sentir-se como o verdadeiro dono desse esforço – alguém que tenha o respeito da organização, seja infatigável e talvez até mesmo um pouco ditatorial, e que se disponha a conduzir o processo de mudança ao longo das inevitáveis dificuldades com que irá deparar. Embora essa pessoa precise entender o processo de mudança na organização, *não* é indispensável que se trate de especialista em desenvolvimento enxuto de produtos. Essa especialidade é útil, mas o mais importante é que essa pessoa acredite com paixão na necessidade da mudança e seja comprometida com o aprendizado. O agente da mudança interna precisa contar com um *status* hierárquico adequado, autoridade e credibilidade para fazer com que as coisas aconteçam, bem como com o inabalável suporte das mais expressivas lideranças na organização. Mais ainda, esse indivíduo deve ser responsável pelos resultados, com prazos tangíveis e bem demarcados de entrega. Com tais características e um excelente mentor, é possível desenvolver um agente da mudança interna.

OBTENHA TODO O CONHECIMENTO NECESSÁRIO

Transformar um sistema de DP é um empreendimento de alta complexidade e o agente da mudança interna ou a liderança encarregados de levar a cabo essa transformação precisa buscar um mentor experiente e tarimbado. É aconselhável, logicamente, conseguir alguém com experiência direta em desenvolvimento enxuto de produtos e que tenha participado da mudança de um sistema de desenvolvimento de produtos (alguém aposentado da Toyota é uma boa indicação para tal função). Esses indivíduos são uma *commodity* relativamente escassa. Na verdade, é muito maior o número de pessoas com experiência em manufatura enxuta do que o daquelas com a combinação de experiência em desenvolvimento enxuto de produtos e em transformação enxuta. Na verdade, trata-se de um cenário praticamente vazio, uma vez que poucas organizações fizeram a transição para o modo enxuto. Entre um agente de mudança que tenha algum conhecimento sobre as teorias do desenvolvimento enxuto de produtos e alguém com experiência prática num sistema enxuto de DP, a melhor aposta é nessa última pessoa. Em alguns casos, um agente de mudança de manufatura enxuta bem habilitado pode ser útil, mas é preciso muita dedicação para aprender tudo sobre desenvolvimento de produtos, que, como já destacamos, é diferente do STP.

IDENTIFIQUE FLUXOS DE TRABALHO GERENCIÁVEIS PARA ENTENDER O DP COMO UM PROCESSO

Como já dissemos, entendemos que a transformação deve começar com o processo de DP e que o trabalho deve fluir pelo sistema enxuto de DP. Mas, a verdade é que não se pode trabalhar em algo que não é visível. Em muitas organizações, o processo de DP é prolongado, complexo e pessimamente entendido. Para ver o processo é preciso entender as principais tarefas necessárias para conduzir um produto do projeto até a produção, bem como a seqüência dessas tarefas. Isso é o que constitui o fluxo de valor do desenvolvimento de produto. O desafio aqui é adaptar-se a um processo que é tipicamente um longo empreendimento iterativo, envolvendo várias disciplinas técnicas difusas e milhares de passos individuais. No entanto, como W. Edwards Deming ensinou:

> Se você não consegue descrever o que está fazendo como um processo, você não sabe o que está fazendo.

Descrevemos o PDVSM no Capítulo 17 como uma ferramenta para ajudar a entender o processo de DP. Mas por onde começar? No mais alto nível sempre se terá atividades de grande porte, como projeto, engenharia e teste. Como fazer para empreender alguma coisa nessas atividades de nível macro? A fim de entrar em sintonia com o desenvolvimento de produtos como um processo, pode ser muito útil descer um degrau e dividir o fluxo de valor do desenvolvimento do produto em vários *fluxos de trabalho* individuais de menor porte, nas quais equipes experientes e tecnicamente capacitadas possam agir.

Os fluxos de trabalho são normalmente grandes etapas dentro de um processo, como terceirização de protótipos ou peças; elas podem ser até mesmo o desenvolvimento integral de um subsistema específico de produto, como o fluxo de trabalho do desenvolvimento da montagem de portas, no caso dos automóveis. Muitas vezes existem grandes atividades naquilo que chamamos de fluxo de valor no nível macro – o nível que fica acima de 30 mil pés. À medida que se entende nesse nível onde está o desperdício e aonde se pretende chegar com seu estado futuro, torna-se então possível escolher atividades de processos individuais e desenvolver mapas de fluxo de valor integrais para esses processos. Damos a isso o nome de fluxo de trabalho. Cada fluxo de trabalho deve contar com equipes multifuncionais próprias, mapas próprios de situação atual detalhados, uma detalhada visão da situação futura, métricas presentes e métricas pretendidas e um plano de ação. Na verdade, em muitos casos não se desenvolve sequer um plano de ação no nível do mapa de fluxo de valor do primeiro nível macro. Em lugar disso, os planos de trabalho encontram-se no nível do fluxo de trabalho. Claro que se o produto é mais simples e a organização relativamente pequena, um único mapa pode ser o suficiente (como ilustrado pelo Apêndice sobre a PeopleFlo).

Pela divisão do fluxo de valor do DP em fluxos individuais de trabalho, o processo torna-se muito mais manejável. Simultaneamente, há o engajamento do profundo conhecimento técnico necessário para reconhecer verdadeiras oportunidades e adotar decisões quanto a potenciais capacitadores de melhoria dos processos. Dessa forma, os especialistas técnicos conseguem focar na área do processo que eles mais entendem e motivar o apoio das suas respectivas organizações de origem, engajando com isso organizações funcionais centrais nesse esforço.

Um exemplo da melhor maneira de dar coordenação a esse esforço é a organização das *equipes de fluxo de trabalho* de acordo com as várias organizações funcionais envolvidas no processo de DP. Por exemplo, é possível ter uma equipe de fluxo de trabalho de planejamento de produto, uma equipe de fluxo de trabalho de desenvolvimento de conceito, uma equipe de fluxo de trabalho de desenvolvimento de protótipo, etc., todas elas organizadas em torno de produtos ou famílias de produtos. São várias as formas possíveis de organização desses esforços, dependendo do respectivo fluxo de valor do desenvolvimento do produto. O ponto mais importante consiste na necessidade de identificar e organizar tudo em torno dos fluxos de trabalho mais importantes que compõem o fluxo de valor do DP. Numa organização de grande porte, é válido colocar os líderes de equipes de fluxo de trabalho nessa tarefa em tempo integral; eles compõem o núcleo da mudança, reportando-se diretamente ao agente da mudança. É preciso igualmente manter fortes laços entre cada um dos líderes de equipes e suas organizações funcionais originais, com o pleno suporte da gerência de linha dessa organização.

MECANISMOS DE INTEGRAÇÃO (*OBEYA*/REVISÕES DE PROJETO)

Constatamos que o melhor é tratar o esforço de mudança como um novo programa de produtos em um sistema enxuto de DP e a equipe de mudança como uma equipe de projeto enxuto de DP. Dessa forma, começa-se a estabelecer normas e práticas e a liderar o esforço pelo exemplo. É igualmente importante integrar a equipe de mudança e não permitir que os seus membros fiquem isolados em seus fluxos de trabalho. Uma das melhores formas de atingir isso é destinar a equipe a uma *obeya*, da mesma forma que a Toyota situa sua liderança de equipe de produtos e a utiliza como uma sala de estratégia enxuta de desenvolvimento de produtos. É preciso destinar uma seção das paredes da *obeya* a cada uma das equipes do fluxo de trabalho. Ali, elas poderão postar as mais recentes informações e compartilhar seus mapas de fluxo de valor, A3s, pilotos e *status* de situação de aprendizado e outras métricas relevantes da iniciativa pelas diversas equipes. Cada uma das equipes de fluxo de trabalho pode usar a sala como local de reunião em que será possível aprender aquilo que as outras equipes estão desenvolvendo. Essa comunicação informal interequipes deve ser complementada e apoiada por reuniões formais, no mínimo semanais, para dar aos líderes das equipes a oportunidade de revisar os mapas de fluxo de valor de todos os participantes, o progresso dos A3 e as folhas de processo de uma forma disciplinada, que os capacite a proporcionar subsídios de qualidade a cada um dos esforços em andamento. Em função da interdependência da maioria das tarefas em desenvolvimento de produto, o processo de "socialização" entre as equipes é fundamental. É sempre preciso lembrar que se está trabalhando para criar um fluxo de valor integrado de desenvolvimento de produtos – e não fluxos isolados de trabalho que levem à otimização do processo local às custas do processo maior. Somente dessa forma as equipes individuais de fluxo de trabalho conseguirão verdadeiramente entender os desafios do estado presente e colaborar para a criação do estado futuro.

PARTICIPAÇÃO DA ORGANIZAÇÃO DE LINHA

A organização de linha precisa aderir ao sistema enxuto de DP – ou seja, quem tem responsabilidade operacional pelo projeto dos produtos, como o diretor de engenharia e os gerentes dos departamentos de engenharia. Que não se relegue essa conversão ao *status* de iniciativa da equipe. *Essa iniciativa exige que a alta liderança se comprometa com esse esforço o apóie com os recursos necessários e pela escolha dos melhores quadros para liderar esse projeto.* A liderança precisa fazer saber a todos que está seriamente comprometida com o processo de transformação. Além disso, as lideranças das linhas funcionais devem se apropriar do desenvolvimento e execução das respectivas estratégias. Uma maneira de atingir esse objetivo consiste na criação de *equipes de implementação* encarregadas da execução das mudanças identificadas pelas equipes de fluxos de trabalho. Esse deve ser então um dos principais objetivos dos líderes funcionais, cujo sucesso na carreira precisa estar condicionado ao sucesso desse esforço. Vale recordar que nada é mais importante em qualquer negócio que o produto e que o sucesso da conversão ao desenvolvimento enxuto de produtos pode ser o fator determinante da sobrevivência da empresa.

COMECE PELO CLIENTE

Não há como tergiversar a respeito desse pré-requisito, que precisa estar sempre muito claro. É preciso usar todo o tempo necessário para entender de maneira clara a natureza do mercado, dos concorrentes e, especialmente, daquilo que os clientes entendem como valor. *O espírito do cliente precisa ser onipresente na organização – deve constituir uma parte de todas as decisões tomadas – em todos os seus níveis.* Para fazer isso com algum grau de eficiência é preciso alinhar a organização no seu todo e manifestar nela o valor do cliente. Uma das melhores maneiras de conseguir isso é desenvolver uma versão própria do manual do engenheiro-chefe que define a estratégia de criação de valor de cada projeto de desenvolvimento de produto e qual será a contribuição de cada pessoa para a concretização desse objetivo. Identifique o que deve ser esse produto e o que ele não pode ser e comunique esses objetivos com consistência. Garanta que entre os processos esteja incluído um método para o alinhamento (como o *hoshi kanri*) capaz de fazer com que todos os participantes criem objetivos alinhados que sejam compreendidos em todos os níveis. Faça com que seus objetivos sejam baseados em desempenho e avalie-os pelo sucesso. Por fim, transforme o cliente em parte de cada discussão e decisão no âmbito da organização. Pergunte sempre "o que é melhor para o cliente?" e, a partir daí, aja sobre a resposta.

Além de ter clareza sobre quais são as necessidades do cliente em novos *produtos*, é preciso entender o que os clientes definem como valor para aperfeiçoar o processo de desenvolvimento de produtos. O princípio básico da Gestão de Qualidade Toyota estabelece que cada função tem um cliente. No seu conjunto, isso se refere ao cliente e usuário do produto, mas existem igualmente muitos clientes intermediários ao longo do fluxo de criação de valor. Recorde, por exemplo, um caso mencionado neste livro que descreveu o relacionamento entre os engenheiros de carroceria e seus colegas de estilo na Toyota. Esses últimos são clientes interinos cujos projetos atrairiam clientes finais, e o impulso inicial dos engenheiros de carroceria seria satisfazer as necessidades desses clientes interinos mediante a manutenção da fidelidade à sua visão.

Uma recomendação final consiste em ter certeza de que se poderá transformar o EC e a equipe de projeto em poderosos advogados dos clientes no âmbito da organização. Eles devem apresentar íntimo conhecimento do valor definido pelo cliente para que esteja sempre presente no produto em desenvolvimento e ter o conhecimento e prestígio organizacionais capazes de fazer com que as coisas aconteçam.

DOMINE A SITUAÇÃO ATUAL DO PROCESSO ENXUTO DE DESENVOLVIMENTO DE PRODUTOS

É essencial para o início da conversão ao modo enxuto contar com um entendimento pleno e honesto do processo existente de desenvolvimento de produtos. A Toyota se refere a "dominar a situação" como o primeiro estágio de qualquer processo de solução de problemas ou de melhoria. Somente quando se contar com um pleno entendimento do processo em funcionamento será possível criar um estado futuro para esse processo. E apenas quando se contar com um profundo entendimento do processo no estado futuro será possível adotar decisões adequadas sobre a estrutura organizacional, funções e responsabilidades, conjuntos de habilidades exigidas e as ferramentas e tecnologias que melhor suporte darão à execução de um processo enxuto de DP. Em outras palavras, *fazer com que as necessidades do processo orientem outras exigências do sistema*. Feito isso, se estará orientando o alinhamento de pessoas, processos e tecnologias. Começando-se a reorganização sem um entendimento profundo do trabalho que há por fazer, a visão do futuro será irreal e pobremente informada, e com isso se estará atraindo uma futura resistência que provavelmente conduzirá à confusão e desmotivação. Esse processo precisa ser focado, deliberado e sistemático. O mapeamento do fluxo de valor é uma ferramenta fundamental para facilitar esse processo e isso começa com uma profunda e severa avaliação dos processos atuais, que configuram os fundamentos para o desenvolvimento de uma visão do estado futuro.

A pessoa que consultar um médico que prescreve uma cirurgia radical antes de realizar uma anamnese de rotina, provavelmente sairá correndo, e não andando, do consultório ou hospital a que tiver comparecido. E no entanto, é exatamente isso o que muitos gerentes inteligentes fazem no contexto da transformação do sistema de desenvolvimento de produtos. Eles sujeitam as respectivas organizações a um elenco de "remédios" em permanente mudança sem chegar ao pleno entendimento da doença que precisa ser tratada. Em ambos os casos, é claramente mais indicada a utilização de uma abordagem mais científica que inclua uma precisa coleta de dados, rigorosas análises desses dados, diagnóstico substancial, baseado em opinião e experiência, ponderada prescrição de remédios validados e um cuidadoso acompanhamento do tratamento.

Pesquisas da indústria sugerem que nas décadas de 1980 e 1990 quase todas as grandes empresas criaram um programa de engenharia simultânea de um tipo ou outro para melhorar seus processos de DP. Em função disso, é provável que sua empresa, leitor ou leitora, tenha participado dessa tendência. A solução da época era criar um "modelo de portais de fases", definindo fases transparentes que terminavam em portais contendo exigências específicas antes de permitir que um programa passasse à fase posterior. As empresas desenvolveram *timing* padronizado em cada portal, e os portais eram encarregados de manter e monitorar os processos de DP. Invariavelmente, a maioria das empresas descobria que havia a necessidade de aumentar o detalhamento para definir esses "processos padronizados". Hoje, os autores trabalham com muitas empresas nas quais as lideranças acreditam verdadeiramente que seu pessoal ainda segue esses modelos de portais de fases, ou que qualquer desvio do modelo é a causa de todos os problemas existentes. Um exame acurado do estado atual do desenvolvimento de produtos nessas empresas revela que há normalmente pouca semelhança entre os requerimentos dos processos formais e aquilo que realmente ocorre. A premissa é cheia de falhas e sua primeira falácia é a de que uma organização externa, centralizada pode desenvolver um detalhado processo formal isoladamente, ensiná-lo, colocá-lo em prática e esperar que as pessoas se guiem totalmente por ele. Ocorre que é simplesmente muito escassa (quando existe) a interação entre pessoas, processos e tecnologias para dar sustentação a esses modelos de fantasia.

A experiência e a pesquisa mostram que a maioria das empresas não chega a entender por inteiro seus processos de estado atual. Como resultado, elas costumam acreditar que o desenvolvimento de produtos em suas plantas requer muito menos tempo e recursos do que as necessidades reais. Um dos autores trabalhou com uma empresa que entendeu que o projeto de um componente menor poderia ser entregue em oito a dez semanas depois do recebimento da informação sobre o desenho do produto central. Contudo, um exame mais detalhado dos dados históricos de programas anteriores (dados de armazenagem do projeto em servidores corporativos, ordens de compra, etc.) revelou tempos de entrega que chegaram a quase 16 semanas, com muitos deles exigindo mais de 20 semanas para serem completados. Sem isso, o gerenciamento dos dados estava simplesmente estabelecendo um objetivo arbitrário, não contando com um plano ordenado para atingir essa meta.

Outro aspecto no processo de DP que as empresas normalmente subestimam é o número e efeito das mudanças de engenharia. Mudanças de engenharia nas fases mais adiantadas e o resultante retrabalho que provocam são a fonte número 1 de desperdício em todos os mais complexos processos de DP, qualquer que seja a indústria examinada. As empresas normalmente subestimam essas mudanças em 50%, ou mais.

Outro mistério para muitas organizações de desenvolvimento de produtos é como seus engenheiros empregam seu tempo. É motivo de intenso debate o fato de que os engenheiros nas empresas norte-americanas passam tempo significativamente menor que seus colegas da Toyota em "trabalho de engenharia". Embora a pesquisa relacionada a essa afirmação não seja conclusiva, as experiências dos autores com ambos os sistemas de desenvolvimento de produtos indicam que ela é verdadeira. No entanto, a questão que emerge dessa comparação é: em que exatamente esses engenheiros empregam seu tempo?

Um número significativo de empresas entende que seus engenheiros gastam a maior parte do tempo em reuniões. No entanto, dados empíricos coletados pelos autores sugerem outros fatores de desperdício de tempo. Esses dados revelam que, embora as atividades específicas variem bastante de acordo com cada empresa, os engenheiros em empresas não enxutas passam boa parte do tempo em:

- Tarefas administrativas, como inspecionar listas de peças ou verificar ordens de compras.
- Criação de planos não-padronizados de desenvolvimento e testes para as peças dos seus produtos e desenvolvimento de atendimentos aos clientes para ajustar sistemas de planejamento deficientes.
- Fornecimento de informações sobre a situação a organizações terceirizadas de verificação (normalmente para ser entregue à liderança superior).
- Preenchimento de formulários, alimentação de bancos de dados e outras tarefas relacionadas com a demonstração de cumprimento de exigências de grupos de auditoria como a Quality Assurance, que monitora a equipe de engenharia central.

Embora não houvesse diferença significativa no tempo utilizado pelos engenheiros em reuniões, essa diferença era enorme no ritmo e na eficiência (valor agregado) das reuniões envolvendo engenheiros de sistemas enxuto ou convencionais. Em conseqüência, pode ser de grande utilidade reexaminar a maneira de se comandar reuniões, quem comparece a elas (e quem não é convidado para tanto), quais são os seus objetivos e qual o ritmo em que elas ocorrem.

Ainda que esteja muito claro que comparecer a reuniões em que ninguém toma decisões e em que não há intercâmbio de informações novas constitui tempo que não agrega valor, a distinção entre atividades de engenharia de valor agregado ou sem valor agregado mostra-se menos clara. O valor de aspectos criativos específicos de determinadas atividades de engenharia, por exemplo, pode ser questão de difícil julgamento. Em muitas empresas em que tais atividades são consideradas "a condição iterativa natural do trabalho", o resultado é, muitas vezes, engenharia obscura ou incompleta que certamente vai exigir duplicação de trabalho mais adiante no processo. Isso quase sempre resulta em mudanças de engenharia que conduzem a significativas demoras, despesas e frustração nessas atividades mais adiantadas. Empresas que não aderem a essa confusa interpretação do trabalho de desenvolvimento criativo e que operam no âmbito das mais severas definições do retrabalho são as mais produtivas. Um exemplo anteriormente citado pode ser retomado aqui para ilustrar esse ponto: moldes retrabalhados retificados para produzir um painel aceitável. Empresas verdadeiramente enxuto (como a Toyota) enxergam nisso um desperdício e uma indicação de que o processo de engenharia de moldes tem muitas falhas. Conseqüentemente, elas atacam rigorosamente a fonte do desperdício e tornam o "teste dos modelos" um objetivo de seus esforços de melhoria de processos. O ponto principal dessa história é que as empresas enxutas têm uma clara compreensão de seu real fluxo de valor em P&D, do *know-how* de valor criado para seus clientes e de fontes específicas de uso de tempo sem valor agregado. Uma grande parte desse entendimento vem do PDVSM, mas é igualmente indispensável divisar o estado atual de todo o sistema de pessoas, processos e tecnologias.

Quando se estuda um processo de DP, é preciso escolher pessoas experientes dos grupos de desenvolvimento dos produtos principais como líderes das forças-tarefa, pois elas é que proporcionarão *insights* de alta validade sobre o estado atual do fluxo de valor do desenvolvimento de produtos, especialmente no âmbito das respectivas disciplinas. É preciso estar atento, no entanto, para o fato de que boa parte desses *insights* consistirá de elementos incompletos, ou não-comprovados e, por procederem de diversas disciplinas, suas histórias muitas vezes entrarão em mútua contradição. Isso não deve, no entanto, ser encarado com espanto, nem mesmo com decepção. Descrever um sistema de DP é um pouco como a antiga parábola sobre os três homens cegos descrevendo um elefante. Cada função vê o sistema a partir de uma perspectiva exclusiva e limitada. A solução: uma coleta real de dados. O PDVSM é uma ferramenta para realizar essa tarefa e para organizar os dados de maneira inteligente.

CONDUZA UMA VERDADEIRA REFORMA CULTURAL

Há uma razão especial para termos apresentado o PDVSM como uma ferramenta no Capítulo 17. Trata-se da mesma razão que nos levou a recomendar o mapeamento do fluxo de valor como um ponto de partida para transformar os processos de manufatura para o modo enxuto. Essa razão está no fato de que o fluxo de valor é o processo de entregar valor aos clientes – sendo também a razão pela qual o fabricante existe. Sem a agregação de processos de alto valor não há motivo para a existência de uma organização. Por isso começamos com um foco no cliente e nos processos que agregam valor ao cliente. O PDVSM é a ferramenta para tanto. E também proporciona um meio concreto de começar a lidar com o problema mais difícil de transformar a cultura, o que fará o DP enxuto real e sustentável.

A cultura são valores e convicções compartilhados por uma organização. A palavra-chave aqui é "compartilhados" porque a força da cultura varia dependendo do quão compartilhada ela é. Em culturas fortes, a população da organização tem fortes valores e convicções comuns. Em culturas fracas, pessoas diferentes pensam e acreditam em coisas diferentes e pouco têm em comum. Para que uma organização de desenvolvimento enxuto de produtos tenha sucesso, a melhor cultura inclui valores e crenças compartilhados a respeito de cinco fatores: prioridades da organização (o que é verdadeiramente importante), a maneira como o trabalho é realizado, a maneira como as pessoas se intercomunicam, a maneira como solucionam os problemas e tomam decisões.

Na maioria das organizações tradicionais de desenvolvimento de produtos, a cultura é sensivelmente fraca. Não existem crenças e valores fortes e compartilhados. As pessoas são muitas vezes desanimadas e já chegaram à conclusão, a partir de suas experiências, de que o desenvolvimento de produtos é um processo caótico, incontrolável, no qual muitos erros inevitavelmente acontecem e fluem e em que perder tempo corrigindo erros é algo natural e inevitável. Essas mesmas pessoas não confiam na liderança e em sua capacidade de administrar o empreendimento e são céticas em relação a qualquer "novo programa" para melhorar a situação.

Para criar uma organização de DP de alto desempenho com uma cultura sólida, é indispensável recordar muito daquilo que apresentamos neste livro e agir com base nessas constatações e recomendações. O cliente deve estar sempre em primeiro lugar. O desenvolvimento de produtos trata da criação de produtos que tenham valor para os clientes. As pessoas precisam trabalhar como aliadas em equipes que tenham objetivos comuns. Os líderes precisam ser tecnicamente fortes e contar com valiosas experiências que possam transferir aos membros mais novos da organização. A melhor maneira de entender um problema é abordá-lo diretamente (*genchi genbutsu*). Prazos e objetivos existem para ser cumpridos. É sempre possível atingir um objetivo cheio de desafios quando se faz tudo para tanto. Não existe detalhe insignificante. Processos padronizados são necessários para a mehoria contínua. E assim por diante. As ações empreendidas na implementação dos processos enxuto consideram essas crenças e valores a cada dia. Só o sucesso produz novos sucessos.

Afastar-se de um ambiente cultural fraco significa abandonar atitudes de trabalho e comportamentos negativos entranhados no ambiente e avançar para uma cultura positiva, de olhos postos no futuro, e de alto desempenho. Será, certamente, uma jornada plena de desafios, que irá ocasionalmente apresentar tentadoras vias de escape que é preciso evitar. A primeira coisa em que muitas empresas pensam é, por exemplo, instituir um programa de mudança cultural em paralelo com melhorias de processos e mudanças técnicas. O objetivo de tais programas é colocar especialistas a avaliar mapas de valores, eliminar desperdícios e desenvolver ferramentas, ao mesmo tempo em que especialistas em "gestão de mudança" se empenham na transformação da cultura. Infelizmente, *um ataque frontal destinado a mudar a cultura de uma empresa nunca dá certo*. A cultura é muito sinuosa e não responde muito bem a mudanças por decreto. Dizer às pessoas como pensar, comunicar "novos" valores e convicções por intermédio de *slogans* e *e-mails* e pensar que, com isso, se está ensinando um novo caminho produz poucos resultados – quando muito. Na verdade, instruir as pessoas a mudar sua maneira de pensar tende muito mais a reforçar justamente aqueles padrões de pensamento que se está buscando reformar. As pessoas tendem a se sentir afrontadas, ficam defensivas e resistentes quando abordadas dessa maneira.

Um modo muito melhor de transformar a cultura é mudar a maneira de trabalhar das pessoas. Na verdade, quando se faz um bom trabalho com um *workshop* sobre mapeamento do fluxo de valor, pode-se dizer que se está realmente avançando na mudança de cultura. Vejamos o exemplo a seguir. Na situação atual, existe um processo padrão para fazer o trabalho de engenharia. Um mito do gerenciamento é aquele que diz que as pessoas seguem o processo de portais de fases. Quando a gerência constata que nada está saindo de acordo com o programado, ela recorre ao processo formal de recompensas e punições. Ela aperta os prazos, encontra culpados, manda demitir alguém, ou alguns, e faz saber a todos que é obrigatório seguir o processo de portal de fases ao pé da letra. Se uma empresa está seriamente comprometida com uma mudança de cultura, porém, um *workshop* de mapeamento de fluxo de valores imediatamente desafia algumas das velhas normas culturais ao:

1. Promover um olhar honesto sobre a realidade atual.
2. Reunir uma equipe multifuncional de empregados para compartilhar suas realidades a partir de diferentes perspectivas.
3. Admitir que alguma coisa se perdeu no sistema atual, não por culpa de alguém, e que se está buscando focar a equipe no processo.
4. Incentivar essa equipe a ajudar a definir o estado futuro pelo simples envolvimento no processo.
5. Dar a essa equipe autoridade para desenvolver as ações indispensáveis.
6. Organizar uma equipe multifuncional para encaminhar o sucesso.
7. Exigir que a área executiva leve a sério e proporcione o indispensável suporte às mudanças.

Um *workshop* de mapeamento de fluxo de valor não basta para derrubar as barreiras à mudança cultural. Mas é sempre um começo, pois a partir dele começa o processo de envolver as pessoas com perguntas adequadas e uma ferramenta capaz de gerar respostas significativas. Naturalmente, mais importantes que o *workshop* são as mudanças que a ele se seguirem. Para avaliar adequadamente o escopo e a amplidão dessas mudanças, é preciso fazer outras perguntas: existem esforços realmente sérios da empresa destinados a implementar as mudanças? Existe um acompanhamento imediato dos itens selecionados para a ação? Estão sendo criadas novas mensurações para acompanhar e verificar o alcance dos progressos? A alta gerência continua a se mostrar interessada em observar de perto as mudanças em andamento? A gerência proporciona o tempo necessário e cria o ambiente adequado para que as pessoas trabalhem e implementem as melhorias? Tem se tentado converter pessoas com condições de se tornarem líderes da nova cultura? Sempre que essas perguntas puderem ser respondidas afirmativamente, a certeza é de que se está no caminho adequado.

Uma ferramenta como o A3 é também uma oportunidade de começar a mobilizar a mudança cultural, mas isso apenas quando os líderes se engajam com seriedade na própria transformação em modelos do comportamento a que estão induzindo os outros integrantes do grupo. Os líderes devem:

- Colocar o cliente em um plano superior aos seus próprios interesses de carreira quando tomarem decisões.
- Demonstrar o mesmo nível de disciplina e rigor que esperam dos demais componentes da organização.
- Criar objetivos comuns e recompensar os procedimentos corretos.
- Concentrar energia, tempo e recursos significativos na contratação e aperfeiçoamento das pessoas capazes de determinar a cultura.

Dessa forma, dia a dia e passo a passo, os líderes conseguem criar o caminho para a mudança de cultura. Eles devem ser pacientes e entender que a mudança cultural é um pouco como o volante gigantesco descrito no livro pioneiro *Good to Great* (HarperCollins Publishers, 2001), de Jim Collins. No começo, é preciso uma força descomunal só para fazer com que o volante possa ser girado. A organização luta para fazer com que todos andem na mesma direção. Contudo, quando se permanece firme, avançando consistentemente, pouco a pouco, o impulso vai crescendo até que, finalmente, o volante se transforma num giro de energia aparentemente interminável. Como Collins observa, nunca fica claro (e isso não tem importância) qual foi o empurrão que fez com que tudo acontecesse – ou qual foi a ação individual que criou a nova e poderosa cultura; foi a soma de tudo que contribui para que isso acontecesse.

PESSOAS: O CORAÇÃO DO SISTEMA ENXUTO DE DESENVOLVIMENTO DE PRODUTO

A empresa é feita de pessoas, mas, como nos dá conta um conhecido aforismo, não são as pessoas o seu melhor ativo – são as melhores pessoas. Quando aplicado ao desenvolvimento de produtos, isso significa contar com pessoas dotadas de excelentes conjuntos de habilidades técnicas. Empresas que lutam para ter as melhores pessoas podem fazer essas pessoas, ou encontrá-las. A Toyota trabalha com ambas as perspectivas – investe num rigoroso processo de seleção e então passa anos treinando e ensinando os funcionários no Modelo Toyota, sempre em experiências supervisionadas. Para empresas que contam com uma força de trabalho, mas têm alguma flexibilidade na contratação de novas pessoas, mediante expansão ou substituições, as seis orientações a seguir apresentadas podem ser realmente de grande utilidade.

1. *Começar pelo começo com o processo de contratação.* Chegue ao pleno entendimento das características que definem um engenheiro de DP bem-sucedido e teste essas características em um rigoroso processo de avaliação. Revise seus registros de contratações. Certifique-se de escolher apenas os melhores candidatos, independente do tempo que essa escolha possa levar.

2. *Invista no seu pessoal.* Leva-se bastante tempo para formar um grande engenheiro. Não é possível apressar o processo ou esperar que um engenheiro formado ou treinado em outros lugares se revele imediatamente na sua empresa. Na verdade, um sólido sistema de supervisão, metas temporais e uma insistência em competências demonstradas são fundamentais. Estabeleça planos individuais de aperfeiçoamento para todo o seu pessoal, com base em consecução de conjuntos de habilidades relacionadas a avanços na carreira. Jamais esqueça que desenvolver competência técnica superior sempre demora. Examine seu atual sistema de promoções para verificar se os engenheiros não estão em rotação muito rápida e ampla para desenvolver conhecimento aprofundado.
3. *Desenvolva um sistema de supervisão técnica.* Estabeleça um aprendizado profissional. Uma universidade não ensina as habilidades que definem um excelente engenheiro; essas habilidades são desenvolvidas na prática, trabalhando em conjunto com engenheiros reconhecidamente competentes. Não imagine que a excelência possa vir da noite para o dia. O processo precisa de estrutura. Indique orientadores (mentores), atribua os projetos certos, estabeleça objetivos por tempo, avalie os progressos e selecione os melhores. Recompense o ensinamento e a orientação de acordo com o que eles representam – fundamentos de liderança. Não promova alguém que não tenha as habilidades indispensáveis em uma disciplina básica – desenvolva uma meritocracia técnica.
4. *Entenda o conjunto certo de habilidades.* As habilidades indispensáveis para que se alcance o sucesso no novo processo enxuto de DP podem ser diferentes daquelas atualmente disponíveis. Novas tecnologias (como simulação ou realidade virtual) podem exigir habilidades que ainda não estão disponíveis na organização. Antecipe essas necessidades e "futurize" as exigências em matéria de conjunto de habilidades.
5. *Aumente o treinamento prático com o treinamento em sala de aula.* Isso é especialmente importante para metodologias e técnicas particulares (p. ex., novo *software* de projeto) que são específicas para a sua empresa e podem ser codificadas e ensinadas num cenário de sala de aula.
6. *Determine revisões periódicas com lideranças funcionais.* Avalie o programa. Ele está fornecendo os resultados esperados? Ele continua atualizado? Os engenheiros estão atingindo suas metas com base no plano *hoshin*? Avalie de que forma os engenheiros recebem opiniões dos chefes funcionais e gerentes de programas. A fim de conseguir os melhores resultados, faça parcerias com lideranças funcionais e de RH.

ROTEIRO PARA A TRANSFORMAÇÃO ENXUTA

Somos constantemente solicitados a definir um roteiro de implementação da transformação enxuta. Qual é o processo, passo a passo, para implementar o desenvolvimento enxuto de produtos? A resposta, obviamente, é que não existe um roteiro único para todas as empresas. Não se trata de algo que se possa implantar como um elemento de um *software*. Trata-se de um processo orgânico, em evolução, como tem evoluído ao longo das décadas na Toyota. O mais próximo que poderíamos desenvolver de um roteiro da implementação consiste de conselhos com orientações gerais, resumidas na Figura 18.1. Esses conselhos são apresentados como um conjunto de fases separadas, o que já é por si uma supersimplificação, pois que, na realidade, essas fases estarão sempre evoluindo, se sobrepondo. Da mesma forma, elas são mostradas como uma seqüência linear e cada empresa precisará de uma seqüência própria que faça sentido de acordo com a maneira pela qual tudo evolui no processo de mudança. O processo geral, entretanto, é provavelmente válido:

1. *Preparação Inicial (2 a 4 meses):* Algum trabalho preparatório será necessário para atrair os principais executivos e gerentes, obter alguma ajuda, deixar as pessoas com um conhecimento geral do que está acontecendo e estabelecer uma *obeya* a partir da qual o processo de mudança será dirigido. Nessa etapa inicial não esperamos que a alta gerência esteja completamente comprometida com o projeto, mas ela deve demonstrar, no mínimo, algum grau de apoio. A alta gerência não tem como se comprometer por inteiro, uma vez que seus integrantes não tiveram experiências reais com o DP enxuto. Nem nós esperamos um treinamento completo antes do seu início, mas precisamos ter uma idéia geral do que está acontecendo. A maior parte do aprendizado mais importante começará pela prática nas fases de implementação. Por isso, essa preparação inicial é extremamente importante, mas é também algo que se precisa fazer com rapidez. Pode-se ver esta etapa como a concentração do desenvolvimento do produto em que, fazendo-se a preparação adequada, a implementação transcorrerá tranqüilamente – mas isso seria um engano. A essa altura, ainda não se começou a "desenhar" um processo enxuto de DP. Ainda se está somente estabelecendo o cenário. É mais como aprender a nadar do que desenhar um mecanismo detalhado. Em algum momento (em meses, não em anos), será preciso pular na água e molhar os pés.

2. *Processos-piloto enxutos (mínimo de 1 ano):* Como já discutimos anteriormente, recomendamos começar com ação no subsistema do processo. É aqui que surge a necessidade de saltar na água. É preciso começar com o cliente, identificar os fluxos de trabalho fundamentais, mapear as situações atual e futuras e, a partir daí, começar a imple-

Concretizando a Mudança Cultural: O Coração do DP Enxuto ■ 363

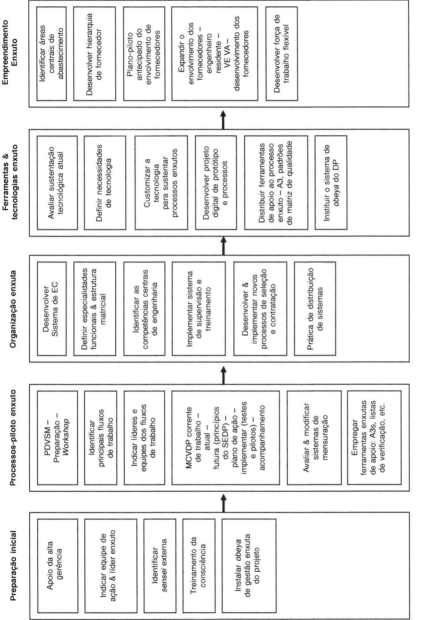

Figura 18.1 ■ Roteiro para o processo de implementação.

mentar o trabalho. As métricas de cada projeto devem medir custos, qualidade e tempo de processamento dos projetos de DP. Nesta fase, nem todos estarão envolvidos, mas é preciso concentrar o foco nos projetos-piloto. O objetivo principal é conseguir experiência e aprender com a força do DP enxuto. As equipes envolvidas terão a oportunidade de trabalhar com e de experimentar todas as ferramentas do DP enxuto no processo da utilização e implementação práticas. É preciso obter algum impulso, aprender com os pilotos e começar a desenvolver a mudança cultural fazendo-a, para que possa existir um *momentum* de impulso rumo às mais dramáticas transformações da sua organização. Isso levará no mínimo um ano. Quando os primeiros sinais do sucesso forem percebidos, alguns consultores internos treinados, bem como altos gerentes, começarão a ver o processo enxuto como o que a empresa precisa para decolar.

3. *Organização enxuta (anos 2 a 5):* Depois de conquistar alguma experiência na implementação, e com a alta gerência já mais convencida de que o DP enxuto é real, aplicável e, acima de tudo, produz resultados, é possível começar a tarefa mais difícil: mudar a organização. Muitas empresas com as quais trabalhamos nunca chegaram a este estágio. Depois de obter melhorias mensuráveis nos pilotos de fluxo de valor, elas acreditaram que haviam dominado o processo enxuto e que precisavam apenas fazer o mapeamento do fluxo de valor e a melhoria do processo. Isso foi um grande erro. Elas tinham apenas começado a parte mais fácil de todo o processo. Era o momento de levar realmente a sério o conceito de um "sistema de engenheiro-chefe". Destacamos que o engenheiro-chefe é muito mais do que um tradicional gerente de projeto, ou mesmo do que aquilo que muitas empresas chamam de "chefe de engenharia". A Toyota precisou de décadas para criar um engenheiro-chefe e ele faz parte de um sistema cultural mais amplo que dá sustentação a essa importante função. Hoje, ninguém dispõe de décadas, mas também não basta mudar o título no cartão de visita para passar a ter um verdadeiro engenheiro-chefe. Nossa sugestão é que se comece com um projeto-piloto e com a escolha da pessoa com as características mais parecidas com aquelas que descrevemos como as do engenheiro-chefe na Toyota. A partir daí, é preciso permitir que essa pessoa participe do desenvolvimento de um processo de seleção e desenvolvimento para futuros engenheiros-chefes.

Esse é também o momento de reexaminar a estrutura organizacional existente. Você pode ter uma matriz, mas é eficiente? Você tem departamentos funcionais adequados para proporcionar à empresa as competências centrais de engenharia de que irá necessitar? Os de-

partamentos funcionais estão realmente construindo a *expertise* especialização técnica? E você tem realmente um processo como a exposição de políticas que alinhe os engenheiros em direção a um foco comum na consecução de objetivos congruentes?
4. *Ferramentas e tecnologias enxutas (ano 2 – para sempre)*: Você teve um bom começo no primeiro ano, mas o foco eram os planos pilotos, ou, em matéria de ferramentas e tecnologias, somente aquelas que exigem pouco ou nenhum investimento de capital. Nos planos pilotos se descobrem limitações da tecnologia atual. Isso proporciona o ponto de partida para procurar os tipos de tecnologias necessários para dar apoio a um verdadeiro DP enxuto. Protótipos digitais e um eficaz processo de revisões podem ser algo com que já se conta – ou não. E eles são essenciais para qualquer produto complexo nos dias de hoje. Mesmo quando se dispõe desses recursos, é preciso revisá-los, pois certamente se terá aí uma grande oportunidade de melhoria – não necessariamente na tecnologia, mas na maneira como ela é usada, como é organizada para explorar a informação de uma forte revisão de protótipo, e usando os resultados como parte de futuras listas de verificação. Também é possível trabalhar mais com as ferramentas até então utilizadas em pontos determinados da organização, como A3, matrizes de qualidade, padrões de produtos e processos e *obeya*.
5. *Empreendimento enxuto (ano 3 – para sempre):* Com determinado grau de domínio e alguma estabilidade para o desenvolvimento dos próprios processos, a empresa pode começar a atrair fornecedores e até mesmo os próprios clientes para criar um empreendimento realmente enxuto. Novamente, recomendamos um piloto com alguns fornecedores essenciais antes de espalhar novas políticas. Ainda é preciso aprender muito para conseguir fazer tudo de forma adequada. É preciso saber ser um professor antes de começar a espalhar essas práticas entre os fornecedores. É preciso contar com processos estáveis para integrar os clientes e fornecedores antes que eles possam participar do empreendimento. Outra grande tarefa nesse estágio é desenvolver uma base muito flexível de recursos. Mais uma vez, até contar com os processos padronizados e documentados, será muito difícil treinar recursos técnicos externos por meio da abordagem padronizada.

Esse é, em resumo, um processo em que se aprende pela prática, pela reflexão e pela constante melhoria. Trata-se do PDCA em todos os níveis. Em termos do modelo de SEDP, sugerimos que o leitor faça algum trabalho preliminar para atrair líderes e recursos para o seu projeto, para mergulhar na caixa de processos usando o mapeamento do fluxo de valor como ferramenta orientadora e, por meio de projetos pilotos iniciais, para começar a desenvolver pessoas, ferramentas e tecnologias próprias. Uma vez consolidado um posto avançado sólido com alguma experiência e conhecimento, será possível começar o processo de planejamento das mais amplas mudanças organizacionais e tecnológicas. Mantendo-se esse processo passo a passo, continuamente refletindo, entendendo a autêntica realidade do momento e desenvolvendo uma visão ampla, mas realista, do próximo passo, não haverá risco de fracasso.

LIDERANÇA E CONSTRUÇÃO EM APRENDIZADO E MELHORIA CONTÍNUA

Como o leitor a essa altura já deve ter percebido, é grande a diferença entre gerenciamento e liderança. Os gerentes planejam, organizam, controlam e, de maneira geral, trabalham dentro do sistema formal. Já os líderes conquistam corações e mentes – são eles que fazem com que as coisas aconteçam, que despertam nas pessoas a vontade de segui-los. É por essa razão, simplesmente, que "mudanças de gerenciamento" representam algo mais do que um mito da indústria. Não há quem gerencie mudanças culturais; existe, sim, quem as lidere. Duas questões que de imediato emergem dessa asserção acentuam o desafio relacionado com a liderança de uma transformação cultural: se a organização burocrática é do jeito que é porque existem gerentes demais e líderes de menos, de que forma os gerentes poderão subitamente a aprender a liderar? E como poderão liderar uma transformação para a nova cultura se nunca tiveram experiência com ela e, muito menos, tiveram um entendimento íntimo do que ela representa?

Um líder enxuto, especialmente líderes em uma organização de DP, é aquele que ensina, e a verdade é que ninguém pode ensinar o que não consegue entender. Para transformar a organização, o líder precisa, em primeiro lugar, mudar de forma visível. Ao viver a mudança, mostrar o caminho, implementar novos processos de trabalho, liderar equipes multifuncionais e usar as ferramentas do DP enxuto, as pessoas criam a oportunidade para se tornarem verdadeiros líderes da transformação. Aqueles que aprendem a ensinar dessa maneira abrem as portas para a construção do aprendizado e da melhoria contínua.

O ambiente empresarial do presente é hipercompetitivo e nada indica que tal situação seja amenizada num futuro próximo; não é possível pensar em termos de desaparecimento desse esforço. É preciso impregnar os processos de cada empresa com mecanismos de aprendizado, fazendo-os parte integral da maneira como desenvolvem os respectivos produtos. Mais ainda, será preciso estabelecer um grupo geral de revisão, institucionalizar os ganhos, padronizar os projetos de DP, gerenciar recursos compartilhados e manter processos disciplinados. Acima de tudo, no entanto, estará a necessidade de utilizar todos esses recursos a fim de impulsionar a melhoria contínua.

O conceito de concluir a transformação da empresa para DP enxuto contradiz a própria filosofia enxuta. Enxuto significa melhoria contínua na agregação de valor aos clientes. Trata-se de uma jornada de eliminação de desperdícios por intermédio de resolução de problemas e de melhoria contínua. Se essa jornada é interrompida, a melhoria contínua também pára. Quando isso ocorre, a organização não pode se considerar enxuta. Um aspecto que distingue a Toyota de outros empreendimentos enxutos reside no fato de a organização Toyota não ser apenas um grande professor, mas, também, um excelente aluno. Ofereça à Toyota uma observação ou sugestão e, muito provavelmente, ela será explorada (ou estudada) à procura de eventuais potencialidades. Nesse mesmo rumo, a Toyota esteve sempre engajada no estudo do *feedback*, seja de clientes finais, seja de pessoas do seu chão de fábrica. *Feedback* é um presente para uma organização que aprende, bem como uma ameaça para uma burocracia rígida. Em um Sistema Enxuto de Desenvolvimento de Produto, ele sempre recebe a devida atenção.

O desenvolvimento enxuto de produtos é um salto no abismo da melhoria. É arriscado. Chega a ser inebriante. Não existe retorno. Esperamos que o nosso trabalho tenha inspirado o leitor a empreender esse salto e a começar a sua longa jornada da transformação pelo DP.

Apêndice

Processo de Desenvolvimento de Produtos: o Exemplo da PeopleFlo Manufacturing Co.

Dr. John Drogosz

A PeopleFlo é uma empresa inovadora, pequena, que projeta e produz bombas para aplicações nas indústrias química, petroquímica e de processamento de alimentos. A companhia foi fundada por um grupo de pessoas comprometidas a aplicar a filosofia e ferramentas da produção enxuta de maneira única e abrangente. Começando do zero, a equipe de gerenciamento da PeopleFlo projetou uma nova linha de produtos e consolidou cada processo central de negócios em um empreendimento enxuto interdependente. Eles desenvolveram tecnologias patenteadas, simplificaram o produto de modo a ser construído com flexibilidade em células enxutas, e cumpriram todos os prazos.

Parte essencial da visão de empreendimento enxuto da companhia consistiu em repensar todo o índice de melhoria no projeto de novos produtos. Isso significou reduzir o típico ciclo de desenvolvimento de produto, que era de três a quatro anos na indústria de bombas, para menos de um ano. Além disso, exigiu a introdução de inovações radicais para a redução do tempo de lançamento, diminuição de ciclo de tempo e redução de estoques. A fim de atingir esses objetivos, a companhia começou com uma folha de papel em branco e usou a ferramenta do mapeamento de fluxo de valor não apeas para detalhar a melhor maneira de projetar, validar e lançar a manufatura de um novo produto do setor, mas igualmente para gerenciar o processo de desenvolvimento do produto. O primeiro passo para tanto consistiu em começar com um mapa de alto relevo que mostrava atividades de alto nível, decisões fundamentais e pontos de integração considerados necessários para a construção de uma nova bomba. A Figura A-1 mostra as principais fases do processo de desenvolvimento do produto e seus marcos.

Depois de definido o mapa de processos de alto nível, cada processo era mapeado de forma mais detalhada. As tarefas e os fluxos principais de infor-

370 ■ Sistema Toyota de Desenvolvimento de Produto

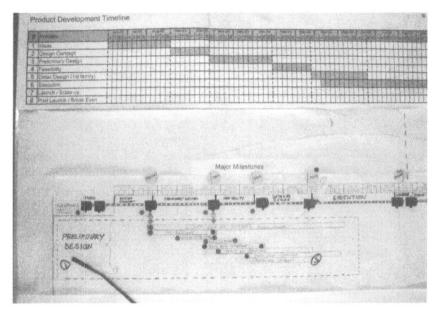

Figura A-1 ■ Mapa e linha de controle de prazos de desenvolvimento de produtos de alto nível.

mação eram delineados e o tempo era estabelecido para cada tarefa. A Figura A-2 mostra a arquitetura do processo para a fase inicial do projeto.

Como parte da atividade de mapeamento, a PeopleFlo incorporou vários conceitos de desenvolvimento enxuto de produtos ao seu processo de desenvolvimento. Por exemplo, foram incluídas atividades que proporcionaram tempo de projeto para examinar múltiplas alternativas (engenharia simultânea baseada em alternativas). Além disso, eventos de reflexão foram codificados no plano para conquistar o aprendizado em todo o processo de desenvolvimento.

Além de usar o mapa de fluxo de valor para definir um novo processo de desenvolvimento de produtos, líderes da PeopleFlo utilizaram o mapa como uma ferramenta de gestão de programa visual. A Figura A-3 mostra como a empresa usou os controles visuais para destacar problemas/oportunidades e indicar o *status* do programa.

As equipes mantinham reuniões em torno de mapas de fluxo de valor a fim de relatar as respectivas situações. Como a Figura A-4 ilustra, o quadro de programa mostrava a situação atual em relação ao tempo: indicadores visuais com pontos vermelhos eram colocados diretamente no mapa para indicar a localização dos problemas descobertos. Os pontos vermelhos indicavam a necessidade de contramedidas imediatas. Além de funcionar como ferramenta de resolução rápida do programa, a lista também era usada como captação de ensinamentos destinados a programas futuros.

Apêndice ■ 371

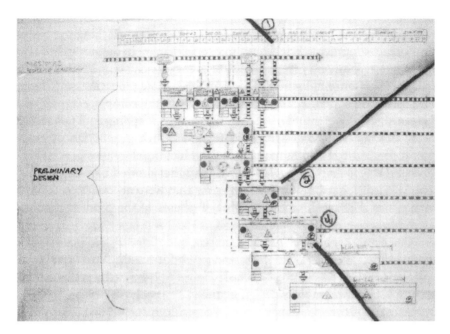

Figura A-2 ■ VSM da fase inicial do projeto.

À medida que o ciclo de desenvolvimento do produto progredia, os integrantes da equipe continuavam a agregar novos mapas de nível reduzido e a incluir tarefas e fluxos de informação que haviam passado desapercebidos quando da criação do VSM no estágio inicial. Ao final do primeiro ciclo de desenvolvimento de produto, eles haviam documentado claramente a melhor maneira de criar sua primeira família de produtos de bombas. A Figura A-5 mostra a arquitetura geral do processo para o processo de desenvolvimento de produto da PeopleFlo.

A equipe de desenvolvimento passou então a utilizar os mapas de fluxo de valor da primeira família de bombas como a estrutura para a família seguinte de bombas a ser projetada. O plano era continuar a aplicar a abordagem de VSM a todos os futuros programas de desenvolvimento de produtos e customizar essa abordagem de acordo com as exigências específicas de cada família de produtos.

O resultado foi o desenvolvimento de uma linha completa de bombas produzidas em menos de dois anos. Nesse intervalo, a PeopleFlo conseguiu projetar um produto de nova geração inovador, com 50% de peças a menos em relação a produtos semelhantes da concorrência, e a desenvolver um sistema exclusivo de instalação que elimina o tempo de troca em centros de usinagem. Um fluxo de célula única sem qualquer tempo de mudança proporciona produção flexível. Uma célula tem a capacidade de usinar dez peças diferentes da bomba, pintar, montar e embarcar 80% das partes vendidas 24 horas depois

372 ■ Sistema Toyota de Desenvolvimento de Produto

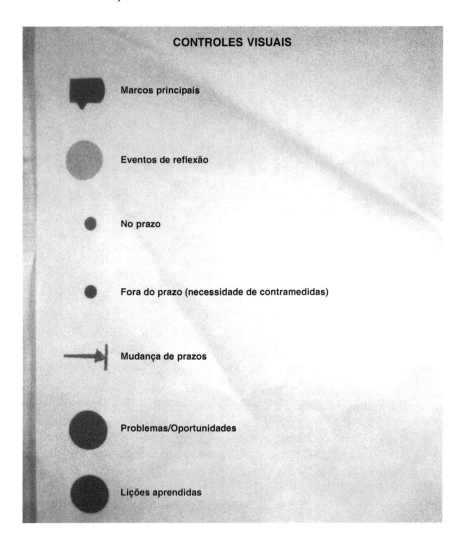

Figura A-3 ■ Controles visuais no VSM.

do recebimento do pedido – algo inédito nessa indústria. O custo em relação a uma bomba semelhante de um fabricante concorrente foi reduzido em 50%.

A chave para o sucesso desse empreendimento foi uma combinação de pessoas, processos e tecnologia. Os fatores de sucesso incluíram começar com um objetivo claro, reunir a equipe adequada de funcionários e parceiros de negócios, e construir um sistema interdependente de projeto/produção, com um conjunto de objetivos, com base em filosofia e ferramentas enxutas.

Apêndice ■ 373

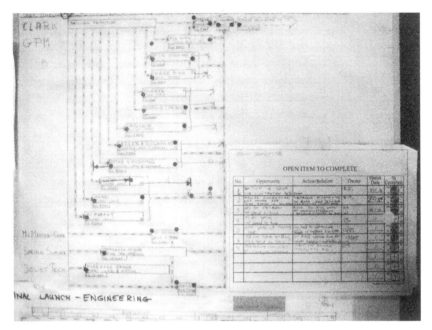

Figura A-4 ■ Controles visuais e lista de questões em aberto.

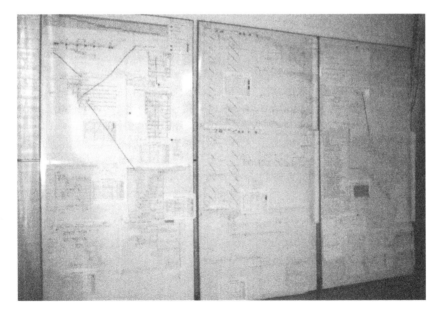

Figura A-5 ■ VSM da arquitetura de processo para a primeira família de bombas.

Referências

CAPÍTULO 1

Womack, James P., and Jones, Daniel T. (1991), *The Machine That Changed the World: The Story of Lean Production.* New York: Harper Perennial.
Morgan, James M. (2002), *High Performance Product Development; A Systems Approach to a Lean Product Development Process,* The University of Michigan, Ann Arbor MI.
Liker, Jeffrey K. (2004), *The Toyota Way: 14 Management Principles from the World's Greatest Manufacturer.* New York, McGraw-Hill.
Taylor, James C. and Felten, David F. (1993), *Performance By Design,* Prentice-Hall, Englewood Cliffs, NJ.
Nadler, David and Tushman, Michael 1. (1997), *Competing By Design,* Oxford University Press, New York, NY.

CAPÍTULO 2

Morgan, James M. (2002), *High Performance Product Development; A Systems Approach to a Lean Product Development Process,* The University of Michigan, Ann Arbor MI.
Liker, Jeffrey K. (2004), *The Toyota Way: 14 Management Principles from the World's Greatest Manufacturer.* New York, McGraw-Hill.

CAPÍTULO 4

Cusumano, Michael A., and Nobeoka, Kentaro (1998), *Thinking Beyond Lean,* The Free Press, New York, NY.
Ward, Allen c., Sobek, Durward K., II, Cristiano, John J., and Liker, Jeffrey K. (1995), "Toyota, Concurrent Engineering, and Set-Based Design;" in Liker, et al., eds. *Engineered in Japan,* Oxford Press, New York; pp. 192-216.

CAPÍTULO 5

Liker, Jeffrey K. (2004), *The Toyota Way:* 14 *Management Principles from the World's Greatest Manufacturer.* New York, McGraw-Hill.

Rother, Mike, and Shook, John. (1998), *Learning to See,* The Lean Enterprise Institute, Brookline, MA.

Adler, Paul S., Mandelbaum, Avi, Nguyen, Vien, and Schwerer, Elizabeth (1996), "Getting the Most out of Your Product Development Process;' *Harvard Business Review,* Mar.-Apr. 1996, vol. 74, no. 2; pp. 134-151.

Reinertsen, Donald G. (1997), *Managing the Design Factory,* The Free Press, New York, NY.

Hopp, Wallace J., Spearman, Mark L. (1996), *Factory Physics,* Irwin, Chicago, **IL.**

Morgan, James M. (2002), *High Performance Product Development; A Systems Approach to a Lean Product Development Process,* The University of Michigan, Ann Arbor MI.

Loch, Christoph H. and Terwiesch, Christian (1999), "Accelerating the Process of Engineering Change Orders: Capacity and Congestion Effects;" *Journal of Product Innovation Management,* Apr. 1999, vol. 16, no. 2.

Cusumano, Michael A., and Nobeoka, Kentaro (1998), *Thinking Beyond Lean,* The Free Press, New York, NY.

CAPÍTULO 6

Kramp, Eric E. (2001), *How soft issues influence hard work, loyalty and a sense of pride to build superior products at Toyota,* Ford Motor Com-pany Internal Presentation, Dearborn, MI, 6 Dee.

CAPÍTULO 7

Liker, Jeffrey K. (2004), *The Toyota Way:* 14 *Management Principles from the World's Greatest Manufacturer.* New York, McGraw-Hill.

Itazaki, Hideshi (1999), "The *Prius* that Shook the World: How Toyota Developed the World's First Mass-Production Hybrid Vehicle;" Tokyo, Japan-The Kikkan Kogyo Shimbun, Ltd. (translated by A. Yamada and M. Ishidawa).

Sobek, Durward K., II (1997), *Principles that Shape Product Development Systems: A Toyota-Chrysler Comparison,* UMI Dissertation Services, Ann Arbor, MI.

CAPÍTULO 8

Sobek, Durward K., II (1997), *Principles that Shape Product Development Systems: A Toyota-Chrysler Comparison,* UMI Dissertation Services, Ann Arbor, MI.

Cusumano, Michael A., and Nobeoka, Kentaro (1998), *Thinking Beyond Lean,* The Free Press, New York, NY.

CAPÍTULO 9

Rich, Ben R. and Janos, Leo (1994), *Skunk Works,* Little, Brown and Company, New York, NY.

Hammett, Patrick c., Wahl, Shannon M., and Baron, Jay S. (1999), "Using Flexible Criteria to Improve Manufacturing Validation During Prod-uct Development;" *Concurrent Engineering: Research and Applications,* Dec. 1999, vol. 7, no. 4; pp. 309-318.
er, Jeffrey K. (2004), *The Toyota Way: 14 Management Principles from the World's Greatest Manufacturer.* New York, McGraw-Hill.

CAPÍTULO 10

Kamath, Rajan R. and Liker, Jeffrey K. (1994), "A Second Look at Japanese Product Development;' *Harvard Business Review,* Nov.-Dec., vol. 72. no. 6; pp. 154-170.

CAPÍTULO 11

Ward, Allen c., Liker, Jeffrey K., Cristiano, John J., and Sobek, II, Durward K. (1995), "The Second Toyota Paradox: How Delaying Decisions can make Better Cars Faster;" *Sloan Management Review,* vol. 36, no. 3; pp. 43-61.
Senge, Peter M. (1990), *The Fifth Discipline,* Doubleday/Currency, New York, NY.
Drucker, Peter F. (1998), "The Coming of the New Organization;" in *Har-vard Business Review on Knowledge Management,* Harvard Business School Press, Boston, MA; pp. 1-20.
Nonaka, Ikujiro and Takeuchi, Horotaka (1995), The Knowledge-Creating Company: How Japanese Companies Create the Dynamics of Innovation, Oxford University Press, New York, NY.
Kogut, Bruce, and Zander, Udu (1992), "Knowledge of the Firm, Combinative Capabilities, and the Replication of Technology;" *Organization Science,* Aug. 1992, vol. 3, no. 2; pp. 383-397.
Conner, Kathleen R., and Prahalad, C. K. (1996), "A resource-based theory of the firm: Knowledge versus opportunism;" *Organization Science,* vol. 7, no. 5; pp. 477-501.
Argyris, Chris (1998), "Teaching Smart People How to Learn;" in *Harvard Business Review on Knowledge Management,* Harvard Business School Press, Boston, MA; pp. 81-108.
Garrvin, David A. (2000), *Learning in Action,* Harvard Business School Press, Boston, MA.
Nelson, Richard R., and Winter, Sidney G. (1982), *An Evolutionary Theory of Economic Change,* Belknap Press, Cambridge, MA.
Pfeffer, Jeffrey and Sutton, Robert I. (2000), *The Knowing-Doing Gap,* Har-vard Business School Press, Boston, MA.
Dyer, Jeffrey H., Nobeoka, Kentaro (1998), "Creating and Managing a High Performance Knowledge-Sharing Network: The Toyota Case;" *Strategic Management Journal,* vol. 21, no. 3; pp. 345-367.
Morgan, James M. (2002), *High Performance Product Development; A Systems Approach to a Lean Product Development Process,* The University of Michigan, Ann Arbor MI.
Hann, D. (1999), *"Organizational Forgetting;"* unpublished study, Harvard Business School, Boston, MA.

CAPÍTULO 12

Liker, Jeffrey K. (2004), *The Toyota Way: 14 Management Principles from the World's Greatest Manufacturer.* New York, McGraw- Hill.

CAPÍTULO 13

Clark, Kim B., and Fujimoto, Takahiro (1991), *Product Development Performance: Strategy, Organization, and Management in the World Auto Industry,* Harvard Business School Press, Boston, MA.

CAPÍTULO 14

Sobek, Durward K., II (1997), *Principles that Shape Product Development Systems: A Toyota-Chrysler Comparison,* UMI Dissertation Services, Ann Arbor, MI.

Morgan, James M. (2002), *High Performance Product Development; A Systems Approach to a Lean Product Development Process,* The University of Michigan, Ann Arbor MI.

CAPÍTULO 16

Wheelwright, Steven C. and Clark, Kim B. (1992), *Revolutionizing Product Development,* The Free Press, NY.

Clark, Kim B., and Fujimoto, Takahiro (1991), *Product Development Performance: Strategy, Organization, and Management in the World Auto Industry,* Harvard Business School Press, Boston, MA.

Womack, James P. and Jones, Daniel T. (1996), *Lean Thinking,* Simon and Schuster, New York, NY.

Hopp, Wallace J., Spearman, Mark L. (1996), *Factory Physics,* Irwin, Chicago, IL.

Rother, Mike, and Shook, John (1998), *Learning to See,* The Lean Enterprise Institute, Brookline, MA.

Adler, Paul S., Mandelbaum, Avi, Nguyen, Vien, and Schwerer, Elizabeth (1996), "Getting the Most out of Your Product Development Process;" *Harvard Business Review,* Mar.-Apr., vol. 74, no. 2; pp. 134-151.

Loch, Christoph H. and Terwiesch, Christian (1999), "Accelerating the Process of Engineering Change Orders: Capacity and Congestion Effects;" *Journal of Product Innovation Management,* Apr., vol. 16, no. 2.

CAPÍTULO 17

Rother, Mike, and Shook, John (1998), *Learning to See,* The Lean Enterprise Institute, Brookline, MA.

Morgan, James M. (2002), *High Performance Product Development; A Systems Approach to a Lean Product Development Process,* The University of Michigan, Ann Arbor MI.

Morgan, James M., *Learning to See Product Development,* The Lean Enterprise Institute, Brookline, MA.

Collins, Jim (2001), *Good to Great,* HarperCollins Publisher, New York, NY.

Índice

A

A3, ferramenta, 286-294
  escrevendo pontos vitais, 288, 293
  eventos *hansei* e, 227-228
  nemawashi e, 244-245
  para alinhamento, 294-295
  pontos de resolução de problemas, 288, 293
  relatório de resolução de problemas, 238-240, 292
  soluções múltiplas e, 187
  tipos de história, 287-288, 293
Abordagem de planejamento de "folha em branco", 63
"Abordagem informal", 166-167, 190
Acabamento manual, 269-270
Adler, Paul, 97-98
Aeroespacial, indústria, 119
Aisin, 199, 201
Alinhamento, ferramentas de, 281-287
Almoxarifado de aplicativos dos conhecimentos práticos, 86
Alocação de recursos, 101-103
Alta precisão, moldes de, 270-271
Alta velocidade, ambiente de, 173, 176, 179-180
Alta velocidade, padrões de, 268-269
Alvos em custos variáveis, 74-76
Análise dos 5 por quês (*5-why analysis*), 207-208, 227-228
Análise dos Elementos Finitos (AEF), 125, 265-267
Andon, 112

Aprendizado da reversão única, 222
Aprendizado, 221-233
  ciclos rápidos, 232-233
  construindo no, 323-325
  DNA, 247-251
  ferramentas, 309-311
  força dos problemas, 228-232
  ignorância e, 231-233
  liderança e construção em, 365-367
  pela experiência, 225-229
  Rede Toyota, 223-226
  Ver também: Competência técnica
Araco, 102-103, 199, 201
Arquitetura comum, 71-73
As dez maiores montadoras norte-americanas da Harbour, 24
Ásia, 24
Atividades nos níveis inferiores do projeto, 71-72
Atividades que não agregam valor, 94, 355-356
Automação, 259, 320-321
Autonomização (*jidoka*), 112
Avalon, 166, 173, 176, 209-210

B

Banco de dados. *Ver:* Software.
Benchmarking, relatórios de, 304-305, 307
"Bíblia do conhecimento", 236-237
Biblioteca de componentes, 267-269
Binder e desenvolvimento de processos, 125-126, 340, 338

380 ■ Índice

Blue Sky, projeto, 129-130
BMW, 139
Bombas, 371-373
Brainstorming, sessão de, 145
Burocrática, organização, 151-153, 216-217
Busca incansável da perfeição, 50

C

CAD (*computer aided design*, design auxiliado por computador), 117, 187, 273-274, 320-321
CADCEUS, 268-269
"Calouro", projeto do, 186-187
campos de testes no Arizona, 205-206, 250-251
Camry, 61, 77-78, 166, 173, 176, 209-210, 307-309
Capacidade
 flexível, 106-107, 320-322
 utilização, 96-98
 valores de liberação, 320-321
Car and Driver, 203-204
Carro de luxo, 139, 140. *Ver também: Lexus*
Carro do século XXI. *Ver: Prius*
Carroceria
 desenvolvimento nas três maiores montadoras dos EUA, 22
 documento de estruturas (K4), 71-72, 81-82
 engenharia de estruturas e, 69-71
 engenharia, 73-74, 173-174, 176-178
 equipe, 50-44
Carrocerias Toyota, 102-103, 106
Carro-K, 166
Catchball, processo (participativo), 49, 285
CATIA V-23, software, 77-78, 262
CCC21, programa, 197-198, 218-219
"Célula virtual", 115
Células de trabalho, 115, 270-271
Células, 115, 270-271, 371-373
Central, 102-103
Centro Técnico Toyota (CTT)
 distribuição *Roshin* na, 285
 EDMs do, 173, 176-177
 engenheiros norte-americanos no, 229-230
 ex-presidente do, 102-103
 fornecedores de pneus do, 202-203
 gerenciamento no *hourensou*, 250-252
 tratamento dos fornecedores no, 218-219
Chaminés, 95, 151-152, 159-160, 277

China, 24, 172-173, 208-209
Cho, Fujio, 241-246
Chrysler
 estrutura de equipe de plataforma, 166-170
 facilitação de grupo na, 151-154
 fornecedores e a, 216-217
 organização de equipe de plataforma, 159-160
 produção secreta (*skunkworks*), 166-167
Ciclos de *feedback*, 88
Ciclos, planejamento, 101-103
Cliente
 características de valor do, 46
 contribuição ao, 239-241
 cultura focada no, 153-154, 161-162, 352-353
 entregando valor ao, 48-50
 intermediar, 246-248, 352-353
 Ver também: Voz do Cliente
"Cliente em primeiro lugar", valor, 73, 246-248, 317-318
Cliente, características do valor do, 140, 141
Cliente, elementos do valor do, 61
"Clubes de Tecnologia", 159-160, 170
CNC (comando numérico computadorizado), máquinas, 269-270, 320-321
Coerente, sistema enxuto de DP, 225-228
 criação de impulso e fluxo, 321-324
 fluxo de valor e, 317-322
 identificação de valor, 317-318
 integração de subsistemas, 317
 integração multifuncional, 323-326
 perfeição em, 323-325
Collins, Jim, 360-361
Comando numérico computadorizado (CNC), máquinas, 269-270, 320-321
Combustível, economia de, 147, 203-204
Combustível, veículo híbrido gasolina-eletricidade. *Ver: Prius*
Começo de produção (SOP, *start of production*), 25, 74-75
Comparação de gráfico de radar, portas dianteiras, 52, 306
Compatibilidade antes da conclusão, 68-69
Competência Técnica Superior. *Ver: Competência técnica*
Competência, 213-216-217
Competências centrais, 180-181, 212-213, 215-216
Complementos, 273-274
Compromisso. *Ver:* Metas não negociáveis

Comunicação, 277-295
  com especialistas funcionais, 76-77
  "divulgar informação às massas", 114
  e avaliação de conjuntos, 301-304
  interfuncional, 293-294
  PDVSM como, 345-346
  seletiva, 277-279
  Ver também: Ferramenta A3, Comunicação visual
Comunicação visual, 277-295
  alinhamento na Toyota e, 293-295
  cronogramas de máquinas, 270-271
  ferramenta A3 na Toyota, 286-294
  ferramentas de alinhamento, 281-287
  manual de conceito do EC, 278-281
  obeya multifuncional, 280-282
Comunidade, 239-241
Concentrar esforços no início da fábrica de projetos, 254-255
Concentrar esforços no início do processo de DP, 57-83
  arquitetura comum, 71-73
  documento *kokokeikaku* (K4), 81-82
  em programa individual, 64-65
  engenharia simultânea baseada em alternativas, 65-69
  exemplo de caso, *kentou*, 78
  ferramentas digitais, nivelamento de, 76-78
  kentou (estudo), 69-71
  metas de investimento e custos variáveis, 74-77
  metas de níveis de veículos, 73-74
  na Toyota, 69-71, 73-75
  padronizando atividades nos níveis inferiores do projeto, 71-72
  para fábrica de projetos, 59-61
  pessoa, trabalho e tempos certos, 81-83
  planejamento de tecnologia avançada, 62-65
  princípio da reutilização, 71-73
  veículos derivados de plataformas existentes, 60-63
Condição de enrugamento da superfície selada, 80-82
Confiança, 179-180, 197-199, 215-219
"Confiança profissional", 179-180
Conhecimento
  acessando o necessário, 349-350
  banco de dados, NAC, 298-299
  "bíblia do", 236-237
  central, na Toyota, 212
  como elemento fundamental no DP, 114
  definição de, 221-222
  explícito, 222-223
  fluxo de dados para mapear, 340-341
  transferência, 222-223
  Ver também: Listas de Verificação
Conhecimento tácito, 222-225, 247-248, 297, 307, 323-325. *Ver também:* Tecnologia V-Comm
Conhecimento, piloto de engenharia baseada no, 299
Construção comum, seções, 309-310
Construção malfeita de carroceria, 271-275
Construção sem ajuste, 271-275
Contratação. *Ver:* Competência técnica
Controles computadorizados (IGBTs), 213
Controles virtuais, 127-128
Controles visuais, 370-373
Corolla, 29-30, 137, 143
Criatividade, 249-250. *Ver também:* Estilo.
Cronograma detalhado, 108-109
Crown, 137
CTT. *Ver:* Centro Técnico Toyota
Cultura, 235-256
  apoiadora do processo, 252-255
  conceitos enxutos e, 235-239
  contribuição societal, 239-241
  de disciplina, 117-118, 214, 319-322
  definição de, 236-239
  DNA do aprendizado, 238-239, 247-251
  excelência técnica e, 240-248
  ferramentas e, 238-240
  focada no cliente, 153-154
  gerenciamento *hourensou* e, 250-252
  NAC/Toyota, contraste, 252-253
  processo adequado/resultados adequados, 251-253
  renovação de líderes, 255-256
  valores compartilhados, cinco áreas, 356-358
Cultura corporativa. *Ver:* Cultura
Cultura, mudança de, 347-367
  agente da mudança interna, 349
  estado atual, processos enxutos de DP, 353-357
  identificação de fluxo de trabalho, 350-351
  liderança e construção em, 365-367
  mecanismos de integração, 351-352
  o cliente, começando com, 352-353
  obtendo conhecimento necessário, 349-350

orientando para a verdadeira, 356-361
participação da estrutura organizacional, 352-353
pessoas, coração do sistema enxuto de DP, 360-362
roteiro da transformação enxuta, 361-366
Curvas de compensação (*trade-off*), 61, 302, 303
Custos, objetivos em, 74-76

D

Dados virtuais, 331-333
Daihatsu, 102-103
Daimler-Chrysler, 153-154, 170, 196-197, 208-209
De Geus, 221
Decisão, matrizes de, 303-304
Decisões, processo de tomada de, 283-284
Deming, W. Edwards, 120, 230-233, 350
Denso, 199, 201, 210-211, 214
Derivados, veículos, 60-63, 86
Desativação, 93-94
Desenvolvimento, ciclos de
  programas de 12 meses, 148
  programas de 15 meses, 242-243, 259
Desmontagem de produtos da concorrência, 190, 200, 305-307
Desperdício
  causas da origem do, 99
  cultura enxuta e, 235-236
  de transações, 217-218
  em duas amplas áreas, 45
  Muda, 86
  reconhecimento, 88-89
  redução, 275
  Três Ms, 91-94
Desperdício, eliminação, 317-320, 327-346
  desenvolvimento de produtos como processo, 345-346
  na Toyota, 318-319
  Oficinas ODVSM workshops, 340-346
  PDVSM e, 328-341
Determinação do ritmo, 112-112
Diagramas de Venn, 67
Digitais, ferramentas, 76-78
Digital, engenharia, 272-273
Digital, montagem, 263-266
Digital, visualização, 263-264
Disciplina, 117-118, 214, 242-245
Distância de frenagem, 202-203, 205-206

"Documento com ordens diretas" (*Shijisho*), 49
Documentação. *Ver também*: Comunicação visual.
Drogosz, Dr. John, 369-373
Drucker, Peter, 45, 221
Duplo circuito, aprendizado de, 222

E

EC. *Ver* Engenheiro-Chefe
Echo, 286-287
Economia pós-II Guerra Mundial, 237-238
ECP (engenheiro-chefe de produção), 173, 176
EDM. *Ver:* Equipe de desenvolvimento de módulos
Einstein, Albert, 33
E-mail, 171-172
Empreendimento recente, caso, 369-373
Empregado (funcionário)
  demissões, 240-241, 249-250
  DNA, 249-250
  vitalício, 249-250
  Ver também: Competência técnica
"Empresa verde", 203-204
Engarrafamento das filas, analogia teórica, 97-97-98
Engenharia
  excelência, 240-248
  listas de verificação, 119-122
  mecanismos de cadência, 111-112
  padronização do conjunto de habilidades, 119
  sistema de engenheiro convidado, 209-211
  viabilização do estilo e, 64-65
  Ver também: Engenheiro-chefe; Engenharia simultânea
"Engenharia de bom senso", 33
Engenharia industrial, 264-265
Engenharia simultânea
  engenheiros chefes de produção, 171-178
  equipes de desenvolvimento de módulos em, 171-178
  essência da, 278-279
  plantas, avaliação, 170-172
Engenharia simultânea baseada em alternativas, 58-60, 65-69, 301
"Engenharia virtual", 190
Engenheiro
  distribuição, 277, 280-282
  residente, 326

tarefas, nas empresas não-enxutas, 355-356
Ver também: Engenheiros avançados; Engenheiro–chefe; Competência técnica
Engenheiro líder de manufatura, 74-75
Engenheiro simultâneo (ES), 71
   impacto do, 171-172
   objetivos e, 74-77
   responsabilidades, 73-75, 318-319
   sincronização e, 104-106
Engenheiro-chefe (EC)
   como representante do cliente, 153-154
   função, 47-48
   liderança, 137
   manual de conceito, 48-49, 278-281
   não especializado para o *Prius*, 144
   responsabilidades, 136-137
   reverência pelo, 138
Engenheiro-Chefe de Produção (ECP), 173, 176
Engenheiros avançados, 63
Engenheiros residentes, 326
Equipe de desenvolvimento de módulos (EDM)
   como nova iniciativa, 171-173
   como passo na entrega de valor ao cliente, 49-50
   equipes multifuncionais, 105, 321-323
   ESs em, 171-172
   kentou e, 69-71
   objetivos em nível de componentes e, 305-307
Equipes de Revolução nos Negócios, 62-63
Ergonomia, 323-324
ES. *Ver:* Engenheiro simultâneo
Esboço de estudo (*kentouzou*), 69, 71-73, 81-82
Escalas, 269-270
Escalonamento dos lançamentos de veículos, 102-103
Escaneamento óptico, 273-274
Especialização, processo baseado em, 268-270
Estado futuro. *Ver:* Mapeamento do fluxo de valor
Estágio da proposição de idéia, 73
Estágio de segundo protótipo (2S), 205-206.
   Ver também: Princípios do SEDP
Estampo de aprovação (*hanko*), 283-284
Estilo
   congelamento, 25
   modelos em argila e esboços, 64-66
   visibilidade de engenharia e, 64-65, 246-248
Estilo do veículo. *Ver:* Estilo

Estoque, 293-294
Ética do trabalho, 242-245
Excelência. *Ver:* Cultura
Exemplos de processos de lógica com defeito, 101

F
Fábrica de projetos, concentrar esforços no início, 59-61
Fábrica escondida, 217-218
Factory Physics (Spears e Hopp), 95
Famílias de peças, 275
Fase de estudo. *Ver: Kentou*
Ferramenta de planejamento anual. Ver *Hoshin kanri*
Ferramentas, 238-240, 266-268
   adaptação da tecnologia, 275-276
   construção da carroceria e, 271-275
   etiquetadas, 333, 335, 337
   listas de verificação, 119-122, 266-268
   para criação de modelos, 268-269
   para padronização, 266-268
   para projeto de moldes sólidos, 267-269
   para usinagem de ferramental, 269-271
   prensas de teste, 270-272
   subsistema, tecnologia e, 40-42
   Ver também: Tecnologia e Ferramentas
Filas, teoria das, 94-99
   analogia do engarrafamento, 97-98
   sete desperdícios e, 99
   TEP e, 95
   utilização da capacidade e, 96-97
   variação e, 118
Flexível, capacidade, 106-107, 122, 320-322
Flexível, pessoal, 106-107
Flexível, produção, 371-373
Fluxo
   barreiras e facilitadores do, 94-99
   células e, 115
   criação de, 321-323
   entre as funções, 109-110
Fluxo contínuo, 94
Fluxo de processo do desenvolvimento de produtos nivelado, 85-116
   alocação de recursos, 101-103
   barreiras e facilitadores do, 94-99
   concentração "difusa", 100
   conhecimento puxado pelo, 113-114
   criação de capacidade flexível, 106-107
   cronograma detalhado (*fundoshi*), 108-109

cultura e, 254-255
desenvolvimento de produtos como processo, 184-187
deslocamento da, instabilidade, 108-109
desperdícios em, 88, 90-94
em manufatura não-tradicional, 110-113
fase de execução, 102-104
função da, lógica do processo, 100-101
kentou e, 100
liberações escalonadas, 109-110
multifunções, 109-110
nivelando cargas de trabalho, 101-103
planejamento de ciclo, 101-103
poder do, 85-86, 116
sincronização, 104-106
teoria das filas e, 94-99
Fluxo de uma peça, 85, 115, 275, 371-373
"Fluxo de trabalho" paralelos, 87-89
Fluxo de valor, 45, 317-327
Fluxo, linhas de, 269-270, 275
Fluxo não-nivelado
Fluxos de trabalho, 87-89, 350-351
Ford, 196-197, 208-209
Ford, Henry, 85, 117
Fornecedor
consultoria, 201-202
contratual, 201-203
estável, 210-212
estrutura de ligação, 199, 201-203
exemplo dos pneus, 202-206
maturidade, 200-202
proposta e preços, 207-210
quatro funções principais, 199, 201-203
relações de longo prazo, 206-210
respeito pelo, 216-219
seleção/desenvolvimento para Toyota, 202-206
sociedade com, 199, 201-202, 206-212, 321-322
Fornecedores, integração, 195-219
associando-se com fornecedores, 206-212
estratégia de terceirização, 212-217
estrutura de ligação, 199, 201-203
exemplo de fornecedor de pneus norte-americano, 202-206
fornecedores da Toyota em parceria com, 202-206
keiretsu e, 198-199, 201
peças e, 196-199
tratamento dos fornecedores, 216-219
Funcionais, chaminés, 151-152

Funcionais, departamentos, 163-164, 170
Funcionais, equipes de programas, 49
Funcionais, especialistas, 76-77
Funcional, especialização, 157-178. *Ver também:* Integração multifuncional
Funcional, modelo, 271-275
Funcional, programação em nível organizacional, 109
Fundoshi, programação, 108-109

G

G21 (Global 21), plataforma, 143-145, 147, 170-171
Gardner, G. Blenn, 152-153, 159-160, 166-167
Gates, Bill, 259
Genchi genbutsu, engenharia, 50, 64-65, 189-191, 248-249, 278-279, 307
General Motors (GM), 196-197, 208-209
General Tire, 209-210
Geração X, estilo de vida, 48
Gerenciamento visual, 112
Gestão de Qualidade Toyota, 352-353
Global 21 (G21), programa, 197-198, 218-219
Good to Great (Collins), 360-361
Graus avançados, 180, 185-186
Grupos de foco, entrevistas, 140
"Guerra ao desperdício", 86, 93

H

Hanko (carimbo de aprovação), 283-284
Hansei (reflexão), 130-131, 221, 227-229, 248-249, 252-253
Hasegawa, Tetsuo, 197-198, 217-218
Hetakuso-sekke, 297, 300
Hino, 102-103
Horensou, gerenciamento, 250-252
Hoshin Kanri (desdobramento de políticas), 49-50, 187-189, 249-251, 284-287
Humildade, 245-246

I

Ijiwaru, teste, 228-229
Implementação, equipes de, 352
Índia, 24
Indústria da defesa, 137
Informação. *Ver:* Conhecimento
Inovação, 139, 143, 170-172, 197-198
Instabilidade (*mura*), 86, 108-109
Insulated Gate Bipolar Transistor (IGBT), 213
Integração multifuncional, 157-178, 323-326

engenharia simultânea, 170-178
equipes de desenvolvimento em módulos em, 171-178
estrutura de equipe de plataforma da Chrysler, 166-170
melhor estrutura, 157-161
organização de matriz, 160-166
pelo sistema de EC, 153-154
processo organizacional evolutivo, 177-178
sala da *obeya*, 170-172, 280-282
Interchegadas, variação, 96-97
Interna, agente de mudança, 349
Interna, capacidade, 214-217
Internet, 171-172
Investimentos, objetivos em, 74-76
Ir até o local. *Ver:* Engenharia *genchi genbutsu*
Iterativo, projeto pontual, 65-68

J

J.D. Power & Associates, 29-30, 197-198, 203-204
Japão, 119, 137, 185-186, 195-196, 249-250
Japonesa, bolha da economia, 143
Jidoka (autonomização), 112
JIT (*Just-in-time*), 270-271
Johnson, Kelly, 190

K

K4 (documento de estrutura de carrocerias), 71-72, 81-82
Kaizen, 116, 120, 128-129, 242-246, 248-249
Kanban, cartões, 113
Kanto Auto Body, 102-103
Keiretsu, 198-199, 201, 214-217
Kelly, Kevin, 315
Kentou (fase de estudo)
arquitetura comum, 71-73
concentrar esforços no início do processo de DP, 254-255
EDMs e, 173, 176, 318-320
engenharia de carroceria e estruturas, 69-71
estágios iniciais do, 58, 73-75
exemplo de caso, 77-82
fase de execução e, 102-103
fluxo e, 100
K4 e, 81-82
resolução de problemas em, 77-82, 230-231
Kentouzu (desenhos de estudos), 69, 71-73, 81-82

Kimbara, Yoshiro, 143
Know-how. Ver: Conhecimento tácito
Knowing-Doing Gap, The (Pfeffer & Sutton), 222
*Knowledge Creating Company, The (*Nonaka), 222
Kousu Yamazumi, 102-103
Kozokeikaku, 71-72, 81-82

L

Lean Thinking (Womack e James), 317-318, 349
Lexus
curva de compensação, alvo da inovação radical, 302-303
estrutura de desenvolvimento do veículo, 163-166
história de dois ECs, 138-143
LS 400, 302- 303
LS 430, sedan, 45
margem de erro pela metade, 50-54
Liberação do projeto, escalonamento da, 109-110
Liderança, 365-367
cultura da empresa e, 236-237, 359
líderes seniores, 348,352
mentor como, 180
quatro tipos de líderes, 149-151
Ver também: Engenheiro-chefe; Mentor
Ligando disciplinas, departamentos, fornecedores, 27-28
Linha, organização, 352-353
Linhas Globais de Carrocerias, 129-130
Listas de verificação informatizadas, 121
Listas de verificação, 119-122, 307-310
Lockheed, 190
Lund, Andy, 247-248, 251-253
Lutz, Robert, 28, 152-153
Machine that Changed the World, The (Womack, Jones, & Roos), 21,24

M

Manual de conceito, 48-49
Manufatura, ambiente, 330-331
Manufatura celular, 85
Manufatura, engenharia da, 181
Manufatura virtual, 262-274
Mapeamento do fluxo de valor (PDV), 87-88, 369-373
estado atual, 327-329, 353-357
estados futuros, 327-329, 351
fluxos de trabalho, 350-351
oficina, 363

poder do, 328-329
Marca, DNA da, 64-65
Marca, identificação, 63
Marcos, exigências dos, 101
Margem de redução de erro, 50-54
Masaki, Kunihiko, 102-103, 297, 300
Matriz de qualidade, componentes, 71
Matriz, organização
    função do gerente geral, 161-162
    mudando para Toyota, 163-166
    múltiplos chefes em, 136
    na NAC, 151-152
    original da Toyota, 161-163
    para sistemas de EC, 148
    pontos fortes e pontos fracos, 160-162
Matsushita, 213-212, 243-244
MBAs, 180
Mecanismo de coordenação horizontal, 171-172
Mecanismos de integração. *Ver:* Revisões de projeto; *Obeya*
Medida preventiva. *Ver também: Mizen boushi*
Melhor-de-sua-classe, empresas, 26
Melhoria contínua, 221-233, 323-325, 365-367
Melhoria incansável. *Ver também:* Melhoria contínua
Melhoria, 247-251. *Ver:* Melhoria contínua; Cultura
Mensuração tridimensional sem contato, 273-275
Mentores, 180, 184-185, 187, 361-362
Mercado, demanda do, 107
Mercado, fatia de, 25
Mercedes Benz, 139, 142, 143
Meritocracia, 180
Merryll Lynch, análise da, 25
"Metas sem comprometimento", 142, 144, 153-155
México, 208-209
Mizon boushi (qualidade programada), 58, 76
Modelo de portais de fase, 353-355, 359
"Modelo de *stage-gate*", 123
Modelo Toyota, O, 149-151, 187, 189, 210-211, 240-241, 249-253
Modelo, expectativa de vida do, 26
Modelo, idade do, 25
Modularidade, 215-217
Moldes
    engenharia, 124-125
    projeto, 267-269
    usinagem, 269-271

Moldes sólidos, projeto de, 267-269
Muda (sem valor agregado), 91-92, 293-294
Mudança, gerenciamento da, 328-329, 357-358, 366-367
Multifuncionais, atividades, 100
Multifuncionais, processos, 122
Multifuncional, equipe 115
Multifuncional, sincronização, 104-106
Multifuncional, trabalho de equipe 166-167
Multiprojetos, gerenciamento de, 59-60, 108-109
Multiverificação, 230-232
Mura (instabilidade), 86, 93, 108-109
Muri (sobrecarga), 86, 93

N

NAC. *Ver*: North American Car Company
Nakamura, Kenya, 135, 137
NASA, 160-161
Nemawashi, 239-240, 244-245, 253-254, 279-280, 282-284, 294-295
Niimi, Atsushi, 129-130
Nível de veículo, arquitetura de,141-142
Nível de veículo, objetivos de desempenho de, 45, 49, 142
Nivelamento da carga de trabalho, 101-103
Nominais, dimensões, 271-274
Nonaka, Ikujiro, 222
North American Car Company (NAC)
    "solução antecipada de problemas" na, 80
    explicada, 31
    gerente de desenvolvimento de produtos, 150-152
    organização burocrática, 151-152
    padronização de processos, 123
    processo de valor definido pelo cliente na, 46-48
    seleção/contratação na, 181-183
    tecnologia em DP, 262-264
    treinamento/desenvolvimento na, 183-185
Numerica Computadorizada (NC), tecnologia, 269-270

O

Obeya (sala de comando)
    como inovação, 144, 170-172
    EDMs e, 176-177
    engenharia simultânea, 170-172
    mudança cultural e, 351-352
    multifuncional, 280-282

Ohno, Taiichi, 23, 90, 195-196, 241-242, 277
OJT (Treinamento no Trabalho), 183, 187, 361-362
Okamota, Uchi, 179-180
Okuda, Hiroshi, 66, 148, 213, 242-243
Operação de borda, canto da porta, 51, 53- 54
Organização de equipe de plataforma, 159-160
Organizacional, aprendizado, 221-222, 297-312. *Ver também:* Padronização
Organizacional, estrutura
 "a melhor", 157-158
 como processo evolutivo, 177-178
 engenharia simultânea, 170-178
 equipe de plataforma, 166-170
 focada em produto, 158-161
 Ver também: Integração Multifuncional: Matriz de organização

P

Padrões, concretização, 268-269
Padronização, 117-132
 aprendizado organizacional e, 297-298
 banco de dados da NAC, 298-299
 banco de dados de *know-how* da, Toyota, 299-301
 competidores e, 304-307
 comunicando e avaliando conjuntos, 301
 de atividades nos níveis inferiores do projeto, 71-72
 de conjunto de habilidades de engenharia, 119, 130-132
 de processo, 118, 122-131
 de projeto, 118-122
 ferramentas de aprendizagem e, 309-311
 função da, 309-311
 funções na Toyota, 307-312
 listas de verificação de engenharia, 119-122
 paradoxo da flexibilidade, 107
 três categorias, 118-132
Padronização, biblioteca de componentes de, 267-269
Padronizadas, estoques de habilidades, 130-131
Padronizadas, planilhas de processo, 308-310
Parâmetros "pontuais", 119
Patentes, 127-128, 269-270
PDCA, ciclo (planeje, faça, verifique, aja), 120, 230-233, 281-282, 318-319
PDVSM (mapeamento do fluxo de valor no desenvolvimento de produtos), 328-346
 como adaptação do PDV, 87
 conexões reveladas por, 88
 dados virtuais e, 331-332
 diferenças de PDV de DP/manufatura, 330-331
 especialistas participantes em, 340-342
 fluxo complexo de informação, 340-341, 356-357
 laços multifuncionais em, 331-333
 mapeamento dos processos de DP, 330-341
 oficinas, 340-341, 344-346
 prazos mais longos em, 333, 335-336
 trabalho de conhecimento em, 333, 335, 337-340
 Ver também: Mapeamento do fluxo de Valor
Pedidos para Propostas de Projeto e Desenvolvimento (PPDD), 204-205
PeopleFlo Manufacturing Inc., caso, 369-373
Pessoas
 desenvolvimento de, 191-193
 pessoa, trabalho, tempo certos, 81-83, 317
 subsistema, 38-41
 Ver também: Competência técnica
Planejamento de tecnologia avançada, 62-65
Planejar-Fazer-Verificar-Agir, ciclo (PDCA), 120, 230233, 281-282, 318-319
Plantas de produção, 76
Plataformas conjuntas de veículos, 102
Plataformas de veículos, 25, 60-63, 102, 264-266
Plataformas de veículos únicos, 25
Pneus, 202-207, 209-210
Poka-yoke (testando erro), 112-113
Política de deslocamento (*hoshin kanri*), 49-50, 187-189, 284-287
Porta dianteira, margem de comparação, 52, 306
PPDD (Pedidos para Propostas de projeto e Desenvolvimento), 204-205
Prensa de estampos, 270-272
Prensa dedicada, 270-272
Prensas de teste final, 270-272
Primeira apresentação do protótipo (1S), 204-205
Princípio da reutilização, 71-73
Princípios. *Ver:* Princípios do SEDP
Prius
 bateria para, 213, 243-244
 como projeto da Equipe de Revolução nos Negócios, 62-63

engenheiro-chefe para, 143-148
envolvimento da ES no, 171-172
estilo, 66-67
G21, plataforma para, 145-148, 170-171
história do desenvolvimento, 146-146, 242-244
histórias de dois ECs, 138-143
tecnologias básicas para, 212-213
Problema do painel interno da tampa dos porta-malas, 80-82
Problemas
   atitudes em relação a, 229-230
   força dos, 228-230
   múltiplas alternativas, 69
   processo científico padronizado, 230-231
   resolvendo na fonte, 229-232
   soluções rápidas, 71-72
Problemas ocultos, 229-230
Processo de marca-passo, 115
Processo do projeto inicial, 76
Processo e desenvolvimento de binder, 125-126
Processo, fluxo
   cadência de engenharia e, 111-112
   em manufatura não-tradicional, 110-113
Processo, lógica de, 100-101
Processo, padronização do, 118, 122-131
   construção de moldes, 127-130
   engenharia de moldes, 124-125
   manufatura de ferramentas e moldes, 126-128
   na Toyota, 124-131
   para engenharia de produção, 124
   processo e desenvolvimento de binder, 125-126
Processos, subsistema, 35-38
Produção, engenharia de, 123, 173, 175-178, 181, 188-189
Produto
   "chaminés", 159-160
   conceito, 38-39
   famílias, 126,143
   organização, 158-161, 166-167
   plataformas, gerenciamento, 59-61
Produto, desenvolvimento
   abordagem de sistemas coerentes, 34
   como processo, 345-346
   fase de execução, 102-104
   fluindo na Toyota, 172-173
   fluxo, 112-113
   globalizando, 301

PeopleFlo Manufacturing Inc., caso, 369-373
próxima competência central dominante, 26-27
sistemas, próxima fronteira competitiva, 23-26
Produtos, famílias de, 371-373
Produtos, mapeamento do fluxo de valor do desenvolvimento de. *Ver:* PDVSM
Programa individual, concentrar esforços no início de um, 64-65
Programação da máquina, 270-271
Projeto, 76
Projeto, escalonamento da liberação, 109-110, 114
Projeto, padronização, 118, 119-122
Projeto, revisões, 351-352
Projeto, tecnologia, 262-263
Protótipos, construções, 190-191, 204-206

Q

Quadros de situação, 114
Qualidade
   iniciativas, 231-232
   matrizes, 113, 307-309
   *Ver também:*Qualidade inovadora, *mizen boushi*
Qualidade inovadora, 50, 142, 302-303, 369-370
Qualidade projetada (*mizen boushi*), 58

R

RAV Four, 45, 48, 243-244
Recursos Humanos. *Ver:* Competência técnica
Redução da distância, 50-54
Redução de custo, 198-199
Reduções de custos de curto prazo, 93
Reflexão (*hansei*), 130-131, 221, 226-229, 248-249, 252-253
"Rei dos Inventores", 240-241
Relatórios de *benchmarking* dos concorrentes, 304-305
Relatórios dos clientes, 203-204
Retenção. *Ver:* Competência técnica
Retorno sobre Investimentos (ROI), 47-48
Retrabalho, 68, 262-263, 355-356
Reuniões diárias sobre o andamento da construção, 191, 231-232
Revolução do desenvolvimento de novos produtos, 21-31

categorias para ampliação, 59-61
disciplinas conectoras, departamentos, fornecedores, 27-28
próxima competência-chave dominante, 26-27
próxima fronteira competitiva, 23-26
Toyota como foco, 28-31
Ringi, sistema, 283-284
ROI (Retorno sobre Investimentos), 47-48

S

"Sala de comando". Ver *Obeya*
Salão do Automóvel de Tóquio, 147
Satélites, empresas, 106
SEDP, princípios
  fundamentos, 294-295
  fundamentos do princípio cinco, 154-155
  fundamentos do princípio dez, 256
  fundamentos do princípio dois, 82-83
  fundamentos do princípio doze, 295
  fundamentos do princípio nove, 233
  fundamentos do princípio oito, 219
  fundamentos do princípio onze, 276
  fundamento do princípio quarto, 132
  fundamentos do princípio seis, 178
  fundamentos do princípio sete, 193
  fundamentos do princípio três, 116
  fundamentos do princípio treze, 310-311
  fundamentos do princípio um, 55
  princípios 1 a 4, 35-38
  princípios 11 a 13, 40-42
  princípios 5 a 10, 38-42
  subsistemas STS e, 35-36
  treze princípios, 23
Senzu (esboço da manufatura)
  atualizado no fim do programa, 308-309
  EDMs e, 176-177
  engenharia de ferramental e, 125
  engenheiro de produção e, 71-72, 124
  engenheiro simultâneo e, 308-309
  específica de peças, 76-77
  planos de desenvolvimento de componentes individuais, 132
Sete desperdícios, 88, 90-92, 99
Shijisho ("documento de com ordens diretas"), 49
Shiomi, 147
Shiramizu, Kousuke, 47-48
Shook, John, 148

Sienna, minivan, 61, 166, 209-210, 247-249, 251-253, 278-279, 307-309
Sincronização no âmbito da função, 104-105
Sinergia. *Ver:* Integração de Subsistemas
Sistema de engenheiro-chefe, 135-155, 253-255
  engenheiros do *Lexus* e do *Prius,* 138-141
  evitando comprometimentos na Toyota, 151-155
  facilitação de grupo na Chrysler, 151-154
  história de dois engenheiros, 138-141
  ícone cultural, 136-138
  modelo de liderança, 148-150-151
  NAC e, 150-152
  Prius, novo EC/novo processo, 143-148
Sistema de engenheiros convidados, 209-211
Sistema de impulso, 85, 321-323
Sistema de parceiro capacitado, 216-218
Sistema de valores. *Ver:* Cultura
Sistema enxuto
  elementos de, 188-189
  empresas, 28, 356-357, 365-366
  manufatura, 21, 23, 264-265, 322-324
  marcas registradas do sistema, 346
  pensamento, 93-94
  princípios, 192-193
  tecnologia em DP, 261-267, 275
  transformação, 323-325, 361-366
  visão de comunicação, 279-280
  Ver também: Desperdício
Sistema Enxuto de Desenvolvimento de Produto (SDPE)
  abordagem de sistemas coerentes, 34
  dois elementos indispensáveis de, 315-316
  pesquisa de apoio, 22-23
  princípios 1 a 4, 35-38
  princípios 11 a 13, 40-42
  princípios 5 a 10, 38-41
  sistema sóciotécnico (SST), 33-36
  subsistema pessoal, 38-42
  subsistema processo, 35-38
  Ver também: Sistema Enxuto de DP coerente; Princípios SEDP)
Sistema Toyota de Produção (STP)
  fornecedores e, 202-203
  processos/pessoas/ferramentas, 323-324
  trabalho padronizado e, 117
Sistemas, compatibilidade, 68-69
Situação atual. *Ver também:* Mapeamento do fluxo de valor

Situação de erro, 112
Sobrecarga (*muri*), 86, 93
Sociedade, 239-241
Sociedades, 196-198, 216-219
Sócio nos negócios. *Ver* Sociedade
Software
   AEF da formabilidade, 265-268
   banco de dados de *know-how* da Toyota, 262, 299-301
   design comercial, 262
   para produção de padrões, 268-269
   paramétricos, 262-263
   Ver também: Tecnologia V-Comm
Software de formabilidade FEA, 265-268
Solara, 166, 209-210
"Solução antecipada de problemas", 80
Sterzing, Darrel, 208-209, 218-219
STP. *Ver:* Sistema Toyota de Produção
Submontagem de portas, 129-130
Subsidiárias de propriedade total, 106
Subsistemas, integração de
   capacidade flexível, 320-322
   eliminação da variação, 317-321
   eliminação do desperdício, 317-320
   ferramentas e tecnologia, 317
   fluxo de valor e, 317-320
   fluxo, criação de, 321-323
   manufatura eficiente, 322-324
   perfeição/melhoria contínua, 323-325
   pessoas e processos, 317
   valor definido pelo cliente, 317-318
"Supermercados", 85
Suzuki, Ichiro, 139-143, 150-151

T

Tamanho de lote, 85
Técnica, competência, 179-193
   engenharia *genchi genbutsu*, 189-191
   filosofia de retenção, 180-181
   seleção/contratação na NAC, 181/183
   seleção/contratação na Toyota, 130-131, 184-187, 360-362
   sistema lean de DP e, 191-193
   treinamento/desenvolvimento na NAC, 183-185
   treinamento/desenvolvimento na Toyota, 186-189
Tecnologia central, 212-213
Tecnologia de simulação, 268-269
Tecnologia e ferramentas, 259-276, 317
   adotando para capacitar o processo, 275-276
   no desenvolvimento enxuto de produto, 261-267, 364-366
   para engenharia de manufatura, 266-275
   para manufatura de ferramentas, 266-275
   seleção de, cinco princípios, 259-261
   Ver também: Padronização; Ferramentas
Tempo de ciclo de gerenciamento, 111-112
Tempo de processamento, 96-97, 281-282. *Ver também: Obeya*
Tempo de troca, 371-373
Tempo *takt*, 111, 115, 117
Tempo total de processamento, 96-97
Teoria dos sistemas sócio-técnicos (TSS), 33-36
Terceirização, 212-217
   domínio da tecnologia central, 212-213
   nova capacidade, 213-214
   pelas empresas japonesas, 196-197
   por *keiretsu*, 198-199
Teste de erro (*poka-yoke*), 112-113
The Knowing-Doing Gap (Pfeffer & Sutton), 222
The Knowledge Creating Company (Nonaka), 222
The Machine that Changed the World (Womack, Jones e Roos), 21, 24
The Toyota Way (Liker), 29-30, 50, 87, 239-240
Togo, Yukiyasu, 139
Tolerâncias dimensionais, 272-273
Toyoda Automatic Loom Works, 106, 239-240, 347-348
Toyoda, Eiji, 139, 143, 170
Toyoda, Kiichiro, 189, 239-242, 327, 347-348
Toyoda, Sakichi, 33, 239-241, 327
Toyoda, Shoichiro, 139
Toyota
   ambiente enxuto na, 261
   aprendendo com, 29-31
   bom senso como ponto de referência, 315-316
   clientes em primeiro lugar na, 153-154, 246-248
   componentes do sucesso, 33
   cultura, 161-162, 238-241, 321-322
   DNA, 161-162, 323-325
   espírito de inovação, 139, 143, 197-198
   ferramentas patenteadas, 127-128, 269-270
   função de "integrador do sistema", 152-154
   integração de funções, programas, 151-152
   listas de verificação, 121, 268-269
   montagem digital na, 263-266
   planejamento máximo de DP, 58
   qualidade dos produtos, 29-30
   razão para o foco em, 28-30

tempo de processamento, 152-153, 281-282
treinamento/desenvolvimento na, 184-189, 298
valor de mercado, 29-30
Toyota Auto Loom, 106, 239-240, 347-348
Toyota Crown, 135
Toyota Industries, 106
Toyota Manufacturing North America, 129-130
Toyota Motor Company, 189, 239-242
Toyota Motor Manufacturing North America, 173, 176
Toyota *Sensei*, 22
"Toyota T", 186-187
Toyota Way, The, (Liker), 29-30, 50, 87, 239-240
Toyota, engenharia de carrocerias e estruturas, 186-189
Trabalho em equipe, 248-352
Transição, 163-164, 318-319
Treinamento e desenvolvimento. *Ver*: Competência Técnica.
3 Cs, 139
Treinamento no Trabalho (OJT), 183, 187, 361-362
Três maiores montadoras do setor automobilístico note-americano
  burocracia nas, 216-217
  clientes e, 246-247
  desenvolvimento de carroceria, 22
  fornecedores de primeira linha, 215-216
  NAC e, 31
Três Ms, 91-94
Troca de ferramentais em um minuto (SMED – *Single Minute Exchange of Die*), 127-128, 271-272

U

Uchiyamada, Takeshi
  chefe do projeto G21, 143-145, 147-148, 170-171
  citação, 150-151, 157, 333
  como EC do *Prius*, 66-67, 139
  inovações de, 170-172
  obeya e, 280-281
Uminger, Glenn, 85
Utilitários, 25
Utilização de recursos. *Ver:* Utilização da capacidade

V

Valor
  características, 48
  engenharia, 198-199
  hierarquia, 49
  processo de alvo, 48, 50
  processo de decomposição, 49
  Ver também: Valor definido pelo cliente
Valor definido pelo cliente, 45-45, 142
  como princípio número um, 54-55
  Lexus, exemplo de caso, 50-44
  na NAC, 46-48
  na Toyota, 47-54
  processo de identificação, 317-318
Vantagem competitiva, 26-27, 219, 272-273, 297, 309-310
Variabilidade da tarefa, 96-97
Variação
  dois tipos de, 96-97
  isolamento e eliminação, 58, 319-321
  poder destrutivo da, 118
  Ver também: *Kentou*; Teoria das Filas
V-Comm, tecnologia, 190, 260-261, 301, 307-309
Veículo
  análise da direção, 48
  centro, Toyota, 163-166
  centros de desenvolvimento, 163-164, 166-170
  engenharia de montagem, 129-131
  geometria, 61
  lançamentos, 102-103
  submontagens de listas de verificação, 51-54
Veículo híbrido. *Ver: Prius*
Velocidade, 104, 107
Voz do cliente, 140, 153-154

W

Wada, vice-presidente executivo, 147-148
Ward, Al, 45
WIP (estoque em processo), 95, 320-321

Y

Yaegashi, Sr. 242-243
Yamashinta, George, 226-227, 250-252